中国社会科学院 学者文选

周叔莲集

中国社会科学院科研局组织编选

中国社会科学出版社

图书在版编目（CIP）数据

周叔莲集／中国社会科学院科研局组织编选. —北京：中国社会
科学出版社，2008.2（2018.8重印）
（中国社会科学院学者文选）
ISBN 978-7-5004-6747-2

Ⅰ.①周…　Ⅱ.①中…　Ⅲ.①经济学—文集　Ⅳ.①F0-53

中国版本图书馆 CIP 数据核字（2008）第 010630 号

出　版　人	赵剑英	
责任编辑	易小放	
责任校对	郭　娟	
责任印制	郝美娜	

出　　　版	中国社会科学出版社	
社　　　址	北京鼓楼西大街甲 158 号	
邮　　　编	100720	
网　　　址	http：//www.csspw.cn	
发 行 部	010-84083685	
门 市 部	010-84029450	
经　　　销	新华书店及其他书店	

印刷装订	北京市十月印刷有限公司
版　　次	2008 年 2 月第 1 版
印　　次	2018 年 8 月第 2 次印刷

开　　本	880×1230　1/32
印　　张	16.25
字　　数	389 千字
定　　价	99.00 元

凡购买中国社会科学出版社图书，如有质量问题请与本社营销中心联系调换
电话：010-84083683

出 版 说 明

　　一、《中国社会科学院学者文选》是根据李铁映院长的倡议和院务会议的决定，由科研局组织编选的大型学术性丛书。它的出版，旨在积累本院学者的重要学术成果，展示他们具有代表性的学术成就。

　　二、《文选》的作者都是中国社会科学院具有正高级专业技术职称的资深专家、学者。他们在长期的学术生涯中，对于人文社会科学的发展作出了贡献。

　　三、《文选》中所收学术论文，以作者在社科院工作期间的作品为主，同时也兼顾了作者在院外工作期间的代表作；对少数在建国前成名的学者，文章选收的时间范围更宽。

中国社会科学院

科研局

1999 年 11 月 14 日

目 录

前　言

　　我于1953年8月从上海复旦大学经济系毕业后分配到中国科学院经济研究所，开始了研究工作的生涯。先在当时的经济史组工作，不到一年又分配到现实经济组从事手工业、畜牧业、水土保持等调查考察工作。1956年经济研究所成立农业经济组，我成为该组的第一批成员，明确了以农业经济为研究方向。到1964年期间，我撰写了一批关于农业是国民经济的基础、农业扩大再生产、农业合作化和人民公社化的论文。1959年到1962年间我还参加了孙冶方所长主持的社会主义经济理论的研究工作，并和汪海波同志合写了若干篇有关社会再生产和社会主义级差地租的论文。

　　1964年经济研究所开始"批判"孙冶方的经济理论，以后全所又到北京郊区搞"四清"运动，研究工作就基本中止了。1966年全国开始"文化大革命"，1969年全所职工去河南息县"五七"干校劳动，就更谈不上搞研究了。1972年回到北京。从1974年起，我被借调到国家基本建设委员会的一个研究组工作，主要从事中国工业现代化和固定资产投资、经济效果等问题的调查研究，一直到1979年。

　　粉碎"四人帮"后,我积极投身于经济界的拨乱反正工作。我除了自己写,还和吴敬琏、汪海波合作,写了不少批判"四人帮"的论文。1977年7月到1978年8月,我还参加了于光远、马洪同志主持的调研组,到大庆油田作了考察。

　　在国家建委期间的工作使我的研究方向由农业经济转向工业经济。1978年中国社会科学院经济研究所分出工业经济研究所等单位,我就随着到了工业经济研究所。在工业经济研究所,由于工作需要,我先后参与或主持过中国经济结构调整、中国经济发展战略和工业发展战略、经济体制改革和国有企业改革、产业政策和中国产业结构调整升级、中国城乡经济及社会协调发展等课题的研究工作。

　　以上经历使我在经济学领域研究涉及的问题较多,对许多问题提出过自己的意见和看法。主要的方面和观点有:

　　(1)农业在国民经济中的地位和作用。1958年人民公社化和"大跃进"后,我国农业严重减产,许许多多人食不果腹,凸显了农业问题的重要。我在《论农业在前资本主义社会和资本主义社会国民经济中的地位和作用》、《如何理解"超越于劳动者个人需要的农业劳动生产率是一切社会的基础"》等论文中,阐述了马克思主义关于农业是国民经济基础的理论。我还研究了农业扩大再生产的标志、形式和因素等问题,探索发展农业的途径。当时农业问题主要是生产关系问题,即人民公社制度挫伤了农民的积极性。在人民公社实行以生产大队为基础期间,我曾和汪海波合写过几篇关于社会主义级差地租的论文,意在克服生产队之间分配上的平均主义。我还在收集和研究大量资料的基础上写了《试论农村人民公社生产队一级所有制》一文,在当时生产大队为基础的情况下强调要发挥生产队一级所有制的作用。该文在《经济研究》印成校样后,得知中央已决定实行生产队为基础，因此未能发表。

（2）科学技术和生产力的关系。1975年夏秋之际，中国科学院写了一个关于科技工作的《汇报提纲》，提出"科学技术也是生产力"，"科研要走在前面，推动生产向前发展"。"四人帮"为了破坏四个现代化，攻击《汇报提纲》是大毒草，还说马克思没有说过科学技术是生产力。"四人帮"的"理论"在当时有相当的迷惑力。我认真研究了科学技术发展的历史及其对生产的影响，并钻研了马克思的有关论述，写成《科学·技术·生产力》一文，发表在1977年5月30日《光明日报》上。文章论证了马克思早就说过科学技术是生产力，而且这个观点是完全符合客观情况的。文章说："最新的现代化技术，如电子技术、自动化技术、原子能技术、计算机技术、空间技术、有机合成技术，等等，无一不是自觉运用科学研究成果的产物"，"离开了现代科学技术，现代化的工农业生产是无法想象的"；《汇报提纲》提出"科研要走在前面，推动生产向前发展"，也是完全正确的。此文发表前曾由《光明日报》编辑部送胡耀邦同志审阅修改，发表后胡耀邦同志曾写信说："经过你认真钻研过的这篇论文，在《光明日报》同志的支持下，终于同广大读者见面了。我敢断定：这至少是几百万人——包括我们党的许多领导干部、经济工作者、理论工作者、广大的科学技术工作者，要看，要传播。这么多的人从这篇文章中打开了眼界，明辨了是非，吸取了力量，从而能更好地为我们的伟大事业而奋斗。这该是感到足以对得起党和人民的一件好事情。"

（3）"四人帮"经济思想的封建性。我在1977年开始系统地批判"四人帮"攻击社会主义按劳分配、社会主义商品生产、社会主义企业管理等谬论。"四人帮"把按劳分配说成是"资本主义的旧事物"，说社会主义工资是"资本主义的旧范畴"，实行物质奖励就是"搞修正主义"。我主笔的《论社会主义工资及其具体形式》（与吴敬琏、汪海波合作，发表在《光明日报》1977年12月5日）一文，对"四人帮"的观点进行了有理有据有说服力的批驳，率先为社会主义工资和奖金恢复名誉。"四人帮"操着"最革命"的语言，提出种种蛊惑性的"社会主义"理论，他们经济思想的实质是什么呢？1978年2月，中国社会科学院召开的一次知名人士批判"四人帮"的座谈会上，我在发言中从"四人帮"反对发展社会生产力、反对社会主义商品生产和商品交换、反对社会主义企业管理、反对劳动者的个人物质利益等方面，分析了"四人帮"经济思想的封建性，受到与会人士的好评。在发言的基础上，由我执笔和吴敬琏合作完成《"四人帮"——半殖民地半封建旧中国的招魂巫师》一文，发表在《历史研究》1978年第7期。文章指出：我国封建社会的历史比资本主义长得多，但我们推翻封建主义和官僚资本主义的统治，不过比改造民族资产阶级早几年。在进入社会主义革命以后，革命的主要对象是资产阶级和资本主义，我们一时也来不及对封建主义和官僚资本主义既深且广的影响作彻底清算。在这种情况下，"四人帮"有机会就打着"反对资产阶级"的旗号，挂起"革命"的招牌，进行封建主义和官僚资本主义的复辟活动就不奇怪了。因此，我们不仅面临着批判资本主义的任务，而且面临着批判封建主义的任务。

（4）政治经济学要重视企业问题的研究。改革之初，我就强调要加强对企业理论问题的研究。1979年春，我在《政治经济学应该重视企业问题的研究》一文中指出：企业是否发挥积极性，对于社会主义经济能否迅速发展，关系极大。为了充分发挥企业的积极性，要研究解决许多理论问题。过去我们对企业的理论问题重视不够，没有让企业问题在政治经济学中占有重要的地位。许多人往往只把企业问题当做管理问题。而管理问题又被认为不属于政治经济学研究的范围。由于对企业问题研究不够，政治经济学的某些传统错误观点一直沿袭下来，影响着政治经济学的发展。文章还分析了过去政治经济学忽视研究企业问题的原因：其一，对政治经济学的对象理解得过于狭隘；其二，对社会主义生产关系理解得非常片面；其三，政治经济学研究的指导思想存在问题，思想不解放，没有把理论和实践结合起来，没有把实践作为检验理论的唯一标准。文章呼吁一定要提高企业问题在政治经济学中的地位，加强对它的研究，掌握它的规律，保证经济改革顺利进行，以促进国民经济更快地发展。后来又发表了《重视企业行为规律的研究》（载《人民日报》1985 年 10 月 28 日）、《再谈企业行为规律的研究》（载《中国工业经济学报》1986 年第 2 期）等论文，继续探讨这个问题。

（5）国有企业自主经营、自负盈亏的问题。我国国有企业如何改革，在改革开始的时候几乎没有可供借鉴的经验。经过探索，我强调国有企业必须自主经营、自负盈亏。1978 年底，由我主笔和吴敬琏、汪海波合写的一篇题为《充分发挥企业的主动性》（载《人民日报》1978 年 12 月 31 日）的论文，除了论证企业应该自主经营，还论证了企业应该自负盈亏。论文指出："我们有一种传统观点，认为对全民所有制企业不能实行自负盈亏，一提自负盈亏就是私有制或者资本主义。看来，这种观点没有分清各种自负盈亏的本质区别。""在私有制条件下，企业的盈亏是由企业主承担的，那种盈亏，是生产资料私有制的表现。""而全民所有制的自负盈亏，则是实现国家、集体、个人三者的利益统一的要求，是严格实行经济核算的要求，它和私有制或者资本主义制度下的自负盈亏是不能等同起来的。"以后我写了《运用价值规律，发挥社会主义企业的积极性、主动性》

一文，提出了国有企业如何实行自负盈亏的设想，提出"需要研究价值规律发挥作用的机制"，使企业"名副其实地成为商品生产和商品流通的独立经营者"。后来我又针对反对国有企业自主经营、自负盈亏的种种观点指出："企业要成为真正的商品生产者和经营者，最起码的前提条件是自主经营和自负盈亏。""我们说要使国有企业具有约束机制，最根本的就是要使企业自负盈亏。""资本主义国家的很多国有企业是自负盈亏的，这个历史事实说明，在具备条件时，社会主义国有企业也完全可以自负盈亏。"1992年我写的《我对国有企业改革的看法》（载《中国著名经济学家论改革》，北京出版社1992年版）一文，反映了当时在国有企业改革问题上我的主要观点。

（6）发展轻工业在工业化中的地位。我认为不能把发展轻工业和社会主义工业化道路对立起来。总结工业化的历史经验，我执笔的一篇文章中说："长期以来流行着一种说法：资本主义的工业化是从轻工业开始的，社会主义的工业化是从重工业开始的，优先发展轻工业是资本主义工业化的方法，优先发展重工业是社会主义工业化的方法。有的同志进而把发展轻工业和资本主义工业化等同起来，和社会主义工业化对立起来。这种思想使人们不敢放手发展轻工业。"（《把发展轻工业放在优先地位》，载《人民日报》1979年8月31日）这种流行的说法来自斯大林，在我国学术界和经济界有着深远的影响。这篇文章从历史和理论等方面剖析了这种说法，指出其谬误所在，认为"决不能把发展轻工业和资本主义等同起来，和社会主义对立起来"，提出在一定时期经济建设要把优先发展轻工业放在优先地位。我执笔的《调整时期应当优先发展轻工业》（载《中国经济问题》1979年第6期）一文中还指出：要优先发展重工业，一般先要经过优先发展轻工业阶段；发展轻工业对社会主义甚至比对资本主义更加重要。这些观点后来被人们普遍接受，也为 80 年代初我国工业结构调整提供了一定的依据。

（7）我国经济结构演变和经济发展战略、工业发展战略。为了指导经济调整工作，1979 年 6 月，国务院财政经济委员会曾布置了全国经济结构调查研究工作。此项调研工作的成果之一是马洪、孙尚清主编的《中国经济结构问题研究》一书。我草拟了该书的前言，撰写了第一章"三十年来我国经济结构的回顾"，并协助主编对全书文章进行了修改定稿和统纂工作。此书于 1981 年 12 月由人民出版社出版，接着，苏联、美国、日本等国家出版了俄文版、英文版和日文版。《三十年来我国经济结构的回顾》一文全面系统地分析了 20 世纪 70 年代末我国经济结构的状况和问题，并总结了新中国成立 30 年来的经验教训，提出了改善经济结构的政策建议。1982 年，我又撰文提出应该认真研究我国经济发展战略的历史经验，对如何进行研究，包括如何划分战略阶段，如何确定各个战略阶段的战略内容，如何评价各个阶段的经济发展战略提出了系统的看法，还总结了一些重要经验。文章指出："过去 30 年我们曾多次有过这样的经验教训：当实事求是地确定发展速度时，就能够提高经济效果，当盲目追求高速度时，就会导致经济效果下降。""我们曾长期犯过片面强调生产而忽视人民生活的错误，而这几年一部分人中又存在一种离开生产片面强调改善生活的偏向。经验表明，我们搞经济建设既不能违背社会主义生产目的，又不能离开实现这个目的的手段来谈社会主义生产目的。"（载《人民日报》1982 年 5 月 24日）这两篇文章曾受到国内外学者的关注。在研究我国经济结构和经济发展战略的基础上，我撰写了多篇有关我国工业发展战略的论文，主持了"六五"计划时期社会科学重点研究课题"中国工业发展战略问题研究"。

（8）产业政策的作用。1986—1990 年，我主持"中国产业政策理论研究"（"七五"计划时期社会科学重点研究课题），和几位同志一起主编了《国外产业政策研究》、《中国地区产业政策研究》、《中国产业政策研究》三本专著。我曾提出：产业政策是对于一定时期内产业结构变化趋势和目标的设想，同时规定各个产业部门在社会经济发展中的地位和作用，并提出实现这些设想的政策措施。产业政策本身也是一个政策体系，它还涉及国家和企业的关系，并有很大的风险性。如何减少产业政策的风险性，使之有更多的科学性和切实可行，有赖于研究工作的加强和政策水平的提高。"因此，必须重视产业政策研究"。（载《人民日报》1986 年 7 月 7 日）还指出，过去我国也有产业政策，但那是以社会主义产品经济理论作为指导思想的，现在和今后的产业政策则应以社会主义商品经济理论为指导思想。过去产业政策直接干预企业的经营管理，这种情况现在应该改变了。产业政策包括政策目标和政策手段两方面的内容，这两方面都要重视。在选择政策手段时必须充分考虑经济运行的现实环境，包括体制条件、发展水平、资源状况，文化背景等诸多因素。我国在双重体制条件下实施产业政策面临两项特殊任务：①怎样设计既不同于改革前的传统体制又不同于改革后的新体制的政策手段；②怎样减少双重体制的摩擦，使政策手段有利于改革不断深化。我还指出，产业政策的作用是非常重要的，但绝非万能的。如果没有有效运行的经济体制，企图用政策来解决一切问题，是不可能的。只有深化经济改革，才能使我国经济发展走上良性发展的道路。（《经济理论和经济管理》1991 年第 5 期）后来我对我国产业结构的调整升级写过多篇论文。

（9）社会主义工业化和资本主义工业化的异同。我曾比较全面地分析社会主义工业化和资本主义工业化的共同点和不同点。1983 年，我在《社会主义工业化和资本主义工业化的比较研究》（载《中国社会科学院工业经济研究所研究报告》，1983年6月1日）一文中说：斯大林强调社会主义工业化和资本主义工业化的根本区别，因此长期以来我国经济学界也强调社会主义工业化和资本主义工业化的区别。这里确实存在着根本区别，但是，如果只强调社会主义工业化和资本主义工业化的特点而不承认它们有共同之点，那也是不全面的。我指出：社会主义工业化和资本主义工业化有不少共同点：①工业和农业的比例关系有共同的发展趋势；②重工业和轻工业的比例关系有共同的发展趋势；③工业内部的部门结构也存在某些共同的发展趋势；④科学技术对工业发展的作用有共同点；⑤在分工协作、商品生产和商品交换的发展上也有共同点；⑥经营管理上有共同点。除了分析这些共同点，我也分析了社会主义工业化和资本主义工业化的特点。20 世纪 90 年代，我曾对我国工业化过程中如何转变经济增长方式进行探索。在世纪之交和新世纪我着手研究我国新型工业化道路问题。

　　（10）两权（所有权和经营权）分离理论。1988 年，我在《企业改革和两权分离》（载《理论纵横：经济篇》下册，河北人民出版社 1988 年版）一文中，提出既要坚持"两权分离"理论，又要充实和发展"两权分离"理论。文章说："两权分离"理论比传统的"两权合一"理论是一个巨大的进步，对我国经济改革起过而且现在仍起着重要的作用。不过，按照这个理论办事，仍难以使国有企业实行自主经营、自负盈亏。为了给国有企业自主经营、自负盈亏奠定更加科学的理论基础，至少要从三个方面充实和发展这一理论：①实行政府行政管理权和国家所有权的分离；②对国家所有权实行分割，国家保留最终所有权，企业得到法人所有权；③在企业内部实行所有权和经营权的分离。我还提出国有企业由产品生产者向商品生产者、经营者转变有五种递进模式：①实行供给制的企业模式；②实行经济核算制的企业模式；③有简单再生产自主权的企业模式；④有经营权的企业模式；⑤有法人所有权的企业模式。经过以后的研究，我认为，国有企业改革应把在健全社会主义基本经济制度前提下国家掌握最终所有权、企业掌握法人所有权作为目标模式。我认为，企业经营方式和企业制度既有联系又有区别，国有企业"既要改革经营方式，又要重塑企业制度"（《改革》1993 年第 4 期）。

　　（11）社会主义经济改革的规律性。我强调要充分认识改革的长期性、艰巨性和阶段性。我曾指出：决定经济改革艰巨性的因素有：①经济改革需要探索如何由限制商品货币关系到充分利用和发展商品货币关系；②经济改革将影响人民安定的生活；③经济改革将影响有些人的权利；④人们对有关经济改革重大问题的认识不一致；⑤经济改革会引起其他方面的问题，如要求政治体制相应地改革。我还指出，经济改革既然是长期的，就必须正确划分阶段。"经济改革的每个阶段都有一个巩固新制度的任务"，"改革的每个阶段除了进行改革，还要有足够的时间完善和巩固新的经济关系，完善和巩固新的规章制度，而不能只有变更而没有稳定和巩固"。（《管理世界》1988 年第 2 期）我认为，经济改革不论从长期看还是从短期看都应该有利于而不应该妨碍经济发展；必须克服为改革而改革的偏向；规划经济改革应该认真研究经济发展中存在的问题，尤其是关键问题，针对这些关键问题制定改革措施，部署改革工作。（《经济管理》1990 年第 7期）我还对 20 年来我国国有企业改革的经验教训进行了初步探讨。

　　（12）所有制也是一种经济手段。我认为，随着国有企业改革的深入，人们越来越认识到明确企业产权、理顺产权关系是一个重要问题。明确企业产权就是要承认国有企业对自己经营管理的财产有所有权。国家对国有企业的财产当然有所有权，国有企业对自己经营管理的财产也应有所有权，前者可称为最终所有权，后者可称为法人所有权。现代企业制度中所有权分割为最终所有权（股权也是一种最终所有权）和法人所有权的现象已经比比皆是。为了明确国有企业的产权，有必要弄清楚所有制是不是经济手段的问题。邓小平说，"计划和市场都是经济手段"。国家所有制和计划一样也是一种经济手段。建立国家所有制是为了促进生产力发展，发展生产力才是目的，国家所有制也是一种经济手段。我认为：从人类社会发展的历史看，最根本的目的是发展生产力，改善人民的生活，包括所有制在内的生产关系主要是作为经济手段发挥作用的。说所有制的发展有其客观的必然性和说它是经济手段并不矛盾，说所有制不以人们意志为转移和说人们选择所有制也不矛盾。所有制和生产关系既然是人们选择的结果，而人们选择的活动至少不是完全不自觉的。而且随着生产力的发展和科学技术的进步，人们选择所有制和生产关系越来越自觉了。而究竟什么样的所有制和生产关系有生命力，能长期存在，则最终仍是不以人们意志为转移的。（《光明日报》1993年7月13日）

（13）怎样发挥国有经济的主导作用。我认为，即使在资本主义国家，国有经济在现代市场经济中也不是可有可无，对于社会主义国家，国有经济的存在和发展更是必要和必然的。这是现代市场经济发展的一种规律性。但是，在我国社会主义初级阶段，国有经济在国民经济中只能是主导而不能是主体。什么是国有经济的主导作用和如何发挥国有经济的主导作用呢？我在一篇文章中指出，国有经济的主导作用包括以下要求：①控制国民经济命脉；②保证社会再生产顺利进行，并有较快的速度和较好的效益；③保证科技较快地进步；④绝大多数国有企业要有活力和竞争力；⑤国有经济和集体经济一起保证经济发展的社会主义性质和社会主义方向。文章认为：国有经济范围过广、经营内容过宽，都不利于发挥国有经济的主导作用，必须采取调整国有经济的经营范围和内容、对国有企业改革进行分类指导、尽快落实企业法人财产权、建立现代企业制度等战略措施来解决这些问题。文章强调指出：国有经济发挥主导作用首先要有合理的产业构成，现在国有经济在有些产业和企业应该加强，却没有加强；在有些产业和企业可以退出，也没有及时退出。有关部门要把调整国有经济作为振兴国有经济的一个战略问题，研究哪些部门要由国有经济垄断；哪些部门国有经济要继续经营，同时允许非国有经济经营；哪些部门国有经济可以退出，让非国有经济经营。现在国有经济的发展或多或少处于自流状态，这种状态不能再继续下去，而要掌握主动权，自觉地进行调整，还要把调整国有经济与振兴产业结合起来，与发展多种经济成分结合起来。（《怎样发挥国有经济的主导作用》，载《光明日报》1994 年 10 月 28日）

（14）非公有制经济在社会主义初级阶段的地位。党的十五大报告中说："公有制为主体、多种所有制经济共同发展是我国社会主义初级阶段的一项基本经济制度。"多种所有制经济包括非公有制经济，非公有制经济是社会主义初级阶段基本经济制度的一个组成部分，因此我认为它当然也是社会主义初级阶段经济基础的一个组成部分。马克思主义提出经济基础、上层建筑等范畴，首先是为了说明社会历史是如何发展的，后来斯大林强调新的上层建筑要为新的经济基础服务、为消灭旧基础"而积极斗争"。我认为，无论是从说明社会历史发展（以及说明现实）的角度还是从上层建筑要为经济基础服务的角度看问题，都应该把公有制和公有制为主体条件下共同发展的多种经济成分都看成社会主义初级阶段的经济基础。从前一个角度看，只有把公有经济和非公有经济都看成是经济基础，才能全面深刻地认识我国社会主义初级阶段的历史和现实，从后一个角度看，现在非公有经济也还有一个继续发展的问题。为了使之健康发展，也需要上层建筑为它服务，即把它作为社会主义初级阶段的经济基础。如果不把非公有经济也看成社会主义初级阶段的经济基础，势必要把它看成是已经过时的"旧基础"，重蹈为消灭它"而积极斗争"的错误覆辙。（《山西经济导报》1998年6月30日）

（15）生产力标准是衡量经济改革是非成败的根本标准。经济改革中多次发生的严重争论，都涉及评价经济改革的标准问题，即把生产力还是把生产关系看成是评价改革的根本标准。我主张生产力标准是根本标准，就是主张把发展生产力当做衡量改革是非成败的根本标准，而不是把生产关系看做衡量改革是非成败的根本标准。根本标准不是唯一标准，根本标准之外，还可以有其他标准，但这些不是根本标准，说唯一标准就不能有别的标准了。为什么要坚持把生产力标准作为根本标准呢？①为了吸取历史上的沉痛教训；②为了坚持马克思主义的历史唯物论；③为了从根本上划清科学社会主义同种种空想的界限；④这样才能促使经济改革不断深化，建成和完善社会主义市场经济体制。为了坚持生产力标准是根本标准，除了弄清楚发展生产力是不是人类社会的目的、生产关系是不是一种经济手段等问题，还要正确认识生产关系的发展趋势。一种传统观念认为生产关系的发展趋势是整个社会最终变成一个大工厂。这种观念值得研究。从现代科学技术和生产消费等情况看，个体劳动、个体经济可能会长期存在，整个社会不一定发展成为一个大工厂。因为既没有这种必要性，也没有这种可能性。即使在公有制社会，公有制也会有多种形式，包括合作制、股份制、股份合作制，等等。也会有原先的集体经济、国有经济。从世界经济科技的现状和趋势看，社会主义国家在看得见的未来，前景不是整个社会成为一个大工厂，而是以公有制为主体的多种经济成分并存，是公有制实现形式多种多样，并允许非公有制经济存在的混合经济。我还指出：由于所有制和生产关系的演变受多种主客观因素的制约，所以这种演变既有必然性，又有选择性，而演变是否是一种进步，最终是要看它是否促进生产力的发展的。（《国有企业改革和生产力标准》，载《经济体制改革》1998 年第 2 期）我还探讨了生产力标准和"三个有利于"标准的关系和如何坚持生产力标准等问题。

（16）企业改革和企业管理的关系。我强调改革中要十分重视企业管理和经济管理，论证了把改革和管理结合起来的必要性。进行改革是为了促进生产力发展，而如果不把改革和管理结合起来，改革也难以达到发展生产力的目的。因此，在改革的同时，既有必要也有可能从其他方面来加强和改进管理。（《经济研究》1989 年第 12 期）为了改进管理，应该研究和借鉴国外的先进管理经验。我 1981 年曾建议"建立一门企业管理对比研究的科学"，并利用到美国、日本等国家访问考察的机会，和马洪同志合写了《美国怎样培养企业管理人才》、《怎样对国外企业管理进行对比研究》等论文，还对中国企业管理现代化进行了探索。企业管理应该包括企业经营，但传统计划经济体制下没有企业经营问题，随着企业改革，这个问题提出来了。1981 年我写了《重视企业经营的研究》（载《晋阳学刊》1981 年第 4 期）。过去国内长期否认社会主义社会存在企业家，20 世纪 80 年代中期我开始对这个问题进行探索，提出要重视培养社会主义企业家和发挥他们的作用，我还就售后服务、名牌战略和企业文化等问题写过几篇文章。

（17）中国城乡经济及社会协调发展问题。1992年3月我写了《重视城乡工业关系问题的研究》，指出"工业化既应该包括城市工业化，也应包括农村工业化"，"我国乡镇工业迅速发展以后，城乡工业之间出现了矛盾和摩擦，这才提出城乡工业协调发展的问题"。应该"研究城乡工业发展中的各种矛盾"，而"城乡工业的矛盾也不会孤立存在，而是同城乡经济关系中的其他矛盾联系并交织着的"。（《中国工业经济研究》1993年第3期）后来，我主持了国家社科基金"八五"重点课题"城乡二元结构下的经济社会发展问题研究"暨中华基金资助项目"中国城乡协调发展问题研究"，课题组从10个方面对中国城乡经济社会协调发展问题进行了调查研究：①中国城乡产业变动与协调发展；②中国农业劳动力转移问题；③中国城乡资本流动及资本市场；④中国城乡商品流通和市场结构；⑤中国城乡居民收入和消费变动；⑥中国农村城镇化及城市发展；⑦中国城乡经济组织与制度创新；⑧中国城乡社会关系及观念变革；⑨中国城乡科技进步与协调发展；⑩中国城乡教育与协调发展。在研究的基础上提出了目标与建议。此项研究的成果是我和郭克莎、金碚同志主编的《中国城乡经济及社会协调发展研究》、《中国地区城乡经济关系研究》、《国外城乡经济关系理论比较研究》三本专著。

（18）中国社会主义制度的持续发展问题。我认为社会主义制度也有一个可持续发展的问题，苏联剧变凸显了这个问题的重要意义。社会主义制度的持续发展当然必须处理好人口、资源、环境等问题，但同时甚至更重要的是处理好经济制度、政治制度、法律制度、文化制度、教育制度、科技制度等社会制度问题。它是一个巨大的系统工程，包含经济、政治、法律、文教、科技、社会等多方面改革和建设的内容，任务极其艰巨。我曾撰写了《可持续的社会主义和不可持续的社会主义》、《再论可持续的社会主义和不可持续的社会主义》、《什么是可持续的社会主义和什么是不可持续的社会主义》、《社会主义为什么需要公有制和需要什么样的公有制》等论文。我还认为：为了使社会主义持续发展，必须坚持和发展社会主义市场经济，但也要看到并处理好社会主义和市场经济的矛盾。有的同志提出社会主义市场经济＝社会主义＋市场经济＝社会公平＋市场经济。他们说社会主义市场经济＝社会主义＋市场经济是正确的，但说社会主义市场经济＝社会公平＋市场经济，则有可能抽掉社会主义基本制度的内容，而且社会公平可以有多种解释，因此，我认为类似后面这个等号的提法，是值得商榷的。（《把社会主义和市场经济更好地结合起来》，载《理论前沿》2004 年第 2 期）党的十六大提出全面建设小康社会的任务，这是实事求是的、非常英明的决策。完成这个任务，将为中国社会主义的持续发展奠定牢靠的基础。近几年来就业问题、收入差距问题相当突出，公平与效率的关系问题争论也很热烈，本书也收录了几篇有关文章。

　　我的经历使我不断面临着新的研究任务，这既是机遇，也是挑战。每当接受新的课题任务时，我都如履薄冰，兢兢业业努力工作，冀希能像蜜蜂酿蜜那样作出成绩。但很多场合是浅尝辄止，甚至像蜻蜓点水，成绩阙如。50 多年的研究生涯使我感悟到，研究工作要作出成绩，打好基础、勤奋工作是非常重要的，但还需要有一个宽松的环境，认真贯彻"百花齐放、百家争鸣"的方针。我庆幸改革后遇到这样的环境，使研究工作作出了微薄的成绩。在"左"的思想影响下，我也写过有错误观点的文章，尤其是曾错误地批判过一些同志，如批判过费孝通同志、孙冶方同志，虽然后来向他们道歉，蒙他们原谅，和他们成了忘年之交，但这毕竟是我永远难忘的遗憾和值得吸取的教训。

　　本书收集的文章大致是按发表时间的先后排列的，意在反映我的研究工作的历程。2005 年出版的"中国社会科学院学术委员文库"中有《周叔莲文集》，为了避免重复，本书没有收录文集中已经收录的文章。本书还收集了近 10 篇我过去所有文集中没有收集过的文章，由于篇幅等限制，前面提到的有些方面的代表性文章未能收入。

我曾说过，我对不少重大经济问题的认识经历过曲折的过程，本书也反映了我认识有些问题的曲折过程和思想轨迹，说明我的有些文章的观点曾有所变化。

最后，衷心感谢关心我和帮助我的师长、同志、朋友和亲人，对于书中的缺点和错误，敬希读者批评指正。

周叔莲

2006 年 12 月

如何理解"超越于劳动者个人需要的农业劳动生产率是一切社会的基础"[*]

  在学习"农业是国民经济的基础"这一基本原理时,有同志提出:应该如何理解马克思所说的"超越于劳动者个人需要的农业劳动生产率,是一切社会的基础,尤其是资本主义生产的基础"[①]?这是一个很重要的问题,下面就来谈谈个人在学习中的一些体会。

  首先应该指出,马克思主义者从来就是十分重视农业在国民经济中的地位和作用的。马克思本人在这方面就有许多极其重要的论述。马克思上面这个论点是在《资本论》第三卷中说的,在这几句话之前,马克思有这样一段解释:"如果人一般在一劳动日内,不能超出他自身再生产的所需,生产更多的生活资料(所以在最狭义上,就是生产更多的农业生产物),如他全部劳动力每日的支出,只够再生产他个人的需要所不可缺少的生活资料,一般来说,就说不上剩余生产物,也说不上剩

---

  * 原载《中国青年》1961年第16期。
  ① 《资本论》第3卷,人民出版社1956年版,第1025页。

余价值。"① 在《剩余价值学说史》中，马克思还指出："农业劳动不只是农业范围内的剩余价值的自然基础，并且是其他一切劳动部门所以能够独立化的自然基础。"② "能够投于工商业上面而无须从事农业的劳动者人数……是取决于农业者在他们自身的消费额以上，能够生产多少的农产物。"③ 马克思的这些论述以及其他有关论述，能帮助我们理解上述的问题，同时说明他是多么重视农业在人类社会历史发展中的作用。

我们知道，农业是人类生存之本，衣食之源。人类生存当然不仅是要解决衣食问题，人还要从事其他生产活动和社会活动。但是，只有解决了衣食问题，人们才有可能进行其他一切活动。不解决这个问题，人类便无法生存，更谈不到别的。因此，农业生产也是一切生产的最先决的条件。而且从人类历史看，诚如马克思所说："一切劳动，首先原来也是把食物的占有和生产作为目的。"④ 农业生产是人类一切生产的起点。

人类社会起初只有农业部门，后来随着农业劳动生产率的提高，其他部门才发展起来。因为，只有农业劳动生产率提高到这样的地步，使社会上一部分人从事农业生产就能生产出全社会需要的粮食和其他农产品，其他部门才有从农业中分离出来的条件，农业劳动生产率愈高，社会用来从事其他生产活动的人才能愈多，这些事业才有可能愈发展。一个社会究竟能够分出多少劳动力来从事工业、交通、商业、文教事业，等等，不是取决于人们的主观愿望，而是取决于从事农业生产的劳动力能够为社会提供多少商品粮食和为工业提供多少农产品原料。

---

① 《资本论》第3卷，人民出版社1956年版，第1025页。
② 马克思：《剩余价值学说史》第1卷，三联书店1957年版，第42页。
③ 同上书，第41页。
④ 《资本论》第3卷，人民出版社1956年版，第826页。

　　因此，马克思所说的"超越于劳动者个人需要的农业劳动生产率，是一切社会的基础"这一论点，是农业是国民经济的基础这一马克思列宁主义原理的理论核心。

　　马克思的这个论点是根据大量的材料，对人类社会发展历史作了深刻的研究以后得出来的，是适用于一切人类社会的。现在我们来看看各个社会形态中的具体情况。

　　在原始社会的一个漫长时期里，农业劳动生产率十分低下，社会上所有的人都必须从事农业劳动，才能取得必要的生活资料，生存下去。那时候，社会还没有可能让一部分人，哪怕是极少数人专门从事其他活动，因此社会上还只有农业部门，其他部门还没有可能从农业中分离出来。

　　人类第一次社会大分工是分化出游牧部落，这是在不同公社之间的分工，是农业本身的发展，还不是由于同一公社中一部分人从事农业生产已能够为全公社生产出必要的生活资料，因而使其他生产部门从农业中独立出来。第二次社会大分工是手工业从农业中分离出来，这是在原始社会向奴隶社会过渡的过程中出现的。恩格斯在《家庭、私有制和国家的起源》一书中曾告诉我们，原始社会末期如何由于农业劳动生产率的提高而使手工业从农业中分离出来，他说："农业现在除了谷物、豆科植物及果实以外，并且也供给油及葡萄酒，这些东西都已经学会制造了。如此多样的活动，已经不能由同一个人来执行了，于是发生了第二次社会大分工——手工业与农业分离了。"[①]

　　人类社会的第三次大分工——商人的分离也是农业生产进一步发展的结果。随着农业和手工业分工的进一步发展和劳动生产率的进一步提高，在奴隶社会才形成了专门经营商业的商人。

────────

　　① 恩格斯：《家庭、私有制和国家的起源》，人民出版社1954年版，第157页。

原始社会向奴隶社会的过渡也是建立在农业劳动生产率提高的基础上的。如果农业劳动生产率很低，农业劳动者不能给社会提供剩余产品，社会上也就没有人可以靠剥削为生。

在奴隶社会，由于农业生产的发展，有些手工业进一步从农业中分离出来，但大部分手工业仍旧和农业结合在一起。奴隶社会已经出现了城市，但这些城市的居民也还从事农业，城市里到处可以看到田地、菜园、果园。在农业生产发展的基础上，奴隶社会在其繁荣时代曾有过发达的手工业和商业。科学文化也有很大的发展。当时农业生产已经发展到这样的地步，不仅可以让一些人脱离农业生产专门从事其他生产，还可以让一些人脱离生产领域专门从事文化科学活动。奴隶主为了满足自己奢侈的需要，还用了许多奴隶来建筑皇宫、剧院、马戏场、凯旋门，等等。由于奴隶社会的农业劳动生产率毕竟比较低，所以也限制了手工业和其他经济文化事业的发展。

封建社会的农业比起奴隶社会有了进一步的发展。由于农业劳动生产率的进一步提高，农业部门的剩余生产物有所增加，封建社会因而有可能用更多的人去从事农业以外的其他工作。社会分工进一步发展起来，工业、商业、交通运输业和文化教育事业也进一步有所发展。但是，封建社会的农业劳动生产率毕竟还很低，农业生产毕竟还很落后，因此封建社会仍旧是农业社会，绝大多数居民仍旧从事农业生产。在封建社会，大部分手工业也还是与农业生产结合着，农民不但生产自己需要的农产品，而且生产自己需要的大部分手工业品。自给自足的自然经济占主要地位。封建社会的城市也还没有完全和农业脱离，大城市内依然有田地和菜园，养有牲畜。

在封建制度下，农业生产的发展和农业劳动生产率的提高，为资本主义的发展提供了基础。大家知道，资本主义以工业和农业的分离为前提，以工业和商业的发展为前提。而如前面所说：
工商业的发展归根结底是由农业劳动生产率决定的。从资本主义
发展的历史看，农业不仅在资本主义形成中起着极其重要的作
用，而且在资本主义进一步发展中也起着极其重要的作用。首
先，资本主义需要农业提供粮食和原料，而随着资本主义的发
展，要求农业提供愈来愈多的粮食和原料。其次，资本主义需要
农业提供市场，在资本主义初期，农业在国民经济中仍占优势的
时候，农村是资本主义工业的主要市场。再次，资本主义需要农
业提供资金，资本主义不仅通过残酷的原始积累来剥削农村，积
累资本，而且通过工业品和农业产品的不等价交换，剥削农村，
积累资本。最后，资本主义需要农业提供劳动力。农业的这些作
用说明：在资本主义社会，离开了农业，也就不可能有工商业。
在资本主义国家中，有的是靠本国的农业，有的则是靠外国的农
业作为资本主义发展的基础的。

有人问：从封建社会到资本主义社会，农业在国民经济中的
比重减少了，工业的比重增加了，为什么农业反而"尤其是资
本主义生产的基础"呢？其实，如我们前面所分析的那样，正
是因为资本主义社会里工商业的发展对农业提出了更多的要求，
要求农业提供更多的粮食、原料、资金、市场和劳动力，要求农
业劳动生产率有更大的提高，所以马克思才说：农业"尤其是
资本主义生产的基础"。

马克思的这个论点也是符合社会主义社会的客观情况的。社
会主义社会的性质和资本主义社会有根本的区别，但是，在社会
主义社会的国民经济中，农业仍担负着提供粮食、原料、市场、
资金、劳动力的任务；而且，由于社会主义社会的性质和特点，
农业的地位和作用更加重要了。首先，社会主义生产的目的是为
了不断提高人民物质生活和文化生活水平。这都要求迅速发展农

业，因为，只有农业发展了，农业劳动生产率提高了，人们用在物质生产上的时间才可以减少，才有可能用更多的时间从事文化科学等活动。其次，社会主义社会的国民经济必须高速度按比例地发展。社会主义社会不仅需要高速度发展工业，而且需要高速度发展农业，需要使国民经济各个部门互相协调，互相促进。再次，社会主义社会必须克服资本主义遗留下来的农业落后于工业的现象。农业落后于工业是资本主义的必然现象，这种现象只有在社会主义社会才能克服。

我国社会主义建设的经验也说明：全面发展社会主义的经济、文化和其他事业，首先要依靠社会主义农业的大发展。没有很高的农业劳动生产率，社会主义的一切其他事业都将不可能得到充分的发展。以社会主义工业发展的速度和规模来说，首先就取决于农业的发展，即取决于农业可以提供多少商品粮和工业原料，提供多少工业品市场和资金，提供多少劳动力和农村短途运输力量。我国的农业越发展，农业劳动生产率越提高，我国的工业、文化教育和其他事业就具有更加坚实的基础。

马克思的这个论点不仅适用于社会主义，而且也将适用于未来的共产主义高级阶段。

在共产主义社会，人民的物质文化生活水平更提高了，工业和国民经济其他部门以及文化科学等事业更发达了，这是农业生产高度发展的结果，同时对农业提出了更高更多的要求。那时候，农业在国民经济中的比重将会很小，这也是由于当时农业生产的高度发展和农业劳动生产率高度提高的结果。这种情况也正说明马克思的这个论点对共产主义社会也是适用的。

马克思在研究社会主义和共产主义的经济规律时指出："假定进行集体生产，确定时间自然就具有极其重要的意义。社会用来生产小麦和牲畜等所需要的时间愈少，用来进行其他的生产——物质和精神的生产的时间就愈多。无论是个人,无论是社会,其发展、需求和活动的全面性,都是由节约时间来决定的。一切节省,归根到底都归结为时间的节省。……节省时间以及在各个生产部门中有计划地分配劳动时间,就成了集体生产为基础的首要的经济规律。"① 我们必须认真学习马克思主义关于农业在国民经济中地位和作用的理论,深刻领会和牢固掌握党的以农业为基础,大办农业、大办粮食的方针政策,自觉地把它们贯彻到行动中去。

① 马克思:《货币论》(1857—1858 年经济学手稿之一)。转引自马克思、恩格斯、列宁、斯大林《论共产主义社会》,人民出版社 1958 年版,第 67 页。

关于农业是国民经济基础的两个问题 *

读了《大公报》9 月 24 日发表的朱培兴同志《关于农业是基础的规律的几点认识》后,有不少启发,但也有一些不同意见。由于这些不同意见涉及一些原则性问题,所以把它写出来向朱培兴同志和其他同志请教。

一

朱培兴同志在说明农业为什么是国民经济的基础这一问题时,把马克思在《资本论》第三卷第 829 页上所说的"生活资料的生产"说成就是"指农业生产",把农业部门的劳动看做就是整个社会的必要劳动。他说,"如果就整个社会劳动来说,那么,由于上述同样的原因,即农业是生产任何生产部门生产者不可缺少的生活资料的部门,我们又可以把农业劳动比作必要劳动,而把其他生产部门的劳动比作剩余劳动";"由此可见,农业所以成为国民经济发展的基础,就整个社会劳动来说,那就是

---

　　*　　原载《大公报》1962 年 11 月 12 日。

因为农业劳动主要代表整个社会的必要劳动"。按照这个意见，一切工业产品就都被排斥在社会必要生活资料的范围之外，一切工业劳动就整个社会来说也都被排斥在必要劳动的范围之外。我认为这个意见是不正确的。马克思不论在说明个别劳动者的劳动怎样区分为必要劳动和剩余劳动时，还是在说明全社会的劳动怎样区分为必要劳动和剩余劳动时，都是把必要劳动理解为生产维持劳动者生存所必要的全部生活资料的劳动。在《资本论》中，他还曾指出这是指"他个人的需要所不可缺少的生活资料"[①]。大家知道，自从工业从农业中分离出来以后，这种生活资料就不仅由农业提供，而且由工业提供。这时候，即使农业劳动者所必要的生活资料，也不能完全由农业生产提供，而必须有一部分由工业生产提供。比如当纺纱织布从农业中分离出来以后，农民生产的棉花就必须经过工人纺成纱，织成布，才能满足穿的需要。因此，棉花、棉纱、棉布作为生活资料来说，生产它们的劳动都是必要劳动，而决不能说生产棉花的农业劳动是必要劳动，生产棉纱棉布的工业劳动就不是必要劳动。这也就是说，生产生活资料的农业劳动和工业劳动，从社会的观点看来都是必要劳动，而非剩余劳动。

关于这一点，马克思也早就明确指出过。他说："必要劳动决不仅仅包含农业劳动。还有别一些生产物，必然会加入劳动者的平均消费内。所以，必要劳动还要把生产这一切生产物的劳动包括在内。……像一部分农业劳动对象化成的生产物，只供奢侈用，或只形成工业的原料，但不当做食品，特别是不当做大众的食品一样，另一方面，一部分工业劳动对象化成的生产物，是充作农业的与非农业的劳动者的必要消费资料。从社会的观点把这

---

① 《资本论》第 3 卷，人民出版社 1956 年版，第 1025 页。

种工业劳动看为就是剩余劳动,是错误的。"① 朱培兴同志把农业以外其他部门的劳动都看成是剩余劳动,正是犯了这种错误。

那么,马克思为什么有时也把农业部门看做就是生产生活资料的部门,把生活资料的生产看做就是农业生产呢?这是因为,在人类社会之初的一个相当长的时期里,社会上只有农业生产部门,所有的生活资料全部就是由农业生产提供的。这时候,农业部门和生产生活资料的部门可以说是一样的。因此,马克思有时这样说也是正确的。但我们现在学习和运用农业是国民经济发展的基础的原理时,就必须注意农业生产和生活资料生产的联系和区别,注意到农业生产本身的发展和社会分工的发展,而不能笼统地把农业生产和生活资料生产完全等同起来,把农业以外的劳动都看成剩余劳动。事实上,马克思虽然有时曾把农业生产看成就是生活资料的生产,但他丝毫也没有忽视它们之间的区别。比如在《资本论》第三卷第829页上,马克思在指出"生活资料的生产,是他们的生存与一切生产一般最先决的条件"之后,紧接着就把"使用在这种生产(指生活资料的生产。——引者)上的劳动"称之为"经济学上最广义的农业劳动",以与一般所说的农业劳动相区别。朱培兴同志把这里的"生活资料的生产"说成就是"指农业生产",他忽视了马克思所说的"经济学上最广义的农业"和一般所说的"农业"是有区别的,因此,我认为他的说明是不符合马克思的原意的。

还需要指出,从社会的观点来看,不仅农业和工业中直接生产生活资料的劳动属于必要劳动,而且生产为这个目的所需要的生产资料的劳动也属于必要劳动。大家知道,任何生产都需要生产资料。一般来说,任何产品的价值都可分为两个部分,一部分

---

① 《资本论》第3卷,人民出版社1956年版,第826—827页。

是转移进去的生产资料的价值，一部分是新创造的价值。就全部生活资料而言，情况也是这样。这些生活资料的价值，要比直接生产它们的那一部分劳动者新创造的价值为大，其差额部分就是转移进去的生产资料的价值。因此，全部生活资料的价值就等于直接生产生活资料的那部分人的劳动新创造的价值加上生产为这个目的所需的生产资料的那部分人的劳动新创造的价值。马克思曾说："我们已经在前面指出，个别劳动者的劳动，怎样区分为必要劳动和剩余劳动；关于工人阶级的总劳动，人们也可以照这样去区分，以致为工人阶级生产全部生活资料（为这个目的所需的生产资料，也包括在内）的那一部分人，是为全社会做必要的劳动。"① 马克思这里括号中的那句话，对于理解农业劳动和必要劳动的关系也是极其重要的，但往往为有些人所忽视。把马克思这里的说明和工农业关系联系起来考察，我们将会了解，在工农业已经分离的情况下，全社会的必要劳动中不仅包括工业中生产生活资料的劳动而且包括工业中生产为生产生活资料所需的生产资料的劳动。这也说明朱培兴同志仅仅把农业劳动看成为全社会的必要劳动是不正确的。

二

在探讨农业是基础这个规律的要求时，我认为有必要提到提高农业劳动生产率的问题。有些同志往往忽视提高农业劳动生产率的问题，朱培兴同志在阐述农业是基础的规律的要求时也没有明确提出提高农业劳动生产率的要求。我认为，农业劳动生产率问题正是农业是基础的最根本的问题。

---

① 《资本论》第 3 卷，人民出版社 1956 年版，第 826 页。

　　大家知道，农业所以是国民经济的基础，其最根本的原因在于它提供人类生存最必需的生活资料。我们通常所说的农业提供粮食、原料、市场、资金、劳动力等作用，都是农业作为国民经济基础发挥作用的具体表现。① 农业要能够充分发挥它在国民经济中的基础作用，最根本的问题就是要提高农业劳动生产率，只有这样，它才能充分发挥提供粮食、原料、市场、资金、劳动力等各种作用。

　　以农业提供粮食和原料的作用来说，有些同志认为只要粮食、原料的总产量增加就行了，农业劳动生产率是次要的。其实，粮食、原料的总产量固然重要，提高农业劳动生产率却更为重要。这不仅是因为增加粮食、原料的总产量从长远来看主要依靠提高农业劳动生产率，而且是因为农业只有向其他部门提供更多的粮食、原料，才能更充分发挥它的基础作用。而农业要能够向其他部门提供更多的粮食、原料，最主要的就是要提高农业劳动生产率。马克思曾指出农业劳动者能向其他部门提供的农产物只能是"他们自身的消费额以上"的"剩余生产物"②，农民自己消费的农产品也是要不断增加的，因此，只有提高农业劳动生产率，才能既提高"他们自身的消费额"，又提高他们提供给其他部门的"剩余生产物"。

　　再以农业提供市场的作用来说。在存在商品生产的条件下，农业是通过商品的形式向其他部门提供农产品的，同时也通过商品的形式向其他部门购买生产资料和生活资料。在这里，农业和工业起着互为市场的作用。农产品的商品率愈高，农业向其他部

　　① 周叔莲：《不能把农业提供劳动力、市场、资金的作用说成是"非基础"的作用》，载《光明日报》1962年10月22日。
　　② 参见马克思《剩余价值学说史》第1卷，人民出版社1957年版，第41页；《资本论》第3卷，人民出版社1956年版，第1025页。

门提供的商品愈多，它向其他部门购买的商品也才能愈多，它作为工业市场的作用也才能愈大，而农产品的商品率归根到底又是受农业劳动生产率决定的。农业劳动生产率愈高，农产品的商品率也才能愈高。由此可见，充分发挥农业提供市场的作用也要求提高农业劳动生产率。

再以农业提供资金的作用来说。农业劳动者创造的国民收入中，一部分作为自己的消费，一部分作为农业本部门的积累，一部分提供给国家。农业劳动生产率愈高，农业创造的国民收入愈多，才愈有可能既增加农民的消费，又增加农业本部门的积累，又增加农业提供给国家的资金。我们通常所说的农业提供资金的作用，指的就是农业为本部门提供积累和为国家提供资金的作用，这种作用显然也是受农业劳动生产率制约的。

农业向其他部门提供劳动力的作用受农业劳动生产率所制约就更为明显。只有在农业劳动生产率提高的基础上，农业部门不需要全部劳动力就能生产出全社会必要的农产品，它才有可能给其他部门提供劳动力。因此，农业劳动生产率提高得快，农业部门用较少的劳动力就能生产更多的农产品，农业部门才有可能向国民经济其他部门提供更多的劳动力。如果农业劳动生产率没有增长或者增长较慢，而社会对农产品的需要却增加很快，这时候，农业部门就不仅不能向其他部门提供劳动力，还需要其他部门向农业部门提供劳动力。所以马克思说："能够投于工商业上面而无须从事农业的劳动者人数……是取决于农业者在他们自身的消费额以上，能够生产多少的农产物。"①

以上我们说明了只有提高农业劳动生产率才能充分发挥农业在国民经济中的基础作用。从人类社会的历史发展看，也正因为

---

① 马克思：《剩余价值学说史》第 1 卷，人民出版社 1957 年版，第 41 页。

农业劳动生产率的提高，农业才愈来愈能够比较充分地发挥它在国民经济中的基础作用。因此，我认为提高劳动生产率也是农业是基础这个规律的要求之一。应该指出，马克思主要也就是从农业劳动生产率的角度来说明农业是国民经济基础的规律的。他说过，"农业劳动（这里包含有单纯采集、狩猎、捕鱼、畜牧的劳动）这种自然发生的生产率，是一切剩余劳动的基础"[①]；他还说过，"实际上，农业劳动的生产率，是一切剩余价值生产的自然基础"[②]。马克思还曾把农业是基础的规律表述为"超越于劳动者个人需要的农业劳动生产率，是一切社会的基础"[③]。大家通常引用的如下一句话，即马克思所说的"社会用来生产小麦和牲畜等等所需要的时间愈少，用来进行其他的生产——物质和精神的生产的时间就愈多"[④]，说的也正是农业劳动生产率问题。因此，我们现在探讨农业是基础这个规律的要求时，是有必要提到提高农业劳动生产率的要求的。

[①] 《资本论》第3卷，人民出版社1956年版，第826页。

[②] 同上书，第1024—1025页。

[③] 同上书，第1025页。

[④] 转引自《马克思、恩格斯、列宁、斯大林论共产主义社会》，人民出版社1958年版，第67页。

谈谈决定社会主义农业扩大再生产的因素问题[*]

　　农业是国民经济的基础,加速实现农业的扩大再生产,对于加速整个国民经济的发展,有着极其重要的意义。

　　决定社会主义农业扩大再生产的有哪些因素呢？有的同志认为,农村人民公社的扩大再生产,首先决定于公积金。按照这种意见,公积金的数量决定着农村人民公社扩大再生产的规模和速度。我认为,这种意见是需要商榷的。本文准备结合公积金,谈谈影响农村人民公社扩大再生产的因素问题。

　　公积金对农村人民公社扩大再生产,是有重要影响的。农村人民公社追加生产资料,在很大程度上决定于公积金的数量,公积金是农村人民公社积累的一个重要部分。积累是扩大再生产的泉源。马克思说:"剩余价值不绝再转化为资本的过程,表现为加入生产过程的资本的量的增大。这种增大,又成为生产规模扩大的基础。"^①我认为,如果撇开资本主义的特点,马克思的这

---

* 原载《光明日报》1963 年 10 月 21 日。

　　① 《资本论》第 1 卷,人民出版社 1956 年版,第 786 页。

一段话，对社会主义农业扩大再生产也是适用的。因此，为了促进农村人民公社的扩大再生产，必须正确处理积累和消费的关系，也必须正确地提取和使用公积金。在考察影响社会主义农业扩大再生产的因素时，注意公积金的作用是完全正确的。

但是，即使就积累和扩大再生产的关系来说，积累虽然是扩大再生产的主要泉源，但绝不是唯一的泉源。马克思曾经多次指出过这一点，他特别指出："在机能资本的量一定不变时，合并在那个资本量中的劳动力，科学，土地（经济学上所说的土地，是指不经人类协力而自然存在的一切劳动对象）等等，也会成为它的可伸缩的能力，而在某种限度内，成为一个与它自身的量相独立的作用范围。"① 在农业生产中，劳动力、土地等等都有重要的作用，如何充分发挥它们的作用，在积累量既定的情况下，使扩大再生产以更大的规模、更快的速度实现，这也是一个值得重视的问题。

问题还在于，影响农业扩大再生产的积累，绝不仅仅是公积金（除公积金外，还有一定数量的劳动积累。同时公积金也并不全部是积累，由于许多农村人民公社不另外提折旧基金，所以公积金中，实际上还包括了折旧基金）。公积金只是影响农业扩大再生产积累的一个因素。因此，也不能把公积金对农业扩大再生产的作用与积累对农业扩大再生产的作用等同起来。

下面，考察一下若干与公积金数量无关，但对农村人民公社扩大再生产有重要影响的一些因素：

第一，国家对农业的投资。在社会主义制度下，国家对农业的投资，对农业扩大再生产有着重要的影响。国家的农业投资，不仅影响国营农场的扩大再生产，而且影响集体所有制的农业企

---

① 《资本论》第 1 卷，人民出版社 1956 年版，第 764 页。

业的扩大再生产。我国从 1952 年到 1958 年，国家用于农、林、水利、气象方面的投资共 74.2 亿元，其中水利投资 49.2 亿元。这些投资对我国的农业扩大再生产，起了重大的作用。

除了国家的农业投资以外，国家对于直接为农业服务的工业、交通运输业、农业科学事业等方面的投资，对农业扩大再生产也有着重要的影响。因此，研究影响社会主义农业扩大再生产的积累时，除了考察公积金外，还必须考察国家对农业的投资。

第二，追加的农业劳动力。劳动力是生产力中最主要的因素。在农业劳动生产率既定的情况下，追加的农业劳动力愈多，农业扩大再生产的规模就愈大，速度也愈快。那么，农村人民公社追加劳动力，是否决定于公积金的数量呢？我认为并不决定于公积金的数量。这是社会主义集体所有制农业企业的一个重要特点。在资本主义企业里，追加多少劳动力决定于追加多少可变资本。在社会主义国营企业里，追加多少劳动力决定于追加多少工资基金；而在社会主义集体所有制的农村人民公社里，追加多少劳动力并不决定于有多少公积金，因为追加劳动力所必须追加的消费基金，并不是由公积金支付的。也就是说，即使在公积金比较少的情况下，农村人民公社也完全可能追加比较多的劳动力，从而以比较大的规模和比较快的速度实现扩大再生产。由于近几年来大力加强农业第一线的结果，我国农村人民公社的劳动力有了迅速的增加，这是加速我国农业扩大再生产的重要因素，是不容忽视的。认为公积金数量决定农村人民公社扩大再生产规模和速度的意见，正是忽视了农村人民公社追加劳动力的特点和它蕴藏着的扩大再生产的巨大潜力。

农村人民公社追加劳动力，不决定于公积金的数量，因为追加劳动力所必须追加的消费基金，不是来自公积金。至于追加劳动力所必须追加的生产资料，那还是受到公积金数量的限制的。

但是，由于当前我国农业生产主要还是手工劳动，技术构成水平较低，追加劳动力必须追加的生产资料较少，因此，即使公积金数量不多，也有可能追加较多的劳动力，从而较快地实现扩大再生产。

从这里的分析可以知道，即使就农村人民公社本身来说，影响它扩大再生产的积累，也绝不仅仅是公积金（以及一部分劳动积累），追加劳动力所必须追加的生活资料，显然也属于积累的范畴，是积累的一个部分，但它并不来自公积金，而是包括在分配给社员的劳动报酬中。这里涉及到农村人民公社中积累和消费的划分标准和范围问题，这是需要另行专门讨论的问题。现在我只是着重指出，研究影响社会主义农业扩大再生产的因素时，必须注意到农村人民公社追加劳动力的特点。

第三，提高劳动利用率。提高劳动利用率对农业扩大再生产也有重要的影响。如果以每个农业劳动力每年生产的农产品来衡量农业的劳动生产率，则提高劳动利用率也就是提高劳动生产率的问题。在农业生产中，由于劳动利用的季节性的特点，以提高劳动利用率来促进扩大再生产的潜力特别大。合作化和人民公社化以来，我国农业劳动力的利用率已有很大的提高，但潜力也还是很大的，特别是如何充分利用农闲季节的劳动力和充分合理利用妇女劳动力的问题，更是研究农业扩大再生产时应该注意的。

提高劳动利用率，在有些场合是必须追加生产资料的，所以受公积金数量的限制，但有些场合就不一定要追加生产资料，从而也就不受公积金数量的限制。比如实行精耕细作，在土地上合理地多用工，就能够增加产量、实现扩大再生产。以浙江省余姚县牟山公社胜利大队中心生产队和十二生产队为例，这两个生产队粮食生产条件基本相同，如果抛开其他因素不谈，单就投工而言，中心生产队每亩耕地用工 38.1 个，每亩生产粮食 964.5 斤，每工生产粮食 25.3 斤，每个折实劳动力生产粮食 6289 斤。十二生产队每亩耕地用工 34.3 个，每亩生产粮食 776.1 斤，每工生产粮食 22.6 斤，每个折实劳动力生产粮食 5445 斤。[①] 我国农业有精耕细作的传统，目前，通过合理多用工来增加农业生产的可能性还是很大的。再如开展多种经营，许多副业生产并不一定需要追加生产资料就能开展起来。比如采集、捕猎以及某些农副产品加工，只要充分利用现有劳动力就可以扩大生产，增加收入，而并不受公积金数量的限制。

第四，合理利用土地。土地在农业生产中有特别重要的作用，通过合理利用土地来实现农业扩大再生产的潜力也特别大。利用土地的潜力在很大程度上也不决定于公积金的数量。比如，在土地上合理多用工就可以增加产量，实际上也是合理利用土地的问题。关于这一点马克思说过："在农业上，没有种子及肥料上面的追加的垫支，耕地是不能扩大的。但那种垫支一旦实行，土地上面的纯机械的加工，也就会在生产物的量的增大上，发生奇异的影响。只要同数劳动者支出了较大的劳动量，那就使不在劳动手段上作新的资本垫支，丰度也会增进。这又是人对于自然的直接作用。无需有新资本的介入作用，那也会成为增大的积累之直接的源泉。"[②] 再如实行合理的耕作制度，也有可能做到不追加生产资料就能增加生产。根据陕西省武功县夏家沟生产大队的调查，种正茬麦时每亩投资 15.7 元，用工 24.2 个，亩产 400 斤。而在种回茬麦时，加前料玉米每亩投资 24 元，用工 47.1 个，亩产反而只有 390 斤。[③] 在这种情况下，只要多种正茬麦，

---

① 参见《浙江日报》1962 年 3 月 15 日。
② 《资本论》第 1 卷，人民出版社 1956 年版，第 757 页。
③ 参见《经济研究》1962 年第 3 期，第 12 页。

就能在不追加生产费用的情况下增加产量，提高劳动生产率。其他如因地制宜地利用沙漠、草原、红壤荒地、盐碱地等等，也都有许多不决定于公积金数量的增产潜力。①

在《资本论》中，马克思曾经指出："总的结论是：劳动力与土地，是财富两个原始的形成要素，资本一经和这两者合为一体，它就获得了一种伸张力。这种力，允许它把它的积累的要素，扩大到那个表面上像是由它自身的大小，由已经生产出来的生产资料（资本就是在这里面有它的存在）的价值与量设定的限界以外。"② 社会主义扩大再生产和资本主义扩大再生产有根本的区别，但马克思的这个结论也启示我们：在考察社会主义农业扩大再生产时，应该特别重视劳动力和土地的作用。

第五，合理利用生产资料。在农村人民公社中，公积金一般用做追加生产资料，因此，追加多少生产资料决定于公积金的数量。即使如此，在充分合理地利用已有的生产资料来实现农业扩大再生产方面，潜力也还是很大的。比如，充分合理利用役畜、大车、农船等开展多种经营，就是挖掘这种潜力的办法之一。随着农业现代化的逐步实现，农村人民公社的机械设备日益增多，如何充分利用这些机械来促进农业扩大再生产，是一个值得注意的新问题。

我们说农村人民公社追加多少生产资料决定于公积金的数量，这是就一般情况而言，不能作绝对的理解。事实上，由于当前我国农业生产还以手工劳动为主，有些生产资料的追加，也并不决定于公积金的多少。比如，只要安排较多的劳动力积肥，土

---

① 参见侯学煜、胡式之《合理利用多种自然条件和资源发展农业》，载《人民日报》1963年4月23日。

② 《资本论》第1卷，人民出版社1956年版，第757—758页。

杂肥的数量就可以显著增加；再如，有些竹木农具，农村人民公社也完全可以组织社员，利用公社自己生产的原材料进行生产，这些都不依赖于公积金的数量。农村人民公社进行的中小型农田水利基本建设，主要也是依靠劳动力，而不是依靠公积金。

第六，采用先进的农业科学技术。先进的农业科学技术，对农业扩大再生产也有着极其重要的作用。马克思说过："在自然丰度相等的各种土地上，这相等的自然丰度能被利用到何种程度，部分地要看农业化学的发展如何，部分地要看农业力学的发展如何。"[①] 马克思还曾预言："农业基础的科学"如"化学，地质学，和生理学"的发展，有可能使"农业生产力的增加，会比工业生产力的增加，相对的更迅速得多"[②]。可见马克思多么重视科学技术对农业扩大再生产的作用。

采用先进的农业科学技术，总的来说是需要有积累的。但是有许多先进的农艺措施，推广起来并不一定需要增加生产费用，农村人民公社只要普遍采用，就能对农业扩大再生产发生重大的作用。比如，选用良种、改进施肥和灌溉方法等等，都是经济有效的增产措施，在不增加生产费用的情况下也能增产。在农业"八字宪法"的每一个方面，都有许多经济有效的先进经验可以推广，即使在公积金比较少的情况下，农村人民公社普遍推广这些先进经验，也能使农业生产迅速增加。

第七，提高农业劳动生产率。从长远来看，社会主义农业扩大再生产，必须依靠提高农业劳动生产率。在农业劳动力既定的情况下，农业劳动生产率提高的程度，决定着农业扩大再生产的规模和速度。有哪些因素影响农业劳动生产率的提高呢？马克思

---

① 《资本论》第3卷，人民出版社1957年版，第851页。
② 参见马克思《剩余价值学说》第2卷，人民出版社1957年版，第269页。

说:"劳动的生产力,取决于多种事情,就中,有劳动者熟练的平均程度,科学及其技术应用的发展程度,生产过程的社会结合,生产资料的范围及作用能力,和诸种自然状况。"① 在这些因素中,有许多是需要有积累才能实现的,特别是增加现代化的农业技术装备,实现农业机械化,这对提高农业劳动生产率有着决定性的作用,的确是需要有大量积累才能实现的。因此,在农村人民公社中,公积金的数量对农业劳动生产率的提高,也的确是有重要影响的。但是,也有一些提高农业劳动生产率的因素,并不决定于积累的数量,比如,在改进劳动组织方面,在充分调动社员的劳动积极性方面,农村人民公社可以做许多工作来提高农业劳动生产率,而这些都是和公积金的数量无关的。也有一些提高农业劳动生产率的因素,不完全决定于或主要不决定于公积金的数量,比如,农村人民公社采用某些先进农业科学技术措施和帮助社员提高熟练程度,等等。

从上面简单的、不全面的说明中,我们已经可以看到,除了公积金以外,还有许多影响农村人民公社扩大再生产的重要因素。其中有些因素在一定条件下,还对农业扩大再生产起着比公积金更为重要的作用。由于这些因素的作用,即使在公积金数量不多的情况下,农村人民公社也完全可能比较迅速地实现扩大再生产。这当然不是说公积金是不重要的,应该再一次指出:公积金对农村人民公社扩大再生产有重要的作用,上面我们虽然没有着重分析这种作用,但它的重要性还是很大的,这可以从分析中看出来。问题在于,如果把公积金数量看成是农村人民公社扩大再生产的决定性因素,那么,就会忽视其他许多影响农村人民公社扩大再生产的重要因素,就会对农村人民公社扩大再生产的规

---

① 《资本论》第 1 卷,人民出版社 1956 年版,第 12 页。

模和速度，作出不正确的结论。这是不利于从多方面挖掘潜力，来促进农村人民公社的扩大再生产的。

最后还需要指出，改进农村人民公社生产队的经营管理，对于从各方面挖掘潜力，迅速实现农业扩大再生产，有着极其重要的意义。因为只有改进经营管理，农村人民公社才有可能充分利用劳动力，合理利用土地和生产资料，正确采用先进农业科学技术和迅速提高农业劳动生产率。也只有改进经营管理，才有可能在增加生产、增加收入的基础上增加公积金，并且正确地使用公积金，充分发挥它对扩大再生产的作用。现在，由于贯彻执行了党的一系列方针政策，我国农村人民公社已经走上了健康发展的道路。随着集体经济的进一步巩固、发展和经营管理工作的进一步完善，农村人民公社集体经济的优越性必将得到进一步的发挥，这是我国农业扩大再生产能够迅速实现的最主要的因素。

科学·技术·生产力[*]

1975 年的夏秋之际，中国科学院写了一个关于科技工作的《汇报提纲》。这是为了整顿被"四人帮"搞乱了的科技战线，落实毛泽东同志关于"把国民经济搞上去"的指示，实现周恩来同志在四届人大提出的四个现代化宏伟目标的有力措施。可是，"四人帮"出于破坏社会主义建设的罪恶目的，连篇累牍地发表文章，竟攻击这个《汇报提纲》是大毒草，还把其中关于"科学技术也是生产力"，"科研要走在前面，推动生产向前发展"这些马克思主义观点，污蔑为"修正主义"，甚至造谣说，马克思没有提过科学技术是生产力。"四人帮"贬低和否定科学技术在建设社会主义中的重要作用，造成极为严重的恶果。对于"四人帮"在这方面的罪行，必须进行批判。

一　科学技术不是生产力吗?

根据马克思主义的理论，技术是直接的生产力，科学则是

＊　原载《光明日报》1977 年 5 月 30 日。

"知识底形态上"的生产力，它能够转变为"直接的生产力"①。

什么是技术？它是人类在改造自然的斗争中积累起来的生产操作方法和劳动技能以及体现这种操作方法和劳动技能的生产工具与其他劳动手段。概括起来说，技术一般包括生产工具、劳动技能和操作方法。马克思主义把社会生产力看做是由生产物质资料时所使用的生产工具和因有相当生产经验和劳动技能而能掌握生产工具的人等要素构成的。生产工具和劳动技能之属于生产力，是十分明显的。

科学（这里讲的是自然科学）和生产力又是什么关系呢？就科学是自然规律的知识体系而言，它是自然规律在人们头脑中的反映，是一种思想的因素，它只有转化为物质力量，才能成为变革自然、取得物质资料的现实能力。因此，仅仅存在于"知识底形态上"的科学，还不是现实的生产力。但是，科学可以转变为现实的生产力。大家知道，自然并没有制造出任何机器、汽车、火车、飞机，这些都是人类制造出来的。人类所以能制造出这些，是认识和利用自然规律的结果，亦即科学发展的结果。科学一经应用，就转变为现实生产力了。马克思说：机器等劳动手段的发展表明，"一般的社会知识、学问，已经在多么大的程度上变成了直接的生产力"②。机器不仅是人的体力的物化，同时又是人的智力和科学知识的结晶。正是由于科学能够直接应用于现实生产中，大量地转变为直接的生产力，所以，革命导师不仅把技术，而且把科学也看做是生产力。马克思多次说过科学是

---

① 马克思：《政治经济学批判大纲（草稿）》第3分册，人民出版社1963年版，第358页。

② 同上。

生产力。他说："另一种不需资本家花钱的生产力是科学力量。"① "生产力里面当然包括科学在内。"② 科学是"一般社会生产力"③。马克思把科学看做一种在历史上起推动作用的革命力量，原因就在于科学能够转变为直接的生产力。而且随着现代化大生产的发展，科学技术越来越大量地转变为现实的生产力了。

我们知道，在手工生产中，科学只是处于附属地位，生产主要是依靠经验进行，技术进步也主要依靠经验的积累。从产业革命时代起，科学开始积极参与技术的变革。最早的蒸汽机，就是自觉地应用气体力学原理的结果。马克思说：机器大工业"要求以自然力来代替人力，以自觉应用自然科学来代替从经验中得出的成规"④。以后，一系列科学发现被发展成为许多新的工业部门，原来的工业也在科学发展的基础上逐步进行了彻底的改造。最新的现代化技术，如电子技术、自动化技术、原子能技术、计算机技术、空间技术、有机合成技术等等，无一不是自觉运用科学研究成果的产物。在这些新技术的基础上，建立了重要性日益增长的电子工业、计算机工业、原子能工业、航空工业、合成材料工业等新兴工业部门。离开了现代科学技术，现代化的工农业生产是无法想象的。

马克思早就指出，科学的发展水平和它在工艺上应用的程

---

① 马克思：《政治经济学批判大纲（草稿）》第4分册，人民出版社1964年版，第25页。

② 马克思：《政治经济学批判大纲（草稿）》第3分册，人民出版社1963年版，第350页。

③ 马克思：《剩余价值论》，载《马克思恩格斯全集》第26卷（I），人民出版社1972年版，第422页。

④ 马克思：《资本论》，载《马克思恩格斯全集》第23卷，人民出版社1972年版，第423页。

度，是决定生产力的因素之一。随着大工业的发展，"整个生产过程不是直接依靠劳动者底技巧，而是科学在技术上的应用"①。参加生产过程的除了机器之外，还有愈来愈多的强大的动能如蒸气、电力等等，其效果也是"决定于一般的科学水平和技术进步程度或科学在生产上的应用"②。我们讲科学技术也是生产力，正是根据马克思主义的一系列教导，说明科学技术对于发展社会生产力的重要作用，从而强调要十分重视我国科学技术事业的发展，这有什么错呢？"四人帮"这样猖狂攻击又是对着谁呢？不难发现，其矛头是指向马克思主义的。

二 肯定科学技术的作用就是否定劳动群众的作用吗？

"四人帮"把科学技术的作用和劳动群众的作用对立起来，胡说肯定科学技术的作用就是否定劳动群众的作用，就是否定马克思主义关于人是生产力的决定因素的原理。

肯定科学技术的作用不仅不是否定劳动群众的作用，相反，正是肯定劳动群众的作用。因为，科学技术正是劳动群众创造的。当然，我们也要承认专业科学技术工作者在科学技术发展中的作用。他们是主要从事脑力劳动的劳动者，他们是生产力的人的因素中一个不可忽视的因素。没有他们同劳动群众一起共同努力，科学技术和生产力的高速度发展是根本不可能的。

马克思主义认为劳动者是首要的生产力，是生产力的决定因素，因为劳动群众有无限的创造力，生产力的客观因素是由

---

① 马克思：《政治经济学批判大纲（草稿）》第3分册，人民出版社1963年版，第349页。

② 同上书，第356页。

他们发明创造和掌握、驾驭的。这种创造能力和能动作用，不仅表现为体力的，而且表现为脑力的。在旧社会，本来是劳动大众创造的科学技术，却被一小撮剥削者据为己有，变成压榨劳动者的手段。在社会主义制度下，劳动人民成了生产资料的主人，也成了科学技术的主人。掌握了自己命运的工农劳动者不但应该而且可能充分发挥自己的积极性和创造性，把高度的劳动热情同高度的智慧结合起来，创造比资本主义高得多的劳动生产率。

"四人帮"贬低科学技术的作用，把科学技术的作用和劳动群众的作用对立起来，决不是要强调劳动群众的作用。在他们这伙唯心主义和唯我主义者眼里，何曾有过劳动群众，他们的目的不过是要扼杀广大群众搞科学研究和技术革新的积极性，剥夺群众为革命钻研科学技术的权利。在他们看来，科学技术只能是地主资产阶级知识分子的专利品，而工农大众永远只能从事体力劳动，也就是他们提倡的"宁要没有文化的劳动者"。这分明是对劳动人民的无耻污蔑，哪里有一点重视劳动群众作用的影子！

"四人帮"还说什么肯定科学技术的作用就是否定生产实践的作用，这种谬论更是不值一驳。马克思主义从来认为，科学技术的产生和发展是由生产决定的，科学技术的进步又促进生产的发展。生产实践是科学知识的源泉，是检验科学知识的标准。但是，科学虽然是以生产实践为基础，生产实践的经验还不就是科学。科学要把生产实践的经验加以总结和概括，使之上升为理论，然后来指导生产实践。这里还有一个科学实验的作用问题。毛泽东同志曾明确指出，科学实验也是一种社会实践，而且它是生产实践所不能代替的。"四人帮"把科学技术的作用和生产实践的作用对立起来，不过是为破坏我国社会主义科学技术和生产建设多找个借口而已！

三　肯定科学技术的作用就是"科学救国论"吗？

"四人帮"还胡说，肯定科学技术的作用就是否定社会主义现阶段还存在阶级斗争，就是否定实行无产阶级专政的必要性，就是"科学救国论"的翻版。这纯属是无耻的造谣，恶毒的诽谤。

一讲科学就说是否定阶级斗争，就说是否定无产阶级专政，这是一种什么逻辑？难道社会主义不要科学？作为一个中国的科学院，不准谈科学技术，还要它干什么用呢？我们这里说科学技术是生产力，讲的是科学技术在生产力中的地位和作用问题，讲的是如何发展我国的科学事业，更好地为我国的社会主义建设服务，为建立和发展无产阶级专政的物质基础服务的问题。毛泽东同志 1955 年《在中国共产党全国代表会议上的讲话》中说："只要我们更多地懂得马克思列宁主义，更多地懂得自然科学，一句话，更多地懂得客观世界的规律，少犯主观主义错误，我们的革命工作和建设工作，是一定能够达到目的的。"毛主席的指示是多么明确啊！"四人帮"散布各种谬论，故意把科学技术在生产力中的地位和作用同阶级斗争、无产阶级专政这样两个根本不同的问题硬扯在一块儿，混淆起来，这就充分暴露出他们妄图把科技战线上广大热爱祖国、愿意为人民服务、为社会主义服务的科技工作者打成无产阶级专政对象的险恶用心。

肯定科学技术的作用也绝不是什么"科学救国论"。"科学救国论"是旧中国一些人鼓吹过的一种"理论"，他们不主张根本改革旧中国的经济基础和上层建筑，有的人还主张维护这种反动腐朽的经济基础和上层建筑，幻想通过发展科学技术来"救国"，来解决社会问题。他们既然反对改变旧社会的生产关系和政治制度，当然不能解决任何社会问题，也就谈不到"救国"，而且科学技术的发展也必然受到重重的阻碍。因此，这种"理论"是错误的，甚至是反动的。但这和我们肯定科学技术的作用有什么相干呢？我们是在完全不同的前提下主张发展科学技术的：一是已推翻了帝国主义、封建主义、官僚资本主义的统治，建立了无产阶级专政；二是已建立了社会主义生产关系；三是在马列主义、毛泽东思想指导下，坚持无产阶级专政，坚持社会主义道路。"四人帮"把这也说成是"科学救国论"的翻版，不是诽谤，又是什么呢？

毛泽东同志《在中国共产党全国代表会议上的讲话》中指出："我们进入了这样一个时期，就是我们现在所从事的、所思考的、所钻研的，是钻社会主义工业化，钻社会主义改造，钻现代化的国防，并且开始要钻原子能这样的历史的新时期。"毛泽东同志在《做革命的促进派》中又教导我们要"养成学习的习惯。学什么东西呢？一个是马克思列宁主义，一个是技术科学，一个是自然科学"。我们一定要遵循毛泽东同志的教导，努力钻研科学技术，努力发展科学技术，努力实行技术革新和技术革命，为加速我国实现科学技术的现代化，为推动我国工业、农业、国防的现代化，为在本世纪末赶上和超过世界先进水平而贡献力量。

运用价值规律,发挥社会主义企业的积极性、主动性[*]

一 社会主义企业必须"自动化"

最近大家都在议论社会主义制度有没有优越性的问题。有的同志问:"说社会主义制度优越,为什么经济发展没有资本主义快?"有的同志对社会主义制度的优越性产生了怀疑。彻底解决这些问题和怀疑,有待于社会主义建设的实践。马克思主义政治经济学的任务则是要不断总结实践经验,从理论上回答这个问题。我们不仅要回答社会主义制度有没有优越性,而且要指明社会主义制度优越性在哪里,以及如何充分发挥这些优越性。

对于了解人类历史发展的人们来说,社会主义制度较之资本主义制度具有优越性,是显而易见、非常清楚的。马克思分析了资本主义生产方式的基本矛盾,即社会化生产和资本主义占有的矛盾,指出这个矛盾必然导致资本主义制度的灭亡和社会主义制

---

[*] 本文写于 1979 年 2 月,曾在一些会议上宣读过。原题目为《运用价值规律,实现社会主义企业的"自动化"》。

度的产生，可见社会主义制度代替资本主义制度是不依人们意志为转移的客观规律。在资本主义制度下，社会化生产和资本主义占有的矛盾表现为无产阶级和资产阶级的对立，表现为个别工厂中的生产的组织性和整个社会的生产的无政府状态之间的对立。在社会主义制度下，这些矛盾不再存在了。从这里就可以看到，社会主义制度是有优越性的。

问题在于，社会主义制度的优越性并不像有些人所想象的那样，随着社会主义制度的建立就能自然而然地发挥出来。首先，有一个何谓社会主义的问题。大量事实表明，我们过去对社会主义的理解，很多是不正确的，按照这种理解建立的社会主义经济体制，往往违背了社会主义原则。其次，随着生产力的发展和人们认识的提高，社会主义制度还有一个不断完善的过程。再次，即使解决了以上两个问题，社会主义制度优越性的发挥也有赖于人们的主观努力，即需要采取一系列必要的措施来充分发挥这些优越性。

根据我国和其他社会主义国家的经验，充分发挥社会主义制度优越性需要解决的一个重要问题，甚至可以说是关键问题，是必须使社会主义企业充分发挥积极性、主动性，也就是使企业"自动化"。我们通常说要发挥企业的积极性，其实仅仅是积极性还不够，还要有主动性。所谓企业"自动化"，就是企业时时刻刻发挥主动性，努力发展社会主义生产，满足整个社会及其社会成员的需要。而不是依靠国家行政机关来推动企业前进，推一推，动一动，不推则不动。企业自动化了，才能经常发挥主动性，它的积极性也才能持久地有效地发挥作用。

社会主义企业是社会主义经济的基层组织，是组织社会主义生产、流通、分配的基本单位。我们的经济发展速度要超过资本主义国家，就必须充分发挥社会主义企业的作用，使它的生产搞得比资本主义企业更加多快好省。由于废除了生产资料私有制,消除了无产阶级和资产阶级的对立,有可能克服整个社会的生产无政府状态,因此在客观上,社会主义企业发展生产比资本主义企业有更多有利的条件。但是,这种客观上的有利条件并不足以保证社会主义企业在生产上必然超过资本主义企业。如果我们不注意发挥企业的作用,如果企业没有主动性、积极性,那么,不仅这些有利条件不能发挥作用,而且社会主义企业的生产会差于资本主义企业。当前我国人民经济中存在的许多严重问题,如经营管理混乱、产品花色品种少、质量差、浪费严重、劳动生产率低、利润少以及基本建设战线长、投资效果差等等,正是这样造成的。

要使社会主义企业发挥主动性、积极性,就必须承认它的相对独立性,这是使它具有自动化的前提条件。毛泽东同志在《论十大关系》中就提出了"工厂在统一领导下的独立性问题",他指出:"各个生产单位都要有一个与统一性相联系的独立性,才会发展得更加活泼。"社会主义企业的相对独立性包括生产技术、经营管理、经济利益等方面的内容。有些书籍和文章只承认社会主义企业在生产技术和经营管理上的独立性,而不承认它在经济利益上的独立性,即不承认企业有自己的经济利益,这是不正确的。其实,经济利益上的独立性才正是社会主义企业相对独立性的核心内容。我们要使企业作为组织生产流通分配的基本单位,便不能不承认它在生产技术、经营管理和经济利益上的一定的独立性。但是,我们却往往忽视这种独立性,特别往往忽视企业经济利益上的独立性,有时甚至全盘否定了企业有自己的经济利益,因而造成了极其严重的恶果。为了克服这种情况,我们必须强调企业的独立性,特别是要强调企业在经济利益上的独立性。毛泽东同志在提到企业的独立性时也特别提到要给企业"一点利益"。不承认社会主义企业有自己的经济利益,是不可能使它有主动性的。

这里涉及社会主义经济和社会主义企业发展生产的动力问题，这是当前迫切需要研究和解决的问题。而对于这个问题，历来是有争论的。一切主张社会主义的人都认为社会主义制度是有发展动力的，一切反对社会主义的人则认为社会主义制度没有发展动力或没有强大的发展动力。例如，欧文就说："财产公有制比引起灾祸的财产私有制具有无比优越性。"[①] 认为在以公有制为基础的公社制度下，生产力可以无限发展，产品将大大增加，不会再出现产品销售不出去的经济危机。李嘉图则说："像欧文所说的那种社会说它能繁荣并且生产的东西会比任何时候用同样数量的人所生产的还多，如果人们努力是靠社会利益，而不是靠私人利益来刺激的话——试问凡是思想健全的人，有谁能相信欧文的话呢？"[②] 马克思和恩格斯在《共产党宣言》中曾批判了那种认为公有制会带来懒惰的观点，指出："有人反驳说，私有制一消灭，一切活动就会停止，懒惰之风就会兴起。""这样说来，资产阶级社会早就应该因懒惰而灭亡了，因为在这个社会里是劳者不获，获者不劳的。"[③] 可见，那种认为社会主义经济缺乏发展动力的观点，是完全错误的。但是，如何使社会主义企业具有强大的动力来发展生产，却仍是有待研究探索的问题。

有一种流行的意见认为，阶级斗争是社会主义企业发展生产的动力。这种意见在理论上是错误的，在实践上是有害的。建立在生产资料公有制基础上的社会主义生产关系，消灭了剥削，不再是无产阶级和资产阶级的关系，在这种情况下，怎么能说阶级

---

① 《欧文选集》下卷，第15页。
② 转引自卢森贝《政治经济学史》第2卷，第388页。
③ 《马克思恩格斯选集》第1卷，人民出版社1972年版，第267页。

斗争是发展生产的动力呢？诚然，在社会主义现阶段还存在阶级矛盾和阶级斗争，这种矛盾和斗争在企业中也会有所反映，但是在一般情况下它们不占重要地位，更非主要矛盾，因此也决不会成为发展生产的动力。在不存在或基本上不存在无产阶级和资产阶级对立的社会主义企业中搞什么阶级斗争，而且把它作为发展生产的动力，其结果必然不是发展生产，而是破坏生产。

另一种流行的意见认为，社会主义基本经济规律是社会主义企业发展生产的动力。这种意见也需要商榷。诚然，社会主义基本经济规律决定了社会主义生产的目的是满足整个社会及其成员日益增长的需要，这是社会主义社会发展生产的强大动力。但是，社会主义基本经济规律没有涉及企业的经济利益问题，更没有解决企业利益和整个社会利益之间的关系问题，而离开了企业的经济利益，是不可能解决企业发展生产的动力问题的。而且，过去有一种看法认为社会主义公有制建立后，社会主义基本经济规律的要求就能自动地实现。这种看法也是不正确的。社会主义基本经济规律只是表明一种必要性和可能性，即社会主义生产应该而且可能在高度技术基础上不断增加、不断完善，应该而且可能满足社会经常增长的物质和文化需要，而并非是说它会自然而然地实现。事实上，社会主义基本经济规律的实现还有赖于社会主义企业的努力，因而也有赖于解决企业发展生产的动力问题。

还有一种意见认为，按劳分配是社会主义企业发展生产的动力。这种意见也有不妥之处。由于按劳分配能够调动劳动者的积极性，因此它确实也是社会主义社会发展生产的一个动力。但是，按劳分配涉及和解决的是劳动者和企业或劳动者和社会的关系，它没有涉及和解决企业和社会的关系因而也没有涉及和不能解决企业的经济利益问题，即没有涉及和不能解决企业利益和社会利益的关系问题。而且，由于按劳分配是通过企业贯彻实行的，只有企业的经济利益得到承认和保证，按劳分配也才有可能充分实现。因此，也不能说实行按劳分配就解决了社会主义企业发展生产的动力问题。

我们认为，社会主义企业发展生产的动力问题，说到底还是一个利益问题。要使社会主义企业有发展生产的巨大动力，就要使它既为整个社会利益而生产，又为本企业及其职工的利益而生产。这是社会主义社会生产力的水平和生产关系的性质所决定的。为此，就必须做到：第一，承认企业有自己的利益；第二，在服从整个社会的利益的前提下，把企业利益和社会利益正确地结合起来，同时把劳动者个人利益和企业利益正确地结合起来；第三，把企业利益和企业的经营管理密切结合起来，使企业利益多少决定于它主观努力。总之是要做到，使企业所做的对社会有利的事情，对本企业也有利；对本企业有利的事情，对社会也有利；而且企业愈是努力发展生产，对本企业也就愈是有利，从而对社会也就愈是有利。这在社会主义制度下不仅是非常必要的，而且是完全可能的。

为了使企业能够为整个社会和本企业的利益努力发展生产，还必须让企业有必要的权力。毛泽东同志在《论十大关系》中说："把什么东西统统都集中在中央或省市，不给工厂一点权力，一点机动力的余地，一点利益，恐怕不妥。"虽然他说"一点"是说轻了一些，但毕竟尖锐地提出了企业的独立性问题。我们体会，这也是为了解决企业发展生产的动力的。

毛泽东同志提出社会主义企业的独立性问题已经20多年了，但这个问题一直没有得到解决，至今企业还缺乏主动性、积极性，更没有自动化。为什么会造成这种情况呢？一个重要原因在于，政治经济学社会主义部分中一整套反对企业独立性的观点还统治着我们的理论和实践。这套观点集中反映在斯大林指导下由苏联科学院经济研究所编写的《政治经济学教科书》中。该书对社会主义国营企业的特点是这样概括的:"第一,国营企业中的社会主义的生产关系是最成熟、最彻底的。""第二,国营企业的产品是社会主义国家的财产,是按国家机关规定的手续和价格实现的。""第三,在归全民所有制的国营企业中,归工人个人消费的那一部分社会产品,以工资形式付给工人。国家预先规定单位制品或单位工时的劳动报酬的固定标准。""第四,社会主义国家直接领导属于国家的企业,通过自己的代表,即由有关的国家机关任免的企业经理管理这些企业。"[①] 这里既否定了企业应该有自己的利益,又否定了企业应该有自己的权力,还否定了企业应该由自己来管理。不仅如此,该书还把这样的国营企业称之为最成熟最彻底的社会主义生产关系,也就是说这是不可更改的。这不是完全否定了社会主义企业的独立性吗?

应该指出的是,该书的这些观点在我国一直流传到现在。1976 年 6 月出版的《政治经济学讲话》(社会主义部分)说:"无产阶级专政的国家对国营经济实行集中统一领导","国营企业的生产资料,非经上级主管机关的批准,不得自由转让给别的企业或单位;国营企业的生产和经营,必须服从国家的统一计划;国营企业所需要的生产资料的采购、产品的调拨和销售、劳动力的增加或减少,以及职工的工资标准,都必须遵照国家的统一规定,而不能自由处理;国营企业的赢利,必须上缴给国家统一支配和使用。"[②] 1978 年 6 月出版的《政治经济学》(社会主义部分)说:"社会主义全民所有制是由无产阶级国家代表全体

[①] 苏联科学院经济研究所编:《政治经济学教科书》下册,人民出版社 1955 年版,第 427—428 页。

[②] 《政治经济学讲话》(社会主义部分),人民出版社 1976 年版,第 50 页。

劳动人民占有生产资料的一种所有制形式"，"是社会主义公有制的高级形式"。首先，它的生产资料和劳动产品"直接由无产阶级国家""在全社会范围内统一调拨"。其次，"国营企业由国家直接领导，生产经营完全按照国家计划进行，企业领导人由国家任命和委派"。最后，国营企业职工的"工资标准由国家根据整个社会生产发展水平和政治经济情况统一制定，职工的工资收入与本企业的生产水平无关"[①]。根据这套理论，又怎么能允许企业有独立性呢？而这却是至今被一般人公认为正确的理论，其中有些观点甚至是我们批判林彪、"四人帮"修正主义经济理论的出发点。

还应该指出的是，苏联《政治经济学教科书》虽然在论述社会主义生产资料公有制时否定了企业的独立性，但在其他一些场合还是承认甚至强调了企业独立性的某些内容的。例如，该书修订第三版中写道："社会主义企业中的工作者从物质利益上关心自己的劳动成果，是社会主义生产发展的动力。"[②]"彻底采用经济核算，彻底运用按劳分配的经济规律，把劳动和个人的物质利益同社会生产利益结合起来，在争取国家工业化的斗争中起了重要的作用。"[③]"国营经济的纯收入（利润）当中，归企业自行支配的部分不断增加。这样，企业纯收入（利润）在使企业扩大生产（增加流动资金，保证基本建设基金），改进生产，奖励企业工作者，提高他们的物质和文化生活水平等方面的意义越来越大。这就使企业及其全体工作者从物质上更加关心经济而有

---

① 吉林师范大学、北京师范学院：《政治经济学》（社会主义部分），人民出版社1978年版，第43—44页。

② 苏联科学院经济研究所编：《政治经济学教科书》下册（修订第三版），人民出版社1959年版，第51页。

③ 同上书，第371页。

效地利用资金,提高生产的赢利。"① 该书关了前门,开了后门,矛盾重重,当然是不能解决企业独立性问题的,但不能不认为这里引用的有些观点是正确的。然而我们在不断宣传该书错误观点的同时,却又把它一些正确的观点说成是"错误观点",给扣上"分配决定论"、"物质刺激"、"经济主义"、"个人主义"等等帽子。有些同志对该书的错误观点提出不同意见,主张扩大企业的权益,充分发挥企业的作用,则又被认为是"鼓吹资本主义自由化","妄图复辟资本主义"等等。后来林彪、"四人帮"就利用了我们这些理论上的错误,把它推到极端,甚至胡说"强调经济利益"就是"修正主义",反对给予企业任何经济利益,从根本上否定了企业的独立性,完全扼杀了企业的积极性,使我国国民经济到了崩溃的边缘。

我们现行的经济管理体制基本上是在斯大林关于社会主义理论的指导下形成的。如上所说,斯大林指导下编写的《政治经济学教科书》从根本上来说是否定社会主义企业的独立性的,在这种理论指导下形成的管理体制,当然不可能保证企业的独立性,不能充分发挥企业的积极性,更谈不上使企业自动化。为了在今后的经济管理体制改革中使企业有必要的独立性,为它的自动化创造前提条件,我们必须批判一切否定和忽视企业独立性的错误观点,特别要批判那些当前还流行的根深蒂固的错误理论。

二 充分发挥价值规律的作用才能使企业"自动化"

要使社会主义企业自动化,必须依靠价值规律,充分发挥价

---

① 苏联科学院经济研究所编:《政治经济学教科书》下册(修订第三版),人民出版社1959年版,第557页。

值规律的作用。

我们主张承认企业的独立性，就是为了充分发挥价值规律对企业生产的促进作用。如上所说，企业有自己的利益，才会主动努力搞好生产，企业有自己的权力，才有可能努力搞好生产。这样，企业才有必要和可能利用价值规律来发展生产。因此，说企业独立性是企业自动化的前提条件，也就是说它是价值规律充分发挥作用的前提条件。

很早以前，有些同志就提出要充分发挥价值规律对社会主义企业生产的促进作用。例如，孙冶方同志在 1956 年发表的《把计划和统计放在价值规律的基础上》一文中就指出："在商品经济中，价值规律""随时提醒落后的生产者要他努力改进工作，否则便要受到严酷的惩罚；也随时鼓励先进的生产者并给他丰实的奖赏，要他继续前进。它是赏罚分明，毫不留情，不断督促落后者向先进者看齐。""我们应该肯定说，通过社会平均必要劳动量的认识和计算来推动社会主义生产的发展——价值规律的这个重大作用，在我们社会主义经济中非但不应该受到排斥，而且应该受到更大重视。"① 虽然孙冶方同志主要是从计划和统计的角度提出这个问题的，而且没有解决社会主义制度下价值规律充分发挥作用的机制问题，但他在那时就提出这个现在迫切需要解决的问题，而且 20 多年来一直坚持这个观点，确实是十分可贵的。20 多年来的经验教训表明，孙冶方同志的这个观点是正确的。

但是，孙冶方同志的正确观点不仅没有受到应有的重视，而且受到不应有的责难。许多人（包括我在内）曾指责孙冶方同

---

① 孙冶方：《把计划和统计放在价值规律的基础上》，载《经济研究》1956 年第 6 期。

志"鼓吹资本主义自由化"，"宣扬修正主义"，认为发挥企业的主动性、积极性应该依靠加强行政领导和加强政治思想教育。这种意见还长期被认为是天经地义的。现在，我们的社会主义建设经过了曲折的过程，有必要也有可能根据历史经验，来重新探讨究竟应该怎样发挥企业主动性，实现企业自动化的问题了。

依靠加强行政领导能不能充分发挥企业的主动性、积极性呢？事实证明是不可能的。长时期以来我们是依靠加强行政领导来管理企业的，但我们一直未能发挥企业的主动性。这绝不是偶然的。第一，行政领导就是靠外力来推动企业，因此，它没有解决也不能解决企业本身的动力问题。第二，企业的情况千差万别，上级机关是不可能把企业所有的活动全部管起来的，如果管起来，势必犯瞎指挥的错误，而不管起来，企业又缺乏推动力，两者都不利于企业发挥积极性。第三，行政单位的性质和任务不同于经济组织，企业的生产活动单纯依靠行政单位推动，必然造成按"政府意志"、"长官意志"办事，造成机构重叠、会议成灾、公文泛滥、官僚主义严重、经济效果很差，使社会主义管理变成手工业式的甚至封建衙门式的管理。这样，又怎么可能使企业发挥主动性、积极性呢？

依靠加强政治思想工作能不能充分发挥企业的主动性、积极性呢？事实证明也是不可能的。我们对于政治思想工作不可谓不重视了，但也一直未能解决企业主动性、积极性的问题。这也不是偶然的。有人认为经过政治思想工作，职工觉悟提高了，企业就能自动地搞好社会主义生产了。殊不知，第一，生产的动力归根到底是利益，而不是思想，加强政治思想工作有利于解决利益问题，但不能代替利益问题。离开利益来空谈思想教育，更完全是一种主观唯心主义。第二，人的思想总是受物质条件制约的，在当前生产力条件下，企图仅仅通过思想教育使人们都能自觉搞好社会主义生产，完全是一种空想。第三，思想工作和经济工作是不同的，如果进行每项经济活动前都要依靠思想工作来解决思想问题，这又怎么能使企业自动化呢？

列宁早就说过："经济工作在性质上不同于军事、行政和一般政治工作。"① 管理社会主义经济，科学的行政方法当然是必要的，但必须以经济方法为主，把科学行政方法和科学经济方法结合起来。那种依靠加强行政领导和加强政治思想工作的主张，实际上都是主张单纯或主要依靠行政方法来管理社会主义经济。这一套理论和实践是搞不好经济工作的，是绝对不能使企业自动化的。

所谓用经济办法管理经济，主要就是依靠价值规律，充分发挥价值规律在社会主义经济中的作用，使企业自动地发挥积极性、创造性。事实表明，在社会主义经济中，只要充分发挥价值规律的作用，就能够促进社会主义生产迅速发展。即使我们过去时刻提防着价值规律的消极作用，不敢让它充分发挥作用，但只要我们对它稍加利用，也就取得了显著的效果。最明显的例子表现在经济核算制的作用上。我国第一个五年计划期间比较认真地实行了经济核算制，虽然这种制度还远不完善，但由于它在一定程度上使企业的利益和企业的经营状况直接结合起来，为价值规律发挥作用创造了条件，因此就调动了企业的主动性、积极性，使得国民经济得以较快的发展。以后我们破坏了经济核算制，违背了价值规律的要求，国民经济也就受到了严重的损害。60年代初期我们又恢复了经济核算制，价值规律又有了发挥作用的条件，国民经济又得到了迅速的恢复和发展。例如，鞍山钢铁公司1961年起恢复和完善了经济核算制，1962年产品质量普遍提高，

---

① 《列宁全集》第33卷，人民出版社1957年版，第8页。

原材料消耗大幅度降低,全年可比产品成本比上年降低11.17%,流动资金周转比计划加速23天,利润率比上年提高11%。又如,上海第一钢铁厂1962年针对质量差、消耗高、人员多、劳动生产率低、成本高等问题,恢复了经济核算制,结果也改善了经营管理,增加了企业赢利。1962年比1961年可比产品成本下降30%,钢的合格率提高1.07%,转炉钢全部消灭了二级品,优质钢的比重提高20.1%,全员劳动生产率提高40.67%,以钢计算的全员实物劳动生产率(炼铁、钢材除外)增长33.88%。当时全国开展了节省"一厘钱"运动,取得了巨大成绩,这也是价值规律作用的生动表现。"文化大革命"以后,由于林彪、"四人帮"的干扰破坏,经济核算制被破坏无遗(有些企业的经济核算制名存实亡),严重挫伤了企业和职工的积极性,从而使国民经济濒于崩溃的边缘。这也从反面说明,破坏价值规律发生作用的条件,不让价值规律发生作用,会带来什么样的后果。

近些年来,有些地区利用"大集体"所有制的形式,使工业生产得到了迅速的发展,从中也可以看到价值规律的作用。例如,常州市"大集体"工业的生产发展比国营工业快得多。1965年到1977年,工业产值、税收和利润、全员劳动生产率的年平均速度,国营工业分别为11.8%、10.6%和6.7%,而"大集体"工业则分别为18.3%、15.7%和13.4%。就物质技术条件来说,"大集体"工厂许多方面不如国营厂,如设备落后,管理基础差,原材料供应缺乏保证,分配不到大学毕业生和技术人员,按规定得不到国家投资。为什么"大集体"工业发展反而快呢?一个重要原因在于"大集体"工厂不像国营工厂那样由国家包下来,而是实行自负盈亏的,加上国家对"大集体"工厂的管理不如对国营工厂那样死,地方和企业有较多的主动权,这就为价值规律发挥作用提供了较为有利的条件。由于"大集体"企业发生亏损要影响地方的利润分成，影响企业的存在和发展，影响职工工资的发放和调整，这就促使他们精打细算，讲究经济效果，企业有主动性，职工有"奔头"，发展生产的干劲比较足，艰苦奋斗的精神比较好。"大集体"工厂灵活性大，适应性强，调整生产比较快，对增加品种、发展新产品、实行专业化协作、改善经营管理比较积极，因此经济效果也比较好。1977 年全市"大集体"企业每万元固定资产的产值是 480 元，比国营企业的 287 元多 67%；每万元固定资产的利润是 64 元，比国营企业的 32 元多 1 倍；每万元产值的利润是 13 元，比国营企业的 11 元多 18%。

众所周知，在资本主义制度下，价值规律曾对企业发展生产起着决定的作用。资本家是为利润而生产的，利润是资本家发展生产的动力。但是，正是价值规律的作用，才促使资本家努力改善企业的经营管理，不断采用新技术，提高劳动生产率，以及通过其他办法来取得最大限度的利润的。马克思说：在资本主义社会里，由于价值规律的作用，"生产方式和生产资料总在不断变更，不断革命化；分工必然要引起更进一步的分工；机器的采用必然要引起机器的更广泛的采用；大规模的生产必然要引起更大规模的生产。""这是一个规律，这个规律一次又一次地把资产阶级的生产甩出原先的轨道，并迫使资本加强劳动的生产力，因为它以前就加强过劳动的生产力；这个规律不让资本有片刻的停息，老是在它耳边催促说：前进！前进！"① 可见，正是价值规律的作用使得资本主义企业自动化的。

在一些人的传统观念里，往往只看到资本主义企业自动化的消极面，认为它毫无可取之处，并用它来反对利用价值规律使社

---

① 《马克思恩格斯选集》第 1 卷，人民出版社 1972 年版，第 375 页。

会主义企业自动化。这种看法，至少是不全面的。诚然，在资本主义社会里，企业自动化是生产无政府状态和经济危机的重要原因。但是，难道不正是企业的自动化才使得资本主义社会像用魔术一样唤醒了沉睡在社会劳动里的生产力吗？资本主义企业自动化的直接结果是生产力的蓬勃发展，是科学技术的突飞猛进，如果社会主义企业不能自动化，社会主义经济是不可能比资本主义经济更快发展的，社会主义制度是不可能最终战胜资本主义制度的。而我们现在最缺少的不正是企业自动化吗？

问题还在于，社会主义生产是商品生产，而"价值规律正是商品生产的基本规律"①。马克思说的价值规律对资本主义生产的促进作用，如果我们抽象掉资本主义生产关系的特点，对社会主义生产也是适用的。孙冶方同志曾这样描述过价值规律对发展生产的作用："发展生产的秘诀就在于如何降低社会平均必要劳动量，在于如何用改进技术、改善管理的办法使少数落后企业的劳动消耗量（包括活劳动和物化劳动），向大多数中间企业看齐，使大多数的中间企业向少数先进企业看齐，而少数先进的企业又如何进一步提高。落后的、中间的和先进的企业为了降低社会平均必要劳动量水准而不断进行的竞赛，也就是生产发展社会繁荣的大道。"② 只有让价值规律在社会主义制度下发挥这种作用，社会主义生产才能迅速发展。因此，我们必须依靠价值规律，即正确地认识和利用这个规律，创造条件充分发挥这个规律的作用，使社会主义企业自动化，促进生产迅速发展，社会日趋繁荣。也正因为如此，我们需要借鉴资本主义企业自动化的经

---

① 《马克思恩格斯选集》第 3 卷，人民出版社 1972 年版，第 351 页。

② 孙冶方：《把计划和统计放在价值规律的基础上》，载《经济研究》1956 年第 6 期。

验，研究和学习资本主义企业是如何在价值规律的作用下实现自动化的。

有的同志可能提出这样的问题：为什么不依靠社会主义基本经济规律和国民经济有计划按比例发展规律来使社会主义企业自动化呢？我们认为，依靠这两个规律是不可能达到企业自动化的目的的。前面说过，社会主义基本经济规律的要求并不能自动地实现。国民经济有计划按比例规律的要求也是如此，只有企业自动地而又正确地发挥社会主义积极性、创造性，才能顺利实现社会主义基本经济规律和国民经济有计划按比例发展规律的要求。我们主张社会主义企业自动化，正是为了保证实现这两个规律的要求。应该指出，社会主义企业必须按照社会主义基本经济规律和国民经济有计划按比例发展规律的要求办事，如果不按照这两个规律的要求办事，社会主义企业的社会性质就变了，就不成其为社会主义企业了。但企业的性质和企业的自动化是有区别的两回事。由于社会主义企业的生产是商品生产，要使社会主义企业自动化，就必须而且只能依靠价值规律的作用。

也有同志会问：既然要依靠价值规律的作用使社会主义企业自动化，那么还要不要限制价值规律的作用呢？我们认为，这要具体分析价值规律的作用。对于价值规律所起的不利于社会主义生产的作用，当然应当采取措施加以限制，但是决不应该限制价值规律促进社会主义生产的作用。价值规律并非注定要对社会主义生产起消极作用，只有在一定条件下，而且主要是由于我们没有正确认识和利用它，才会发生消极作用。我们过去笼统地强调限制价值规律的作用，结果严重限制了价值规律促进企业生产的作用，因而吃够了苦头。1978 年 10 月下旬奥地利维纳尔公司总经理参观了杭州录音机厂、收音机厂、电视机厂及扩音机厂，认为这些工厂的机械设备大部分能达到 1968 年前后的国际水平，

有些设备还是很先进的,但没有充分利用。如杭州扩音机厂有
20套新式的音响测试仪(估计每套至少值3.5万美元,即使在
联邦德国或奥地利,也并非每个工厂都有这种设备),但没有充
分利用,平均每天只有两套在工作,其余都闲着,使他感到十分
可惜。他说:"所以会发生这种情况,主要原因是工厂的经济核
算制度不健全,否则,工厂负责人一定要千方百计地使机器运
转。如果本厂任务完成了,就要找其他工厂的加工订货,以增加
收入。这样,就能解决有的工厂因为没有活儿干而机器停转,有
的工厂却缺乏机器而完不成任务的奇怪现象。"他的意见是正确
的,而经济核算制度所以不健全,却正是由于错误地限制价值规
律作用的结果,这样势必造成我们极其缺少的先进机械设备也不
能充分发挥作用。又如1978年10月11日,法国克鲁索—卢瓦
尔公司代表参观了我国第一重机厂,认为该厂规模可观,设备
好,加工能力很强。但他指出:"你们工厂人太多了,人浮于
事。工人在工作时间看报,还可以随便离开岗位,这在法国是不
允许的。要搞好管理,人非减不可。""你们搞全能厂,既不好
管理,又极不经济。"针对该厂露天放着大量毛坯和钢锭,铸钢
车间放着1.7米热连轧机的17片机架,代表们说:"你们积压了
这么多东西,太浪费了。在法国,厂长就撤职了,资本家受不
了。在你们国家里,人民也受不了啊。问题出在'计划经济'
上,计划多变等于没有计划,没有计划还叫什么管理。我们是
'市场经济',事先对市场作调查,厂长作计划,以需定产,不
需要的就不生产,同用户直接订货,按合同组织生产。而你们的
厂长却无权决定自己的生产计划,无权同用户直接见面,那要厂
长干什么?"他们的意见反映了一个真理:由于限制了价值规律
促进企业生产的作用,使得企业不去精打细算地节约人力物力的
消耗,不去努力搞好经营管理,实行专业化协作,提高劳动生产

率。严重的是，以上外国人指出的问题我国目前还是相当普遍地存在着。

纵观历史，限制价值规律促进生产的作用必然对生产力的发展起消极作用。例如中世纪的行会制度，虽然开始曾经起过保护手工业发展的作用，但由于对手工业者的劳动力、工具机械、技术措施和产品规定了种种限制，终于严重地束缚、阻碍了生产力的发展。再如，资本主义发展到帝国主义阶段后，垄断资本限制了竞争的作用，也严重地阻碍了生产和科学技术的发展，成为帝国主义腐朽性的一个重要表现。第一次世界大战以后，许多资本主义国家的公司相继普遍采用"分权的事业部管理体制"，即在公司内部划分各个事业部，由它们独立经营，单独核算。这也就使价值规律在公司内部发挥作用，促进生产的发展。美国通用汽车公司从1920年开始就实行这种制度，事业部在公司统一领导下，有权在一定限额内进行固定资产投资，采用自己认为最好的措施来利用流动资金。只要能完成公司规定的任务，事业部可以自行安排生产计划，决定所需零部件和供应品的来源。有些零部件虽然公司内部其他部门也有生产，但如其价格高于市场价格或质量不如其他供应者，事业部有权不在公司内部购买而向外界供应者采购。由于为价值规律在公司内部充分发挥作用创造了条件，因而促使各事业部努力提高产品质量、增加产量、降低成本、扩大销路、争取最高利润。日本丰田汽车公司实行的产销分立制度，即汽车工业公司和汽车销售公司各自独立经营，独立核算，自负盈亏，也是为了能够充分发挥价值规律的作用。这种体制在发展生产上，也取得了较好的效果。

过去我们之所以没有充分发挥价值规律的作用，以致现在有人还有意无意地反对这样做，是和思想上受一些传统观点的束缚，理论上存在着禁区分不开的。因此，这里也有一个解放思想、破除迷信的问题。

一种非常流行的传统观念认为，价值规律对社会主义生产只起影响作用，不起决定作用。按照这种认识，价值规律被说成只能作为计划工作的工具，而不能作为计划工作的依据。受这种观念的束缚，我们当然不能充分发挥价值规律的作用，更不可能依靠价值规律的作用使企业自动化了。但是，既然社会主义生产是商品生产，而价值规律又是商品生产的基本规律，那么怎么能否认价值规律对社会主义生产的决定作用呢？斯大林提出要区分价值规律对生产的调节作用和影响作用，这有其合理的地方，但也引起了极大的混乱。以价值规律对社会主义国民经济计划的作用来说，与资本主义社会不同，社会主义制度下价值规律有可能被人们自觉用来为计划经济服务，它不再自发地调节劳动在各部门的分配。但是，既然社会制度下劳动还表现为价值，那么价值规律也就对国民经济计划起着决定作用（这并不排斥其他社会主义经济规律的决定作用），在制定国民经济计划即在各个部门分配劳动时，就必须考虑价值规律的这种决定作用，也就是必须以价值规律为依据。因此，决不能根据价值规律作用的形式不同而否认它对社会主义国民经济的决定作用。我们所以必须把价值规律作为计划工作的工具，就是因为它对国民经济计划起着决定作用，它是计划工作的依据。否则，价值规律就变成可以遵守也可以不遵守的了。这样，所谓价值规律是计划工作的工具，也就变成了一种实用主义的理论。再以价值规律对社会主义企业生产的作用来说，由于生产中消耗的劳动必然表现为价值，只有通过价值才能计算和监督劳动的消耗，才能促进企业不断提高劳动生产率，生产更多更好的产品来满足社会日益增长的需要，可见价值规律在这里也起着决定的作用，因而也不能说它只起影响作用而不起决定作用。价值规律对社会主义生产起着决定作用，这正是我们需要充分发挥价值规律的作用、利用它使企业自动化的理论和事实依据。

　　一种与上述观点联系在一起的同样非常流行的传统观念认为，社会主义全民所有制内部流通的商品只具有商品的外壳，实质上已经不是商品。这就是斯大林在《苏联社会主义经济问题》中提出的观点。束缚于这种观点，当然要否认价值规律对社会主义生产的决定作用。事实上，把这种观点发挥彻底，就应该完全否认价值规律在全民所有制内部的作用，应该否认在这里存在价值规律。但是，斯大林又不能不承认价值规律的存在及其某些作用。这是斯大林关于社会主义商品生产和价值规律的理论在逻辑上的矛盾，它表明这一理论是不完整的，有缺陷的，有错误的。

　　斯大林这一理论的出发点是，只有在两种所有制之间交换的产品，亦即通过交换改变所有权的产品才是商品。但是，实际情况比这复杂得多。例如，当资本主义公司实行事业部独立核算时，事业部之间交换的产品虽然是同一公司内部的交换，依照斯大林的说法并不改变所有权，但它却是地地道道的商品。在全民所有制内部各个企业之间交换的产品也是如此，为什么全民所有制内部企业之间交换的产品也是商品呢？我们认为，这是由于企业具有相对的独立性，即由于企业是有自己利益的相对独立的经济主体。斯大林说到集体农庄的产品是商品时说过："集体农庄只愿把自己的产品当做商品让出去，愿意以这种商品换得它们所需要的商品，现时，除了经过商品的联系，除了通过买卖的交换以外，与城市的其他经济联系，都是集体农庄所不接受的。"① 否则，就是剥夺集体农庄。这话在原则上不同样适用于全民所有制企业吗？如果在全民所有制企业之间不实行商品交换，那就势必侵犯企业的利益，从而也就破坏企业的独立性，这就违背社会

---

① 斯大林：《苏联社会主义经济问题》，人民出版社1952年版，第12页。

发展的最基本的规律——生产关系一定要适合生产力性质的规律。斯大林把两种社会主义公有制形式的并存作为社会主义商品生产的原因,本来应该否认全民所有制内部存在商品生产,但他又不否认全民所有制内部交换的消费资料是商品,这也是他逻辑上不一致的地方。

斯大林还把所有制理解得过分狭窄,甚至把它理解为法律规定的所有权。而马克思主义则把所有制理解为生产关系的总和。马克思有句名言:给资本主义所有制下定义,不外是把资产阶级生产的全部社会关系描绘一遍。全民所有制企业既然有独立性,因此就不能因为它们是全民所有制而否定它们之间存在商品生产和商品交换的关系。斯大林还说:"商品是这样一种商品,它可以出售给任何买主,商品所有者在出售商品之后,便失去对商品的所有权,而买主则变成商品的所有者,他可以把商品转售、抵押或让它腐烂。"①并据此得出国营企业的生产资料不是商品的结论。但是,出售生产资料的企业正是由于失去了商品的所有权得到了货币,购买生产资料的企业则失去了货币而得到了商品的所有权,怎么能说国营企业之间交换的生产资料不是商品呢?可见,斯大林在这里的混乱是多重的。

人们时常引证马克思主义经典作家的话来证明建立起单一的全民所有制后商品生产就会消灭。诚然,马克思、恩格斯、列宁说过这样的话,他们设想过社会主义将要消灭商品生产。但是,这仅仅是设想而已。实践是检验真理的最终标准,社会主义制度下商品生产的命运究竟如何,这最终是要由实践来解决的。而依据迄今为止社会主义各国的实践,商品生产不仅存在着,而且发展着,在看得见的时期内,消灭商品生产是不可能的。而且,马

---

① 斯大林:《苏联社会主义经济问题》,人民出版社 1952 年版,第 41 页。

克思也设想过未来的社会是存在商品交换的。在《政治经济学批判大纲（草稿）》中，马克思在指出资产阶级社会既不同于资本主义前的各种社会形态，又不同于未来的社会时指出："私人交换一切劳动产品、能力和活动，不但和以个人互相间自发的或在政治上的支配关系与隶属关系为基础的分配制度不相容（不论这种支配关系与隶属关系所具有的性质是家长制的、古代的或封建社会的都一样，因为当时真正的交换只是附带进行的，或者大体说，并未涉及全部社会生活，毋宁说是在不同的社会之间进行的，根本没有征服全部生产关系和交换关系），而且也和在共同占有和共同控制生产手段这个基础上联合起来的个人所进行的自由交换不相容（后一种联合决不是可以任意妄为的事情，它是以物质的条件和精神的条件底发展为前提的）。"①"在共同占有和共同控制生产手段这个基础上联合起来的个人所进行的自由交换"，这不也包含着全民所有制内部的商品交换吗？马克思还说："如果我们在当前的社会里面没有在隐蔽的形态下发现无阶级社会所必需的种种物质生产条件以及与其相适应的种种交换关系，那么任何进行破坏的尝试，都是堂吉诃德式的愚蠢行为。"②我们体会这也是说未来社会存在着和资本主义社会类似的交换关系，而它们和前资本主义社会那种以"政治上的支配关系与隶属关系为基础的分配制度"是不相容的。这不也是指的商品交换吗？我们知道马克思是批判地继承了空想社会主义的。欧文设想的"理性的社会制度"是以公社为基层单位的。每个公社一般有1000—3000人，每个社员平均有土地1—2英亩，公社有计

---

① 马克思：《政治经济学批判大纲（草稿）》第1分册，人民出版社1975年版，第95—96页。

② 同上书，第96页。

划地组织生产,以农业为主,同时兼营工业。公社生产的产品主要是自给,交换只在公社之间进行。空想社会主义者欧文也设想共产主义公社之间需要进行交换,这种设想难道不比否认社会主义企业之间存在商品交换的意见更加合理吗?

三　价值规律发挥作用的机制

怎样充分发挥价值规律对企业生产的促进作用呢?为了解决这个问题,需要研究价值规律发挥作用的机制,并在改革经济管理体制时,为价值规律发挥这种作用创造一切必要的条件。

一般来说,建立在私有制基础上的商品生产中,价值规律是自发地发挥作用的。例如,小商品生产者和资本家为了取得最多的收入和利润,必然努力用尽可能少的劳动消耗生产尽可能多的商品。这样就为价值规律自发发挥作用提供了必要的条件。但是,即使在私有制社会里,由于经济制度和政治制度不同,价值规律的作用也是不同的。例如,价值规律的作用在自由资本主义时期和在垄断资本主义时期就不同,在政府采用放任政策时和采取干涉政策时也不一样。因此,资产阶级经济学为了资本主义的利益,也在研究价值规律发生作用的机制,并不断调整有关的体制和政策。

建立在公有制基础上的社会主义制度为掌握和利用价值规律提供了有利的条件,但是,国家所有制却使得价值规律不再自发发挥作用了。如何充分发挥价值规律对企业生产的促进作用,就更为重要和更为复杂了。应该承认,我们的经济科学和经济政策迄今还没有解决这个问题。

有些社会主义国家曾经实行过所谓供给制的经济管理体制,这就是取消企业的相对独立性,企业的生产、分配都由国家统一安排，完全负责。企业生产什么，由国家自上而下地规定：企业生产的产品，不管是否符合需要，都由国家统购包销；企业生产所需的物资，都由国家供应，企业的收支也由国家负责，赢利全部上缴国家，亏损由国家补贴。这种经济体制完全取消了商品生产，从而也就取消了价值规律存在和发挥作用的前提条件。苏联在十月革命胜利以后，由于缺乏经验，特别是为残酷的战争环境所迫，曾经实行过这种制度。我国革命根据地也曾经实行过这种制度。前几年由于林彪、"四人帮"的干扰破坏，我国经济核算制度名存实亡，实际上实行的也是这种制度。事实充分表明，由于这种制度违背了社会主义时期生产力和生产关系的要求，破坏了价值规律发挥作用的一切条件，因而必然阻碍和破坏生产力的发展。

列宁总结了供给制的教训，早在 1921 年就提出社会主义企业必须实行经济核算制。他说："我们不应当规避独立会计……只有在这个独立会计的基础上，才能建立经济。"① 又说："各个托拉斯和企业建立在经济核算制基础上，正是为了使他们自己负责，而且是完全负责，使自己的企业不亏本。"② 毛泽东同志1942 年也曾指出：必须"建立经济核算制，克服各企业内部的混乱状态。"③ "一切农工储运商业实行企业化，建立经济核算制度，各企业工作人员及雇员的伙食、被服、薪金由各企业自给，不得再由公家负担。"④ 他并且根据当时的条件，提出了经济核算制的主要内容。新中国成立后毛泽东同志又多次指出，社会主义企业必须实行经济核算。如前所说，由于实行经济核算制，才

---

① 《列宁全集》第 33 卷，人民出版社 1957 年版，第 84 页。

② 《列宁全集》第 35 卷，人民出版社 1959 年版，第 549 页。

③ 《经济问题和财政问题》，中原新华书店 1949 年版，第 81 页。

④ 同上书，第 134 页。

保证了我国社会主义企业的生产得以比较迅速地发展。

列宁在开始提出经济核算制时就指出它和商品生产、价值规律的必然联系。他说:"国营企业实行所谓经济核算,同新经济政策有着必然的和密切的联系,在最近的将来,这种形式即使不是唯一的,也必定会是主要的。在容许和发展贸易自由的情况下,这实际上等于国营企业在相当程度上实行商业原则。"① 列宁在另一处还曾指出经济核算就是商业原则。② 经济核算制所以能促进企业生产,就是因为它在一定程度上承认了企业的独立性,使企业有自己的经济利益和经济权力,使它既有发展生产的动力,又有搞好生产的条件,为价值规律发挥作用提供了必要的条件。

但是,我们现在的经济核算制还没有完全解决价值规律发生作用的机制问题。为了使价值规律能够充分发挥对企业生产的促进作用,有必要总结实行经济核算制的经验教训,采取措施使之进一步完善。从我国实行经济核算制的历史和目前的状况看,它由于存在以下几方面的缺陷,因而限制着价值规律充分发挥作用。

第一,企业职工的收入和本企业的经营好坏没有紧密的联系。我国国营企业职工的工资标准是由国家统一规定的,不决定于本企业经营状况,企业经营好坏不影响职工的工资。职工的奖金和集体福利也和企业经营好坏没有很紧密的联系。例如,现行国营企业提取企业基金的办法规定:凡是全面完成国家下达的年度计划和供货合同的工业企业,可以按年度职工工资总额5%的比例提取企业基金,此项基金主要用于职工集体福利方面。又规

---

① 《列宁选集》第4卷,人民出版社1972年版,第583页。
② 同上书,第582页。

定：企业的主管部门为单位汇总计算，其直属企业盈亏相抵以后的赢利超过国家计划部分，可以分别不同行业的情况，提取超计划利润的 5%—15% 作为企业基金，归主管部门掌握使用，其中 50% 用于奖励超额完成利润指标的企业。这种按职工工资总额和以主管部门为单位提取企业基金的办法，都不能使职工收入和企业经营直接地紧密地联系起来，从而不能完全解决企业办好办坏一个样、赢利亏损一个样的状况。因此，从这里看，现行制度仍没有解决企业的利益问题，即没有保证企业及其职工从改进经营中得到应有的利益。

应该强调指出，我们所主张的是职工的收入应该和本企业的经营直接挂起钩来，经营好，赢利多的，职工收入应该多些，经营差、赢利少的，职工收入应该少些。这样，才能促使职工从切身利益关心企业生产，促进生产发展。有些企业借口增加职工收入，不管经营好坏给职工竞发奖金，甚至有的奖金总额超过了利润，亏损的也发奖金。这样做是错误的，不能起到促进生产的作用。

第二，企业的再生产和本企业经营好坏没有紧密的联系。虽然经济核算制规定企业应该有独立的资金，但是我们从来又规定国家有权调拨企业的生产资料和产品，而且企业的折旧基金长时期内是上缴国家预算的，至今还有相当一部分上缴。这样，企业的简单再生产也不完全决定于本企业的经营，往往由于国家的干预而得不到保证。企业的扩大再生产更不决定于本企业的经营状况。企业的基本建设投资历来采取的是预算拨款的办法，即企业利润扣除企业基金后全部上缴国家预算，企业扩大再生产的支出，另由国家预算拨款。有一段时间企业曾实行利润留成，即留给企业一定比例的利润，除可以用于企业奖励基金外，企业经常的、零星的扩大再生产的支出，如"四项费用"（技术组织措施费、新产品试制费、劳动安全保护费、零星固定资产购置费)等也由利润留成抵补。但同时还规定,留给企业的利润,应以满足规定的抵补项目所需要的支出为限度。因此,也并没有解决企业再生产和本企业经营好坏结合起来的问题,而且很快也就取消了。

现在,许多同志已经重视职工收入必须和企业经营状况紧密结合起来的问题,但对企业再生产必须和企业经营状况紧密结合起来的问题,则还缺乏足够的认识。但是,如果不使企业的再生产和企业经营好坏结合起来,那么,即使做到了使职工当年的收入和企业经营好坏结合起来,也不能保证使职工长期的收入和企业经营好坏结合起来,从而也不能使职工关心企业今后长时期的生产建设。

第三,企业缺乏独立经营所必要的权力。企业作为独立经营者,在决定产供销方面,在处理人财物方面,是应该有独立自主权的,这样才有可能把企业管理好。但是,我国国营企业却一直缺乏这种独立自主权。从产供销方面看,即使在比较严格实行经济核算制的时期,也是由国家决定产供销,企业只能按照上级行政机关的命令办事。从处理劳动力看,企业不能由于发展生产的需要而自行增加劳动力,也不能由于劳动生产率的提高而自行减少劳动力。从处理资金看,企业对于自有资金也无权自行处理,例如,对于留归企业支配的折旧基金和利润,也严格规定了使用的范围,不准不按规定的范围使用。从处理物资看,对于拨给使用的生产资料和生产出来的产品,企业也不具有一个独立经营者所应有的权力。这些都是"供给制"的管理方法,"自然经济"的管理方法。

企业的权力是和企业的利益联系着的。企业没有必要的权力,其利益也就没有保证。企业的权力、利益也是和企业的责任联系着的，企业要担负自己的责任，就必须有自己的权力和利益，否则，责任也是要落空的。特别是，企业权力作为企业独立性的重要内容，也是社会主义商品生产赖以存在和发展的前提条件，损害企业的权力，必然损害社会主义商品生产。而且，企业具备必要的权力，也才有可能充分利用价值规律的作用。

第四，企业的领导多，负担重。现在企业普遍反映"婆婆"多，办事困难，"苛捐杂税"重。北京清河毛纺厂反映：该厂产量指标由纺织部下达，产值指标由市计委下达，劳动生产率指标由市劳动局下达，成本、利润指标由市财政局下达。各主管部门都按照上边分配的指标，再分配到企业身上，结果八项指标互相矛盾，使企业左右为难。包头钢铁公司反映：该厂是双重领导，条块结合，有事找"条条"，"条条"叫找"块块"；找"块块"，"块块"又叫找"条条"，企业为既姓"冶"（冶金部）又姓"包"（包头市）感到为难。林吉化学工业公司反映：近几年来，企业的社会负担越来越重，花费企业不少人力、物力、财力，严重影响了生产。一是各方面都向企业借人和摊派任务，二是城市许多服务性工作都要企业来承担，三是办子弟学校和安排知识青年上山下乡等工作也给企业增加不少负担。许多企业反映：现在是社会不管企业的事，企业却管社会的事。这种情况，固然和林彪、"四人帮"打乱了社会经济秩序有关，同时也是现行经济管理体制的必然结果。它严重地束缚着企业的手脚，挫伤了企业的积极性，从而也使得企业无法充分利用价值规律的作用。

根据以上情况，为了充分发挥价值规律促进企业生产的作用，使企业自动化，必须从以下两个方面采取措施。一方面，进一步完善经济核算制，创造条件实行企业自负盈亏制度；另一方面，整个经济管理体制实行相应的变革，保证企业自负盈亏制度的顺利实现。

过去我们通常把全民所有制企业的经济核算制概括为独立核算、自计盈亏,而不说它是自负盈亏。其实,自负盈亏正是严格实行经济核算制的要求,只有实行自负盈亏,才能做到像列宁所说的那样使企业对其经营"自己负责,而且是完全负责",使企业职工的收入以及企业的扩大再生产决定于本企业经营的好坏,并使企业具有独立经营的条件和权限。只有实行自负盈亏,企业也才名副其实地成为商品生产和商品流通的独立经营者,而这也正是价值规律充分发挥作用的最重要的条件。

企业实行自负盈亏以后,和现行的经济核算制度比较,将发生如下一些重要变化:

第一,企业在经营上有必要的独立自主权。例如,企业在国家长远规划和年度计划的指导下,有权根据自己的实际条件,同其他单位签订合同,在合同基础上,编制本企业的长远发展规划和年度生产、销售计划。有权按照用户和市场需要的变化,调整计划,并向主管部门备案。上级部门下达和调整计划,必须经过供产销综合平衡,凡是没有原材料、燃料、动力和销路保证的空头产值、产量指标,企业有权拒绝接受。企业并有权拒绝来自任何单位、任何个人的任何形式的摊派和抽调资金、人力、设备等"苛捐杂税",对由此造成的经济损失,企业有权要求赔偿。由于企业有了经营上的独立自主权,因此就有可能按照社会和市场的需要搞好生产和经营管理。

第二,企业在使用资金上有必要的独立自主权。企业有权使用国家拨付的固定资产;有权将多余闲置的固定资产出租,经主管部门批准,可以有偿转让,其收入可用于企业的设备更新和技术改造。企业有权使用国家拨付的流动资金,有权向银行贷款;有权使用利润留成部分的资金,有权使用固定资产折旧基金。有权将银行贷款和利润分成、折旧基金合并用于设备更新和挖潜改造。企业使用国家的资金应缴纳资金占用税。国家对企业多余闲置的以及利用率过低的设备、厂房要提高征收的税率。国家对企业的流动资金实行定额信贷办法，定额部分低息，超额部分高息。实行这些措施，将促使企业节约资金，提高设备利用率，加速流动资金周转，提高资金的经济效果。

第三，企业在使用物资上有必要的独立自主权。例如，企业有权将降低原材料消耗节余下来的物资，同有关单位互通有无。这将鼓励企业努力降低原材料消耗，减少物资积压浪费，提高物资使用的经济效果。

第四，企业在使用劳动力上有必要的独立自主权。例如，企业有权根据国家规定，按照择优录取的办法招聘录用职工；有权根据生产发展的需要精简职工；有权对职工奖励和惩处，对严重违法乱纪的有权除名。这样做，将鼓励企业努力节约活劳动的消耗，提高劳动生产率，并促使职工努力提高技术，加强组织性、纪律性，搞好生产。

第五，企业在销售产品上有必要的独立自主权。例如，企业有权按照规定，在完成国家统一分配计划和供货合同后，自行销售非统购包销的产品；企业生产的新产品可以自行试销；企业有权申请向国外推销自己的产品；凡经上级有关部门批准，有出口产品的企业都可按照国家规定取得外汇分成，这笔钱可以用于在国际市场上购置企业必要的原材料和设备。这些措施将有利于克服企业产销脱节现象，并促使企业积极生产新产品和可以赚取外汇的产品，并努力提高商品在市场上的竞争力。

第六，企业在分配上有必要的独立自主权。企业有责任和义务按期缴纳各种税金和应上缴的利润，企业由于经营得好而得到的超额利润，应有更多的部分留给企业。留归企业的利润，企业有权按照国家规定自行处理,职工有权分享一部分利润。经营管理好、成本低、赢利多的企业,职工的工资奖金标准可以高一些,升级面可以大一些。企业基本建设所需资金逐步由企业自有资金解决。这样做,将使职工收入和企业扩大再生产同本企业经营状况直接联系起来,从而增强职工对企业生产和基本建设的关心。

要使企业具有以上这些独立自主权,必须对现有企业进行整顿和改组,要淘汰那些不应该继续存在或不能继续存在的企业,并为它们找到适当的出路。否则,许多企业是不具备自负盈亏的条件,同时不应享有、不能享有以上独立自主权。

我们有一种传统观念,认为全民所有制企业不能实行自负盈亏,一提自负盈亏就是私有制经济或资本主义企业。看来,这种观点没有分清各种自负盈亏的本质区别。在私有制条件下,企业的盈亏是由企业主承担的,那种"盈亏",是生产资料私有制的表现。在社会主义制度下,这种私有制的"盈亏"已经不存在了。此外,全民所有制企业的自负盈亏和集体所有制企业的自负盈亏也有原则区别。在后一场合,自负盈亏是集体对于生产资料所有权的表现;而全民所有制企业的自负盈亏,则是社会主义按劳分配原则和物质利益原则的要求,是严格实行经济核算制的要求,其"盈亏"是企业集体劳动的结果,和企业占用的生产资料没有联系,因此它和全民所有制的原则并不矛盾,而且正是社会主义全民所有制生产关系的表现。可见,全民所有制的自负盈亏和私有制或资本主义制度下的自负盈亏,以及和集体所有制企业的自负盈亏,都是不能等同起来的。

全民所有制企业实行自负盈亏解决了企业发挥主动性、积极性的最主要的问题,但并没有解决所有的问题。大家知道,集体所有制的农村人民公社生产队历来就是自负盈亏的,但它们的经营自主权仍往往不被尊重，受到破坏，因而严重影响了农业生产的发展。因此，不能认为企业自负盈亏就解决了它发挥主动性、积极性的一切问题了。为了保证企业自负盈亏的顺利实现并取得应有的效果，还要求相应地对整个国民经济管理体制进行改革。

在企业管理体制方面，要改变对企业实行多头领导和主要是用行政办法进行领导的状况，每个企业只能有一个主管单位，主管单位对企业必须承担相应的经济责任。要按照企业产供销的性质和范围来决定企业的隶属关系，中央部门直属企业按照国家规定向地方缴纳税金和利润，使地方经济利益同企业经营好坏挂起钩来。对地方管理的企业，中央有关部门要在发展规划、生产技术方面给以指导和支持。要从实际出发，根据经济合理的要求，按行业组织全国性的或地区性的专业公司、联合公司，也可以跨行业组织综合利用资源的公司和生产技术服务、生活服务公司。所有公司必须是名副其实的经济组织，对自己的经营活动负全部责任。

在计划管理方面，要扩大企业的计划权限，以保证企业在经营上有必要的独立自主权。计划要由下而上逐级平衡。企业制定计划的原则是以销定产，编制计划的基础是经济合同，国家计划应该建立在企业计划的基础上，克服目前那种从上而下压任务、压指标导致供需脱节、产销脱节的现象。

在财政管理体制方面，要改变统收统支的办法，保证企业经营好利润多的，利润留成也多，职工收入也多，克服把企业由于经营好而多得到的利润统统收上来的情况。当前，由于价格不合理，各行业在利润上苦乐不均，应该创造条件合理调整工业品内部的比价，或采取其他恰当的措施，如通过不同的税率调节企业的利润水平和规定不同的利润留成比例。也可以考虑用所得税的形式把一部分企业纯收入收归国家，余下的作为利润全部归企业支配，使企业和职工的收入同本企业经营状况结合得更紧。应该建立中央和省、市、自治区两级财政，合理划分中央和地方的收支范围，允许有些地区靠自己发展生产、改善经营先富起来，以充分发挥地方的积极性。

在物资管理体制方面，要承认社会主义制度下生产资料也是商品，改变由国家统一分配物资的办法，按照商品流通的规律来组织物资供应。要逐步改变统购包销制度，使产品的供销建立在合同制的基础上，物资供应部门必须企业化，成立专门的和地区的物资供应公司，实行经济核算，自负盈亏。现在有些地区和部门利用行政权力阻碍商品的正常流通，例如，有些物资消费单位直接向生产单位购买更为合理，却规定一定要经过物资部门，物资部门只是开一张发票，却收很高的手续费。有些地区私设检查站阻止传统向外地销售的物资外销。这些现象必须制止。

在基本建设管理体制方面，要扩大企业的基本建设权限，使企业的基本建设和企业的利益紧密结合起来。企业有权根据需要和可能提出基本建设项目，经有关部门批准后列入国家计划，改基本建设拨款为贷款，实行还本付息，逐步做到现有企业的基本建设投资主要靠自有资金解决，自有资金不够的，可以向银行贷款。国家可以通过利息率、税收率、利润分成比例等经济杠杆调节基本建设，督促企业搞好基本建设，提高投资效果。

由上可知，企业实行自负盈亏涉及整个经济管理体制的变革，是一项极其重要、极其艰难的改革。实现这个变革首先要在理论上、原则上取得一致的认识，同时要解决实行的办法步骤等问题。这些都需要经过周密的调查研究，并接受实践的检验。在实践过程中，难免会有缺点错误，但我们要尽量少犯错误，这就要求我们像列宁一再教导的那样，"七次量衣一次裁"，既积极又慎重地做好这项工作。

调整的方针是扎扎实实前进的方针[*]

当前，全国人民面临着调整国民经济这一十分繁重和艰巨的任务。我们要用大约三年时间调整国民经济比例，同时着手改革经济管理体制，继续整顿现有企业，把整个经济工作的水平大大提高一步，使我国国民经济进入持久的、按比例的、高速度发展的轨道。

一　必须把被林彪、"四人帮"破坏了的比例关系调整过来

粉碎"四人帮"两年多来，在党中央的正确领导下，经过全国人民的努力，我们在各方面取得了巨大的成绩。我国国民经济恢复和发展的步子是比较快的，在 1977 年增长的基础上，1978 年工农业总产值和财政收入又有较大幅度的增长。在生产恢复和发展的基础上，工人、农民的收入也有所增加，生活也有所改善。这是有目共睹、举世公认的事实。

但是，也必须看到，目前我国国民经济中还存在不少困难和

---

* 原载《财贸战线报》1979 年 5 月 22 日。

问题，最突出的是比例失调。这种比例失调的局面不是现在才出现的，它在过去十多年来一直存在着，主要是林彪、"四人帮"造成的祸害。在一个时期内，林彪、"四人帮"曾利用窃取的权力，疯狂破坏工农业生产，散布"需要就是计划"、"打仗就是比例"等谬论，导致我国国民经济比例严重失调。粉碎"四人帮"以后，我们曾采取了许多措施解决这个问题，但由于问题的暴露需要一个过程，以及在一个时期内我们对问题的严重性缺乏足够的认识，因此一直没有很好解决。当前国民经济比例失调主要表现在以下几个方面。

（一）**农业和工业的比例失调**。近 20 年来我国农业发展缓慢，农业内部比例也不协调，表现为粮食增长速度慢，棉花、油料、糖料等经济作物长期上不去，林、牧、副、渔业发展很差。长期以来国家对农业的投资偏低，今年虽有较大增加，但还需逐步增加。农业发展远不能适应人口增长、工业发展和人民生活改善的需要，必须调整工农比例关系。

（二）**轻重工业的比例失调**。加速国民经济发展还必须正确处理轻工业和重工业的关系。轻工业具有投资少、见效快、利润高、创汇多的特点，加快发展轻工业，对于繁荣市场、改善人民生活、增加积累和外汇收入、支援重工业发展，都是大有好处的。但是，长期以来我们没有处理好它们的关系，用于轻工业的投资太少，重工业挤轻工业，使轻工业成了短线，主要轻工业产品大多供不应求。粉碎"四人帮"以后，重工业投资的比重还没有降下来，轻工业投资的比重还低于第一个五年计划时期的水平。

（三）**燃料、动力、原材料工业和加工工业的比例失调**。燃料、动力和原材料工业大大落后于加工工业。这几年，煤、油、电的投资比例是提高的，但由于用电量增长更快，消耗太高，燃料、动力供应仍然紧张，不少工厂经常处于停工、半停工状态。

有些引进国外先进技术装备的企业建成后也因缺电长期不能投产。由于原材料供应紧张也严重影响现有工业生产能力的发挥。

（四）**生产和基本建设的比例失调**。长期以来我国基本建设规模过大，上的项目过多，超过了现在可能提供的人力、物力、财力。这几年基本建设所需的钢材、木材、水泥等主要材料的供应，基本上是"三八式"，即分配时只能满足需要的 80%，订货时只能订到分配数的 80%，交货时只能拿到订货数的 80%。许多项目处于打打停停的状态，不能按期建成投产。其结果是延长了工期，增加了造价，完不成投产和新增生产能力计划，同时挤掉了当年的正常生产。

（五）**积累和消费的比例失调**。这种比例失调的突出表现是高积累、低消费。第一个五年计划时期的积累率基本上稳定在 23%—25% 之间，这是比较适合当时情况的。周恩来同志在《关于发展国民经济的第二个五年计划的建议的报告》中说："由于我国国民经济还很落后，农业所占的比重还比较大，人民生活的水平还比较低，因此，积累部分在国民收入中所占的比重不可能也不应该有过多的和过快的增长，但是可以稍高于第一个五年计划已经达到的水平。""二五"建设提出积累率 25% 也是合适的。近十几年来，我国国民收入增长不快，积累率却提高不少。由于积累率过高，一个长时期内职工和社员的收入没有增加或者增加很少，人民生活中一些应当解决也能够解决的问题得不到及时解决，严重挫伤了群众的社会主义积极性。

在积累中，生产性积累和非生产性积累（即"骨头"和"肉"的关系）也比例失调。多年以来，城镇商业和服务行业的人员不仅没有增加，相反减少很多，从业人员在全体居民中的比重也大为下降，服务项目越来越少。这种状况，对生产很不利，使消费者很不便。职工住宅、公用事业、环境保护和文教卫生事业等也往往排不上队，欠账很多，问题很多。过去我们把这种做法说成是先生产后生活，实际上是只要生产、不要生活，只要积累、不要消费。

由于存在着严重的比例失调，国民经济就像一个人跛足而行一样，是不可能迅速发展的。而且，比例失调也妨碍其他问题的顺利解决。例如，我国现行经济管理体制有很大缺陷，必须进行改革以适应生产力发展的要求，但在严重比例失调的情况下，是不可能实行大改大革的，勉强实行，也得不到应有的效果。再如，这两年整顿企业抓得比较有成效，但还有不少企业管理比较混乱，基础工作没有建立起来，生产秩序没有走上轨道，必须继续整顿。而在比例失调的情况下，企业改善生产经营在客观上有许多难以克服的困难，考核企业也常常失去客观依据，这就妨碍企业充分发挥潜力和提高经营管理水平。

以上情况说明，我们必须立即采取一切必要的措施，调整十多年来造成的比例失调。我们要遵照毛泽东同志多年来倡导的按农轻重次序安排国民经济的原则，来改变我们的经济结构，即从现在农轻重不协调的经济结构，逐步改变为真正的农业为基础的、农轻重互相协调的经济结构，并根据这一原则来调整各部门的比例关系。要把"短线"搞上去，把"长线"调下来，截长补短，使各部门协调发展，把国民经济搞活。调整比例已成为当前发展国民经济的关键问题，必须牢牢抓住。我们必须边调整、边前进，在调整中前进，在调整中提高。

二　没有按比例，就没有高速度

在国民经济的比例和速度问题上，长期存在一种错误观点，强调速度而忽视比例，认为比例应该服从速度，把高指标一概称之为马列主义，低指标一概称之为修正主义，把留缺口的计划称之为积极平衡，不留缺口的计划称之为消极平衡。这种观点的实质，是认为不按比例也能够高速度，甚至认为只有不按比例才能够高速度。这种观点是造成比例失调的原因之一，并使得有些同志不能正确认识当前调整国民经济的意义。

社会主义国民经济只有按比例发展，才可能高速度发展，换句话说，不按比例，就不可能有高速度。这个道理本来是马克思主义政治经济学的常识。实际上，在任何存在着社会分工的社会里，各个经济部门按比例的发展都是整个国民经济顺利发展的前提条件。马克思曾经指出："要想得到和各种不同的需要量相适应的产品量，就要付出各种不同的和一定数量的社会总劳动量。这种按一定比例分配社会劳动的必要性，决不可能被社会生产的一定形式所取消，而可能改变的只是它的表现形式，这是不言而喻的。"①

马克思还对资本主义再生产的条件进行了详尽的分析，他把社会生产分为生产资料生产（第一部类）和消费资料生产（第二部类），指出第一部类的生产必须满足整个社会对生产资料的需要，第二部类的生产必须满足整个社会对消费资料的需要；扩大再生产必须具备追加的生产资料、消费资料和追加的劳动力。他还分析了第一部类和第二部类之间的比例关系，揭示了简单再生产和扩大再生产实现的公式。马克思关于再生产的这些基本原理，对于社会主义社会也是有效的，我们在计划国民经济时，不运用这些原理是不行的。

资本主义再生产的顺利进行也以按比例发展为前提条件，但资本主义私有制按其本性来说是排斥在全社会范围内经常地有计

---

① 《马克思恩格斯选集》第4卷，人民出版社1972年版，第368页。

划地保持国民经济的适当比例的，社会生产是由价值规律自发调节的。由于存在着生产社会化和资本主义占有的矛盾，存在着生产无政府状态，资本主义必然发生周期性的经济危机，必须经过危机来建立经常被破坏的平衡。经济危机也就是比例关系严重失调，它对国民经济的发展起着极大的破坏作用。事实表明，对资本主义国民经济来说，没有按比例也不可能有高速度。

在社会主义社会里，生产资料公有制占统治地位，存在着国民经济有计划按比例发展的规律，有可能在全社会范围内按照需要分配劳动和生产资料，经常地自觉地保持平衡，使国民经济有计划按比例发展。这是社会主义制度的巨大优越性，是社会主义经济能够比资本主义经济以更高速度发展的重要原因。但是，这并不是说社会主义经济能够自然而然地按比例协调发展。要使社会主义经济按比例协调发展，还必须人们主观努力，必须学会按照客观经济规律办事，必须做好综合平衡工作。毛泽东同志曾说：整个经济中，平衡是个根本问题。有了综合平衡，才能有群众路线。为了搞好综合平衡，就要从我国有 8 亿人口、其中80% 以上是农民这一实际情况出发，正确处理农业和工业之间，农业内部和工业内部，工农业和交通运输业之间，工农业和商业、服务业之间，生产和科技、文教、卫生之间，生产和基建之间，积累和消费之间以及其他方面的比例关系。这样才能保证国民经济有计划、按比例、高速度地发展。如果单纯突出某一行业或某一产品，给它制定不切合实际的高指标，其结果或则是这一行业和产品上不去，或则暂时上去了，但挤了其他部门的资金、物资和人力，破坏了综合平衡，不仅损害了整个国民经济的发展，这一行业和产品最后也要被迫降下来。总之，国民经济是一个综合的整体，不按比例是绝不可能取得真正的高速度的。

社会主义制度按其本质来说没有发生经济危机的必然性，但是如果我们犯了错误，例如，在确定比例和速度上犯了错误，那也还是会发生危机的。而且如斯大林所说："每次危机，不论是商业危机、财政危机或工业危机，在我们这里都可能变成打击全国的总危机。""因此，我们在按计划领导经济方面，必须做到使失算的情况减少，使我们领导经济的工作极为明智，极其谨慎小心，极其正确无误。"①

我们说没有按比例就没有高速度，当然不是说有了按比例就一定有高速度。在制定国民经济计划时，往往有多种比例关系可供选择，我们也要制定多种方案，从中选择最优的方案，即选择最优的国民经济比例。所谓最优的比例，就是要做到在当时条件下，能够最充分地利用财力、物力和人力，用最少的物化劳动和活劳动的消耗，最大限度地满足社会的需要，从而使国民经济最迅速地发展。因此，最优比例决不意味着制定计划时可以留有缺口。要搞好综合平衡，做到按比例，制定计划时就不能留有缺口。制定计划留有缺口，就会破坏综合平衡和按比例。有的人借口平衡是相对的，不平衡是绝对的，来为制定计划留有缺口辩护。其实，平衡是相对的，这不但不能成为忽视平衡的借口，恰恰说明要不断地下大力量搞好综合平衡，以便在不断出现的不平衡中，积极地组织新的平衡。毛泽东同志曾指出："有时因为主观安排不符合客观情况，发生矛盾，破坏平衡，这就叫做犯错误。"

在《关于正确处理人民内部矛盾的问题》中毛泽东同志一再强调计划要积极可靠，留有余地。这也说明，那种笼统地把高指标称之为马列主义、低指标称之为修正主义的说法是错误的。问题在于是否符合实际，符合实际的低指标也是马列主义，不符合实际的高指标也不是马列主义。

---

① 《斯大林全集》第7卷，人民出版社1958年版，第248页。

　　我国 30 年来经济建设的历史经验也证明，凡是国民经济各方面的综合平衡搞得比较好、比例关系比较协调时，发展就快，否则就慢，就会下降以至倒退。而在比例失调的情况下，就必须对国民经济进行调整，恢复正常的比例关系，这样才能继续保持高速度。新中国成立时，我们接收的是一个经济烂摊子。在1949—1953 年国民经济恢复时期，我们在进行社会改造的同时，也对国民经济进行了调整。这一时期每年平均工业增长 30% 以上，农业增长 10% 以上。1953—1957 年第一个五年计划期间，国民经济的比例总的来说比较协调，因此经济发展也很快，平均每年工业增长 18%，农业增长 4.5%。1958 年由于片面强调发展重工业，不切实际地提出钢产量翻一番，1959 年继续提出过高的指标，结果导致积累率猛增，农轻重比例和工业内部比例严重失调，后来钢铁生产也不能不大幅度地降下来。我国国民经济从 1960 年开始发生了严重困难。1961 年党中央提出了"调整、巩固、充实、提高"的方针，经过 1963—1965 年的三年调整时期，我们终于恢复了正常的比例关系，克服了困难，使国民经济得到迅速恢复和发展。这三年每年平均工业增长 17.9%，农业增长 11.1%。1966 年国民经济又得到了进一步的迅速发展。由此可见，没有新中国成立初期的三年恢复，就不能进行第一个五年计划的大规模建设；没有 1961 年开始执行的八字方针，就不可能度过当时的严重困难。

　　应该指出，这次调整与 60 年代初那次调整相比有许多有利条件。由于贯彻了党的十一届三中全会确定的各项方针政策，当前我国农村喜气洋洋，安定团结，亿万农民心情舒畅。不仅农业情况比那时好，工业基础也比那时雄厚得多。那次调整是"先退够，再前进"，基本建设规模曾大大缩小，工业生产曾大幅度下降。这次调整则是有进有退，有上有下。总的生产建设在调整中是要稳步前进的，国民经济是要保持一定的增长速度的，在经济效果上还要求达到更高的水平。当然，这次调整也有一些不利条件。但是，只要我们努力提高认识，克服困难，加强调查研究，按照客观经济规律办事，做到"情况明，决心大，工作细"，我们一定能够胜利完成这次调整任务。可以相信，把调整工作做好了，我们的基础将更加扎实，阵地将更加巩固，整个国民经济就会出现一个蓬勃发展的大好局面。这样，看起来慢，实际上不是慢而是快。

重视培养经济管理人才*

当前，我国国民经济存在着一个突出的矛盾：一方面，实现四个现代化要求提高经济管理水平；另一方面，经济管理干部无论在数量上还是质量上远不能满足提高管理水平的要求。大量事实表明，我国社会主义经济有着巨大的潜力，经营管理搞得好，潜力就能充分发挥；经营管理搞得不好，潜力就不能发挥。而经营管理的好坏，又在很大程度上决定于管理干部水平的高低。我们现在贯彻"调整、改革、整顿、提高"的八字方针，更迫切要求提高广大管理干部的水平。大力培养经济管理人才，提高管理水平，是我们面临的一项重大任务。

社会主义生产是社会化大生产。马克思一再说过，社会化大生产需要指挥和管理。社会化程度愈高，企业规模愈大，对管理的要求愈高。我国当前生产的社会化程度比马克思所处的时代要高得多，企业规模要大得多。我国现在有 30 多万个企业，每个企业少则数十人，多则数百人、数千人甚至数万人，企业内部和外部都存在着复杂的分工协作关系。没有一定数量、具有较高水

---

* 原载《人民日报》1980 年 1 月 3 日。

平的管理干部，是难以管好这些企业的。同时，社会主义生产是要建立在高度技术基础上的。而发展技术就有一个管理问题，管理的好坏，对技术进展的影响很大。技术愈发达，对经济管理的要求也愈高。而且，发挥社会主义制度的优越性也要求提高管理水平。社会主义经济中虽然不存在无产阶级和资产阶级的对抗，但仍旧存在着各种人民内部矛盾，必须通过管理恰当地解决这些矛盾，才能调动劳动者的积极性，发挥社会主义制度的优越性。

培养经济管理人才之所以重要，还由于管理已经发展成为科学。学会管理，不仅要有一定的实践经验，而且要掌握比较系统的理论知识。管理科学是随着资本主义生产的发展而形成、发展的。在资本主义初期，企业规模小，技术发展慢，产品变化小，那时建立在经验基础上的管理方法还是可行的。后来随着企业规模的扩大、技术的迅速发展和竞争的加剧，管理就不能单凭经验，而必须建立在科学的基础上，必须经过系统的学习，以适应生产发展的需要。资产阶级的管理科学是由美国人泰罗奠定基础的。列宁称泰罗制是"资产阶级剥削的最巧妙的残酷手段"和"一系列的最丰富的科学成就"的结合，认为应该在苏维埃俄国"研究和传授泰罗制"。泰罗以后，资产阶级管理科学又有了很大发展，出现了"行为科学"（着重研究人的行为和人与人的关系）、"现代管理理论"（包括运筹学、系统工程、信息管理、决策理论、电子计算机技术）等理论。列宁对于泰罗制的分析，其精神适用于泰罗以后的资产阶级管理科学。管理社会主义经济，不仅应该有分析有批判地研究和学习资产阶级管理理论，而且应该掌握社会主义经济理论和管理理论，例如，应该掌握社会主义基本经济规律的理论，国民经济有计划按比例发展规律的理论，商品生产和价值规律的理论，在计划指导下利用市场调节的理论，按劳分配的理论，经济核算的理论，等等。另外，还应该学习必要的科学技术知识和近代数学方法以及其他先进的管理技术和管理方法。专业管理人员还要掌握专业的管理知识。显然，培养社会主义经济管理人才是一项艰难的事业。

新中国成立以后，我们曾经从中央、地方和部队抽调大批干部从事经济建设，他们很多人是现在经济管理和企业管理的骨干。我们还在有些综合性大学中，在财经院校中，在许多工业、农业、交通院校以及在各种业余学校和函授学校中，培养经济管理人才和轮训经济管理干部。这些干部对我国经济建设作出了宝贵的贡献。但是，在以后的一段长时期内，由于林彪、"四人帮"的破坏，大搞什么"政治建厂"，大批所谓"管卡压"，几乎停办了全部财经院校和管理专业，使经济管理和培养管理人才遭受到极大的损害。

粉碎"四人帮"以后，我们又开始注意培养经济管理人才，财经院校正在恢复，各地方、各部门都在轮训经济管理干部。但是，从目前情况看，还需要提高对这项任务的认识。我们许多干部对管理理论和方法原来就缺少系统的学习，新成长的一批干部对基本知识也学习得很不够。而且，现代管理知识和其他科学知识一样，发展很快，因此在职管理干部都有一个"学习、学习、再学习"的问题。而在过去很长一个时期内，在职干部没有进修、轮训的机会。他们掌握的管理知识，已经远不能适应20世纪70年代工业大生产的要求。我国管理人员不仅有一个提高管理水平的问题，而且有一个提高文化水平的问题。根据鞍钢的调查，厂处级以上管理干部中，大学水平的占14.2%，中专和高中水平的占17.2%，其他都是初中和初中以下水平；科级管理干部中，大学水平的占6.5%，中专和高中水平的占26.3%，其他都是初中和初中以下水平。而在经济发达国家，大公司的各级管理人员几乎都受过高等教育。我们现在的管理干部轮训班，主要是学习党和政府的方针政策，这当然是必要的，但系统学习管理科学则嫌不够。还有一个发展和提高学校管理教育的问题。我国现在有财经院校 20 多所，学生 9600 多人，加上综合大学的经济系和工科大学管理专业的学生，也只有 18000 多人，占在校大学生总数的 2.6%，同加强经济管理的需要很不相称。美国现在有 600 所大学设有管理学院或系科，本科学生 70 万人，研究生 10 万人，合计约占全部在校大学生总数的 8%。我国经济管理院校现在主要是培养会计、统计、计划、劳动等职能部门的初级管理人员，缺少培养中、高级管理人员（如工厂、企业的厂长、经理）的院校和系科。现在一些资本主义国家管理教育的重点是培养公司一级的高级管理人员，公司把受过高等教育、有长期管理经验、在工作中表现出才干和有培养前途的管理人员送到管理学院继续深造，培养他们成为公司的总经理、副总经理和其他高级管理人员。企业是我国国民经济的基本单位，我们也应该大力培养厂长、经理等企业一级的管理干部，同时还要培养能够管好一个地区、一个部门经济工作的管理干部，使他们能够适应新的形势，有能力处理好各种问题，发挥社会主义制度的优越性，实现社会主义经济规律的要求。

有一些现象阻碍我们充分认识培养经济管理人才的重要性、迫切性。例如，现在我国缺少技术人才，这使得有些人往往重视培养技术人才而忽视培养管理人才。诚然，培养技术人才是重要的，但现代化大生产既要求先进的技术，也要求科学的管理，管理工作跟不上，先进技术也不能充分发挥作用。我国有些企业的设备和技术很先进，但生产效率却比国外同类企业差得多，一个重要原因是管理落后。我国引进的年产 30 万吨合成氨、48 万吨尿素的大化肥厂，国外定员是 240 人，设计时考虑到我国情况，增加到 800 人，实际上则达到 1500 人，比国外增加 5.25 倍，管理人员占三分之一以上，比国外增加十多倍。我国的经营管理不适应现有的生产技术，更不能适应加速四个现代化的要求，可见培养管理人才和培养技术人才一样是当务之急。有人把技术和管理比做现代化的两个轮子，这是很有道理的。美国很早就重视发展管理教育，第一所管理学院已有将近 100 年的历史，由于培养了大批管理人才，保证了科学技术的迅速发展。日本在第二次世界大战后也非常重视培养管理人才，到 20 世纪 50 年代末已经培养了一批具有高度经营管理水平和生产技术知识的专家，他们在 60 年代的高速现代化中起了决定性的作用。我们应该吸取他们的经验。我们还要使技术人员学一些必要的管理知识，就像使管理人员学一些必要的技术知识一样，这样做，才能有利于现代化建设。

现在我国经营管理体制上存在不少问题，这使得有些人往往重视改革经营管理体制而忽视培养管理人才。有人说，体制不改革，培养了人才也不能发挥作用。我们认为，现行经营管理体制妨碍企业发挥主动性，也不利于培养管理人才，因此这种管理体制必须改革，重视此项改革是正确的。但是，也要看到管理干部水平低带来的种种严重后果，不能忽视培养管理人才的意义。许许多多先进企业的事例表明，在现行体制下，只要努力改进经营管理，我们在增加品种、产量上，在提高产品质量上，在降低成本增加赢利上，在改进技术提高劳动生产率上，以及在其他许多方面，都是大有可为的。而且，为了克服经营管理体制上的缺陷，我们更加应该重视提高经营管理水平，因为，体制上的缺陷，也正是经营管理水平差的结果和表现。如果我们培养出大批掌握先进管理理论和方法的管理人才，提高了经营管理水平，就会推动体制改革沿着正确的道路前进。还要看到，改革经济管理体制已经在一些地区和企业试点，取得经验后将逐步推广，而实行体制改革对经济管理和企业管理都提出了更多的要求，如果不重视培养管理人才，提高管理水平，是难以适应这种形势的。因此，为了促进经济管理体制改革的健康发展，为了适应新的管理体制的要求，同样必须重视培养经济管理人才。

我国封建社会延续了几千年，而封建制度是以自然经济为特征的，这就难免形成一种轻视商品生产、轻视经济管理，从而也轻视培养经济管理人才的传统观念。随着社会主义经济的发展和科学社会主义理论的传播，这种传统观念本来是应当逐步克服的。但由于近 10 年来林彪、"四人帮"疯狂破坏社会主义经济建设，故意把经济管理和"资本主义"、"修正主义"混淆起来，炮制了种种谬论，流毒既深且广，使得那些封建的传统观念也复活并滋长了。我们要进一步清算这些错误思想和谬论，做好培养经济管理人才的工作。这项工作无疑会遇到许多困难，但只要大家在思想上真正重视了，并在工作中进行妥善的安排，有些困难是可以克服的。我们要把这项工作当做实现社会主义现代化的重要组成部分来抓，要像抗日战争时期为了抗战胜利而大规模培养干部那样，要像解放战争时期为了解放全中国而大规模培养干部那样，下决心、花力气来完成当前培养经济、管理人才的任务。

建设具有中国特色的经济
结构的几个问题[*]

当前，我国人民正在党的领导下，认真贯彻"调整、改革、整顿、提高"的八字方针。其中调整经济结构是一项十分重要的任务。调整的目标是实现经济结构的合理化。这就是要从我国国情出发，逐步建立起社会主义现代化的经济结构。显然，这是一项长时期的任务，在完成当前调整任务以后，还有大量的工作要做。本文准备从方法论的角度，谈谈有关中国式社会主义经济结构的几个问题。

一 我们研究经济结构,是为了建设具有中国特色的社会主义现代化经济结构

国外对经济结构的研究，自第二次世界大战以来发展很快。新中国成立后，我国对经济结构也一直在进行研究，但是着重研

---

　　* 本文是作者 1980 年 5 月 30 日在化工部经济管理研究班的专题报告，曾收录于拙著《中国式社会主义经济探索》，辽宁人民出版社 1985 年版。

究的是生产关系的结构。对生产力的结构，主要是从国民经济比例的角度进行研究的。1979 年国务院财经委员会组织了四个组对经济问题进行调查研究，其中有一个组是经济结构组。这样，大家就更加重视研究经济结构了。

为什么我们现在要重视研究经济结构呢？直接的原因，是因为我国经济结构中存在很多问题，迫切需要加以研究和解决。从根本上说，是因为实现现代化要求建立一个合理的现代化经济结构，而这个经济结构，又必须适合我国的国情，具有中国的特色。也就是要建设中国式的社会主义现代化经济结构。

第一，加速现代化要求有一个协调的工农业关系。过去我们只提工业化，现在提现代化，现代化比工业化更能说明我们要达到的目标，它比工业化包含的内容更多更全面。但工业化还是现代化的一个主要内容。怎样实现工业化呢？从历史发展看，任何国家都是从农业国向工业国过渡的，这里就有一个处理农业和工业关系的问题。这个问题是很复杂、也很困难的，我们过去没有处理好，世界上其他很多国家也没有处理好。不仅实践上存在问题，理论上也存在问题。例如，有一种理论，认为工业的比重愈高愈好，因此很多国家想方设法提高工业的比重，结果损害了农业，工业也上不去。由于这个教训，现在国外经济学界对于工业化的看法也和 20 年前不同了，那时过分强调工业，现在比较重视工业和农业的协调发展了。

第二，加速现代化要求有一个合理的农业结构。在一个经济落后的国家里实现现代化，从产业部门来说，很重要而又很困难的问题是加速农业的发展。农业不发达，工业受到限制，商业、服务业也难以迅速发展起来。发展农业要解决很多问题，农业结构就是其中一个重要问题。农业结构合理了，才能充分发挥自然优势，才能有效地利用地力、人力、物力和财力。我国过去有一段时期，适合畜牧的地方不发展畜牧业，适合种植经济作物的地方不发展经济作物，全国各地都"以粮为纲"，这样做，农业怎么能迅速发展呢？还要注意一个问题，农业的社会再生产过程是和自然再生产过程结合在一起的。发展农业生产，必须注意保持生态平衡，防止破坏自然资源。否则，农业生产就不可能保持持久的高速度。

第三，加速现代化要求有一个合理的工业结构。处理好工业内部结构也是一个既重要又复杂的问题。例如，在轻工业和重工业的关系问题上，一直存在着争论。有人强调轻工业重要，有人强调重工业重要。从世界历史看，优先发展轻工业有成功的经验，也有失败的教训；优先发展重工业有成功的经验，也有失败的教训。我国"一五"时期尝到优先发展重工业的甜头，以后又吃到优先发展重工业的苦头。这个问题处理不好，现代化也不能顺利进行。

第四，加速现代化要求处理好生产和流通的关系。社会再生产过程既包括生产过程，也包括流通过程。流通过程可分为买的过程和卖的过程。大家知道，工厂进行生产，首先要购买机器设备、原材料等等物资，生产出产品以后，又要把产品卖掉，再买进需要的设备物资，这样再生产才能顺利进行。因此，保证社会再生产顺利进行，不仅要处理好生产内部的关系，还要处理好生产和流通的关系。这也是加速现代化的重要条件。

第五，加速现代化要求处理好就业结构问题和技术结构问题。就业结构主要是指劳动力在国民经济各个部门的分配问题。解决好就业结构，有利于生产的发展和人民生活的改善。就业结构和技术结构有密切联系。技术结构包括先进技术、中间技术、落后技术的关系。处理好各个时期的技术结构，使之同当时经济发展的状况和要求相适应，同财力、物力、人力相适应，才能促进国民经济的发展。

　　第六，加速现代化要求处理好积累和消费的关系。积累和消费的比例关系属于分配领域，但最终是受生产制约的。如果片面优先发展重工业，生产出来的产品主要是生产资料，要想提高消费的比重也困难，因为生产资料一般不能直接用于生活消费。这说明分配、消费是受生产制约的。积累和消费的比例关系又对生产有巨大的反作用，积累和消费比例不合适，生产结构就会受到消极影响。

　　其他如所有制结构、地区结构、城乡结构等等经济结构问题，对实现社会主义现代化也有重要意义。在我国这样一个具有10亿人口其中8亿农民的社会主义大国中，建立合理的经济结构还会遇到许多特殊问题，要求经济结构适合自己的国情，扬长避短，发扬优势。总之，我们要建设一个比较合理的经济结构，加速我国的社会主义现代化。

二　既要建立起合理的生产关系结构，又要建立起合理的生产力结构

　　现在对什么是经济结构有不同的看法。有些同志认为经济结构指的就是生产关系；有些同志不同意这种看法，认为它还包括生产力。这不仅是概念问题，而且涉及研究的对象、方法以及对当前经济结构的认识，因此需要弄清楚。经济结构这个概念过去我们也是使用的，但是比较普遍地把它等同于生产关系，研究经济结构就是研究生产关系。这样的理解是有一定根据的。理论上的根据是："生产关系的总和构成社会的经济结构。"这是马克思在《〈政治经济学批判〉序言》中说的。实践上的根据是，当时我们的主要任务是变革社会的生产关系。我们研究资本主义制

度是为了揭露它的矛盾，因此要把重点放在资本主义生产关系上。过去我们研究旧中国是要推翻帝国主义、封建主义、官僚资本主义的统治，新中国成立后又面临着社会主义改造的任务，因此对旧中国的研究也要把重点放在生产关系上。

但仅仅把经济结构理解为生产关系是不全面、不正确的。

从理论上说，马克思并没有把经济结构说成只是生产关系。马克思除了说经济结构是生产关系外，还说过经济结构是生产力的结构和生产关系的结构的统一。马克思在《资本论》第三卷中说："生产的承担者对自然的关系以及他们互相之间的关系，他们借以进行生产的各种关系的总和，就是从社会经济结构方面来看的社会。"①马克思说的生产的承担者对自然的关系，也就是劳动者对自然的关系，这讲的就是生产力，他把这种关系称之为经济结构。可见，马克思认为经济结构也包括生产力的结构。马克思说的"他们借以进行生产的各种关系的总和"，除了包括我们通常说的生产关系外，还包括工业和农业，工业、农业和商业，生产和流通等部门之间的关系，这显然也有生产力的内容。马克思把经济结构既理解为生产关系的结构，又理解为生产力的结构，这是比较全面的，因为经济就是生产力和生产关系的统一。马克思在《哥达纲领批判》中讲"权利永远不能超出社会的经济结构以及由经济结构所制约的社会的文化发展"。这里的经济结构也包括生产力在内，因为马克思在这里是讲按劳分配的，而按劳分配正是由生产力水平不高所决定的。列宁在1918年写的《论"左派"幼稚性和小资产阶级性》中谈到俄国当时的社会经济结构时，列举了宗法式的农民经济、小商品经济、私人资本主义经济、国家资本主义经济、社会主义经济。他指的经

---

① 《马克思恩格斯全集》第25卷，人民出版社1974年版，第925页。

济结构也是指生产方式，包括生产关系和生产力。因此，认为马克思主义讲的经济结构只是指生产关系，这是没有根据的。

从实践上说，由于我们过去把经济结构只理解为生产关系，把生产力排除在外，忽视了对生产力结构的研究，因而产生了许多消极后果：

第一，过去很少研究现代化过程中生产力结构将发生什么变化，例如，农业将发生什么变化，工业将发生什么变化，商业将发生什么变化，等等。为了实现现代化，这些问题是应该研究的，研究这些问题才能掌握现代化的规律。不去研究这些问题，也就掌握不了这方面的规律。

第二，过去对国民经济各部门之间的关系也缺乏深入的研究。农业和工业的关系还有些研究，例如，研究农业是基础，工业是主导，但也不够具体，不够深入。农业内部、工业内部则研究得更不够。例如，农业内部种植业和畜牧业的关系，工业内部能源工业和其他工业部门的关系，过去都研究得不够。我们长期实行"以钢为纲"，这究竟有什么根据，照理应该研究钢铁工业和其他工业的关系及其发展趋势，应该研究钢铁工业和整个国民经济的关系及其发展趋势。但我们并没有系统进行这方面的研究，这样就难免不出差错。

第三，过去我们多次离开了生产力的性质和水平来变革生产关系。变革生产关系应该根据生产力发展的状况，为了正确变革生产关系，应该研究生产力的状况。而过去我们却没有深入研究生产力的状况，这样，变革生产关系就难免不发生偏差。例如，一度曾实行以人民公社为基本核算单位，实行半供给制，并一而再，再而三地搞"穷过渡"，取消自留地和集市贸易，破坏了生产力。当前我国生产力发展很不平衡，有高度现代化的生产力，也有极其落后的生产力。根据生产力的这种不平衡状况，在生产关系上就应该在社会主义公有制占优势的情况下，允许多种经济形式、多种经营方式长期并存。而在传统观念中，却认为社会主义社会只能允许社会主义公有制，并急于把集体所有制变成全民所有制，更不允许其他经济成分存在。这种变革生产关系上的"左"的倾向和错误，同忽视生产力结构的研究有密切关系。

根据以上分析，可见经济结构既包括生产关系，也包括生产力。现在我们面临着经济体制改革的任务，因此必须重视生产关系结构的研究，与此同时，也要十分重视生产力结构的研究。由于过去我们忽视了对生产力结构的研究，在这个意义上，当前更要注意对生产力结构进行研究。

还要指出，经济结构和经济比例是既有联系又有区别的。过去我们对生产力的结构主要是从经济比例这个角度进行研究的。有些同志认为经济结构就是经济比例，我们认为这种意见也欠妥当。

首先，经济比例是一种量的关系，而经济结构既包括量的关系，也包括质的关系。而且质的关系是量的关系的前提。在分析经济比例之前，先要知道国民经济是由哪些部分、哪些方面组成的，如何组成的。这些问题是经济比例回答不了的。同时，现在经济生活变化很快，不断有新的生产部门出现。例如，过去没有原子能工业，没有电子计算机工业，而现在有了这些工业，就产生了新的比例关系，如果不先研究这些新的生产部门的发生发展，也就难以深入研究由它们引起的新的比例关系问题。还有，为什么这种比例关系合适，那种比例关系不合适，这也不是仅仅研究经济比例所能回答的。

其次，经济结构所研究的问题，有许多是经济比例问题，也有许多不是经济比例问题。例如，应该优先发展重工业还是优先发展轻工业？整个国民经济应该以哪些部门为主导部门？重工业、轻工业、农业内部应该以什么为主导部门？如何做到既迅速提高劳动生产率，又充分就业？如何改进进出口构成以扩大出口和合理进口？这些都不是或主要不是经济比例问题，如果只研究经济比例，也难以解决这些重大问题。

再次，当前我国国民经济结构中一些主要比例关系严重失调，克服这些比例失调现象是这次调整经济结构的首要任务。但调整经济结构不仅要解决比例失调问题，如前所说，还有一个建立合理经济结构的问题。例如，我国积累率经过几年调整，可能达到比较合理的比例，但那时还不能说已经建立了合理的现代化的经济结构。要建立一个比较合理的现代化的经济结构，还有许多问题要研究和解决。

由此可见，经济结构和经济比例既有联系又有区别，要看到它们的联系，但不能把它们等同起来。

那么究竟什么是经济结构呢？简单地说，经济结构就是国民经济的构成。具体一点儿说，经济结构是国民经济各种成分、各种组织、各个部门、各个地区以及社会再生产各个方面的构成及其相互联系、相互制约的关系。

国民经济是一个有机整体，经济结构就是研究这个有机整体的构成。国民经济像一个人一样，有许多组成部分，像生理学研究人的各个组成部分和它们的相互关系一样，经济结构就是研究国民经济各个组成部分和它们的相互关系。

我们可以运用系统分析的理论来帮助理解什么是经济结构。系统分析是当前世界上流行的一门科学，它把研究的对象理解为从周围环境中划分出来的一个整体，这个整体称做一个系统，它由许多部分组成，这些部分称为分系统，分系统又由许多称做支系统的部分组成。系统分析就是研究一个系统内部各种从属系统（分系统、支系统等）之间的相互联系、相互制约的关系以及这个系统和外部其他系统的相互联系、相互制约的关系的。我们可以把国民经济看成一个从其他系统划分出来的整体。所谓其他系统包括政治系统、文化系统、国际系统，等等。国民经济和它们之间也有相互联系、相互制约的关系。国民经济这个整体从部门来说由工业、农业、交通运输业、商业、服务业等分系统组成，分系统又由支系统组成，如农业由农、林、牧、副、渔组成。经济结构就是研究它们之间错综复杂的关系的。

三　要重视产业结构问题的研究，分析产业结构的几种主要方法

研究经济结构有一个方法问题，这就是要以马克思主义的历史唯物主义和政治经济学的基本原理为指导。马克思主义关于生产力决定生产关系、生产关系又反作用于生产力的原理，关于商品生产和价值规律的原理，关于剩余价值规律的原理，关于社会主义基本经济规律的原理，关于国民经济有计划按比例发展的原理，是我们研究经济结构的指导思想。研究经济结构的不同方面，方法也会有所不同。例如，研究生产力的结构和研究生产关系的结构在方法上就会有所区别。

这里着重讲一讲如何研究产业结构。在经济结构中，除了所有制结构外，产业结构有特别重要的地位，它在很大程度上决定着产品结构、积累和消费结构、就业结构和进出口贸易结构，并对所有制结构、技术结构等有重要影响。因此，应该重视研究产业结构。现在分析产业结构比较普遍使用的有以下几种方法：

1. 把社会再生产分为两大部类

这是马克思分析资本主义社会再生产的方法。社会再生产是一个很复杂的问题，因为社会上有许许多多生产部门和企业，它们的再生产既有价值补偿问题，又有实物补偿问题。马克思科学地说明了资本主义社会再生产。他把社会生产分为生产资料生产

和消费资料生产两大部类，每一部类的生产物的价值又分为不变资本（C）、可变资本（V）和剩余价值（m）三个部分，揭示了社会再生产的条件。马克思指出，实现扩大再生产必须具备两个基本条件：第一，生产资料部门（第一部类）应该生产出维持简单再生产所需要的生产资料和实现扩大再生产所需要追加的生产资料；第二，消费资料部门（第二部类）应该生产出维持简单再生产所需要的消费资料和实现扩大再生产所需要追加的消费资料。马克思曾经用公式表明扩大再生产时两大部类的增长情况和相互关系。

马克思关于再生产的理论是对政治经济学的重要贡献。18世纪法国重农主义者魁奈就在"经济表"中对社会再生产进行了分析，他把社会划分为地主、农场主、工商业者三个阶级，研究它们之间的各种交换关系，以此来说明社会再生产和流通，马克思曾称之为天才的尝试。但魁奈只承认农业劳动是生产劳动，不承认工业劳动是生产劳动，没有把生产分为两大部类，没有把一切产品的价值分为不变资本、可变资本和剩余价值，因而也没有科学地说明社会再生产的过程。亚当·斯密也没有能够科学地说明这个问题。因为，亚当·斯密把商品的价值看成只由工资、利润、地租构成，不承认不变资本（C）的存在，这样也就不能把生产分为两大部类，把产品价值分为 C＋V＋m。这种理论上的错误可能导致政治上的错误，例如，俄国民粹派就根据亚当·斯密的理论，否定商品价值中包含不变资本，从而否定资本主义发展的可能性（认为剩余价值不能实现，再生产不能进行），得出了错误的政治结论。列宁的有些早期著作（如《俄国资本主义发展》）就是和这种错误进行斗争的。

马克思的再生产理论是我们研究社会主义再生产的指导思想。我们研究社会主义经济结构，首先有必要把社会生产分为两大部类。我们搞综合平衡，首先要搞好两大部类的平衡，包括价值平衡和实物平衡。积累基金要和可能用做扩大再生产的生产资料相适应，消费基金要和可能提供的消费资料相适应。我国经济结构长期存在的一个根本问题，就是两大部类的关系严重失调，第二部类落后于第一部类，同时两大部类内部的关系也严重失调。这是违背马克思主义再生产原理的结果。

如何把马克思主义再生产原理应用于社会主义社会，有很多问题要研究。例如，现实经济生活中具体存在的是农轻重等部门，而不是两大部类。那么，怎样通过两大部类反映农轻重等部门的关系呢？又如，社会主义社会不存在剥削阶级了，因此也没有剥削阶级的消费了，这样，积累和积累率等概念的内容也变了，如积累率在资本主义社会是指 $\dfrac{\triangle m}{m}$，在社会主义社会常常是指 $\dfrac{m}{v+m}$。那么，如何通过再生产的公式来比较社会主义和资本主义的积累和消费关系？再如，生产资料优先增长是不是一个规律，适不适用于社会主义？在什么条件下生产资料必须优先增长，在什么条件下消费资料必须优先增长？这些问题现在都有争论。

当前产业结构中有以下一些问题要着重研究：（1）能源问题；（2）交通运输问题；（3）商业服务业问题；（4）科学教育问题。这些问题有些在两大部类的关系中没有反映，有些反映得不突出。如何把马克思再生产原理应用于这些问题的研究，也是一个要解决的问题。

总之，我们既要看到马克思再生产原理对研究社会主义再生产有巨大的指导意义，又要看到这个原理要根据新的情况加以补充、发展和具体化。

2. 把国民经济分为农业、轻工业、重工业三大部门

把国民经济分为农业、轻工业、重工业三个主要部门，这是我们研究产业结构的主要方法。这样做的根据是：第一，工农业创造的国民收入一般占我国国民收入80%左右；第二，农业是国民经济的基础，使用这种研究方法，农业的作用突出了；第三，轻工业和农业一起提供生活资料，它们的作用也在这里得到了反映；第四，重工业提供生产资料，在国民经济中起着主导作用，这种作用也能反映出来。由于以上原因，我们可以通过农轻重的比例关系大致看出国民经济的部门关系是否协调。处理好农轻重的关系，一般能促使国民经济比较协调地发展。现在有的同志否定这种研究分析方法的意义，这是不对的。

但是这种方法也有它的缺陷和问题。

第一，把工业分为轻重工业不够确切。因为，轻工业也提供生产资料，据估计我国轻工业中有30%左右是提供生产资料的。同时重工业也提供消费资料，而且今后可能提供得愈来愈多。有些工业部门甚至很难确定为重工业或轻工业，如化学工业。因此，经济发达的国家一般不用这种分类法。

第二，农轻重比例是否协调，从它本身是难以作出确切的判断的，必须联系两大部类的关系来观察。因此，没有一个明确说明农轻重关系协调的公式。有人认为我国当前农轻重各占30%左右比较合适，这主要是一种经验的说明，如果要进行科学的论证，还必须联系两大部类才行。而且，随着生产力的发展，农轻重的比例必然会发生变化。

第三，在这种方法中，不仅科学技术、文化教育的作用得不到反映，甚至建筑业、交通运输业、商业、服务业的作用也得不到反映。长期以来，我们对这些部门重视不够，与这种分析方法不是没有关系。

第四，在这种方法中能源的作用也得不到应有的反映。此外，我们过去把工业化道路概括为农轻重的关系问题。这个提法是否科学，也值得研究。

总之，对于这种方法也应该一分为二地看待。要正确应用这种方法，并使之发展和完善，同时用新的方法加以补充。

3. 把产业分为第一次产业、第二次产业、第三次产业

目前资本主义各国比较普遍地根据英国经济学家 C. 科拉克等人的划分法，把国民经济划分为第一次产业、第二次产业、第三次产业。从本世纪 20 年代起，第一次产业和第二次产业的提法就在澳大利亚和新西兰出现。在此基础上，英国经济学家、新西兰奥塔哥大学教授弗希尔于 1935 年又提出了"第三次产业"。根据这些思想，1957 年科拉克把产业结构明确地分为第一次产业、第二次产业、第三次产业。现在，第一次产业主要是指农业、林业、水产业、畜牧业、捕捞业等直接利用自然资源进行生产活动的部门（有的国家包括矿业）。第二次产业主要指矿业、制造业、建筑业和电力、煤气、自来水等进行加工生产活动的部门。第三次产业主要指商业、运输业、仓库储藏、邮电、服务业等流通领域和社会公用事业以及教育等部门。也有的国家（如日本）把电力、煤气、自来水等部门列入第三次产业。

这种方法的优点是考虑到了所有物质生产部门（如建筑业、交通运输业等）的作用，考虑到了商业服务业的作用，考虑到了教育部门的作用，同时它也能反映现代化过程中产业结构演变的一些主要趋势。例如，进入 20 世纪以来，经济发达国家第一次产业部门的就业人数所占比重迅速下降，第二次产业、第三次产业部门的就业人数显著上升，特别是第三次产业部门就业人数所占的比重上升十分突出。如日本 1880—1965 年就业人数中第一次产业所占比重由 82% 下降为 25%，下降了 57%；第二次产

业由 6% 增加到 32%，增加了 26%；第三次产业由 12% 增加到 43%，增加了 31%。美国 1880—1963 年就业人数中第一次产业所占比重由 50% 下降为 8%，下降了 42%；第二次产业由 24% 增加到 33%，增加了 9%；第三次产业由 26% 增加到 59%，增加了 33%。国民收入的部门构成变化同上述趋势相同。例如，日本 1880—1964 年国民收入中第一次产业所占比重由 68% 下降为 12%，下降了 56%；第二次产业由 9% 增加到 40%，增加了 31%；第三次产业由 23% 增加到 48%，增加了 25%。美国 1869—1964 年国民收入中第一次产业所占比重由 21% 下降为 3%，下降了 18%；第二次产业由 21% 增加到 39%，增加了 18%；第三次产业都是 58%，比重没有变化。

但是，这种分析方法也存在一些问题：首先是混淆了我们通常说的物质生产部门和非物质生产部门，甚至把政府也当成产业部门，认为它创造价值和国民收入；其次是仅从这三者的关系也不能看出国民经济各部门是否协调发展和经济结构是否合理；再次是如何突出能源等部门的作用，这种分析方法也没有解决。尤其是如果它应用于经济比较落后的国家会有很大的局限性，因为这些国家第一次产业的比重下降得慢，第三次产业的比重增加得慢，在较短时间内三者的比例关系变化小，往往不容易看出问题来。

4. 把生产分为劳动密集型、资金（或资本）密集型和知识（或技术）密集型

有些经济学著作还把生产分为劳动密集型和资金密集型。前者是指产品成本中活劳动耗费比例大的部门，后者是指产品成本中物化劳动耗费比例大的部门。现在还提出知识（或技术）密集型生产，这是指建立在高度发展的科学技术基础上的工业，如电子计算机工业、与原子能开发和宇宙航行有关的工业。

劳动密集型、资金密集型和知识密集型的分类是相对的。纺

织工业与钢铁工业相比是劳动密集型生产，但机器纺织业与手工纺织业相比则是资金密集型生产。钢铁工业本身也有劳动密集型、资金密集型之分。虽然相对来说知识密集型生产比资金密集型生产节省资金，但一般来说它是资金密集型高度发展的产物。似乎可以说，经济的发展是循着由劳动密集型到资金密集型到知识密集型这样的轨道发展的。

这种分类法有利于确定在不同经济条件下的产业结构战略。例如，在劳动力多的情况下可以发展劳动密集型经济，在劳动力少的情况下可以发展资金密集型经济，在能源紧张、原材料紧张而科学技术又比较发达等情况下可以发展知识密集型经济。如日本战后恢复时期劳动力过剩，因此注意劳动密集型经济；60 年代后劳动力紧张，开始注意资金密集型经济；现在由于能源危机，国际竞争激烈，环境污染严重，加上经济和科学技术有了基础，正愈来愈重视知识密集型经济。日本 80 年代的知识密集型（或知识集约化）经济有四个方面：第一是研究发展型，指以技术为中心的飞机工业、电子计算机工业；第二是高度加工型，指机械工业，如汽车和电机产业；第三是流行型产业，包括家庭用品和室内装饰等领域；第四是以高度科学技术为基础的知识型产业，指信息产业，包括软件、信息处理等在内的产业，如数控机床。国内和国外有些经济学家主张我国当前要特别注意发展劳动密集型经济，认为这样做将有利于解决资金和就业问题。

对于发展中国家究竟应该着重发展哪种类型的经济也有分歧。20 世纪四五十年代许多人主张多发展资金密集型经济，认为这样才能提高技术水平，加速工业化。结果加剧了资金问题、技术问题、劳动力问题，效果并不理想。60 年代许多人又主张多发展劳动密集型经济，认为这样才能投资少，见效快，有利于缓和就业问题和增加出口。但如果不发展资金密集型经济，又无法摆脱技术落后、经济上依附于其他国家的情况。究竟如何因地制宜地把这三种类型的经济很好地结合起来，取得最好的经济效果，是一个值得研究的问题。

需要指出的是，这种分析方法虽是必要的，但不能代替前面这些方法。它不能说明国民经济结构中各部类、各部门之间的内在联系，因而有很大的局限性。

归纳起来，以上四种方法各有优点，可以根据不同的研究目的加以利用，同时要进一步完善这些方法。

为了研究产业结构，还要采用投入—产出的方法。根据美国列昂惕夫的解释，这种方法就是通过表格来说明各种商品和服务的产出相应地需要各种资源、服务、资本和人力的投入，以此来研究它们之间的平衡关系。使用这种方法，可以具体了解国民经济各个主要部门的地位、作用和相互依赖关系。前面说的系统分析法，也可以用来研究产业结构问题。

四　为了建设中国式的社会主义现代化产业结构，需要研究影响产业结构演变的因素

为了建立符合我国国情的合理的产业结构，必须研究和掌握产业结构的发展规律，研究影响产业结构演变的因素。下面谈谈影响产业结构的一些主要因素。

1. 自然条件

自然条件对产业结构有重要的影响。首先是对农业有影响，例如，有些农作物的种植，在很大程度上是由气候、土壤决定的。其次是对矿业有影响，矿业的发展决定于矿藏。由于这些影响，自然条件也间接地影响轻工业、重工业和交通运输业。

生产力愈不发达，自然条件对产业结构的影响愈大。在前资

本主义社会，各个地区的产业结构主要是由自然条件决定的。即使生产力高度发展以后，自然条件对产业结构的影响也不容忽视，如气候、土壤对农作物的影响，矿产资源对矿业和工业的影响，在经济发达国家也很明显。这不论从国与国的差别看，还是从一国之内地区之间的差别看，都可以看出来。

也不能忽视劳动资源对产业结构的影响。不少经济不发达国家劳动力多、耕地少，从而使产业结构带有很大的特点，如农业比重大，限制着经济的发展。这里有一个善于使用劳动力资源的问题，日本、新加坡等国都曾利用劳动力多、工资低的条件提高商品在国际市场上的竞争力，扩大出口，增加外汇收入。利用不好，劳动力多是个包袱，利用得好，劳动力多会成为加速经济发展的有利条件。

自然条件随着生产力的发展逐步得到充分利用。如地下矿藏的开发，到了资本主义社会才大规模地进行。自然条件的充分利用还以商品经济的发展为前提，商品经济不发达，各地只能搞自给自足的经济体系，商品经济发展了，各地才能发挥自己的优势。可见商品经济对充分发挥自然条件的优势极为重要。商品经济发达程度一方面决定于生产力的发展，即社会分工的发展，另一方面也决定于经济组织工作，即决定于管理工作。如果对商品经济采取限制的政策，那么即使有发展商品经济的客观条件，它也不会顺利发展起来。交通运输业的发展也是充分利用自然条件优势和发展商品生产的必要条件。

已经形成的经济条件对产业结构的演变也有重要影响。因为经济结构的发展离不开原来的基础。这里的关键也在于如何发挥长处，克服短处。60年代以来，有些地区经济迅速发展就是由于利用了经济条件中的有利因素。例如，香港没有天然资源，几乎没有农业，工业基础薄弱，本地市场狭小，缺乏全面发展经济的条件。但另一方面，香港长期以来是一个自由贸易港，有着发达的海空运输条件和通讯系统，在国际上有着广泛的贸易和金融联系。香港当局又始终推行自由放任的经济政策，有利于吸收外资和原材料进口。同时，香港人力资源充裕，工人技术素质好，工资比欧美、日本低。根据这种情况，香港当局选择了以扩大出口贸易为中心，以加工工业为基础的发展经济的道路，取得了成功。

2. 科学技术

随着生产力的发展，科学技术对产业结构的影响愈来愈大。现代工业是伴随着现代科学技术出现的，新兴工业部门的出现更是和科学技术的发展分不开的。马克思说："自然界没有制造出任何机器，没有制造出机车、铁路、电报、走锭精纺机等等。……它们是人类的手创造出来的人类头脑的器官；是物化的知识力量。"[①] 科学技术的发展改变了原来主要依赖于本地自然条件而建立的产业结构。如目前日本主要依靠外国的能源和矿产发展本国的经济，这在过去的技术条件下是不能想象的。在现代化产业结构中，科学技术的作用远远大于自然条件的作用。

科学技术怎样影响产业结构呢？这个问题很值得探讨。现代化科学技术创造了全新的劳动工具和工艺过程，创造了新的材料，发现了新的能源，实现了生产自动化，这些都对产业结构产生重大的影响。

科学技术的发展提高了劳动生产率，从而提高了每人平均的国民收入，这是它影响产业结构的一个重要途径。统计资料表明，愈是经济发展水平高的国家，第一次产业部门所占的比重愈小，第二次产业部门、第三次产业部门所占的比重愈大（参见下表）。

---

① 《马克思恩格斯全集》第46卷（下），人民出版社1980年版，第219页。

国民收入水平同产业结构的关系（1961 年）

项目 国家	每人平均国民 收入（美元）	就业结构（%）			产值结构（%）		
		第一次 产业	第二次 产业	第三次 产业	第一次 产业	第二次 产业	第三次 产业
美　国	2310	7.6	35.3	57.1	3.9	38.5	57.6
联邦德国	1114	11.8	48.5	39.7	5.1	52.7	42.2
日　本	418	30.9	29.5	39.5	14.6	38.8	46.6
印　度	69	72.9	11.4	15.7	46.8	19.4	33.8

　　经济发达国家的经济结构变化很快，这同科学技术的发展也有密切联系。"科学—技术—生产"的周期有愈来愈短的趋势，在 1885—1919 年间，一种发明到它在工业上应用的"成熟期"平均是 30 年，从生产上掌握它到投入市场平均是 7 年，总共 37 年。1920—1944 年分别减缩为 16 年、8 年，共 24 年。1945—1964 年进一步减缩为 9 年、5 年，共 14 年。

　　为了建立合理的现代化经济结构，必须重视科学技术的发展。科研经费占国民生产总值的比例，美国 1977 年为 2.6%，日本 1973 年为 2%，我国比它们都低。按人口平均的科研经费，美国为 188 美元，苏联为 95 美元，日本为 75 美元。我国比它们都少。我国科研经费 1975 年比 1970 年增长 68%，苏联增长 91.1%，日本增长 131.6%，联邦德国增长 131.7%，法国增长 92.6%。今后我们应该把科技工作放在应有的位置上。

　　3. 消费者的需求

　　无论在任何社会，生产归根到底是为了需要，因此消费者的需求对经济结构的影响也很大。消费者需求首先影响消费资料的生产，美国、日本等国家小汽车、电视机等的生产发展很快，就是由于居民的大量需求。通过对消费资料生产的影响，当然也就影响生产资料生产。例如，汽车工业发展了，它对生产资料的需求当然就增加了。经济发达国家服务业很发达，这和消费者需求也分不开。

消费者的需求和收入高低有内在联系。随着收入的增加，吃的比重将下降，穿的、用的比重将增加。西方经济学中有一条以恩格尔为名的恩格尔法则，根据这个法则，家庭收入越少，用于饮食费的支出比重越大，随着家庭收入增加，饮食费支出的比重就越来越小，衣服、住室、取暖、照明支出的比重变化不大，而用于满足文化、娱乐等需要的支出比重越来越大。西欧各国的个人消费中，用于食品、衣服和鞋袜的开支，从1953—1955年的47.4%下降到1971—1976年的40%，耐用消费品的比重从7.3%上升到11%。美国居民1953年食品、衣服和鞋袜的开支占收入的35.6%，1976年为23%；耐用消费品开支的比重1953年为11%，1976年为16%。日本居民娱乐、教育、交际费等支出的比重，1960年为32%，1965年达37%，1970年提高到41%。

在资本主义社会，消费者需求是通过市场影响产业结构的。对某种产品的需求增加了，价格就会提高，利润就会增加，就会吸引资本家多生产这种产品。现在，资本主义国家大量采用预测等手段来使产业结构适应于消费者的需求。

社会主义生产的直接目的就是满足人民的物质和文化需要，消费者需求对经济结构的影响很重要。但过去这种影响似乎很不明显。如人民需要某些耐用消费品，这种需要长期得不到反映，人民需要住宅，这种需要也长期得不到反映，当然更谈不到满足。为什么出现这种反常情况？我们常说这是由于计划工作有缺点，即计划没有反映人民的迫切需要，这种说法有一定道理。但为什么计划不能反映人民的需要呢？为什么计划工作的缺点长期不能纠正呢？这是同经济管理体制的缺陷有关的。在过去那种体制下，计划是难以充分反映和满足人民的需要的。由于商品经济、价值规律受到人为的不应有的限制，消费者需求就不能及时反映出来。消费者的需求极其复杂，变化又快，要使之自动地灵敏地反映出来，现在还需要利用市场和价值规律的作用。

社会主义国家消费者需求对生产结构影响不很显著这一事实，被有些同志看做可以忽视消费者需求的根据。这是不对的。问题在于，在社会主义社会，消费者需求对生产结构究竟起不起作用？我认为是起作用的。我们建立产业结构，一定要认真考虑人民的需要，否则，不仅生产搞不好，经济结构也不会合理，人民也不会满意。我国目前正在大力发展轻工业，发展住宅，这也是消费者需求发生作用的表现。

4. 经济制度

研究影响产业结构的因素时，也不能忽视经济制度的作用，这是生产关系对生产力的反作用，这种作用是很重要的。例如，在封建社会，由于自给自足经济占统治地位，商品生产很不发展而且被限制着不准发展，因此产业结构千篇一律，变化甚微。这主要是当时生产力所决定的，但和封建制度也有关系。

又如，在资本主义社会，产业结构变化很剧烈，这固然由于科学技术和生产力的发展，同时也由于资本家追求利润和进行竞争，由于公司制度的发展、商业信贷制度的发展以及剩余价值规律、资本积累规律的作用。

在社会主义社会，不同的经济管理体制对产业结构的影响也不同。如斯大林领导时期的经济管理体制，由于片面优先发展重工业，忽视其至阻碍农业的发展，结果导致农轻重比例关系失调，人民生活改善很慢。而有的社会主义国家实行不同于苏联的经济体制，不是片面优先发展重工业，农业和工业的关系比较协调，人民生活就有较快的改善。当然这些国家也有自己的问题需要解决。

我国当前产业结构中存在的问题和经济管理体制的缺陷也有密切联系。例如，基本战线过长，一个重要原因是财政上的统收统支，在这种制度下争投资、争项目、争设备是必然的。又如，一些地区一度片面强调搞本地区的独立完整的工业体系，都想自成体系。这同经济管理体制不是促进商品经济而是阻碍商品经济有直接关系。当然，这种经济管理体制起过积极作用，有它的长处。例如，可以集中力量搞一些事情，因此有些部门可以加快发展。但由于存在很多缺陷，因此必须改革。许多地方在改革试点中，经济已经活起来了，产业结构也向好的方向发展了。这也说明不能低估经济制度对产业结构的影响。

5. 经济政策和经济理论

经济政策对产业结构的影响也是很明显的。政策正确，也就是说符合客观规律的要求，产业结构就向健康方向发展。政策不正确，也就是说不符合客观规律的要求，产业结构就会日益恶化。

一些国家经济发展之所以快，实行正确的经济政策是一个重要因素，甚至起决定性的作用。例如，日本1960年制定的《国民收入倍增计划》，目标是高速度发展经济，显著提高国民生活水平，实现完全就业。当时对于日本经济如何发展是有争论的，有人根据生产已经过剩，主张放慢速度，有人认为应该采取扩大有效需求的政策，加快经济增长。池田内阁采取了后一种主张，制定了这个计划，取得了成功。这个计划的优点之一是发挥了消费对生产的反作用。资本主义生产一般苦于缺少市场，《国民收入倍增计划》把增加人民收入作为一个目标，不能不说是有远见的，既刺激了职工的生产积极性，又扩大了国内市场，促进了生产的发展，也有利于资本主义制度。

社会主义国家经济政策的作用更为重要。这是社会主义计划经济的性质决定的。我国"一五"时期政策比较正确，产业结构和整个经济结构就比较合理，后来政策有了偏差，产业结构和经济结构恶化了，经济发展受到严重损害。

经济政策是在经济理论的指导下制定出来的，经济政策的影响也反映经济理论的影响。因此检验经济政策是否正确，必须同时检验经济理论是否正确。

以下几个理论观点对我国产业结构产生过重要的影响，有必要进行认真的研究讨论。

（1）"优先发展重工业"。一个长时期内，我们在理论上认为优先发展重工业是个无条件地普遍适用的经济规律。我国产业结构中存在的很多问题是片面优先发展重工业的结果。过去认为优先发展重工业是社会主义工业化道路，优先发展轻工业是资本主义工业化道路。这是不正确的。第一，英、美、法等国家从轻工业开始工业化主要是生产力决定的，而不是资本主义生产关系决定的。第二，资本主义国家到一定时期都优先发展重工业。第三，生产资料优先增长并不意味着任何时期生产资料都比消费资料增长得快。1954—1972 年美国乙类工业增长速度（130.1%）比全部工业（110.2%）快；1955—1972 年联邦德国全部工业每年增长 6.3%，乙类工业增长 6.5%；1951—1955 年日本甲类工业每年增长 14.5%，乙类增长 18.6%。第四，长期优先发展重工业给我国带来不少困难，1979 年开始优先发展轻工业，经济活起来了。因此，优先发展重工业只能是有条件的，不能是无条件的。

（2）"生产资料不是商品"。长期流行的社会主义制度下生产资料不是商品的观点，不仅涉及生产资料，而且涉及整个社会主义生产。这个观点对我国产业结构和经济体制都有重要影响。那么社会主义制度下生产资料是不是商品呢？我们认为是商品。问题在于，社会主义企业有相对独立性，除全社会一致的利益外，企业还有自己的特殊利益，企业之间要算账，要等价交换。刘少奇同志说，全民所有制企业不算账就不能巩固所有制。这是很深刻的。因此，必须承认社会主义经济是商品经济，要在社会主义商品经济的基础上建立合理的产业结构和经济体制。

（3）"积累率愈高愈好"。这个理论对我国分配结构影响很大，对产业结构影响也很大。积累率当然影响经济发展速度。但不是愈高愈好。过高了，就要影响人民生活，也要影响生产和消费的关系，影响物资的供应，影响整个产业结构。事实上，影响扩大再生产的因素除积累数量多少外，还有积累如何使用的问题。如果积累率过高，使用效果必差。我国过去的历史表明，积累率合适，可能出现高速度，过高了就会出现低速度，甚至会出现倒退。究竟多少合适，如何变化，还值得深入探讨。总之，要处理好积累和消费的关系，这样才能有合理的产业结构。

（4）"把战备放在第一位"。我们当然要巩固国防，但过去有时把备战放在第一位，在这种指导思想下过快过急地搞"三线"建设，给产业结构和整个经济结构带来消极影响。因此，如何正确处理国防建设和经济建设的关系，也是要研究的问题。

五　从国情出发，逐步实现我国经济结构的合理化

为了逐步实现我国经济结构的合理化，建设具有中国特色的社会主义现代化经济结构，我们要特别重视以下这些基本国情：第一，我们是社会主义国家，实行社会主义制度。社会主义制度

不仅在生产关系结构上与资本主义制度有根本区别，而且在生产力结构上与资本主义制度也有重大区别。第二，我国人口多，农民多，人口和劳动力对经济结构的发展有很大影响。我国素称地大物博，但由于人口多，按人口平均拥有的资源，相对于很多国家来说是比较少的。特别是由于农民多，将给现代化建设带来很多特殊问题。正如邓小平所说"耕地少，人口多特别是农民多，这种情况不是很容易改变的"。第三，虽然经过新中国成立以来30多年的建设，我国生产力有了巨大的发展，但是，总的说来，现在生产力还不发达，生产水平还比较低，集中表现为劳动生产率低。同时经济结构还很不合理，存在问题很多。邓小平同志也曾指出，我们在实现四个现代化过程中一定要看到底子薄这个重要特点。第四，我们同经济发达国家技术上的差距很大，客观上存在着从国外引进先进技术加快现代化进程的可能性。在当前世界上，任何国家都不能闭关自守，一个国家的经济结构不应该也不可能完全立于世界之外与其他国家不发生联系。因此，国际形势对经济结构也有重要影响，这也是研究国情时需要注意的问题。

　　我们要从国情出发，逐步建设起合理的经济结构。从生产力结构的角度看，中国式的社会主义现代化经济结构应该有以下一些主要特征：第一，有发达的现代化农业，用较少的劳动力就能生产足够的农产品，满足国民经济发展的要求；第二，有发达的现代化轻工业，能满足人民提高物质文化生活的要求；第三，有发达的现代化重工业，能够在国民经济中起主导作用；第四，能源工业发达，保证国民经济发展的需要；第五，有真正成为先行的现代化交通运输业。同时，有发达的商业、服务业；第六，生产力配置合理，各地能充分发挥本地区的优势；第七，大中小企业正确结合，各种技术（自动化、机械化和手工劳动）正确结合；第八，有发达的对外贸易；第九，有发达的科学研究和文化教育事业；第十，人民有较高的物质文化生活水平和较高的思想觉悟、道德水平。

如果考虑到生产关系结构，那么，最主要的就是要适应多层次的生产力状况，建立起合适的生产关系。当前要在社会主义公有制占优势的条件下，允许多种经济形式和多种经营方式并存。

怎样才能建立起合理的经济结构呢？我认为，主要要抓住以下几个环节：

1. 认真研究国情

陈云同志不久前指出："我们搞四个现代化，建设社会主义强国，是在什么情况下进行的。讲实事求是，先要把'实事'搞清楚。这个问题不搞清楚，什么事情也搞不好。"国情包括多方面的内容，诸如，社会经济制度、生产力状况、科学文化水平、经济管理水平、自然环境、资源条件、历史沿革、文化传统、民族特点、国际交往等，都是国情的重要内容。我们尤其要注意研究那些对社会主义建设经常起决定作用的国情，把它们作为重点进行研究。要做到既掌握住全面，又抓住重点，弄清楚国情各个方面的相互联系和相互制约作用，同时要在动态中掌握国情，因为国情是在不断变化的。应该看到，掌握中国国情还是非常艰巨的任务，是必须下工夫认真研究的。

2. 制定有科学根据的长期规划

要在掌握国情的基础上制定有科学根据的计划和规划。不仅要有年度计划、五年计划，而且要有更长时期的规划，因为改善经济结构是一个长期的连续性的任务。不仅要有一个经济规划，而且要有一个科技社会规划。由于科技革命对经济发展的影响越来越大，各种社会因素对经济发展的作用越来越大，因而规划不仅要包括经济的内容，而且要包括科技、教育、劳动条件、福利设施、环境保护等内容。这种长期计划还应该是一个滚动计划。应该在充分调查研究的基础上制定这样的计划。

3. 大力发展国民经济的落后部门和主导部门

首先要把农业搞上去。经济发达的国家第二次产业、第三次产业的迅速发展是农业发达的结果。农业发达的主要标志是劳动生产率高。1976年美国平均每个农业劳动生产力生产粮食174000斤，肉类13000斤，鸡蛋3032斤，牛奶43000斤。1977年我国平均每个劳动力生产粮食1932斤，肉类50斤，蛋类14斤，牛奶7斤。美国近30年来农业劳动生产率的增长速度快于工业，1950—1976年按工时计算的劳动生产率，农业每年平均增长5.6%，工业制造业增长5.2%。农业劳动生产率高是和装备水平高分不开的。1977年美国平均每个农业劳动力占有固定资产47566美元，而工业制造业平均每个劳动力占有固定资产30155美元，农业为工业的1.58倍。我国工业装备水平低，农业的装备水平更低，因此，劳动生产率也低。

当前我国发展农业主要靠政策，靠科学。政策加科学，可以使农业有较快的发展。随着经济的好转，我们应该逐步增加农业投资，从根本上改变农业的物质技术基础。除了农业，还要把能源搞上去，把交通运输搞上去，把建筑、建材搞上去。此外，还应高度重视教育和科学的发展。这些部门现在是落后部门，应该逐步成为先进部门。

4. 发展社会主义商品经济，发挥各个地方的优势

过去在处理生产关系和生产力上都存在"一刀切"的毛病。说炼钢铁，不管有没有矿石、燃料，都炼钢铁。说搞化肥，不管有没有原料、资金，都搞化肥。牧区和经济作物区也都"以粮为纲"。经济非常落后的地区也要优先发展重工业。这样做，经济怎么能上去？

　　过去各省都想搞独立的完整的经济体系，这既不可能，也无必要。有人认为我国一个省等于欧洲一个国家，因而主张省也应该有独立完整的经济体系。其实，欧洲一些国家的经济体系也是既不独立也不完整的。

　　当前国际专业化主要是沿着部门内专业化的方向发展的。例如，美国的拖拉机制造业专门生产大马力的轮式和履带式拖拉机，英国则生产中型的轮式拖拉机，联邦德国生产小马力的拖拉机。在英国，拖拉机制造业有五分之四输往国外，联邦德国有三分之二、意大利和法国有一半以上输往国外。现在已有一系列所谓欧洲式产品，即有许多西欧国家参与了这种产品的生产。例如，所谓西欧式的"R—1800"载重汽车是在英国装配的，它的零件则由瑞士（发动机）、联邦德国（控制设备）、美国（底盘、弹簧）和意大利（车身）生产。它们作为一个国家也都不是独立的完整的经济体系，为什么我们一个省要建立独立的完整的体系呢？

　　这里还有一个允许一些地区先富起来的问题。地区之间发展不平衡是历来存在的，现在也无法完全消除，只有各地因地制宜地发挥优势，允许有些地区先富起来，才是真正走向共同富裕的道路。一国之内各个地区存在差别是必然的，要承认差别，处理好它们的关系。还要注意，发挥地方优势要有一个过程，要认真调查研究本地究竟有什么优势，有计划有步骤地发挥这些优势，防止盲目生产、盲目建设。发挥地区优势还应该有利于整个国家经济优势的发挥。

　　5. 改革经济管理体制，充分发挥中央、地方、企业和劳动者个人的主动性和积极性

　　我们要发挥计划经济的优越性，有计划有步骤地建立合理的经济结构。不要像资本主义国家那样自发地形成现代化经济结构，这样时间太慢，代价太大。为此，要建立合理的经济管理体

制，当前改革经济管理体制的关键是要让企业有活力。既要坚持计划经济，又要实行计划指导下的市场调节，依靠经济手段、行政手段和思想工作，建立一种中央、地方、企业都能自动地改善经济结构的机制。还要处理好调整和改革的关系，使它们互相促进。

建立合适的经济形式是实现
四个现代化的要求 *

要实现社会主义现代化，需要解决生产关系中存在的问题，建立合适的经济形式，这就要在社会主义公有制占绝对优势的情况下，允许多种经济成分、多种经营方式存在。这样做，是生产关系一定要适合生产力发展水平这一客观规律的要求。

一

所谓经济形式，就是生产、交换、分配等经济活动的社会形式，也就是生产关系。1957 年，在我国社会主义改造刚刚取得基本胜利的时候，毛泽东同志在《关于正确处理人民内部矛盾的问题》中就提出了完善社会主义生产关系的任务，指出要在各经济部门的生产和交换的相互关系中，"逐步找寻比较适当的形式"。由于种种原因，主要由于"左"倾错误的干扰，毛泽东

---

* 原载《中国经济问题》1981 年第 3 期。

同志提出的问题，一直没有得到妥善解决，使我们的工作遭受了损失。

为了建立合适的经济形式，必须对我国当前的生产力状况有一个清醒的估量和科学的认识。这是我们进行四化建设的出发点，也是建立合适的经济形式的客观依据。

由于特殊的历史条件，我国开始社会主义革命的时候，底子很薄，经济极其落后。经过 30 年的建设，情况有了很大的变化。但是，现在我们的生产力状况仍有两个明显的特点：一是很不发达，二是很不平衡。客观状况决定了我们要在社会主义公有制占绝对优势的条件下，允许多种经济成分、多种经营方式存在。

第一，目前我国的生产力水平还很低，社会化程度不高，商品经济很不发达，劳动生产率很低。马克思曾经设想在社会主义革命胜利后，全部生产资料归全社会所有，而我们现在只能做到一部分生产资料归全社会所有，还做不到全部生产资料归全社会所有。

第二，我国地域广大，地区之间经济发展极不平衡，部门之间和各个部门内部也不平衡。在工业部门，我国有了一批具有 70 年代先进水平的大型企业，但大量的是中小型企业，其中很多还处于半机械化或手工操作为主的阶段。在农业部门，我国有了一批机械化的社队，但大多数社队主要还是靠犁耙、锄头、老黄牛种田，有的还处在刀耕火种阶段。这种情况，决定了我国不仅在农村，而且在城市，都应该允许社会主义公有制的两种形式，即全民所有制和集体所有制长期同时并存。适应不同的社会化程度，应该有不同规模的集体所有制。而且，还应该允许少量的个体经济作为社会主义经济的补充而存在。

第三，新的生产关系总是在原有制度的基础上建立起来的，原来的制度不能不对新制度的形成、发展和经营管理发生影响。我国的社会主义制度是在旧中国的废墟上建立起来的。旧中国是半殖民地半封建社会，经济关系千差万别，有的地区资本主义比较发达，有的地区则还处于农奴制阶段、奴隶制阶段，甚至原始社会阶段。这种参差不齐的情况，也决定了社会主义生产关系不应该采取一个模式。

第四，同一种公有制形式，由于条件不同，为了取得较好的经济效果，也应该因地制宜采取不同的经营管理方式。例如，国营经济，由于部门不同，行业不同，规模不同，管理水平不同，要采取不同的经营方式。农业集体经济，由于原有基础不同，自然条件不同，干部管理水平和群众觉悟程度不同，应该采取不同的管理方式和责任制度。随着社会生产力的不断发展，新的部门、新的行业、新的产品不断出现，也会出现许多新的经营管理形式。

事实上，在任何社会里，除了主导地位的经济成分外，都存在一些其他经济成分。马克思说："在一切社会形式中都有一种一定的生产支配着其他一切生产的地位和影响，因而它的关系也支配着其他一切关系的地位和影响。"[1] 至于经营管理形式，则更是多种多样。例如，封建地租曾经有劳役地租、实物地租、货币地租等形式；资本主义股份公司也有种种不同的经营管理形式。列宁说："在发达的资本主义下一致需要的托拉斯和银行，甚至在现代帝国主义条件下，在各个不同的国家里也具有各种不同的具体形式。"[2] 可见，任何社会的经济形式都是多种多样的，而不可能是纯而又纯的。

---

① 《马克思恩格斯选集》第2卷，人民出版社1972年版，第109页。
② 《列宁全集》第23卷，人民出版社1958年版，第64页。

二

新中国成立初期，我们在处理经济形式问题上，从实际情况出发，实行新民主主义经济纲领，整个经济比较活，经济发展比较顺利。在所有制的改造问题上，我们开始也比较谨慎。在农业社会主义改造方面，我们采取互助组、初级社、高级社等形式，把个体农民逐步引向合作化。在资本主义工商业社会主义改造方面，我们采取加工订货、统购包销、统购代销、公私合营等形式，把资本主义经济逐步改造成为社会主义经济。在社会主义改造过程中，我国避免了有些国家曾经出现过的生产力遭受严重破坏的情况。

但是，后来我们不谨慎了，在经济形式这个根本问题上，犯了严重的错误。这就是不从生产力的实际状况出发，盲目地追求"大"和"公"，在经济形式上搞一刀切，其结果是破坏了生产力的发展，使国家和人民吃了苦头。

有的同志认为，生产关系落后于生产力会阻碍生产力的发展，而"超越"于生产力的生产关系，则能够促进生产力的发展。他们把"大"和"公"的程度当做评价社会主义经济形式是先进还是落后的标准，认为社会主义所有制越大越公就越先进。他们热衷于搞小集体经济向大集体经济过渡，热衷于搞集体经济向全民所有制过渡，热衷于"割资本主义的尾巴"。他们主观上也许是想加快发展生产，但结果却总是事与愿违。盲目追求"大"和"公"，在经济形式上搞一刀切，是必然要破坏生产力的。

首先，它将破坏生产资料和劳动者的结合。马克思说："不论生产的社会形式如何，劳动者和生产资料始终是生产的因素。

但是，二者在彼此分离的情况下只在可能性上是生产因素。凡要进行生产，就必须使它们结合起来。"① 社会主义社会有可能克服旧社会劳动力和生产资料分离的状态，但是，不能认为劳动力和生产资料的结合已不成问题了。经济形式上实行一刀切的"左"倾错误政策，劳动力和生产资料就不能很好地结合起来，甚至结合不起来。例如对于集体经济采取平调、排挤的政策，侵犯它的所有权、自主权，限制它的经营活动，就必然损害集体经济中劳动者和生产资料的合理结合。又如现在社会主义经济还不可能把一切社会经济活动包揽无遗，社会上有不少待业人员，如果不允许少量个体经济存在，势必使得社会上一部分生产力要素不能发挥作用，造成不少人无事可做，不少事无人去做。

其次，它将破坏社会主义企业的经营管理。社会化大生产要求做好管理工作，社会主义优越性的发挥，在很大程度上决定于企业管理的好坏。社会主义企业要搞好管理，必须建立各种合适的管理形式和责任制度。而我们过去却强制推行某些管理形式和责任制度，尽管它们并不适合很多单位的情况；强制禁止另外一些管理形式和责任制度，即使它们适合有些单位的情况，促进了生产并受到群众的欢迎。

再次，它将割断经济活动的内在联系，破坏社会主义的分工协作。要发展社会主义经济，必须实行专业化协作，必须按照经济活动的内在联系办事。这也要求各个地区、部门、企业因地制宜采用各种合适的经济形式。如果搞一刀切，在生产、流通、分配等方面，规定种种不应有的限制，例如封锁市场、限制联合、禁止竞争，势必打乱历史上形成的协作关系和经济联系，妨碍社会再生产的顺利进行。社会主义经济应该扬长避短，发挥优势，

---

① 《马克思恩格斯全集》第24卷，人民出版社1972年版，第44页。

而一刀切的做法，却造成相反的结果。

最后，它将损害群众的利益，挫伤劳动者的积极性。一刀切的做法，不仅侵犯企业和社队经营管理的自主权，而且损害群众的物质利益。因为，盲目追求"大"和"公"，必然产生一平二调，破坏按劳分配、等价交换的原则。在农村，每次搞"穷过渡"，"割资本主义尾巴"，结果都引起消极怠工、分光吃光、乱杀猪羊、滥伐树木等严重后果，使生产力遭到破坏。

那种认为所有制越"大"越"公"就越先进的观点，在理论上也是不能成立的。先进与否，要看它是否适合生产力的性质和水平，是否能够促进生产力的发展。一种经济形式适合生产力的性质和水平，因而能够促进生产力的发展，就是先进的，否则就是不先进的。因此，就不能认为国营经济无条件地比集体经济优越，大集体经济无条件地比小集体经济优越。从人类社会历史的总过程看，适应着生产力发展而形成的不同的生产关系，是有着由低级到高级的发展序列的。但是，不能认为高级的生产关系无条件地比低级的生产关系优越。优越与否，也要看是否适合生产力的性质和水平，适合才有优越性，不适合的就没有优越性。我们评价一种经济形式的标准，最主要的就是看它能否促进生产力的发展，以及促进的程度，最能促进生产力发展的经济形式，就是最先进的经济形式，也就是我们所需要的合适的经济形式。

三

粉碎"四人帮"，特别是十一届三中全会以后，我们拨乱反正，对"左"倾错误进行批判，不断落实党的正确的方针政策。但是，在目前，一刀切的情况还是存在的，生产关系超越生产力的现象还是存在的。一部分同志还没有冲破"左"的思想的牢笼，"一大二公"等框框还束缚着有些人的头脑。这种情况，严重妨碍着直接经营者和直接生产者的积极性，束缚着生产力的发展。党中央最近提出政策要放宽，这是切中时弊的。在那些经济特别落后的地区，由于生产关系超越生产力的情况更为严重，因而政策要放宽、放宽再放宽。

所谓政策要放宽，就是要彻底纠正长期以来的"左"的政策，纠正一刀切的错误做法；就是经济工作要从实际情况出发，注意各地区、部门的特点，注意生产力的不平衡性，要贯彻因地制宜的原则；就是不要束缚各地区、部门、企业的手脚，而要放手让他们根据自己的条件，建立合适的经济形式；就是要做到在社会主义公有制占绝对优势的条件下，允许多种经济成分、多种经营方式存在。总之，放宽政策是为了建立合适的经济形式，以便调动一切生产力要素，充分发挥它们的作用，把国民经济搞活。

为了达到这个目的，在社会主义公有制经济中，必须克服统得过死、管得过严的情况，允许多种经营方式存在。在国营经济内部，以扩大企业自主权为中心内容的经济体制改革，要坚定不移地、有步骤地进行下去。应该容许和促进在经济合理的原则下进行各种形式的联合，并要保护同资本主义竞争有区别的社会主义竞争。

对于集体经济，应该尊重它们的所有权、自主权，使之成为名副其实的集体所有制经济。集体所有制经济经营得好坏，同职工利害关系密切，市场适应性强，既可以适应手工劳动，也可以适应机械化、自动化，有强大的生命力，有广阔的前途，是社会主义社会的重要经济成分，将和国营经济长期共存，比翼齐飞。国营经济和集体经济各有优缺点，传统的观点认为国营经济是最先进的社会主义的生产关系，集体经济必须向国营经济过渡，这是缺乏科学根据的。国营经济和集体经济将来如何发展，这还是一个有待研究的课题。

不论国营经济还是集体经济，都应该建立适合于自己特点的经营管理形式。当前尤其要注意让农村人民公社、生产队根据实际情况和需要，建立合适的生产责任制。农业生产是社会再生产和自然再生产过程的统一，自然条件对农业生产责任制的影响极为重要。我国各地自然条件千差万别，加上生产队的规模不同，经营内容不同，机械化程度不同，干部管理水平和群众觉悟不同等原因，生产队的责任制决不能强求一律，搞一刀切，而应该是哪种生产责任制最适合本队情况，最有利于发展生产，最受群众欢迎，就采用哪种责任制。可以实行不联系产量的责任制，也可以实行联系产量的责任制，产量可以联系到组，也可以联系到人，可以实行大包干、包产到户。

为了把国民经济搞活，还应该允许个体经济作为社会主义公有经济的补充而存在。现在有不少城市，已经批准一批个体工商户开业，这在解决就业问题、增加生产、方便群众等方面起了积极的作用。

有一种流行的理论，认为社会主义社会允许个体经济存在就会导致资本主义复辟。这种理论也是不对的。个体经济的发展趋势取决于周围的经济条件。它在奴隶社会存在过，曾为奴隶制经济服务，并没有导致资本主义。它在封建社会也一直存在着，只是到了封建社会末期，由于商品经济发展的结果，作为小商品经济的个体生产者才两极分化，极少数小生产者才变成资本家。在资本主义社会里个体经济也一直从属于资本主义经济而存在着。在社会主义社会里，它的数量很少，并且处于公有经济的包围之中，在各方面受到严格的限制，因此，绝没有导致资本主义复辟的必然性。

　　有些同志借口列宁说过"小生产是经常地、每日每时地、自发地和大批地产生资本主义和资产阶级的",以此来证明社会主义社会的个体经济必然会导致资本主义。列宁是在什么条件下讲这些话的?当时十月革命胜利不久,社会主义公有制经济刚刚开始形成,小生产是一片汪洋大海,列宁这样讲当然是正确的。而我国现在早已完成了生产资料私有制的社会主义改造,社会主义公有制经济已经占了绝对统治地位,少量的个体经济已经是公有经济这个汪洋大海中的个别孤岛。有什么理由说允许少量个体经济存在必然导致资本主义复辟呢?

　　建立同四个现代化建设相适应的经济形式,不断完善社会主义生产关系,还是摆在我们面前的艰巨任务。我们要继续解放思想,破除迷信,坚持实事求是的原则,认真总结经验教训,逐步地建立起合适的经济形式,加速四个现代化的进程。

论经济增长和经济效果的关系[*]

党的十一届三中全会提出的调整国民经济的方针，是根据当前情况制定的英明决策。调整国民经济要求克服盲目追求速度，改善经济结构，提高经济效果。两年多来，我们在调整上取得了一定成绩。但是，调整的任务还远未完成。究其原因，固然由于调整工作比较艰巨，同时也是由于认识上还不一致，有些同志仍然热衷于追求高速度和扩大基本建设规模，没有把主要注意力放在改善经济结构和提高经济效果上。从 1981 年开始，我们还必须对国民经济进行大的调整，要求在克服比例失调的同时，使各方面的经济效果有一个大的提高。研究经济增长速度和经济效果的关系，对于完成这一任务，是极为必要的。

一　用实践来检验我们传统的经济增长理论

为什么在调整时期有些同志只重视增长速度而忽视经济效果？我认为这是同我国传统的经济增长理论有关的。这种理论的

---

　　*　原载《群众论丛》1981 年第 5 期。

核心是把速度问题无条件地看做社会主义经济建设的首要问题和政治问题,认为经济发展速度快,经济效果一定好,并且认为经济增长速度越快越好。这种理论过去被认为完全正确,指导着我们的思想和行动。

早在新中国成立之初,就流行着社会主义经济尤其是社会主义工业化高速度发展的理论。当时在我国作为政治经济学教材的苏联《政治经济学教科书》说:"对国家实行社会主义改造和保证国家独立的根本任务,要求在极短的历史时期内实现工业化。"该书引用斯大林的话说:"我们比先进国家落后了五十年至一百年。我们应当在十年内跑完这一距离。或者我们做到这一点,或者我们被人打倒。""一五"时期我国经济增长速度是相当快的,但我们还是不满足于这种速度,搞起了"大跃进"。

1958年以后,为了给"大跃进"创造理论依据,理论界进一步论证社会主义经济必须高速度发展,形成了一套相当系统的高速度、"大跃进"的理论。当时有些同志提出"大跃进"造成了比例失调,大炼钢铁是得不偿失,这本来都是事实,但却被说成是右倾观点,受到批判。当时还发表了大量文章论证高速度和按比例是完全统一而没有矛盾的,用速度快来证明经济效果好。值得注意的是,从那时开始,政治经济学理论中增加了一个社会主义经济高速度发展规律。有的文章把这个规律概括为:第一,社会主义经济的发展速度必然要远远地超过资本主义经济;第二,社会主义经济高速度发展是全面的综合的;第三,社会主义经济的高速度是连续不断的。很多书籍、文章说:以生产资料公有制为基础的社会主义制度决定了社会主义经济必然高速度发展,从而产生了高速度发展的规律。很多文章还认为:社会主义制度下,由于人类已经由必然的王国进入自由的王国,人们的主观能动作用是非常巨大的。客观经济规律一经与人的主观能动性相结合，就必然导致大跃进，大跃进使比例更加协调了，效果更加提高了。从此人们把高速度和马克思主义等同起来，把低速度同修正主义等同起来。

"大跃进"的结果是我国经济严重衰退，我们被迫在 60 年代初对国民经济进行调整。在调整时期，有些理论问题得到了澄清，例如，强调了经济比例、经济效果的重要性。但由于受许多条条框框的限制，一些基本理论问题并未得到解决，高速度和"大跃进"的理论继续完全得到肯定。当时虽然也曾对"大跃进"的缺点进行过总结，但主要是从工作方法、思想方法上检查缺点错误，理论界并没有对高速度理论提出怀疑。而且十年动乱中又把已经澄清的一些问题弄得更加混乱了。正确的又被说成是错误的。

粉碎"四人帮"后，按理应该立即对国民经济进行调整。但头两年我们却继续搞大干快上，加剧了国民经济中的某些比例失调。理论界在批判"四人帮"反对社会主义经济建设的谬论时，继续宣传高速度的理论，本文作者也曾在文章中片面强调工业发展的高速度。这样做除了由于对林彪、"四人帮"干扰破坏的后果估计不足，还由于长期流行的高速增长理论仍在支配或影响我们的思想和行动。现在有些同志仍无条件地把高速度当做经济建设的首要任务，因而不很注意甚至很不注意经济效果问题，对调整方针产生种种不应有的疑虑，也正是这种传统理论在发生作用。

应该指出，这种传统理论并不是没有正确的内容，有些观点无疑是正确的，例如，认为经济发展速度是个重要问题，具备条件时应该努力使速度快一点，等等。但有不少内容则是错误的，这些错误的内容和正确的内容交错在一起，使得人们难以识别那些似是而非的东西，难以清除它的影响。现在为了贯彻调整国民经济的方针，并使今后不再重犯盲目追求高速度忽视经济效果的错误，有必要弄清楚这种传统的理论。为了弄清楚这里的问题，不应该采用全面否定或全面肯定的简单化办法，而应该看到问题的复杂性，进行全面的、具体的、科学的分析研究。由于这几年解放思想、破除迷信，我们也已经具备条件按照实践是检验真理的唯一标准的要求来科学地认识这种传统的理论。

二　增长速度快经济效果未必一定好

发展速度快经济效果一定好的观点曾经是一种流行于很多国家的经济学观点。印度拉达克里希纳在《从发展中国家的角度来观察科学技术和全球问题》一文中说："千方百计地增加国民生产总值，以取得国家的繁荣富强，这是传统的发展战略，曾被视为普遍运用的法则。这种战略的倡导者认为，国民生产总值高速度增长带来的好处，会自动分摊到社会最下阶层的头上。在这种战略指导下，一些发展中国家往往片面追求国民生产总值，以便早日实现工业化。"我国的发展战略和很多发展中国家的发展战略当然是有原则区别的，但在处理增长速度和经济效果的关系上又是有共同点的。

经济增长速度快经济效果是不是一定好呢？当然不一定。因为，经济增长和经济效果既有联系又有区别，它们的发展趋势不可能是完全一致的。我国通常用工农业总产值的增长速度来衡量经济增长，而经济效果则是指经济活动中劳动占有量和劳动消耗量同劳动成果的比较，显然，工农业总产值增长速度远不能反映经济效果的好坏。当然，经济增长还可以用国民生产总值、国民收入以及每人平均工农业产值、每人平均国民生产总值、每人平均国民收入等指标来反映，这些指标反映了经济效果的某些内容，但也不能完全反映经济效果的情况，例如，单位产品成本、工资利润率、成本利润率、资金利润率、投资回收期以及劳动者收入状况、消费水平等就不能从这些经济增长指标反映出来。

我国长期的建设实践也表明，增长速度快经济效果未必一定好。

新中国成立以来，从工农业总产值的增长速度看，我国经济增长的速度是很快的，即使十年动乱时期，工农业总产值的年增长速度也达 7% 左右，同世界上很多国家相比也名列前茅。但是，"一五"时期以后，除 1963—1965 年调整时期外，经济效果是比较差的。

从生产过程看，经济效果首先表现为消耗大，浪费严重。我国很多企业在原材料、燃料、动力以及劳动力方面浪费十分严重。1978 年按全国主要工业产品的 38 项消耗指标考核，达到历史最高水平的有 17 项，占 45%，也就是说有一半以上没有达到历史最高水平。我国能源利用率很低，1978 年我国能源的有效利用率只有 28%，而日本为 57%，美国为 51%，西欧国家为 40%。1975 年至 1977 年，我国每万吨能源所生产的国民生产总值为 308 万美元，比日本的 1299 万美元低 76%，比美国的 664 万美元低 54%。能源使用的经济效果曾大幅度下降。"一五"时期每亿元工农业总产值消耗的能源为 7.28 万吨，1965 年为 9.62 万吨，1978 年上升为 10 万吨。1978 年多数工业产品的成本也没有达到历史最高水平，一些中小企业的成本更是高得惊人，如每吨生铁的成本，重点企业平均为 134.6 元，其中本溪钢铁公司只要 102.5 元，而中小钢铁企业高达 313 元。我国国营工业企业每百元固定资产实现的利润，1957 年为 23.6 元，1976 年下降为 12.1 元，减少 49%，每百元资金的利润和税金，1957 年为 34.7 元，1976 年下降为 19.3 元，减少 44%，这是能反映"一五"以后我国生产中经济效果下降情况的。

生产中经济效果差还表现为产品质量差。有些产品花了很大代价生产出来，计算了产值和利润，但由于质量差，不具备应有的使用价值，有的甚至完全没有使用价值，成了废品。1978 年全国主要工业产品的 30 项质量指标中，有 13 项没有达到历史最高水平，占 43.3%。一些中小企业产品质量差的情况尤其突出。据化工部门统计，在 1099 个县以下磷肥企业中，有 51% 的企业生产的是不合格品。1979 年上半年，一机部重点企业铸铁件废品率为 8.24%，铸钢件废品率为 4.37%，比历史较高水平分别高出 1.54% 和 1.12%；农机部重点企业铸铁件废品率为 16%。据了解，日本机械工业的铸铁件废品率一般小于 1%。产品质量差，使用寿命也就短。汽车轴承，我国只能用来行车 10 万公里，美国可用来行车 40 万公里；航空轴承，我国只能用来航行 1000 小时，英国却达 7000 小时；农机的缸套、活塞的使用寿命，我国一般只有 2000—4000 小时，国外普遍达到 6000—8000 小时。质量差也是有些产品积压的重要原因，例如，目前大量积压的机电产品中，据估算质量太差、需要报废的约占 5%—10%，虽然勉强使用但要削价处理的约占 40%。

从流通过程看，经济效果差的表现，一是流通过程迟缓，物资积压严重。1980 年 6 月底，全国机电产品库存 619 亿元，库存周转天数 587 天，比上年增加 56 天，库存中超储的约有 200 亿元，占 32.3%。同年 10 月底，全国钢材库存 1925 万吨，可供使用 8 个月，超过国家规定周转期近 3 个月，约超储 700 万吨，折合金额 53 亿元。物资积压不仅使产品不能及时利用，长期积压还使有些产品完全失去使用价值。1980 年 9 月末，商业系统批发单位的五金、交电、化工商品库存总额 93.4 亿元中，滞销和变质的约占 30%；供销合作社系统的库存中，冷背呆滞的约占库存的 7.5%。10 月末，外贸出口商品库存中，不适销和质量规格不合格的估计占 10% 以上。

流通过程中经济效果差的集中表现是资金占用多。1964 年，国营企业年末流动资金占用额是当年工农业总产值的 42%，1965 年为 40%，而在 1975 年到 1978 年四年中，国营企业年末占用流动资金都超过当年工农业总产值的一半以上，比正常年份高出 10% 多。如 1965 年国营工业企业每百元产值占用流动资金 28.1 元，1978 年达到 33.6 元，如果维持 1965 年的水平，1978 年可以少占用流动资金近 200 亿元。再从商业部系统看，1978 年每百元销售额占用流动资金 51.54 元，比 1965 年多 7.4 元，按当年销售总额计算，估计多占用流动资金 80 亿元。仅此两项，就比历史较高水平的年份多占用流动资金 280 亿元。我国流动资金周转速度同国外相比差距更大。日本芝浦厚钢板加工中心的资金每年周转 38.3 次，京阪水泥制品厂的资金每年周转 32.5 次，一般物资供销企业的资金每年周转近百次。1978 年我国国营工业流动资金仅周转 2.96 次，商业流动资金仅周转 1.94 次。当然这里有不可比的因素，但从中也可看出我国流通过程中经济效果存在的问题。

从基本建设看，经济效果差主要表现为：（1）固定资产交付使用率下降。"一五"时期平均为 83.7%，"二五"时期为 71.4%，1963—1965 年为 87.1%，"三五"时期为 59.5%，"四五"时期为 61.4%，1976—1978 年分别为 58.9%、71.4%、74.3%。我国 1952—1978 年基建投资共 6000 亿元，仅形成固定资产 4000 亿元，如果固定资产交付使用率维持在"一五"时期水平，则可多形成固定资产 1000 亿元。（2）建设周期延长，造价提高。大中型项目建设周期"一五"时期平均 6 年，"四五"时期以来平均为 11.5 年，延长近一倍。钢、煤、棉纺锭和铁路等新增生产能力的综合投资，1976—1978 年比"一五"时期一般增加一倍到两倍以上；每平方米房屋造价，1978 年比 1957 年增加 50％到一倍以上。（3）投资系数增加。我国每增加 1 元国民收入需要的投资数，"一五"时期为 1.68 元，"四五"时期为 3.76 元，1976—1978 年为 3.2 元，可见近年来增加 1 元国民收入，投资比"一五"时期增加近一倍。如果使投资系数维持在"一五"时期水平，依靠现有的投资，就能使新增国民收入增加一倍。（4）投资回收期拖长。据一机部 1979 年典型材料，"一五"时期的大中型项目，建成后平均 3 年半收回投资；"三五"时期投产的 15 个项目，有 10 个平均 7 年半收回投资，有 5 个仍未收回投资；1970 年以后建成的项目，到调查时没有一个收回投资，估计投资回收期至少延长了一倍。另据计算，1952—1978年我国工业投资 3500 亿元，实现利润和税收共 8000 亿元，投资回收期大体是 10 年，而相同情况下，日本为 3 年，美国为 4 年，苏联为 5 年。

马克思曾引用李嘉图的话说："真正的财富在于用尽量少的价值创造出尽量多的使用价值，换句话说，就是在尽量少的劳动时间里创造出尽量丰富的物质财富。"[①] 由于经济效果下降，虽然 20 多年来我国工农业总产值增长速度不慢，但真正的社会财富并没有相应地增加。加上积累率高，人口增加多，人民生活也就难以迅速改善了。从 1957—1978 年，工农业总产值平均每年增长 9.7％，而广大职工的生活水平不仅没有相应改善，反而下降了。扣除物价因素后的职工实际工资，1978 年平均为 557 元，比 1957 年 583 元下降 26 元，平均每年下降 0.2％。农民社员每人从集体分配的收入 1978 年为 73.9 元，比 1957 年增加 33.4

---

① 《马克思恩格斯全集》第 26 卷（Ⅲ），人民出版社 1974 年版，第 281 页。

元，平均每年增加 2.9%，但扣除价格因素后实际也没有增加那么多，相当一部分农民还比较贫困。生活改善的情况是社会主义制度下经济效果的主要标志，我国这 20 多年来人民生活改善慢，是经济效果差的集中表现。

综上所述，可知经济增长快经济效果未必一定好。过去我们在经济工作和计划工作中重视增长速度而忽视经济效果，甚至有时只考虑增长速度不考虑经济效果，因而长时期来经济效果很差，这种错误的做法，以后应该引以为戒。

三　关键在于使经济结构合理化

那么经济增长快经济效果是不是一定低呢？当然也不是。从我国历史看，"一五"时期增长速度很快，经济效果也比较好。这一时期工农业总产值的年平均增长速度在 10% 以上，很多经济效果指标都保持在较高水平。"一五"期间国营工业企业每百元固定资产实现的利润都在 20 元以上，最低的 1955 年也达 21.1 元，国营企业每百元资金实现的利润和税金平均为 29.4 元，其中工业企业为 34.1 元，商业供销企业为 29.1 元。国营工业企业劳动生产率的年平均增长率达 8.7%。1952—1957 年，国营企业职工平均工资由 446 元增加到 637 元，增加 43%，全国居民平均消费水平由 76 元增加到 102 元，增加 34%。1963—1965 年我国经济增长也很快，经济效果也较好。这个时期经济发展带有恢复的性质，但也说明经济增长快和经济效果好并不是完全排斥的。

再从国外情况看，有些国家战后一段时期内也在经济增长快的同时取得了较好的经济效果。例如，日本国民生产总值的年平均增长速度，1951—1960 年为 6.9%，1961—1970 年为 10.7%；

按人口平均的国民收入 1952 年为 189 美元，1975 年增加到 3842 元，年平均增长率为 14%；按人口平均的工业产量 1951—1960 年平均增长率为 15%，1961—1970 年为 11.5%；劳动生产率平均增长速度 1951—1960 年为 11.2%，1961—1970 年为 10.1%；1950 年按人口平均的国民生产总值日本为美国的 14%，1977 年已达 44%。

因此，既不能认为经济增长快经济效果一定好，也不能认为经济增长快经济效果一定差。盲目追求高速度是不对的，结果会导致低效果，但是认为速度愈低愈好也是不对的。没有一定的增长速度，也难以取得一定的经济效果，人民的收入也难以增加，生活难以提高。我们要争取既有一定的增长速度，又有较好的经济效果。

在什么情况下才能既有一定的增长速度又有较好的经济效果呢？这是一个需要深入研究的复杂问题。从我国经验看，除了确定增长速度时要考虑客观可能性和进行综合平衡外，一个关键问题是要处理好经济结构问题，也就是要使经济结构趋于合理化。这里所说的经济结构主要是指社会生产两大部类之间及其内部，国民经济各部门之间及其内部，社会再生产各个方面及其内部的量的和质的关系。它包括各种经济比例关系，但不等于这些比例关系的总和。十分明显，经济结构既对经济增长有重要影响，也对经济效果有重要影响，经济结构合理才能保证经济顺利增长和提高经济效果。同时，经济结构也受经济增长和经济效果的制约，并且是经济增长和经济效果相互发生作用的一个重要途径。过去我们曾重视过经济比例对经济增长和经济效果的关系，通过这两年对经济结构的研究，认识到还应该重视整个经济结构与经济增长和经济效果的关系和作用，这是理论研究工作上的进步。

根据我国经济建设的经验教训，可以看到经济结构问题对于处理经济增长和经济效果的关系极为重要。新中国成立前我国经济结构极不合理，经过国民经济恢复时期的改造和调整，情况有所好转，"一五"时期进一步朝着合理化的方向发展，既保证了有较快的增长速度，又保证了有较好的经济效果。1958 年起盲目追求速度，不仅片面优先发展重工业，挤掉了农业和轻工业，而且重工业中也是钢铁工业孤军突出，使重工业内部结构也遭到破坏，因而导致严重比例失调，经济效果急剧下降。经过三年调整，经济结构又朝着合理的方向发展，才使国民经济得到迅速恢复，经济效果迅速提高。但以后又盲目追求高速度，经济结构又趋恶化，虽然表面看来增长速度不慢，但经济效果又继续下降，使我们不得不又一次进行大规模的经济调整。

从其他国家看，经济结构对经济增长和经济效果的影响也极为明显。日本战后经济增长快和经济效果好，就同它根据本国情况处理好经济结构有密切关系。日本经济学家都留重人分析日本经济发展得出结论说："战后日本产业结构的变化是迅速的，而且这与经济增长率长期保持高水平有着密切的关系。"[1] 人们通常把日本经济结构的变化称之为产业结构的高度化，产业结构的高度化既以经济增长快、劳动生产率提高为前提，又促进了经济增长并保证经济效果的提高。日本的经济结构固然存在着严重的问题，但是也不能否认日本经济结构的变化是比较适应本国的具体情况的。经济结构的合理化是一个以各国时间、地点、条件为转移的过程，由于日本产业结构高度化比较适应本国的情况，因此它才能对经济增长和经济效果起积极作用。

---

[1]　参见《现代日本经济》，第 99 页。

我国经济建设的实践还表明，盲目追求高速度必然带来如下一些结果：

第一，工业挤农业。过去曾错误地把经济增长看成就是或者主要是工业增长。因为忽视农业，盲目追求高速度主要也是追求过高的工业发展速度，并用牺牲农业的办法来加快工业的发展，这样，虽然也说要重视农业，实际上农业一直处于被挤的地位。我国是一个10亿人口、8亿农民的国家，农业不仅是国民经济的基础，而且在国民经济中有举足轻重的地位和作用。据1979年统计，农业劳动者占全社会劳动者的73.8%，农业总产值占工农业总产值的29.7%，农业净产值占国民收入的38.8%。以农产品为原料的产值占轻工业产值的69.3%，农村零售额占社会商品零售总额的54.5%，农副产品及其加工品出口额占出口总额的56%。毛泽东同志曾分析过农业对于发展轻工业、重工业和提高人民生活的作用，这些分析是完全正确的。不处理好农业和工业的关系，使农业迅速发展起来，我国国民经济很难健康发展，经济效果也难以迅速提高。

第二，重工业挤轻工业。为了追求高速度，过去一直把优先发展重工业当成教条，不顾条件地盲目推行，结果重工业又挤了轻工业，不仅使人民生活需要的轻工业品得不到及时满足，而且直接降低了经济效果。轻工业的发展是受农业和重工业制约的，但它也制约着农业和重工业的发展。轻工业需要的能源比重工业少，利润率高，资金周转快。据计算，重工业每亿元产值耗能比轻工业多4倍，耗电多2倍。1978年轻工业和重工业相比，每百元固定资产实现的产值分别为265元和74元，每百元资金实现的利润和税金分别为54.1元和18元，每百元产值占用的流动资金分别为19元和39元，资金回收年限分别为1年零10个月和5年零7个月。

第三，基本建设挤生产和维修。由于盲目追求高速度，我国曾多次出现基本建设投资过度增加和基本建设规模恶性膨胀。陈云同志早就指出："建设规模的大小必须和国家的财力物力相适应。适应还是不适应，这是经济稳定或不稳定的界限。""建设规模超过国家财力物力的可能，就是冒进，就会出现经济混乱。"长期以来，我国建设规模超过了国家可能提供的财力物力，其结果，一是使建设项目不能及时得到所需的资金、设备和材料，拖长了工期，增加了造价；二是挤掉了生产和维修所需的资金、物资和能源，使现有企业不能充分发挥作用，扩大再生产和简单再生产都不能顺利进行；三是导致国民经济大起大落，多次使得大批工程被迫下马，造成极大浪费；四是难以及时调整投资方向，使能源、交通、住宅以及文化教育等基础结构得不到必要的投资，不能适应经济发展的要求。

第四，积累挤消费。为了实现生产和基建的高速度，势必大幅度增加积累，而由于积累的经济效果下降，达到同样的增长速度就需要更多的积累。1958 年以后，我们基本上处于这种恶性循环中。"一五"时期我国积累率为 24.2%，比较合理，以后有上升的趋势，如"二五"时期为 30.8%，"三五"时期为 26.3%，"四五"时期为 33%，1976—1978 年分别为 31.1%、32.3%、36.5%。伴随着积累率的提高，积累的经济效果则大幅度下降。"一五"时期我国每百元积累增加国民收入 31 元，"四五"时期仅为 16 元，减少近一半，增加同样数量的国民收入要多花近一倍的代价。

由上可知，盲目追求高速度所以导致经济效果下降，从根本上说是由于违背了国民经济按比例发展的要求，从而破坏了合理的经济结构或加剧了经济结构的不合理，造成国民经济比例严重失调。

四　不能再走经济效果差的路子了

总结过去的经验教训，今后经济建设中我们决不应该再把增长速度放在第一位，而应该切实地重视经济效果并把它放在重要的地位上。我们要根据取得最佳经济效果的要求来确定合理的增长速度，而不应该用降低经济效果作为代价来取得所谓的高速度。增长速度优劣的标准主要在于能否保证最佳的经济效果。换句话说，宁肯增长速度慢些，但要经济效果好些。还要处理好经济增长和经济结构的关系，速度指标应有利于经济结构的合理化，这样才能保证取得较好的经济效果。现在经济科学把经济增长、经济结构、经济效果三者结合起来研究，这是很有道理的，目的就是要使经济增长有利于改善经济结构和提高经济效果。

处理好经济增长和经济效果的关键是要对我国的国情有全面的正确的认识。我国是一个有10亿人口、8亿农民的大国，不仅底子薄，而且现在生产力水平很低，尤其农业劳动生产率很低，农产品商品率很低。我国人民生活还有不少困难，有相当一部分农民生活相当贫困。世界上没有哪一个国家有我国这么多人口，这么多农民。这种情况给我们经济建设带来特殊的困难，一方面制约着经济增长速度，另一方面决定了更要重视提高经济效果，更要重视在生产发展的基础上改善人民生活。长时期以来我们是靠多发展重工业、多搞基本建设维持高速度的，也就是用紧缩人民消费、保持过高的积累率来维持高速度的，这是一条代价高、效果低的路子，是不符合我国国情的，因而也不利于社会主义建设事业的发展和人民生活水平的提高。以后我们再不能走这条路子了。

早在60年代初，陈云同志就指出不切合实际的高指标必将造成浪费。当时追求高指标被说成是积极平衡，即所谓按长线搞平衡。陈云同志说：按长线搞平衡不可能有真正的综合平衡，结果只能是材料和半成品大量积压，造成严重浪费。当时陈云同志还提出了克服高指标的办法，指出："拟定计划指标，要看各方面的条件，有多少能力，就搞多少，不能凭主观愿望。"他强调要搞好综合平衡，指出："搞经济不讲综合平衡，就寸步难移。""只要综合平衡了，指标低一点，也不怕。看起来指标低一点，但是比不切实际的高指标要好得多，可以掌握主动，避免被动。"这些意见现在也是适用的。

应该指出，过去那种以降低经济效果为代价的所谓高速度的路子现在也不可能走了。因为经济增长毕竟受经济发展水平和经济结构的制约。由于经济效果差和比例失调，到一定时候必然发生生产建设下降，基建被迫下马。我国 1958 年搞"大跃进"，第二年农业就大幅度减产，连续下降三年，1961 年工业生产也大幅度下降，连续下降两年，"二五"时期工农业总产值的年平均增长速度仅为 0.6%，国民收入则每年递减 3.1%，这就是"大跃进"的直接结果。近几年我国工业（不包括队办企业）增长速度也是下降趋势，1977 年为 14.3%，1978 年为 13.5%，1979 年为 8.5%，1980 年又低于 1979 年的速度，这也是由于客观条件的制约。事实证明，如果计划指标不切合实际，即使付出了巨大的代价，高速度也只能是暂时的而不能是持久的。在经济效果下降的情况下，增长的高速度绝不能长期维持。

在确定当前经济发展速度时，尤其要注意经济增长在以下一些方面受到的限制。首先是资金方面的限制。过去两年我国连续发生较大的财政赤字，造成赤字的重要原因是基建投资过多。显然，我们不能再依靠财政赤字扩大基建规模，否则将会带来极为严重的经济和政治后果。有些同志企图依靠借外债搞基建，我们认为，适当利用外资是必要的，但如果不顾本国财政经济状况盲目地借外债，必将使我国陷于被动和困境。其次是能源方面的限制。近期内我国能源难以大量增长，有些能源甚至可能减产，这显然也限制着增长速度，尤其是限制着耗能多的重工业的增长速度。再次是原材料方面的限制，现在不少加工工业的发展受到原材料的限制。此外，有些生产还受市场的限制，例如，很多农机产品就缺少销路。

由于以上情况，过去那条依靠优先发展重工业、多上基本建设项目、大量增加能源和原材料消耗的路子现在也走不通了。我们必须坚决压缩过大的基本建设规模，争取尽早消灭赤字，实现财政收支平衡；必须大力节约能源，适当减少有积压的或需要不很迫切的重工业产品的生产，节省出能源来加快发展耗能少的轻工业生产；同时必须压缩过长的加工工业战线，使生产规模和原材料供应以及市场需要相适应。总之，我们不能再盲目追求高速度，再无条件地把速度放在第一位。在处理经济增长和经济效果的关系时，要把经济效果放在第一位，实事求是地确定合适的增长速度，争取最佳的经济效果。

调整时期我们的增长速度会慢一点，但是提高经济效果的潜力却是很大的。我国现有 30 多万个企业，其中不少企业的生产能力没有充分发挥，经济效果很差。例如，1979 年国营工业企业每百元固定资金实现的利润为 16.2 元，仅为 1957 年 23.6 元的 68%；每百元资金实现的利润和税金 16.1 元，仅为 1957 年 24 元的 67%；每百元产值占用的流动资金 31 元，比 1957 年的 19.4 元增加 60%。其他如节约能源、节约原材料、提高投资效果等方面的潜力也都很大。

当前我们的任务是要把现有的潜力充分发挥出来，这就要求在经济发展战略上来一个转变，即由过去以外延的扩大再生产为主转变为以内涵的扩大再生产为主。马克思曾说："如果生产场所扩大了，就是在外延上扩大；如果生产资料效率提高了，就是在内含上扩大。"① 外延的扩大再生产依靠新铺摊子，新建项目，增人、增投资、增设备；内涵的扩大再生产则依靠改善生产要素的质量，依靠提高劳动效率和生产资料的效率，依靠提高技术和改进经营管理。我们通常说的依靠挖潜、革新、改造扩大再生产，就是指的内涵的扩大再生产，它比建设新项目经济效果好得多。据一些典型材料，改造现有企业比新建同样的企业，投资可以节省三分之二，设备材料可以节省一半以上，短时期内就可以有收益。我国过去工业基础薄弱时，主要依靠新建来扩大再生产是有道理的，但当工业已经有了相当的基础，继续主要靠这种外延的扩大再生产，就不妥当了。今后除能源和交通等基础结构方面有些要新建外，一般的扩大再生产，主要依靠现有企业的挖潜、革新、改造。我们要采取各种有效措施，发挥现有企业的作用，改进管理，提高技术，降低消耗，提高质量，提高效率，把经济效果的潜力充分发掘出来，使经济效果显著提高起来。

有的同志担心现在放慢速度会延缓社会主义建设。我们认为，只要实事求是地确定增长速度，这种担心是不必要的。现在速度放慢一点，符合实际，留有余地，将有利于调整经济结构和提高经济效果。当然，经济效果的提高还要进行其他许多工作，要有一系列具体工作、具体措施跟上来，但当前放慢重工业的速度和压缩基本建设规模，的确是提高经济效果的前提条件。这样做，才能使经济增长、经济结构、经济效果相互促进，在它们之间形成一种良性循环，为将来到一定时候有较快的经济增长打下基础。

---

① 《马克思恩格斯全集》第24卷，人民出版社1972年版，第192页。

关于计划经济中市场的作用问题[*]

  粉碎"四人帮"以来我国经济生活中的重大变化之一，是在坚持计划经济的前提下利用市场的作用，实行把计划调节和市场调节结合起来的方针。原来重要的生产资料都是由国家统一收购和统一分配的，不准进入市场，现在已经允许进入市场了。全国最大的钢铁公司——鞍山钢铁公司，1979 年通过市场自销钢材 17.6 万吨。同年，重庆钢铁公司自销钢材 12.9 万吨（占钢材产量 68 万吨的 19%）。机电产品也已经进入了市场。1979 年，一机部产品的产值中进入市场的占 13%，有的企业达到 40%。1980 年 8 月 10 日至 30 日，一机部在长沙举行了全国机电产品交易会，会上签订了十多万份合同，总成交额达到 23 亿元，有 74% 卖给了直接使用单位，26% 卖给物资经销部门，可见机电产品也已作为商品进入市场。实践表明，在计划经济中发挥市场调节的作用是有利于社会主义经济发展的。

---

  * 原载林韦等主编的《中国经济改革》，1982 年英文版。曾被［英］阿历克·诺夫转载于他们主编的 *Marke's and Socialism*。

一 历史的回顾

我国在处理计划和市场问题上经历过曲折的过程，因而也有着丰富的经验。现在深入总结这些经验，可以使以后的经济建设少犯错误，比较顺利地进行。

第一个五年计划期间我们比较重视市场的作用。当时在理论上虽然也常常把计划经济和市场调节对立起来，认为有计划按比例发展规律是同价值规律互相排斥的，但是，由于存在着非社会主义经济成分，一方面，社会主义经济成分和非社会主义经济成分互相竞争；另一方面，社会主义经济还要通过市场，把一些非社会主义经济成分纳入国民经济有计划发展的轨道，因此，还必须在计划指导下利用市场调节，计划与市场还是在一定程度上相结合的。

社会主义改造基本完成后，原来国家通过市场来调节的一部分产品的生产和流通，改变为国家用直接计划来管理，计划的范围扩大了。在这种情况下，有的同志误认为价值规律的调节作用已经被有计划发展规律的调节作用所代替，不必重视和利用市场调节了。在实际工作中，也出现了忽视市场的作用，造成某些产品质量下降、品种减少，给消费者带来了许多不便。针对这种情况，中央领导同志曾提出：无论如何不能把商业的渠道搞窄了，无论如何不能把商品搞少了。陈云同志在中共八大发言中，明确提出应该对一部分商品采取选购和自销，改变对某些部门计划管理的方法。还提出只把日用百货、手工业品、小土产中的个别品种列入国家计划，国家计划中对这些产品的各项指标，包括产值和利润，只作为一种参考指标，生产这些产品的工厂，可以参照市场情况，自定指标，而不受国家指标的束缚，并且根据年终的实绩来缴纳应缴的利润。陈云同志还曾指出："全国工农业产品的主要部分是按照计划生产的，但是同时有一部分产品是按照市场变化而在国家计划许可范围内自由生产的。计划生产是工农业生产的主体，按照市场变化而在国家计划许可范围内的自由生产是计划生产的补充。"这些意见就是主张社会主义计划经济应该利用市场调节的作用。由于根据这些意见采取了一系列正确措施，取得了很好的效果，保证了第一个五年计划的顺利完成。

在人民公社化和"大跃进"运动中，我们在商品生产、价值规律问题上犯了严重错误。在1958年、1959年一段时期内，理论上否定商品生产和价值规律，实践上大刮"共产风"，大搞一平二调，严重侵犯了农民的利益，挫伤了农民的生产积极性。当时，在实际上是把对农业生产的间接计划变成了直接计划，大搞瞎指挥和强迫命令，结果使农业遭到严重破坏，造成工农业生产严重比例失调。工业生产也完全违背价值规律的要求，提出要算政治账，不要算经济账等错误口号，不计工本，不讲经济核算和经济效果，造成了极大的损失。

在60年代初的国民经济调整时期，我们又开始重视发挥价值规律和市场的作用。我们克服三年经济困难，是从尊重价值规律、坚持等价交换做起的。当时毛泽东同志提出：算账才能实行那个客观存在的价值法则，"这个法则是一个伟大的学校，只有利用它，才有可能教会我们的几千万干部和几万万人民，才有可能建设我们的社会主义和共产主义。否则一切都不可能。"在毛泽东同志主持下制定了《农村人民公社条例（修正草案）》（即"六十条"），强调等价交换，反对剥夺农民，规定农村人民公社以生产队为基本核算单位，生产队有经营管理和收益分配的自主权，实行按劳分配，允许农民经营自留地、家庭副业等。在工业方面，提出调整、巩固、充实、提高的方针，强调经济核算和经济效果。由于采取了一系列符合价值规律和其他经济规律的要求的措施，经济才又恢复和发展起来。

在"文化大革命"中，我们又一次犯了忽视价值规律和市场作用的错误。当时林彪、"四人帮"把商品货币关系和资本主义等同起来，把价值规律看做是社会主义的"异己的力量"，疯狂反对按照价值规律的要求办事。在林彪、"四人帮"的干扰破坏下，推行了一系列否定商品生产和价值规律的荒谬做法。在农村，一再搞"穷过渡"，搞一平二调，把多种经营扣上"资本主义"的罪名，把社员的自留地和家庭副业说成是小生产的资本主义自发倾向，不少地方禁止多种经营，取消自留地，禁止农民搞家庭副业，取缔农村集市贸易。在工业中，生产不考虑市场需要，反对经济核算，不讲经济效果，否定规章制度，结果是生产无计划，劳动无定员，消耗无定额，给国民经济带来了极为严重的后果，使我国经济濒于破产的边缘。

上述 30 年来经济两起两落的事实说明，是否尊重价值规律的作用，是否在计划指导下正确发挥市场的作用，是社会主义经济能否健康发展的一个极其重要的因素。

二　理论上的突破

现在我国注意发挥市场的作用，特别是允许生产资料进入市场，是同理论上的突破有内在联系的。这就是打破了斯大林提出来的、在我国经济学界长期流行的社会主义制度下生产资料不是商品，应该限制价值规律的作用，忽视运用市场作用的观点。

列宁、斯大林领导下的近 40 年苏联社会主义建设的实践过程，是从开始否定商品货币关系，否认价值规律的作用，到逐渐承认社会主义必须保留商品生产和商品交换，肯定价值规律是客观规律的过程。但是直到斯大林逝世时为止，他仍然否认全民所有制企业之间调拨的生产资料是商品，认为这一部分生产资料的生产和流通超出价值规律调节的范围。所以，苏联长期以来偏重于用行政的办法，并建立起相应的经济模式。在那种经济体制下，品种少、质量差、消耗大、效率低等等，成为经常的弊病。我国在新中国成立初期从苏联搬来的经济管理体制，基本上就是这一套偏重于用行政方法管理经济的制度，而不讲求利用市场。虽然有的时候比较重视价值规律作用和重视利用市场，但并没有根本改变从苏联搬来的那一套管理体制，所以，品种少、质量差、消耗大、效率低，也是我国社会主义经济发展中长期未能很好解决的问题。而这种管理体制所以未能根本改变，又同理论上对社会主义商品经济缺乏正确认识有密切关系。

社会主义经济形态的政治经济学的传统观点认为，彻底的社会主义经济即全民所有制经济内部，是不存在商品生产和商品交换的。商品交换只存在于全民所有制经济和集体所有制经济之间，以及不同的集体经济之间。斯大林在《苏联社会主义经济问题》中，对社会主义条件下全民所有制企业间存在的交换关系所作的解释是：全民所有制企业之间的交换，是由存在着两种不同的社会主义公有制引起的；社会主义全民所有制内部流通的产品只具有商品的外壳，实质上已经不是商品。斯大林主张社会主义制度下生产资料不应该出卖给集体所有制企业，并认为生产资料在社会主义制度下已经不是商品。现在看来，这种理论是不完整和有缺陷的。

斯大林这一理论的出发点是，只有在两种所有制之间交换的产品，即通过交换改变所有权的产品，才是商品。这是不正确的。明显的事实是，在资本主义各国，大公司内部的各个"分权的事业部"之间，也存在着商品货币关系，如果按照斯大林的观点，公司是一个统一的所有者，内部是不应该存在商品关系的。但事实上，大公司内部各个分权的事业部之间交换的产品和向外界采购商品没有任何区别，是地地道道的商品。如果把社会主义全民所有制经济看做一个大托拉斯，那么，全民所有制内部各个企业之间交换的产品，就和资本主义大公司内部事业部之间交换的情况相仿佛，也是同一所有者内部各独立经济单位之间交换的商品。为什么在这种情况下各个企业之间交换的产品也是商品呢？这是由于企业具有相对的独立性，即由于企业是有自己利益的相对独立的经济主体。如果在全民所有制企业之间不实行商品交换，那就势必侵犯企业的利益，从而也就破坏企业的独立性，这就违背社会发展的最基本的规律——生产关系一定要适合生产力性质的规律。斯大林把两种社会主义公有制形式的并存作为社会主义商品生产的原因，本来应该否认全民所有制经济内部存在商品生产，但他又不否认全民所有制经济内部国家与职工交换的消费资料是商品，这是他理论上的矛盾。

政治经济学所谓的商品是一种什么样的经济关系呢？是多多少少互相分离的生产者之间的关系。在社会主义全民所有制的条件下，全社会组织成为一个统一的生产者，各个企业已经不是截然分离的了。但是无可否认，具有独立的经济利益的企业之间，还有你我界限，因此，企业在转让产品时，必然要求等价补偿，否则它们的利益就会受到损害。从这里可以看到，全民所有制经济内部交换的产品仍然具有商品性。

有些人曾经引证马克思主义经典作家的话来证明建立起单一的全民所有制后商品生产就会消灭。诚然，马克思、恩格斯、列宁说过这样的话，他们设想过社会主义将要消灭商品生产。但是，这仅仅是设想而已。实践是检验真理的最终标准，社会主义制度下商品生产的命运究竟如何，这最终是要由实践来解决的。

而依据迄今为止社会主义各国的实践，商品生产不仅存在着，而且发展着，在看得见的时期内，消灭商品生产是不可能的。

应当指出，马克思肯定地认为在新社会中将会消失的是"私人交换"，而不是一切交换。在中国经济学界过去的讨论中，有一些作者把马克思关于私人交换将会消失的论断解释为以"产品调拨"（即企业将产品交给国家再由国家分配）代替商品交换，这样，就把社会主义和自然经济混为一谈，这是不符合马克思的原意的。在《政治经济学批判大纲（草稿）》中，马克思在指出资产阶级社会既不同于资本主义前的各种社会形态，又不同于未来的社会时指出："私人交换一切劳动产品、能力和活动，不但和以个人相互间自发地或在政治上的支配关系与隶属关系为基础的分配制度不相容……而且也和在共同占有和共同控制生产手段这个基础上联合起来的个人所进行的自由交换不相容。"[①] 从原则上说，今天全民所有制企业之间的交换，就是这种"在共同占有和共同控制生产手段这个基础上联合起来的个人所进行的自由交换"。马克思还说："如果我们在当前的社会里面没有在隐蔽的形态下发现无阶级社会所必需的种种物质生产条件以及与其相适应的种种交换关系，那么任何进行破坏的尝试，都是堂吉诃德式的愚蠢行为。"[②] 根据目前社会主义的实际情况，把现阶段的"自由交换"叫做商品交换，在理论上和实践上都是没有坏处的。

粉碎"四人帮"以后，我国经济学界开始从根本上总结社会主义计划经济的理论和实践。1978 年，胡乔木同志在题为《按照经济规律办事，加快实现四个现代化》的论文中指出：

[①] 马克思：《政治经济学批判大纲（草稿）》第 1 分册，人民出版社 1975 年版，第 95—96 页。

[②] 同上书，第 96 页。

"在社会主义条件下，商品生产和商品流通将继续长期存在，在我国还需要大大发展，价值规律在经济生活中仍然起不可缺少的作用。""我们在制定和执行计划的过程中，一定要利用价值规律，反映价值规律的要求。""不遵守客观存在的价值规律，也就不可能遵守有计划按比例规律。"现在我国经济学界已普遍认为必须发展商品生产和发挥价值规律的作用，并认为社会主义制度下生产资料也是商品。这就为在社会主义经济中正确利用市场的作用提供了思想理论基础。

三　生产资料进入市场带来哪些好处

当然，对市场的作用也不是没有人怀疑。但是，两年多来的实践证明这样做是必要的正确的。以生产资料进入市场来说，就带来了很多好处，主要的有以下几点：

第一，可以促进产销结合，发展生产，满足用户需要。生产资料进入市场有利于克服产销脱节现象。过去用户订购机电产品，需要层层审批，更无选择生产厂家的自由。从申请到订上货，快则两三个月，慢则半年。有幸得以批准，分到的产品还不知道是否符合要求。进入市场情况就不同，用户可以自由选择厂家，生产单位则巴不得快来订货，并采取各种灵活的方式招揽顾客。北京西单商场、北京市百货大楼出售部分光学仪器、仪表和机电产品以后，许多单位反映，现在能够及时买到生产、科研和技术革新等急需的物资设备了。生产资料进入市场，也暴露了物资管理制度上的问题，找到了解决办法。有些产品的生产单位近在咫尺，用户却买不到。如南京生产一种在金属制品上刻字的机器，扬州一家工厂由于缺少这种机器，产品出不了厂，结果在西单商场买到了。湖北省博物馆在北京市百货大楼买的电瓶车是该省黄石市的产品，四川宜宾一个工厂在北京买到的可控硅调整器是成都的产品。企业为了使产品有销路，开始注意按照市场需要进行生产，并努力增加花色品种。四川省机械行业 1979 年共发展了 190 种新产品，其中 150 种已投入批量生产。整个一机部系统，1979 年也超额完成产品试制计划，比 1978 年增长 12.5%，是近 10 年来新产品最多的一年。有人曾担心生产资料进入市场会冲击国家计划，事实证明并非如此。例如，重庆钢铁公司、太原钢铁公司自销产品不但没有打乱国家的计划，而且是对国家计划的必要补充。

第二，可以提高产品质量和服务质量。过去由于生产资料实行统配调拨，"皇帝女儿不愁嫁"，质量不好，照样能调拨出去，因此，天天喊质量第一，实际上并没有真正重视质量。生产资料进入市场后，企业之间开展了社会主义竞争，质量好的产品大家抢着要，质量差的产品没有人订货，企业感觉到了质量的重要性，认识到了"品种就是市场，质量就是生命"，开始把质量放在第一位。企业为了推销产品，也改进了对用户的服务工作。杭州制氧机厂过去"四不接"：计划外不接，产品目录外不接，零配件或难度大的不接，来料加工不接。这个厂的用户反映："离不开，惹不起，靠不住。"现在"四不接"变成"四都接"。许多机电企业从对用户实行"三包"，发展到一包到底，即包修、包退、包换、包运输、包安装调试、包技术培训、包零配件供应。生产资料进入市场促进了竞争，对于"官工"、"官商"作风也是个很大的冲击。

第三，可以加速生产资料流通，加速资金周转。生产资料流通时间的缩短，损耗的减少，费用的节省，对于加快经济建设，提高经济效果，有非常重大的意义。过去很不重视这个问题。1979 年年底全国库存钢材 1850 万吨，周转期为 8 个月，比经济发达国家长得多。造成这种情况的重要原因，是不把生产资料当成商品，违背了商品生产和价值规律的要求。生产资料进入市场，就能促使企业努力缩短生产资料流通时间，减少损耗，节省费用。例如，重庆钢铁公司 1979 年实行部分产品自销后，12 月份比 6 月份流动资金占用额减少 15%。6 月份该公司由于产品积压，欠付银行贷款，每天要付罚金 5000 多元，超定额贷款利息 5000 多元，到了几乎周转不动的地步。后来实行产品自销，经济状况就由死变活了，产值比上年增长 10.6%，赢利增长 31%。他们说，自销权是"一味救活重钢经济的良药"。又如，哈尔滨电表仪器厂曾经长期积压产品几千只，1979 年派出销售组，走访了 340 多个用户，仅两个月就销售一空。哈尔滨第一工具厂自己举办展销会，20 天售出积压的非标准刀具 2.5 万多件，价值 600 多万元。上海工具厂生产的刀具原来积压 76 万件，物资部门分配不出去，也不收购，而轻工、农机、纺织等许多企业需要这种刀具却买不到。上海工具厂敞开供应后，产品销售很快，产需双方皆大欢喜。

第四，可以缩短基本建设周期。我国当前基本建设周期比"一五"时期长得多，拖长的一个重要原因，是建设工程不能及时得到所需要的材料和设备。解决这个问题主要是要压缩基本建设规模，但加速材料设备的流通也是必须采取的一个办法。生产资料上市使有些建设项目避免了停工待料，保证它们早日竣工投产。如四川省水利局为了完成近百个小型水利工程的配套，到处找 6—8 毫米规格的中板，但长期解决不了，眼看就要延误工期，正好重庆钢铁公司生产的生产资料上市，供应水利局 180 吨中板，解决了燃眉之急。过去分配机电产品，往往是"先基建，后生产，革新改造排不上号"。现在机电产品上市，为老企业特别是地方小工业革新改造提供了条件。从一些材料看，机电产品上市已对轻工业进行技术改造起到了重要的作用。上海东风造纸机械厂为山东枣庄造纸厂提供了新型圆网造纸机，每台售价10万元，使纸的日产量由5吨提高到10吨。全国300家造纸厂如果都采用这种设备，一天可增产1200—1300吨纸张，并可为国家节省投资1亿多元。现在已有200多家小纸厂提出订货。

第五，可以促进工业的专业化协作与联合。我国机械工业重复布点、重复生产的现象十分严重，推行专业化阻力很大。拿汽车工业来说，全国年产汽车不过十几万辆，生产厂点却有100多个，平均每厂年产1000多辆，有的小厂每年只能装配一二百辆，甚至几十辆，而且成本高，质量差。这并不影响它们的生存，因为汽车有人要。过去单靠行政命令压缩厂点，一面压缩，一面新的厂点又冒了出来，一直解决不了。1979年实行市场调节以后，这种不合理的结构和分散生产的现象受到很大冲击。1979年年末，一机部召开了这几年来第一次重点汽车企业来料加工协作会，敞开供应，做到产需两利。对重点生产厂来说，扩大了生产批量，对需要者来说，能够买到质量较好的汽车。于是，一些省市不再继续办自己的小汽车厂了。江苏省有个市原来自己设厂生产解放牌、黄河牌载重汽车和大客车，现在看到这样搞不合算，宣布不干了。贵州省有个小汽车厂，过去搞过多种牌号汽车的生产，始终上不去，每年只能装配二三百辆，成本高，质量次。现在看到大厂搞来料加工，这个厂便改成了汽车配件厂，专门生产活塞等零件，面向全国，大量生产，比生产汽车划算得多。注意利用市场也有利于促进企业成立各种形式的联合经济组织。过去靠行政组织、行政办法搞联合，阻力很大，现在企业通过竞争体会到联合起来才能更好地发展技术，才能提高竞争能力，因而有了联合的自觉要求。四川省的90多个机械工厂，联合成立电站设备制造公司，生产小水电成套设备，在不增加投资、设备和劳动力的情况下，使小水电设备的制造能力翻了一番，而且质量优良，服务周到，深受用户欢迎。

第六，可以促进企业改善经营管理，提高企业和整个国民经济的经济效果。生产资料进入市场后，将促使生产这些生产资料的企业改善经营管理，提高经济效果，以便在竞争中取得胜利。一位工厂的党委书记说：竞争是"压力机"，可以使人们从因循守旧中惊醒，奋发图强，竞相前进；竞争是一座学校，可以促使人们学会按经济规律办事。四川自贡铸钢厂的例子颇有代表性。由于面向市场，开展竞争，这个厂在一年之内就发生了巨大的变化。该厂不以完成生产任务为满足，努力谋求更大的经济效果。在组织上，成立了全厂性的经济管理委员会作为厂领导的咨询机构，为经营决策出谋献策。在管理方法上，推行了车间独立经济核算和班组费用核算，建立了经济活动分析制度，还实行了企业管理工作的"五化"，即标准化、制度化、规格化、程序化和专业化。1979 年铸钢件废品率下降到 2.8%，产量、质量都达到全国同行业最高水平。1980 年 2 月铸钢件废品率下降到 0.9%，接近国际先进水平。生产资料上市还促使使用这些生产资料的单位有了选择的自由，重视经济效果。现在用户在购置机器设备时，已经开始改变以往按上级批准的清单采购，按分配部门指定的供货单位订货，不问设备是否实用，不问价格高低，不问经济效果好坏的现象，而开始注意投资省、见效快、回收期短、经济效果好的问题。此外，由于生产资料上市有利于产销结合，有利于加快基本建设周期，有利于调整经济结构和改革经济管理体制，因而也在宏观方面，即在整个国民经济的范围内，为提高经济效果提供了有利的条件。1979 年第一机械工业部系统由于善于利用市场，各项任务完成情况比过去哪一年都好：生产总值是最高的一年，比上年增长 11%；实现利润是最高的一年，比上年增长

9.8%；劳动生产率是最高的一年，每人平均 1.1 万元，比过去最高的 1975 年还多 600 元；出口收汇是最高的一年，比上年增长 50%。这些成绩的取得当然还有其他原因，但不能否认正确利用市场是一个重要原因。

生活资料的生产也有一个在计划指导下利用市场的问题。以纺织工业来说，以前，纺织工业企业生产的数量是由国家计划确定的，生产的产品由商业包销，新的花色品种，商业同意收购，工业才能安排生产。工业为了多搞些花色品种，也常在商业部门的统一安排下，采取厂店挂钩、产品展销等办法来活跃市场，但是这种做法常常不能持久，不能从根本上改变产品的"老面孔"和多年"一贯制"的状况。现在，各地纺织工业部门和企业，也开始注意利用市场。从很多地方的情况来看，这样做效果是显著的。

四　坚持计划经济，正确发挥市场的作用

正确利用市场使我国工业获得了新的活力，不仅生产和流通开始搞活了，企业的内在动力也开始调动起来了，有的老大难问题开始得到解决。但是也出现了一些新的情况，提出了一些新的问题。例如，（1）国家计划任务和企业自揽任务有时因安排不当而产生矛盾。由于计划管理不完善，国家下达计划往往很不及时，在这种情况下，企业由于任务不足，必然大量揽活，但揽活以后如果计划任务增加了，企业就很难安排。（2）有的企业对市场缺乏必要的分析，争上热门货。如电风扇、电冰箱、洗衣机、空气调节器之类，很多地方都争着生产。这些产品社会需要量到底有多大，很多企业并没有认真考虑。（3）有的企业只顾眼前"吃得饱"，不顾企业产品方向，不注意国民经济长远需

要。像制氧机厂生产电风扇，汽轮机厂生产摩托车，铸锻件厂生产家具等等一类的事情，不断出现。（4）有些企业为了保护自己的竞争地位，对技术实行保密。此外，由于计划工作和管理工作跟不上，有的企业也发生了不择手段牟取暴利的违法行为。

出现以上问题的原因，一是由于我们还缺少经验。例如，怎样划分计划管理和市场调节的范围等，我们经验还不多，还要探索。现在改革经济管理体制的工作还刚刚开始，利用市场是改革管理体制的一项内容，它要和其他改革措施配套进行，才能取得应有的成效。当前我国国民经济严重失调，客观条件不允许改革的步子太快，由于其他措施跟不上，因此难免发生一些问题。随着体制改革的逐步实现，这些问题也就会得到比较妥善的解决。

出现以上问题的原因，还在于计划工作存在着缺陷。我国第一个五年计划时期的计划工作是比较好的，后来由于"左"的错误，特别是由于林彪、"四人帮"的破坏，计划工作受到严重破坏，至今一套好的制度和工作方法还没有完全恢复。有人还认为计划工作不像以前那么重要了，有些地区和部门有放松计划工作的现象。事实上，利用市场更需要加强国家的计划指导，市场调节中出现的种种自发性现象，也表明加强计划工作是很必要的。

为什么在利用市场的同时要加强国家的计划指导呢？因为，社会主义公有制条件下的市场同资本主义私有制条件下的市场是有所不同的。社会主义经济中尽管还存在着市场，但社会主义经济是计划经济，必须利用计划对社会再生产过程自觉地进行调节。正如恩格斯所指出的："当人们按照今天的生产力终于被认识了的本性来对待这种生产力的时候，社会的生产无政府状态就让位于按照全社会和每个成员的需要对生产进行的社会的有计划的调节。"① 所以，社会主义经济中的市场，是不能离开国家计划的指导和调节而自发地运行的。尽管我们需要大力发展商品生产，需要利用市场因素来为社会主义建设服务，但是我们不是自由放任主义者，不能让亚当·斯密所说的"看不见的手"来左右社会主义经济的发展。在市场经济中，一个个消费者根据自己的消费偏好所作的选择，一个个生产单位根据自己的利益所作的选择，并不一定都符合整个社会的利益。由于这些消费者和生产单位自由决策的结果，社会资源的分配利用，也不一定都是经济合理的。因此，我们利用市场必须以坚持和加强国家的计划指导为前提，这样才能保证各项经济活动有利于社会的整体利益，符合社会发展的要求。而且，在加速实现社会主义工业化和现代化的过程中，往往要求社会产业结构和生产力布局在短期内有一个较大的改变，而如果任由市场自发调节，是决不能适应这种迅速改变产业结构和生产力布局的要求的。可见，社会主义经济发展中带有全局性的问题，单凭市场机制是解决不了的，而必须依靠国家计划来进行调节。

在社会主义经济中，还存在着中央和地方、国家和企业、集体和个人利益上的矛盾，即存在着整体利益和局部利益的矛盾。例如，有一些经济活动从局部来看是有利的，但从整体来看是不利的；有些经济活动从局部来看是不利的，但从整体来看是有利的。为了保证局部利益服从整体利益，那些事关全局的经济活动，必须由社会进行有计划的调节。

总之，为了确保经济发展的社会主义方向，为了确保国民经济各部门、各地区的协调发展，为了维护社会的整体利益和正确处理各方面的利益关系，都必须在利用市场的同时，加强国家的

① 《马克思恩格斯选集》第3卷，人民出版社1972年版，第319页。

计划指导，这样才能坚持和发展社会主义计划经济。

　　谈到加强计划指导，有人往往就想到要把企业的管理权力收到上面来，把财权、物权、人权收到上面来，统统实行指令性计划，也就是回到过去实行的过分集中的计划体制。这种看法是不对的。决不能再回到那种忽视市场作用的道路上去，而要在坚持计划经济的前提下充分发挥市场的作用。社会主义计划经济的主要特征，在于社会能够自觉地按照事先的科学预测采取有效措施来保证社会经济生活的各个方面互相协调地向前发展，并保证社会劳动的节约。有些人把指令性计划当做计划经济的唯一标志，把集中财、物、人权当做加强计划管理的全部内容，这是一种对计划经济的片面认识。

　　为了加强国家的计划指导，除了要编好年度计划外，还要逐步把计划工作的重点放在研究和拟定长远规划特别是五年计划上来，解决国民经济发展的战略问题，包括确定国民经济发展的主要目标和重大比例关系，如积累和消费的比例，基本建设规模、投资方向和重点建设项目，重要工农业产品的发展水平和人民生活水平提高的程度。我们必须制定好国家计划，使之符合实际，能对企业的经济决策和行动给予正确的引导。而企业在制定自己的计划时，决不能忽视国家计划的指导，因为一个个企业对国民经济发展的全貌和方向是不清楚的，国家计划是从国民经济发展的全局出发的，反映了整个国民经济发展的方向和要求。企业要对市场情况作出准确的判断，也离不了国家提供的情报。

　　加强计划指导的一个重要问题是发挥各种经济杠杆的作用。这就要求科学地制定各种经济政策，如价格政策、税收政策、关税政策、信贷政策、投资政策、收入分配政策、外贸外汇政策，等等。我们要学会通过这些经济政策，鼓励那些社会需要发展的生产建设事业，限制那些社会不需要发展的事业，引导企业努力完成国家的计划。这里的关键是要使企业的利益和社会的利益一致起来，使企业沿着国家计划所规定的方向来安排自己的各项经济活动。显而易见，我们的经济政策要能够起到这种作用，是必须正确认识和巧妙运用价值规律同市场机制的。

此外，国家还要通过经济立法和经济司法，通过各种形式的群众监督和社会监督，来加强计划指导。

有些人担心，社会主义社会中实行利用市场的经济体制，对于市场上千千万万的商品生产者和消费者分散作出的抉择和行动，究竟能否加以控制，使其不离开社会主义轨道和不破坏国民经济的协调发展，我们认为，如果加强计划指导，坚持计划经济，这种担心是可以消除的。

重视社会主义工业化理论问题的研究[*]

  研究社会主义工业化问题有重要的理论意义和实践意义。过去政治经济学教材设专章讲授这个问题，现在很多政治经济学教材不设专章了，有些问题也不讲了。有一种看法，认为我国社会主义工业化的任务已经完成了，因此可以不讲这个问题了。这种看法值得商榷。斯大林曾说过，工业总产值在工农业总产值中占 70% 就实现了国家工业化。我国 1959 年工业产值占工农业总产值 75%，70 年代在 70% 左右。应该如何看待斯大林的理论和我国的现实呢？我认为，斯大林的理论也要由实践来检验。至于我国工业化的情况，应该看到，1959 年工业比重大是由于农业生产急剧下降。现在我国农村人口占 80% 以上，就这一点来说，也还具有农业国的特征，确切地说，我国还是个工业农业国。实现社会主义工业现代化是我国面临的紧迫任务，不重视研究社会主义工业化理论问题是没有理由的。

---

  * 原载《中国社会科学院工业经济研究所研究报告》，1983 年 6 月 1 日。

一 斯大林的社会主义工业化理论要用实践来检验

斯大林被认为是社会主义工业化理论的创造者，他的理论对苏联社会主义工业化起过重大作用，对我国和其他一些社会主义国家的工业化也起过重大作用。历史表明，他的很多观点是正确的，有些观点则是不完全正确甚至不正确的。哪些正确，哪些不正确，则需要由实践来检验。

例如，斯大林把优先发展重工业看成是社会主义工业化的方法。其实，资本主义国家工业发展到一定时期也要优先发展重工业。据联合国有关组织材料，发达市场经济国家 1955 年工业中轻工业占 36.5%，重工业占 63.5%，1976 年轻工业下降为 32.4%，重工业上升为 67.6%。可见，这个时期发达资本主义国家也优先发展重工业。另一方面，社会主义国家也有优先发展轻工业的。如南斯拉夫就曾优先发展轻工业。我国 1979、1980、1981 年连续三年都是轻工业比重工业发展快，显然不能说我们违背了社会主义工业化的方法。

又如，斯大林认为社会主义工业化首先是发展重工业。这同前一个论点既有联系又有区别。前一个论点是说轻重工业发展速度的对比关系，这一个论点是说工业化的内容。斯大林这个论点也有片面性，他忽视了发展轻工业对提高人民生活的重要意义，而提高人民生活是社会主义生产的目的，因而也是社会主义工业化的目的。斯大林提出这个论点是可以理解的，当时全世界的轻工业发展水平还比较低，对提高人民生活的作用还不像现在这样显著。现在情况发生了重要变化，"吃"饱要靠农业，"吃"好则要靠轻工业，至于"穿"，则越来越靠轻工业了。"用"更是如此，如电视机、录音机、电冰箱，等等，斯大林说这个话的时候，有的刚有，有的还没有，现在在经济发达国家已相当普及了。在这种情况下，又怎么能笼统地说工业化（而且是社会主义工业化）主要是发展重工业呢？斯大林说过，没有重工业，轻工业也难以发展，这是正确的。但也不能忽视另一面，即没有发达的轻工业，重工业也难以健康迅速地发展。

再如，斯大林认为工业总产值在工农业总产值中占 70% 就实现了国家工业化。他说："一五"计划时期"苏联已从农业国变成了工业国，因为工业产品在国民经济全部生产中的比重已增加到 70%"。如前所说，这也是需要商榷的。我们知道，工业总产值在工农业总产值中比重的变化既决定于工业的增长速度，也决定于农业的增长速度。因此，不能仅仅依据工业的比重判断工业化的进展。例如，在农业下降时，工业的比重就可急剧上升，但并不反映工业化发展的真实情况。苏联"一五"计划时期工业增长 102%，每年平均增长 19.3%；农业下降 13.7%，每年平均下降 3.6%。由此工业净产值在工农业净产值中的比重由 1927 年的 48% 提高到 1932 年的 71%，工业比重大大提高了，而工业化程度并没有相应提高。从我国情况看，现在工业的比重接近或略超过 70%，但还不能说已实现了国家工业化。同时应该看到，工业化本身也是一个不断发展的过程，所以现在提工业现代化。斯大林那时把工业比重占 70% 作为国家工业化的标志，可能是把当时欧美发达国家作为榜样的。如美国工业总产值在工农业总产值中的比重，1928 年为 61.8%，1932 年为 70.5%。但是，为什么工业总产值占工农业总产值 70% 就算实现了工业化，这个论点是不是在任何条件下都正确，对此，斯大林并没有作充分的说明。

二 在社会主义工业化理论问题上一直存在意见分歧

对于社会主义工业化问题，一直存在着尖锐的意见分歧，值得研究和总结。

例如，苏联 20 年代开始社会主义工业化时，在这个问题上就有几派理论主张，斯大林的理论是在争论中形成的。除了斯大林的理论主张外，还有如下一些派别：

有一派主张优先发展农业，代表人物是沙宁。他在《经济方针问题》中说："在我国的种种条件下，一般说来，发展农业所需的资金比重工业少，所以优先权应给农业。基本方针应该是最大限度地发展农业，一直到世界市场可吸收的限度为止。通过出口农产品来发展国民经济的方法是最廉价的方法。"沙宁把工业的增长率定为 6%，农业的增长率定为 15%，强调优先发展农业。沙宁的主张受到斯大林的批评，斯大林在联共（布）第 14次代表大会上说，如果执行沙宁的纲领，"将使我国永远或者差不多永远不能实现真正的工业化"。

有一派主张用剥夺农民的办法发展重工业，这种观点是荒谬的，代表人物是托洛茨基和奥列奥布拉仁斯基。托洛茨基主张加快工业特别是重工业的发展，批评工业发展太慢，造成了不平衡，认为特别是重工业的落后阻碍了整个工业的发展。奥列奥布拉仁斯基提出了社会主义原始积累的观点。他认为，要把一个落后的农业国迅速建成具有社会主义物质基础的高度生产力的工业国，需要一个原始积累时期，像资本主义原始积累那样，需要有一个长期的持续掠夺小生产者的阶段。他在《新经济》一书中说："所谓社会主义的原始积累是说主要或同时把来源于国营经济以外的物质资源储存到国家手里。这种积累在落后的农业国里定将起着极为重要的作用，它将大大加速国营经济建立自己的科学技术力量。"他认为可用征税、发行公债、加强关税管理等方法把"存在于国营经济以外"的物质资源转移到国家手里，而最重要的手段是价格政策。

有一派主张工农业平衡发展，其代表人物是布哈林。布哈林强调经济各部门之间的相互依存性，认为工农业应该平衡发展。他说：托洛茨基主义的思想家们天真地认为，每年最大限度地把资金从农业抽调到工业就能保证工业的最高发展速度。但是，这显然是不正确的。工业只有在农业迅速增长的基础上，才能持续地保持最高的速度。他还说，"托洛茨基分子不懂得工业的发展要依靠农业的发展"，而"小资产阶级保守的思想家们则不懂得农业的发展要依靠工业的发展"。当然，平衡也只能是相对的。正如毛泽东同志所说："所谓平衡，就是矛盾的暂时的相对的统一。"而且在工业和农业的关系上，农业是基础，工业是主导，这也是不能混淆的。

以上不同意见的争论由于苏联工业化的胜利和斯大林理论的确立而告一段落。但是，争论并未完全结束。理论上和实践上的不同意见有时仍然存在。西方一些经济学家也在研究社会主义工业化理论，他们的理论观点也各不相同，对此我们也应该重视。

总之，对社会主义工业化问题上的争论进行研究和总结是必要的。应该看到，这里既有阶级斗争问题，有些不同意见代表着不同的阶级利益，又有理论问题和学术问题，也就是需要探索和掌握社会主义工业化的客观规律。

三　很多国家工业化实践的丰富经验需要总结

首先是我们自己有丰富的经验教训需要总结。"一五"时期我国工业化搞得比较好，工业总产值每年平均增长 18%。"二五"时期走了弯路，每年平均只增长 3.8%，其中 1961—1962 年每年平均下降 28.2%。三年调整时期又开始好转，每年平均增长 17.9%。"文化大革命"期间又走了弯路，其中"三五"时期每年增长 11.7%，"四五"时期每年增长 9.1%，速度不算低，但经济效益很差。粉碎"四人帮"，到党的十一届三中全会以后，工业生产才开始走上以提高经济效益为中心的新路子。30 多年的曲折历程，可以总结的内容是很多的。

我国在工业化过程中提出过一些重要方针，现在有必要也有可能用实践来检验一下，使正确的方针得到更好的贯彻。例如，提出过在重工业优先发展的条件下，工业和农业、重工业和轻工业同时并举的方针。这个方针如何评价？这里包括方针本身对不对，贯彻得如何，为什么有些时候没有贯彻好等问题。应该说这个方针是正确的，但需要深入分析和论证。又如，提出过中央工业和地方工业、大型企业和中小型企业、洋法生产和土法生产同时并举的方针。这些方针又应该如何评价？这里也包括方针本身对不对，贯彻得如何，为什么没有贯彻好等问题。这些方针是根据中国国情提出来的，但看来这里有些问题比较复杂。如有些工业部门必须实行中央工业和地方工业同时并举，大型企业和中小型企业同时并举，有些则不宜这样做。至于洋法生产和土法生产同时并举，也要看什么样的行业，看什么样的洋法生产和土法生产。大炼钢铁中大搞土高炉，就不是成功的经验。

我国在工业布局上也有很多经验教训。例如搞"三线"建设。1965 年前后在 11 个内地省区进行大规模"三线"建设，现在"三线"地区国营工业企业的个数、固定资产、职工人数已占全国三分之一以上，全国现有的 1.4 万多个大型企业，其中 43% 在"三线"地区。"三线"地区水电机组容量和煤炭开采能力占全国 50% 以上，炼铁、炼钢和轧材能力超过 30%。电子工业三分之二的企业和职工在"三线"地区。如何评价"三线"建设，看法分歧很大。一种看法认为"三线"建设的战略决策是正确的，一种看法认为是错误的。我认为"三线"建设是必要的，但一段时间里确实存在较为严重的失误。而不管看法如何，经验教训是值得总结的。

党的十一届三中全会以来，我国在发展工业方面已经取得了很多很好的经验，也需要认真总结。

其次是其他社会主义国家也有丰富的经验教训值得总结。例如，南斯拉夫在改革工业经济管理体制方面，在处理工业结构方面，在处理工业基本建设方面，就有很多经验教训值得我们研究。南斯拉夫企业的权限是比较大的，经济搞得比较活，但是也存在基建规模过大的毛病，同时一度存在消费水平提高过快的问题。这是什么原因呢？南斯拉夫没有按照斯大林的理论搞社会主义工业化。而且，斯大林逝世已经 30 年了，很多社会主义国家有了自己的社会主义工业化实践，这是我们决不可以忽视的。

应该指出，在一些公有制国家里，工业生产中存在着严重的浪费现象。由于消耗高，导致在速度高的时候效益也差，最终高速度也难以维持。这里究竟什么因素在起作用，很值得研究。

再次是资本主义国家工业化的经验教训也值得总结。战后资本主义国家工业发展有很多新现象。例如，日本、联邦德国经济发展速度相当快，被一些人称之为"亚洲的奇迹"、"欧洲的奇迹"、"世界的奇迹"。这种情况提出了决定工业发展速度的因素问题，科学技术在工业发展中的作用问题，工业结构演变的趋势问题，国际贸易在工业发展中的作用问题，等等。这些问题对实现社会主义工业现代化都是很有意义的，应该进行研究。

世界上很多发展中国家实现工业化也取得了成效，积累了自己的经验。由于这些国家和我国在经济发展水平、经济发展阶段等方面有很多相似之处，研究它们的经验教训，也是很必要的。

四 需要有正确的理论来指导我国的工业现代化

虽然我国实现国家工业化已取得了巨大成就，但是还面临着实现工业现代化的艰巨任务。这不仅因为我国工业化水平还很低，现在我国还有 8 亿农民，这么多的人搞饭吃，就是工业不发达的证明；而且因为工业化是一个过程，工业也有一个现代化的问题。

工业是随着科学技术的发展而发展的。1788 年瓦特发明蒸汽机，近代工业才得以产生和发展。1831 年法拉第发明了发电机，才使人类有可能进入电气化社会。以后科学技术又不断发展，如 1879 年爱迪生发明第一个碳丝电灯泡；1884 年发明汽轮机和人造丝；1895 年发明高效率柴油机和电影；1903 年第一部装有发动机的飞机起飞；1904 年发明无线电真空管；1906 年发明酚醛塑料；1908 年福特汽车利用传送带大量生产；1922 年英美建立无线电广播网；1926 年发明液氧—汽油火箭；1936 年发明电视机，英国广播公司广播电视节目；1939 年用空气、石油、水第一次制成尼龙；1945 年爆炸第一颗原子弹。这些科学技术的发明不断改变着工业的面貌。现在世界工业已进入了原子时代、微电子时代、宇航时代，用电气化来说明现代工业的特征已经不够了，但我国离实现电气化也还相当远。1981 年我国每人平均发电量 300 多度，1980 年美国为 1 万多度。所以，我国实现工业化的任务还是十分繁重和迫切的。

为了加速工业现代化的步伐，要制定一个有科学依据的工业发展战略。这涉及很多理论问题，需要建立马克思主义的社会主义工业现代化理论，用来指导工业发展战略的制定和贯彻。

例如，如何处理轻工业和重工业的关系，这是工业发展战略的一个重要问题。我们过去曾片面优先发展重工业，因而导致国民经济比例失调。"六五"计划规定轻工业每年递增5%，重工业每年递增3%，即轻工业快于重工业。1982年计划规定轻工业增长7%，重工业增长1%，但计划执行结果，轻工业只增长5.7%，而重工业则增长9.9%，轻工业没有完成计划，重工业超过计划很多。这就提出一个问题，即今后如何安排轻重工业的速度和比例关系。包括"六五"计划后三年如何安排，"七五"计划如何安排，"八五"计划如何安排，"九五"计划如何安排。这要靠深入全面的调查研究工作，也要靠弄清一些理论问题。如决定重工业轻工业速度的因素是什么，轻重工业速度对比的发展趋势如何，优先发展重工业需要什么条件，优先发展轻工业需要什么条件，当前轻重工业维持怎样的比例关系比较合适，等等。弄清楚这些问题，必须研究社会主义工业化理论。

又如，如何处理积累和消费的关系，这也是工业发展战略的一个重要问题。陈云同志说："一要吃饭，二要建设。"贯彻这一原则，就要处理好积累和消费的关系。对于当前什么样的积累率比较合适，就有几种不同的看法，一种认为25%比较合适，一种认为28%，一种认为可以提高到30%。现在我国一年国民收入约4000亿元，25%和30%相差5%，约200亿元。这200亿元用做消费好，还是用做积累好？多少用于消费，多少用于积累比较合适？有人举"一五"时期的经验，主张用于消费；有人举1981年的经验，主张其中可以有120亿元用于积累；有人认为可以全部用于积累。解决这个问题，也涉及理论问题，既需要研究和掌握积累和消费的变动规律，包括影响它们变动的因素，处理它们关系的原则，它们变动的趋势，等等。现在我们对于积累和消费的理论问题研究不够，加上对情况调查不够，因此在提出战略设想时遇到一些争论问题有时难以及时而又妥善地解决。

再如，如何确定工业的发展速度，这个问题也有必要深入研究。中央领导同志提出，1982 年工农业生产实际完成超过计划很多，为什么会超出这么多，超过的主要是什么方面，会不会造成积压，会不会影响国家重点项目的投资？这就提出了确定工业发展速度的依据问题。确定今后 20 年以及 20 年中各个阶段工业发展的速度，也要求研究社会主义工业化理论。如果理论研究不够，我们在设想今后工业发展速度时也会遇到困难。

其他如处理工业发展速度和工业效益的关系，处理工业管理体制问题，这些战略问题都涉及一系列理论问题。因此，研究社会主义工业化问题是有重大的理论和实践意义的。

认真总结我国社会主义工业
现代化的历史经验[*]

新中国成立30多年了。30多年的时间不算长，但是在社会主义工业现代化问题上的经验教训却是十分丰富的，值得认真总结。

新中国成立以来30多年的历史，也可以说是社会主义工业化的历史。有人说我国现在刚刚准备"起飞"，这种说法并不确切。如果使用"起飞"这个概念，那么应该说，我国早在"一五"时期就开始"起飞"了。"一五"时期我们开始大规模实行工业化，在以后一段相当长的时期内，工业以10%以上的速度发展，很快奠定了工业现代化的基础。

30多年来各个阶段工业发展的情况是很不相同的，经验教训也不一样，既要分阶段进行总结，也要分问题进行总结。为了便于比较，在总结我国经验的同时，也要总结其他国家的经验。做好这种总结工作是很不容易的，我只是试图这样做。

下面分四个方面谈些看法。

---

[*] 原载《中国社会科学院工业经济研究所研究报告》，1983 年 6 月 1 日。

一 工业发展速度问题

我国社会主义工业现代化在发展速度问题上有以下几点比较重要的经验教训：

1. 社会主义工业发展速度高一点是可能的

和资本主义制度比较，社会主义制度下工业发展速度高一点是可能的。斯大林分析过社会主义工业高速度发展的可能性。实践也表明，社会主义工业发展速度可以高于资本主义工业发展速度。这是因为，社会主义制度在促进生产力发展上有巨大的优越性，只要把这种优越性发挥出来，就能够以比较快的速度实现工业化。就我国来说，尽管经过多次曲折，工业发展速度仍比多数资本主义国家快得多。从 1951—1980 年，我国工业总产值每年平均增长 12.5%，美国为 4%，日本为 11.5%，联邦德国为 5.8%，英国为 2.3%，法国为 5%，印度为 5.9%。同时期苏联为 8.6%。

2. 工业发展速度不能脱离客观条件要求过高的发展速度

工业发展速度受资金、资源、技术、劳动力、管理干部等多种客观条件的制约。虽然社会主义工业发展速度高一点是可能的，但是如果脱离实际，要求过高，就要引起比例失调，导致大跃进后的大跃退。我国 1958 年以后由于"大跃进"而带来的严重消极后果，就充分证明了这一点。

为什么要求速度过高就要引起比例失调？因为，由于资金、资源等等有限，为了追求过高的速度，把资金、资源过多用于某一方面，就势必保证不了其他方面的需要。例如，引起工业挤农业，基建挤生产，积累挤消费，生产挤生活，等等。这样就势必导致比例失调。

3. 一定要处理好速度和比例的关系

妥善处理工业发展速度，一条重要原则是速度要服从比例。经验表明，只有按比例，才能高速度。当然，按比例也有多种选择，但是，不按比例，绝不可能有高速度。

所谓按比例，就是要充分考虑客观条件的制约作用，考虑到客观可能性，使各种资源在各个部门合理分配，不留缺口。

我们曾经强调所谓积极平衡，反对所谓消极平衡。这实际上是反对综合平衡，主张计划留缺口，也就是主张不按比例的要求办事。这方面的教训，要牢牢记取。

4. 重视农业对工业的制约作用

农业是国民经济发展的基础，也是工业发展的基础。农业从根本上制约着工业的发展。由于我国是个农业大国，农业对工业发展的制约作用更不能忽视。现在农业形势很好，但千万不能疏忽大意，要看到我国彻底解决农业问题的艰巨性。

农业对工业发展的制约作用主要表现在：第一，工业劳动力决定于农业能够提供多少商品粮。第二，轻工业中以农产品为原料的部分的发展速度决定于农产品原料的增长速度。第三，轻重工业中以农村为市场的部分的发展速度决定于农民购买力增长的速度。此外，农业对工业化资金积累也有重要的制约作用。毛泽东同志有关这个问题的分析，在理论上是正确的。

5. 重视基础设施对工业发展的制约作用

我们必须重视基础设施对工业发展的制约作用。我这里说的是广义的基础设施。其中，一是能源问题。工业发展快与能源增长快有关系，现在我国能源不能满足工业发展的需要，是制约工业发展的最重要因素。二是交通运输问题。我国对交通运输重视得很不够，现在有的地方能源问题实际上是运输问题，港口落后则影响对外贸易的发展。三是城市建设问题。我国城市公用事业和商业设施严重落后，影响工业生产的发展和人民生活的改善。应该看到，商业基础设施落后不仅影响工业和商业，而且影响农业，现在农产品"难卖"，很大一部分是由于商业基础设施跟不上生产的发展。西方经济学有所谓工业生产和基础设施平衡发展好还是不平衡发展好的争论，我国的经验证明应该平衡发展。

6. 资金积累及其分配对工业发展有重要的制约作用

这种制约作用主要表现在：第一，积累率对工业发展速度的影响。我们的经验是积累率不能太低，也不能太高。"一五"时期是 25%，这对那时比较合适，现在看来以 28% 左右为宜。第二，积累在各部门的分配对工业发展速度的影响，包括工业投资多少的影响。工业投资不宜过少，也不宜过多。要照顾农业、交通、运输、非生产建设等多方面的需要。第三，工业投资的分配对工业发展速度的影响。工业投资结构对工业发展速度的影响是很明显的，这里包括的问题也很多，如基建投资和现有企业技术改造投资的比例，轻重工业投资的比例，重点部门投资和一般部门投资的比例，固定资产投资和流动资金投资的比例，等等。第四，投资效果对工业发展速度的影响。工业发展速度不仅决定于投资数量，而且决定于投资效果。

7. 政治上安定团结是工业迅速发展的前提条件

我国 30 多年的历史说明，政治上安定团结的时期，工业发展就较快，较健康；政治上不安定团结或不那么安定团结的时期，工业发展就较慢，或者蕴藏着下降的危险。

别的国家包括资本主义国家的情况也是如此。尽管不同社会制度下安定团结的内容和意义不同，但都是经济迅速顺利发展的前提条件。

在社会主义制度下，工业要健康迅速发展，还要有政治上的民主。这样才能贯彻社会主义民主集中制，才能保证决策的正确。

二　工业结构问题

我们在这个问题上的主要经验有：

1. 建立合理的经济结构和工业结构是社会主义工业现代化的内容和条件

经济结构是指国民经济各部门、各方面的相互联系和相互制约关系；工业结构是指工业内部各部门、各方面的相互联系和相互制约关系。经济结构和经济比例既有联系，又有区别。经济结构包括经济比例，但不等于经济比例，它比经济比例的范围广。经济比例不合理，当然经济结构也不合理。但是，经济比例合理了，经济结构也未必一定合理。例如，工业和农业的比例即使大体合理，但如果它们之间没有健全的、畅通的交往关系，也不能说工业和农业之间的结构关系是合理的，更不能说经济结构是合理的。

旧中国的经济结构和工业结构很不合理。资本主义制度下的经济结构和工业结构也不合理。实现社会主义工业现代化，意味着要建立合理的经济结构和工业结构。日趋合理的经济结构和工业结构也是顺利实现工业现代化的前提条件。因为，经济结构和工业结构合理，整个国民经济和工业现代化才能健康迅速发展。

从研究经济比例到研究经济结构，这是认识上的进步，是党的十一届三中全会以来深入总结实践中经验教训的结果。

2. 在一定条件下，优先发展重工业是必要的、正确的

列宁曾论证过生产资料优先增长的规律。他假定了一些条件，这些条件是可能出现的。因此，列宁的假定是有根据的、合

理的。这表明，生产资料优先增长是客观经济规律，当然是在一定条件下的客观经济规律。

在一定意义上，可以把生产资料和生活资料的关系看成是重工业和轻工业的关系。因此，优先发展重工业也可以看成是一个规律。当然也是在一定条件下的规律。规律总是有条件的。

从工业化的历史看，在由农业国转变为工业国的过程中，当农业、轻工业有了一定的发展，加快发展重工业在技术、资金、市场等方面具备了条件，在这种情况下，优先发展重工业是必要的和可能的。我国"一五"时期是具备了优先发展重工业的条件的，这里应估计到当时苏联有可能在经济上、技术上支援我们。

我们在优先发展重工业方面是有错误的，主要是认识上有片面性，认为在任何时候都要使重工业优先发展，为了优先发展重工业而挤了农业和轻工业。但不能由此否认在一定条件下优先发展重工业是客观经济规律。

经验表明，在优先发展重工业时，一定要处理好农业和工业的关系，处理好重工业和轻工业的关系。重工业要自觉为农业和轻工业服务。

3. 要在工业中正确确定重点部门，使之带动整个工业和国民经济的发展

所谓重点工业部门，是指工业中对加快国民经济发展和满足人民需要起主导作用或决定作用的部门。重点部门可以是重工业，也可以是轻工业。例如，在一定条件下，食品工业和纺织工业由于其比重大、作用大，也应该作为重点部门。

从一些国家的经验看，重点工业部门往往不是一个部门而是相互联系、相互促进的几个部门。如美国长期把钢铁、建筑、汽车三个部门作为重点部门，这些重点部门相互促进，并带动其他

很多部门较快地发展。这种确定重点工业部门的经验很值得研究借鉴。

长时期内我国以钢铁工业作为重点部门，即所谓"以钢为纲"。这是一个教训。但是要善于吸取这个教训。这不是说不需要在工业中确定重点部门，也不是说钢铁工业任何时候都不能作为重点部门。教训在于：第一，单纯以钢铁工业作为重点。第二，钢铁工业挤掉了别的部门。第三，发展钢铁工业的方法也不对头，如大搞小高炉等等。

总之，工业中还是要有重点部门的。关键是要根据各个时期的情况来正确确定重点部门，同时要处理好重点部门和一般部门的关系。

4. 要有符合国情和科学技术发展趋势的工业技术结构

为了加快工业现代化的步伐，从原则上说，应该采用先进技术，由于工业担负着为国民经济提供物质技术基础的任务，那些与此有关的部门，更应该采用先进技术。

但是，考虑到现阶段我国资金严重不足，劳动就业任务十分繁重的情况，我国又应该重视适用技术。而且，由于各个地区、各个行业具体情况不同，技术进步的要求和步骤也不能强求一律。

如何理解"土洋并举"的方针？如果把"洋"理解为先进技术，"土"理解为一般技术，这个方针原则上是对的。如果把"洋"理解为先进技术，"土"理解为落后技术，这个方针就值得商榷。1958 年大炼钢铁时大量采用土高炉，实际上是采用落后技术，因而浪费了宝贵资源，生产了大量的废品。这个错误不应重犯。

5. 要有符合国情、有利于发展专业化协作和科学技术进步的工业组织结构

工业的组织结构（包括规模结构）要有利于发展专业化协

作，有利于促进科学技术进步，有利于提高劳动生产率，有利于提高经济效益。

在工业化初期，建设一些大而全的企业是难免的，但是要有意识地创造条件，尽快改变这种状况。至于小而全的情况，一般来说是该尽量避免的。

如何看待大中小并举的方针？从原则上说，工业中应有一批大型企业作为骨干，同时，不能忽视中小企业的作用。工业发达国家也很重视中小企业，我国生产力水平还不高，资金还不充裕，更要重视中小企业的作用。大中小并举的方针，从原则上说是有根据的。但是，行业不同，地区不同，对企业规模的要求也不一样。有些行业可以多搞一些中小企业，如开发煤炭，发展食品工业。有些行业则不宜多搞小型企业，如炼铁。同样的行业，有些地区宜多发展一些中小企业，有些地区则不宜多搞小型企业，如化肥工业就有这种情况。

6. 合理配置工业生产力，充分发挥沿海城市和先进地区工业的作用，有计划有步骤地加强内地的工业建设

工业的地区配置是工业结构的一个重要问题。像我们这样的大国，各个地区的工业化齐头并进是比较困难的，总是有的地区快一点，有的地区慢一点。一般来说，开始时沿海地区会快一点，边远地区会慢一点。各个地区工业化的快慢决定于客观条件和国家的安排，也决定于本地区的主观努力。

在工业化的过程中，要注意发挥沿海地区和其他先进地区工业的作用，一个长时期内我们对此注意不够。同时，要有计划、有步骤地加强内地建设。我国在"三线"建设上投资很多，应该如何看待这个问题？我认为，加强内地建设是有必要的，但不能要求过高过急。在"三线"建设中，至少在做法上缺点是很多的。现在应该总结经验教训，并注意发挥"三线"地区工业的作用。

还应该注意处理好城市工业和乡村工业的关系问题，要发挥城市工业的作用，带动乡村工业的发展，这里有很多问题要研究总结，如城乡工业的分工、乡村工业的方向，等等。

7. 建立合理的所有制结构

最主要的经验教训是，今后长时期内，应该在社会主义公有制占主体地位的前提下，实行多种经济形式、多种经营方式同时并存的方针。社会主义公有制既包括国营经济，又包括集体经济。国营经济应占主导地位，集体经济在一定时期内应有更快的发展。主张取消全民所有制是错误的，而把集体所有制看成不如全民所有制也是错误的。集体企业要真正按照集体所有制方式经营，国营小企业有的可以采取集体企业的经营方式，有的可以实行集体承包或个人租赁经营。

除社会主义公有制外，还要允许个体经济、国家资本主义经济等经济形式存在和一定程度的发展。允许个体经济存在，这对于发展手工业，活跃城乡市场，尤其有重要意义。

这里说的长时期是什么意思？就是说不是几年，至少是几十年。例如，到了 2000 年，实现了党的十二大提出的经济发展战略目标，我国生产力水平和科学技术水平也还不是很高，也还应允许多种经济形式和多种经营方式并存。

三　工业技术进步问题

技术进步在工业现代化过程中起着决定性的作用。可以说，没有技术进步，也就没有工业现代化。在这一方面，30 多年来的主要经验教训有：

1. 处理好基本建设和现有企业技术改造的关系

工业中技术进步是通过两种形式实现的。一种形式是基本建设，这里是指在新技术基础上建设新企业，一种形式是对现有企业进行技术改造。这两种形式，在任何时候都是必要的。但在不同时期，重点又应有所不同。

处理好两者的关系是很不容易的。"一五"计划中规定发展工业以基本建设为主，当时工业中技术进步主要靠基本建设。这在当时是恰当的。但是建立了工业化基础以后，应该逐步转向以现有企业的技术改造为主。实际上我们没有这样做，而是继续以基本建设为主，并且严重忽视了现有企业固定资产的更新改造，以致现在老企业的设备、厂房等等欠债很多。不少工厂连维持简单再生产都困难。这几年我们已开始逐步转向以现有企业的技术改造为主；但转变相当困难，基本建设仍在挤现有企业的技术改造。

以现有企业的技术改造为主，并非基本建设不重要了，在我国目前情况下，基本建设仍是很重要的。如开发石油、煤炭，建设水电站、核电站等等，都要靠基本建设。邓小平同志十分重视"六五"计划和长远规划中的重点建设问题，就是因为基本建设仍是十分重要的。并非基本建设就是技术进步，因此在基本建设中要注意采用先进技术。对现有企业进行更新改造时也要注意这个问题，要防止复制古董。

有一个问题要研究：固定资产投资中，更新改造投资占多大的比例才符合以现有企业技术改造为主的要求？是不是一定要占50%以上，这很值得研究。在第六个五年计划中，我国用于现有企业设备更新和技术改造的资金为1300亿元，占全部固定资产投资总额的36%，同1953—1980年所占比重20%左右相比，是大大增加了，但还达不到50%。

2. 基本建设规模要适当

正反两面的经验表明，基本建设必须有一定的规模，但是规模又不能过大。过去我们主要是吃基建规模过大的亏，但是有些地区、有些行业也有基建规模太小的教训，例如，一度能源、交通的建设规模就嫌少，和生产建设的要求很不适应。

基本建设规模合适的标志是：第一，与国力相适应，即资金、物资、设备有保证。第二，符合综合平衡的要求，即能够保证国民经济按比例发展。第三，保证国民经济有一定的发展速度和较好的经济效益，即从较长时期看，速度较快，效益较好。

因此，确定基本建设规模不仅要考虑需要，而且要考虑可能。"一五"时期和 1963—1965 年，我国固定资产投资占国民收入使用额的比重分别为 14.8% 和 14%，占财政支出的比重分别为 41.7% 和 36.6%，这同当时国家的财力物力比较适应。有些同志认为，目前我国固定资产投资总额宜控制在国民收入使用额的 15% 左右和财政支出的 40% 左右；固定资产投资中，基本建设投资的比重，现阶段比"一五"时期小为好。

3. 应该重视现有企业的技术改造

任何时候都要重视现有企业的技术改造，现在更应该重视这个问题。理由是：第一，工业企业大量增加了，工业已有了基础；第二，不少现有企业设备陈旧，技术落后，急需更新改造；第三，现有企业技术改造和新建企业相比，投资少，见效快，效益高；第四，现有企业通过技术改造增产增收的潜力很大。

长期来我们忽视了现有企业的技术改造。原因是什么？我认为，既有思想认识方面的原因，如不重视这个问题；也有计划工作方面的原因，如没有把现有企业技术改造列入计划；还有经济体制方面的原因，如企业缺少进行技术改造的动力和压力。最后这一方面的原因是更根本性的。

为了加快现有企业技术改造的步伐，要提高思想认识，改进计划工作，加强科研工作，而关键则是要调动企业的主动性、积极性。国家无法包办企业的技术改造，但是要为企业进行技术改造创造必要的有利的条件，加强领导。

4. 重视引进国外先进技术

引进国外先进技术，是后进国家赶上先进国家的有利条件和应该采取的战略措施。日本战后工业和国民经济发展之所以快，重视引进外国先进技术是一个重要原因。苏联工业发展快，一个重要原因也是重视引进外国先进技术。

我国"一五"时期引进苏联等国的先进设备和先进技术，有些设备技术虽然不是当时世界上最先进的，但比我国原有技术先进得多。这是"一五"时期我国工业和经济迅速发展的重要原因之一。

如何引进国外先进技术，做到投资少，见效快，效果好，这是必须认真研究的问题，我们也有不少经验教训。而一定要引进国外先进技术，则是首先必须肯定的。

可否这样说，国家之间的科学技术成果转移是各国生产力发展的普遍规律，也是各国科学技术进步的普遍规律。我认为，应该从这个高度来认识引进国外先进技术问题。

5. 重视国内地区之间、部门之间的技术交流和技术转移

我国的经验还表明，国家内部地区之间、部门之间的技术交流和技术转移，也是加快工业技术进步的重要条件和重要措施。过去这样做有一定的成效，如沿海地区支援内地建设是有成绩的。这几年上海、天津等地和内地省区进行技术协作，把先进技术转移到内地去，已取得了明显的成效，同时创造了不少新经验。

现在我国具备了在各地区之间进行更广泛的技术交流和技术转移的条件。沿海地区要更多地引进国外先进技术，更多地向内地转移先进的适用技术。

部门之间、行业之间的技术转移也是一个重要问题。如军工部门如何向民用部门转移先进技术，国外有不少经验，我们还做得很不够，要认真研究。此外，我们还要研究如何加快科学技术转变为生产力的过程，现在我国一方面科学技术落后，另一方面科学技术的成果很多不能及时地应用于生产，使其转变为现实的生产力，充分发挥作用，这种状况应该尽快地改变。

6. 工业技术进步要和改进工业经济管理和工业企业管理结合起来

科学技术和经济管理是经济发展的两个轮子，这两个轮子要协调动作，才能加快经济发展的步伐。

为了加快工业技术进步，有一系列宏观经济和微观经济的管理问题需要研究解决。例如，国家如何引导和促进企业进行技术改造，企业如何适应技术进步改进经济管理，如何使引进国外先进技术和引进国外先进管理结合起来，如何使地区之间、行业之间转移先进技术和转移先进管理结合起来，等等，都是有待认真研究解决的问题。

7. 必须建立健全的、能促进工业技术进步的社会经济机制

为什么我国工业企业普遍不重视技术改造而盲目扩大基本建设规模？其原因是多方面的，不能头痛医头，脚痛医脚，而要综合治理，全面解决。因此，要建立健全的、能促进工业技术进步的社会经济机制，也就是要从经济管理体制、计划工作、经济杠杆、经济信息、经济立法、经济司法、思想政治工作等多方面采取综合性的办法和措施。

我名之曰社会经济机制，是说要创造一切必要的主客观条件，促进工业企业及其各级领导机关重视技术进步和努力实现技术进步。这也是 30 多年的一条重要经验教训。

四 工业经济效益问题

这方面的经验也是很丰富的。党的十二大把提高经济效益作为今后 20 年工农业总产值翻两番的前提，也就是把提高经济效益作为经济发展战略目标的一个内容。这也是 30 多年来工业化经验的总结。

1. 提高工业经济效益是加快社会主义工业现代化的关键

社会主义工业化需要的资金，开始主要依靠农业提供。随着工业化的发展，越来越要依靠工业本身解决资金问题。这就是要靠工业提高经济效益，增加积累。在工业化过程中，为了使同样数量的资金发挥更大的作用，也要努力提高工业经济效益，尤其要提高工业投资效果。事实证明，工业经济效益比较好的时期，资金积累就比较快，工业化速度也比较快。

工业化过程中长期碰到的能源问题和原材料供应问题，也要依靠提高经济效益、节约能源和原材料来解决。只有提高工业经济效益，才能增强我国工业在国际市场上的竞争能力，更快地增加劳动者的收入，改善人民的生活。

2. 提高对经济效益问题的认识

根据过去的经验，提高工业经济效益要首先解决思想认识问题，即必须不断克服错误认识和似是而非的理论，提高对经济效益问题的认识。

长期以来，我们重视工业发展速度，而忽视经济效益，原因很多，经济管理体制存在弊端是一个重要原因。过度集中的经济管理体制使企业缺少主动性和自主权，不利于提高经济效益。错误的思想认识也是一个重要原因。例如，鼓吹算政治账不算经济账，甚至把强调经济效益说成是修正主义。其实，重视经济效益是一切真正进步的经济学家的优良传统。李嘉图曾说过：真正的财富在于用尽量少的价值创造出尽量多的使用价值。换句话说，就是在尽量少的劳动时间里创造出尽量丰富的物质财富。马克思在《剩余价值理论》中引用了李嘉图的话，并且指出："即使交换价值消灭了，劳动时间也始终是财富的创造实体和生产财富所需要的费用的尺度。"① 可见，马克思是完全肯定李嘉图的这个意见的。

在资本主义制度下，提高工业经济效益意味着增加资本家对工人的剥削。即使如此，马克思也严格分清提高经济效益和增加剥削的界限，他只是反对剥削而没有反对提高经济效益。而在社会主义制度下，提高经济效益意味着直接增进人民的福利，又怎么可以把它说成是修正主义呢？

3. 正确处理速度和效益的关系

这是一条重要经验，但是现在有些人还是重视速度而忽视效益，因此还要十分重视这个问题。我国在"一五"时期、三年调整时期等阶段，这个问题是处理得比较好的，"大跃进"时期和另外一些时期则处理得不好。总结起来，是否可以明确以下几点：

（1）速度和效益在内容上有一致的方面。速度一般指产值的增长速度，这也是一种效益指标。从长期看，没有一定的产值增长速度，也就不会有较好的经济效益。

（2）速度和效益在内容上又不完全一致。速度不等于效益，因而两者会有矛盾。如果要求产值速度过高，由于片面追求产值的增长速度，会导致利润下降，成本增加，品种减少，质量降低。

---

① 《马克思恩格斯全集》第26卷（Ⅲ），人民出版社1974年版，第282页。

（3）在速度和效益的关系上，一般来说应该更强调效益。在两者发生矛盾时，速度应该服从效益。尤其要强调宏观经济效益。

（4）根本问题是要实现经济结构的合理化。速度和效益的矛盾常常是由于没有处理好速度和比例的关系。处理好结构问题，既可以处理好速度和比例的关系，也可以处理好速度和效益的关系。

4. 加强和改进计划工作是提高工业经济效益的前提条件

提高工业经济效益必须加强和改进计划工作。社会主义经济是计划经济，这是社会主义制度的优越性，但只有搞好计划工作，才能把社会主义的优越性充分发挥出来。

对于计划要有正确、全面的理解。计划要反映社会主义经济的主要联系，包括生产和需要的联系（社会主义生产目的的要求），劳动消耗和成果的联系（提高经济效益的要求），劳动消耗和价值的联系（价值规律的要求），以及国民经济各部门之间的联系（通常说的按比例发展国民经济的要求），等等。只把计划和速度联系起来，或者只把计划和部门比例联系起来，是不全面的，会导致经济效益差及其他种种消极后果。

计划不能和指令等同起来。有了正确的计划，还要有贯彻计划的正确手段，包括利用各种经济杠杆和采取必要的行政手段。社会主义经济是有计划的商品经济，因此，要重视和利用价值规律来搞好计划工作。指令性计划的范围要缩小，即使是指令性计划，也要利用经济杠杆，按照经济规律办事。

5. 加强和改善企业经营管理是提高工业经济效益的另一个前提条件

经济效益可以分为宏观经济效益和微观经济效益。微观经济效益和宏观经济效益是一致的，又是有矛盾的。解决矛盾的主要办法是：完善计划工作，妥善处理国家和企业的关系，加强思想教育。这样，使微观经济效益的提高服从于并有利于宏观经济效益的提高。在强调宏观经济效益的同时，不能忽视微观经济效益。没有微观经济效益的提高，也不会有宏观经济效益的提高。为了提高微观经济效益，改善企业经营管理是极为重要的。

经验表明，经济效益的高低同企业经营管理的好坏有直接关系。要改革企业内部的领导体制，实行厂长负责制，在企业内部建立严格的责任制。改善企业经营管理既要靠经常性的工作，也要靠必要时进行的整顿。现在进行企业整顿对提高经济效益是很必要的。整顿也是为改革创造有利条件。

6. 有计划有步骤地改革经济管理体制

无论从我国的情况看，还是从其他一些社会主义国家的情况看，往往工业发展速度比较快，但工业经济效益比较差。这是什么原因造成的？这里有指导思想和计划工作的失误，也有经济管理体制方面的原因。事实表明，不改革经济管理体制，是难以从根本上克服提高经济效益的困难的。

过去实行的经济管理体制是不利于提高经济效益的，因为这种体制不给企业必要的自主权，妨碍企业建立严格的经济责任制和发挥主动性、创造性。这几年我们开始改革经济管理体制，虽然是初步的改革，但已经取得了明显的成效，说明改革经济管理体制是能够迅速提高经济效益的。

改革要以提高经济效益为出发点和目标，要使各个部门、各个地区、各个企业有提高经济效益的强大动力和压力。全民所有制经济管理体制改革的关键，是处理好国家和企业的关系。在具备条件后，企业一般都应该独立核算、自负盈亏，国家通过经济办法和必要的行政办法把社会主义经济管理好，充分发挥社会主义制度的优越性。

改革经济体制和建设具有
中国特色的社会主义*

　　改革经济体制是我们今后一个长时期内必须抓紧的重要工作，也是坚持社会主义道路，集中力量进行现代化建设的重要保证。为了坚定地有步骤地进行经济体制改革，必须深刻认识改革的必要性、迫切性和艰巨性。学习《邓小平文选》，能够帮助我们正确理解这些问题。下面，谈谈个人学习的一些体会。

一　社会主义制度是优越的,但是需要进一步完善

　　我国原有的经济体制是 50 年代按照当时苏联的模式建立起来的。这种体制有其长处，在历史上起过积极作用。但是，它也有严重的缺陷，不利于充分发挥社会主义制度的优越性。我们过去也进行过一些改革，但由于没有真正抓住病根，所以往往不成功。这几年改革取得了显著成效，这首先是同对原有体制有了比较深刻的认识、做到了对症下药分不开的。邓小平同志在一系列

　　*　原载《经济管理》1983 年第 10 期。

文章、讲话中，对我国经济体制中存在的问题作了深入的分析。这对统一全党和全国人民的思想，提高大家进行改革的自觉性和迫切感，起到了极大的作用。

我国传统的经济体制有些什么缺陷呢？认识这个问题是很重要的。在《邓小平文选》① 中，着重对经济体制改革前存在的一些重要弊端进行了剖析：

第一，权力过于集中。邓小平同志从发扬经济民主的高度，指出我国的经济体制权力过于集中，应该有计划地大胆下放，让企业有更多的经营管理自主权。他说："我们的各级领导机关，都管了很多不该管、管不好、管不了的事"，"谁也没有这样的神通，能够办这么繁重而生疏的事情"（第288页）。他着重指出："当前最迫切的是扩大厂矿企业和生产队的自主权，使每一个工厂和生产队能够千方百计地发挥主动创造精神。"（第135—136页）

第二，缺乏严格的责任制。邓小平同志认为，管理制度上的一个很大的问题是无人负责。名为集体负责，实际上等于无人负责。"一项工作布置之后，落实了没有，无人过问，结果好坏，谁也不管。所以急需建立严格的责任制。""任何一项任务、一个建设项目，都要实行定任务、定人员、定数量、定质量、定时间等几定制度。"（第141页）

第三，违背多劳多得和物质利益原则。尤其由于"四人帮"主张普遍贫穷的假社会主义，导致平均主义盛行。针对这种情况，邓小平同志指出："革命是在物质利益的基础上产生的，如果只讲牺牲精神，不讲物质利益，那就是唯心论。""不讲多劳

① 《邓小平文选》（1975—1982年），人民出版社1983年版，本文以下引文均见此书。

多得，不重视物质利益，对少数先进分子可以，对广大群众不行，一段时间可以，长期不行。"（第 136 页）

第四，没有切实保障工人农民个人的民主权利。他指出：没有民主就没有社会主义，就没有社会主义的现代化。因此，要切实保障工人农民个人的民主权利，包括民主选举、民主管理和民主监督。"不但应该使每个车间主任、生产队长对生产负责任、想办法，而且一定要使每个工人农民都对生产负责任、想办法。"（第 136 页）

第五，法制不健全。这也是我国原有经济体制中一个重要问题。邓小平同志说："现在的问题是法律很不完备，很多法律还没有制定出来。往往把领导人说的话当做'法'，不赞成领导人说的话就叫做'违法'，领导人的话改变了，'法'也就跟着改变。"（第 136 页）

第六，官僚主义严重。官僚主义的表现如：机构臃肿，层次重叠，手续繁杂，效率极低，政治的空谈往往淹没一切，这种官僚主义"已达到令人无法容忍的地步"，而它同"高度集权的管理体制有密切关系"（第 287—288 页）。"要搞四个现代化，把社会主义经济全面地转到大生产的技术基础上来，非克服官僚主义这个祸害不可"（第 140 页）。

第七，不重视改善经济管理和提高经济效益。邓小平同志曾一针见血地指出：原有经济管理体制由于权力过于集中，"不利于充分发挥国家、地方、企业和劳动者个人四个方面的积极性，也不利于实行现代化的经济管理和提高劳动生产率"（第 135 页）。

第八，妨碍社会主义优越性的发挥。邓小平同志指出："党和国家现行的一些具体制度中，还存在不少的弊端，妨碍甚至严重妨碍社会主义优越性的发挥。"（第 287 页）他又指出：我们过去发生的各种错误，固然与某些领导人的思想、作风有关，但是组织制度、工作制度方面的问题更重要，"这种制度问题，关系到党和国家是否变颜色，必须引起全党的高度重视"。"如果不坚决改革现行制度中的弊端，过去出现过的一些严重问题今后就有可能重新出现"（第293页）。这个分析，对经济体制也是适用的。

正是根据以上分析，邓小平同志指出："……我们过去没有及时提出改革。但是如果现在再不实行改革，我们的现代化事业和社会主义事业就会被葬送。"（第140页）这决不是危言耸听，而是有充分科学根据的。

应该强调指出，我们改革经济体制是为了完善社会主义制度。社会主义制度以生产资料公有制为基础，实行计划经济和按劳分配，消灭了剥削制度，克服了资本主义制度自身难以克服的对抗性矛盾，因而给生产力迅速发展开辟了空前广阔的余地，具有极大的优越性。过去由于"左"倾指导思想的错误和具体制度中的缺陷，我们未能经常使社会主义制度的优越性充分发挥出来。现在我们纠正了"左"倾指导思想，又进行经济体制改革和其他改革，正是为了使社会主义制度日臻完善，进一步发挥它的优越性。

我们改革经济体制也是一场革命。邓小平同志曾说："精简机构是一场革命。""当然，这不是对人的革命，而是对体制的革命。"（第351—352页）改革中会出现许多新情况新问题，"尤其是生产关系和上层建筑的改革，不会是一帆风顺的，它涉及的面很广，涉及一大批人的切身利益，一定会出现各种各样的复杂情况和问题，一定会遇到重重障碍。"（第142页）对此，我们必须做好充分的思想准备，足够估计改革的艰巨性复杂性，既是坚定地又是有步骤地做好改革工作。

我们改革经济体制虽然是一场革命，但它和资本主义制度下的革命又有性质上的区别。资本主义制度下进行革命是为了推翻资产阶级的统治，消灭资本主义剥削制度。我们改革经济体制则是社会主义制度的自我完善。由于改革是在党和政府领导下进行的，是在马克思主义指导下进行的，同时由于社会主义制度下人民群众在根本利益上是一致的，而改革又是全国人民的根本利益、长远利益所在，因此，这种社会主义制度自我完善的任务，也是一定能够完成的。对此，我们应该有充分的信心和决心。

二 改革要有利于四个现代化建设,有利于建设中国式的社会主义

邓小平同志不仅分析了我国经济体制中存在的问题，而且指出，改革是为了促进四个现代化，改革要有利于四个现代化建设，有利于建设中国式的社会主义。

邓小平同志是从实现社会主义现代化提出改革任务的。他明确指出，"为了有效地实现四个现代化，必须认真解决各种经济体制问题"（第147页），体制改革"要伴随着我们整个社会主义现代化建设的进程走"（第358页），是我们"进行现代化建设的最重要的保证"之一（第372页）。

我们在改革中经常会遇到一个问题，就是用什么标准来检验改革。这个问题非常重要。邓小平同志以上的分析，为解决这个问题提供了科学的答案。他说：改革党和国家领导制度及其他制度，是为了充分发挥社会主义制度的优越性，加速现代化事业的发展。我们要充分发挥社会主义制度的优越性，当前和今后一个时期，主要应当努力实现以下三个方面的要求：（1）经济上，迅速发展社会生产力，逐步改善人民的物质文化生活；（2）政治上，充分发扬人民民主，保证全体人民真正享有通过各种有效形式管

理国家的权利，调动人民群众的积极性，巩固和发展安定团结、生动活泼的政治局面；（3）组织上，大量培养、发现、提拔、使用坚持四项基本原则的，比较年轻的，有专业知识的社会主义现代化建设人才。"党和国家的各种制度究竟好不好，完善不完善，必须用是否有利于实现这三条来检验。"（第282—283页）

邓小平同志认为，为了建设现代化的社会主义强国，任务很多。"但是说到最后，还是要把经济建设当做中心。""其他一切任务都要服从这个中心，围绕这个中心，决不能干扰它，冲击它。"（第214页）这就是说，改革经济体制要服从于经济建设，围绕经济建设进行，并有利于经济建设。

既然改革是为了有效地实现社会主义现代化，因此怎样改革就涉及到怎样实现社会主义现代化的问题。那么中国应该怎样搞现代化建设呢？邓小平同志认为：中国式的现代化，必须从中国的特点出发。他说："过去搞民主革命，要适合中国情况，走毛泽东同志开辟的农村包围城市的道路。现在搞建设，也要适合中国情况，走出一条中国式的现代化道路。"（第149页）他又说："把马克思主义的普遍真理同我国的具体实际结合起来，走自己的道路，建设有中国特色的社会主义，这就是我们总结长期历史经验得出的基本结论。"（第372页）

邓小平同志提出建设有中国特色的社会主义，充分表现出他作为无产阶级革命家的卓见和胆略。恩格斯说过："马克思的整个世界观不是教义，而是方法。它提供的不是现成的教条，而是进一步研究出发点和供这种研究而使用的方法。"列宁也说："我们决不把马克思的理论看做某种一成不变的和神圣不可侵犯的东西。"马克思的理论"提供的只是一般的指导原理，而这些原理的应用具体地说，在英国不同于法国，在法国不同于德国，在德国又不同于俄国"。只有把马克思主义的普遍真理同我国的具体实际结合起来，建设有中国特色的社会主义，才能真正多快好省地完成我国社会主义现代化建设的任务。

三　通过改革,建设具有中国特色的社会主义经济体制

中国式的社会主义包括多方面的内容，其中一个重要方面是有中国特色的社会主义经济体制。我们就是要通过改革，建设有中国特色的社会主义经济体制。这种体制既应该是社会主义性质的，又应该是有中国特色的。

所谓社会主义性质，是指它具有社会主义经济的基本特征，如生产资料公有制占统治地位，坚持计划经济，贯彻按劳分配，实行经济民主，等等。邓小平同志曾说："要划清社会主义同封建主义的界限，决不允许借反封建主义之名来反社会主义，也决不允许用'四人帮'所宣扬的那套假社会主义来搞封建主义。"（第295页）又说："决不能丝毫放松和忽视对资产阶级思想和小资产阶级思想的批判，对极端个人主义和无政府主义的批判。"（第296页）"不能搞资产阶级自由化，搞无政府状态。"（第347页）这样做，才能坚持社会主义道路。

所谓具有中国特色，是指在建立和发展生产资料公有制，坚持计划经济，贯彻按劳分配，实行经济民主的过程中，要从中国国情出发，找到合适的恰当的具体形式。

中国式的社会主义经济体制是怎样的呢？对于这个问题，正如邓小平同志所说，是需要从事实际工作和理论工作的同志共同研究的。而根据邓小平同志在改革问题上提出的一系列重要指导思想，以及这几年我们通过改革试点和初步改革取得的经验，现在还是可以看到中国式的社会主义经济体制将具有的一些重要特征：

第一，在所有制结构方面，是在国营经济领导下，多种经济形式和多种经营方式长期并存。这种情况是由我国多层次的生产力状况决定的。适应社会化大生产的要求，必须充分发挥国营经济的优越性，巩固国营经济的领导地位。与此同时，要允许多种经济形式、多种经营方式并存。邓小平同志指出："农村政策放宽以后，一些适宜搞包产到户的地方搞了包产到户，效果很好，变化很快。"（第275页）他还说："继续广开门路，主要通过集体经济和个体劳动的多种形式，尽可能多地安排待业人员。要切实保障集体劳动者和个体劳动者的合理利益，同时加强工商业管理工作，防止非法活动。"（第322页）

第二，在计划和市场的关系方面，要坚持在计划经济指导下发挥市场调节的作用。根据我国国情，必须大力发展社会主义商品经济。因此，我们要在坚持计划经济的前提下，充分发挥市场调节和价值规律的作用。邓小平同志早就把"在计划经济指导下发挥市场调节的辅助作用"（第211页），作为在发展经济方面"合乎中国实际的，能够快一点、省一点的道路"的一个重要内容（第210页）。

第三，在中央和地方的关系方面，是适度地划分中央和地方的权限。邓小平同志说："我国有这么多省、市、自治区，一个中等的省相当于欧洲的一个大国，有必要在统一认识、统一政策、统一计划、统一指挥、统一行动之下，在经济计划和财政、外贸等方面给予更多的自主权。"（第135页）

第四，在国家和企业的关系方面，是给企业必要的经营管理自主权，同时防止对自主权的曲解和滥用。邓小平同志指出：必须扩大企业的自主权，实行严格的责任制，使每个企业能够发挥主动创造精神。企业"为国家创造财富多，个人的收入就应该多一些，集体福利就应该搞得好一些"（第136页）。

但是，"要防止盲目性，特别要防止只顾本位利益、个人利益而损害国家利益、人民利益的破坏性的自发倾向。在这方面，要规定比较详细的法令，以防止对自主权的曲解和滥用"（第322页）。

第五，在分配方面，是坚持按劳分配原则。邓小平同志说："我们要提倡按劳分配，对有特别贡献的个人和单位给予精神奖励和物质奖励；也提倡一部分人和一部分地方由于多劳多得，先富裕起来。这是坚定不移的。但是也要看到一种倾向，就是有的人、有的单位只顾多得，不但不照顾左邻右舍，甚至不顾及整个国家的利益和纪律。"（第222页）他还说，我们提倡按劳分配，承认物质利益，是要为全体人民的物质利益奋斗。我们决不是提倡各人抛开国家、集体和个人，专门为自己的物质利益奋斗，决不是提倡各人都向"钱"看。要是那样，社会主义和资本主义还有什么区别？在社会主义社会中，国家、集体和个人的利益在根本上是一致的，如果有矛盾，个人的利益要服从国家和集体的利益（第297页）。

第六，在管理方法方面，是既要善于用行政办法管理经济，又要学会用经济办法管理经济。邓小平同志说："我们要学会用经济方法管理经济。自己不懂就要向懂行的人学习，向外国的先进管理方法学习。"（第140页）看一个经济部门的党委善不善于领导，领导得好不好，应该主要看这个经济部门实行了先进的管理方法没有？技术革新进行得怎么样？劳动生产率提高了多少？利润增长了多少？劳动者的个人收入和集体福利增加了多少？

第七，在民主和法制方面，是发扬社会主义民主，健全社会主义法制，发挥法律在经济管理中的作用。邓小平同志指出："社会主义愈发展，民主也愈发展。这是确定无疑的。但是发展社会主义民主，决不是可以不要对敌视社会主义的势力实行无产阶级专政。"（第 154—155 页）为了实现四个现代化，我们所有的企业必须毫无例外地实行民主管理。"为了保障人民民主，必须加强法制"。"国家和企业、企业和企业、企业和个人等等之间的关系，也要用法律的形式来确定；它们之间的矛盾，也有不少要通过法律来解决"（第 136—137 页）。

第八，在速度和效益的关系上，是要克服盲目追求高速度的偏向，把提高经济效益放在首要地位，在提高经济效益的前提下争取有较快的经济发展速度。邓小平同志说："我国国家大、人口多，没有一点大的骨干工业是不行的。根据我们的经验，步子也不能迈得太快、太急。"（第 361 页）他一再强调要克服各种浪费现象，提高劳动生产率和工作效率，提高资金利润率。他还说："今后十年经济发展不会太快，因为过去遗留下来的问题太多，各种比例失调。""希望下一个十年也就是本世纪最后一个十年的经济发展速度更高些。"（第 362 页）

第九，在经济结构方面，是国民经济各个部门比较协调地发展。邓小平同志指出，"过去十多年来，我们一直没有摆脱经济比例的严重失调"（第 147 页）。这种情况，同经济体制存在缺陷有很大关系。改革经济体制，也将为日后经济各部门协调发展提供有利条件。他说：除了安排好农业和工业之间，农林牧副渔之间，轻重工业之间，煤、电、油、运和其他工业之间，"骨头"和"肉"之间的比例关系，还要安排好经济发展和教育、科学、文化、卫生发展的比例关系。在具备条件时，要"大力增加教科文卫的费用"（第 214 页）。

第十，在对外关系方面，是在自力更生的前提下，坚持实行对外开放政策。独立自主、自力更生是我们的立足点。"我们坚定不移地实行对外开放政策，在平等互利的基础上积极扩大对外交流。同时，我们保持清醒的头脑，坚决抵制外来腐朽思想的侵蚀，决不允许资产阶级生活方式在我国泛滥"（第372页）。他提出必须坚决打击经济犯罪活动，认为这是坚持社会主义道路，完成四个现代化大业的最重要的保证之一。

第十一，在生产和消费的关系方面，是在发展生产的基础上逐步改善人民的生活。邓小平同志指出："林彪、'四人帮'提倡什么穷社会主义、穷过渡、穷革命，我们反对那些荒谬反动的观点。但是，我们也反对现在要在中国实现所谓福利国家的观点，因为这不可能。我们只能在发展生产的基础上逐步改善生活。"（第221—222页）"我们对于艰苦创业，要有清醒的认识。"（第223页）本世纪末我们只能争取达到小康水平，然后继续前进，逐步达到更高的水平。

第十二，在加强物质文明建设的同时，加强精神文明建设。邓小平同志说："我们要建设的社会主义国家，不但要有高度的物质文明，而且要有高度的精神文明。所谓精神文明，不但是指教育、科学、文化（这是完全必要的），而且是指共产主义的思想、理想、信念、道德、纪律，革命的立场和原则，人与人的同志式关系，等等。"（第326页）高度的社会主义精神文明是中国式社会主义经济体制赖以建成的条件，也是这种经济体制正常运行、健康发展的保证。

中国式的社会主义经济体制当然还有其他特征。建立具有这些特征的经济体制，无疑是极为艰巨的任务。所以，邓小平同志一再告诫我们，改革经济体制是一项非常艰巨复杂的任务，会遇到许多不熟悉的、预想不到的新问题。完成这项任务，关键是要把马克思主义普遍真理和中国的具体实际结合起来。他特别强调必须解放思想，实事求是。"解放思想，就是使思想和实际相符合，使主观和客观相符合，就是实事求是"（第323页）。我们一定要坚持和发展马克思主义，运用马克思主义的科学原理，研究新情况，解决新问题，坚定地有步骤地完成经济体制改革的伟大历史任务。

论生产资料市场 *

 建立和发展生产资料市场是社会主义经济体制改革的一项重要任务。进行改革以来，我国在这方面也取得了不少成绩，但要建成一个完整的健康的发达的生产资料市场，任务还十分艰巨，需要认真研究和解决。

一 正确认识生产资料市场的现状

 为了促进生产资料市场的形成和发展，要对当前生产资料市场的状况有一个正确的估量。在这个问题上有着两种不同的认识。一种看法认为，我国生产资料市场正在形成的过程中，还不能说已经形成了完整的生产资料市场。另一种看法认为，由于指令性计划范围的缩小和国家统配物资种类和数量的减少，我国已经形成了生产资料市场。我赞同前一种看法。我认为，经过这几年的改革，很多生产资料确实已经形成或基本上形成市场，但从全国范围来看，有些重要生产资料包括钢材等还未形成正常的市

---

　 * 　原载《人民日报》1987 年 2 月 20 日。

场。为了正确估量我国生产资料市场发育的状况，需要明确以下几点：

首先，不能把国家统配物资的减少简单等同于生产资料市场的扩大。这几年国家统配物资的种类和数量都减少了。这当然为生产资料市场的形成提供了条件，但并非就是生产资料市场的扩大。因为，统配物资除了有中央一级的，还有地方各级的。1985年地方统配物资的种类和数量并未随中央统配物资的减少而相应地减少，甚至还有增加的。

其次，在企业缺少生产和销售自主权的情况下，很难形成健全的发达的生产资料市场。尽管国务院等有关部门规定了企业生产和销售等方面的自主权，但大中型企业的自主权远未落实。例如上钢十厂反映，该厂以生产各类冷轧带钢为主，年生产能力50万吨，计划安排也是这个数字。按规定，计划内产品应有2%的自销权，实际上该厂连这点自销权也未得到。据典型调查，1985年钢材由各级政府计划调拨和分配的比重在80%以上，只有不到20%的钢材在企业之间和市场上流通。

再次，当前普遍出现的各种物资串换市场并非正常的生产资料市场。由于国家减少了原材料供应，为了使企业得到必需的生产资料以实现再生产，各地普遍出现了物资串换市场。但是严格来说它并非生产资料市场，至少不是我们发展社会主义商品经济所要求建立的那种正常的生产资料市场。有些文章不加分析地把物资串换市场当做生产资料市场，这就难免夸大生产资料市场的发育程度。物资串换市场实际上是一种变相的物物交换，串换的主体往往以政府为主，企业进行串换也往往借助于行政的力量，而且一种产品可以有多种价格，价格不是由市场的供求决定的。正如有的同志所说："政府的串换功能同目前的计划功能是相当一致的，实际上是地方计划的变种。""串换市场的存在阻碍了生产资料市场的真正形成。"所以，分清物资串换市场和真正的社会主义生产资料市场，是很必要的。

又次，要弄清计划分配和市场交换的区别。生产资料计划分配和市场交换是有严格区别的。这种区别也是传统经济体制和改革后的新体制的一个根本区别。为了使生产资料成为名副其实的商品，就必须改变计划分配制度，允许生产资料在市场上交换。现在计划分配的物资实际上并不是商品，和市场交换的物资有原则的区别。

这里涉及何谓生产资料市场的问题。市场是商品经济的范畴。在研究市场问题时，必须和商品经济联系起来研究。考察我国当前的生产资料市场，特别要注意市场的以下三个特征：第一，市场的主体应该是企业，而不是政府。这当然不是说政府不能参加市场的活动，但是如果市场的主体是政府，企业仍是政府的算盘珠和附属物，那么这样的市场很难成为正常的市场。第二，企业应该是独立的商品生产者和经营者。也就是说，企业应该自主经营，自负盈亏，有生产和销售等自主权。如果企业不是商品生产者和经营者，没有产供销等自主权，是很难形成正常的发达的生产资料市场的。第三，市场上存在竞争，商品价格受供求关系的制约，在同一市场上，同种商品有同样的价格，这也就是通常说的市场机制在发挥作用。有的同志提出完整的生产资料市场体系应该包括计划市场和非计划市场。我认为，计划市场也必须具备以上三个特征，传统体制下的计划分配是不能称之为计划市场的。

二　生产资料市场滞后形成带来的问题

从传统经济体制向新的经济体制转变需要一个过程。因此，生产资料市场的形成也必然要经历一个过程。现在我国还处在这个转变的过程中，这是合乎规律的。不过，生产资料市场滞后形成也给当前的经济体制改革和经济发展带来了很多问题。

一是妨碍企业自主权的落实。这几年国务院和其他有关单位对于扩大企业自主权作了一系列规定，但是很多规定并未落实。其中一个重要原因是还没有形成正常的生产资料市场，尤其是钢材等重要生产资料还基本上没有形成市场。由于在市场上买不到这些重要生产资料，企业不能不依靠上级政府机关取得生产资料，从而仍不得不做政府机关的附属物。有些地方和部门正是借口缺少生产资料市场，不给企业放权，有些地方和部门虽然愿意给企业放权，但企业为了便于解决生产资料供应等问题，却宁愿要一个"婆婆"。

应该强调指出，尽管我们已经明确了企业应该有扩大再生产的自主权，但在没有生产资料市场的情况下，实际上企业仍然必须依靠上级解决生产资料的供应问题。这样，甚至连简单再生产的自主权有时也得不到保证。

二是不利于政府机构正确发挥经济管理的职能。由于生产资料市场滞后，现在政府机构仍需要通过计划分配或变相的计划分配，帮助企业得到不能从市场购买到的生产资料。在这种情况下，是很难真正实行政企职责分开的。政府机构仍旧忙于定指标、定项目、分资金、分物资、具体调度供产销等事务工作，包揽了许多不应由它们管的事，不能把主要精力放到加强和改善宏观经济管理上来，计划工作的重点也就很难转到中期和长期计划上来。

三是不能充分发挥市场机制的作用。为了充分发挥市场机制的作用，需要建立起健全的、发达的商品市场、资金市场、技术市场并促进劳动力的合理流动。现在生产资料市场还未完全建立起来，因此商品市场也是不完整的，当然也就难以形成健全的市场机制和充分发挥市场机制的作用。由于市场发育程度低和市场机制不健全，就不能为企业开展竞争提供必要的条件，不能给企业改进经营管理、加快技术进步以强大压力和动力。生产资料市场发育程度低，也妨碍宏观经济管理由以直接控制为主向以间接控制为主转变。由于没有形成正常的生产资料市场，加上存在价格的双轨制，还为不正之风和不法行为的滋长提供了机会。

为了促进经济体制改革和经济发展，促进社会主义商品经济的发展，改变生产资料市场滞后的状况，是十分必要的。

三　发展生产资料市场面临的困难

我国迄今未能形成正常的生产资料市场的原因是很复杂的，困难是很多的，切不可把问题看简单了。发达的资本主义国家的历史表明，它们市场（包括生产资料市场）的形成都经历了漫长的过程。旧中国商品经济很不发达，建立新中国以后，又长期限制甚至企图取消商品经济，而且实际上取消了生产资料市场。现在我们要求建立的社会主义生产资料市场，比资本主义市场有着更高的要求，同时打算通过经济体制改革在比较短的时期内就形成这种市场，又怎么会不遇到极大的困难呢？

从这几年改革的经验教训看，建立和发展生产资料市场的困难主要表现在以下几个方面：

第一，形成市场要和增强企业活力、改革宏观经济管理配套进行，而各种改革互相配套是相当困难的。经济体制是个有很多分支系统的大系统，各个分支系统是相互制约的，因此，经济体制改革必须配套进行。但同时进行几项改革，不仅受到国家、企业、个人等各方面承受能力的限制，而且受到人们认识水平的限制。要做好配套改革，需要全面地深刻地具体地掌握企业、市场、宏观管理之间的相互制约关系，掌握构成市场体系的各种市场之间的相互制约关系以及其他必需的知识和本领。应该承认，现在我们对这一切掌握得还很不够。

第二，形成正常的生产资料市场要求改革价格体系和价格管理体制，改变价格严重扭曲的现象，这也是一项艰巨任务。我们不能孤立地把价格体系不合理作为迄今没有形成生产资料市场的主要原因，但这并不是说价格体系的合理化不是形成生产资料市场的必要条件。然而，改革价格体系和价格管理体制的难度是很大的。例如，为了改变现有价格体系的扭曲状况，就需要设计新的价格体系，那么按照什么原则来设计呢？对此众说纷纭，现在还很难作出既比较科学又能被普遍接受的结论。即使解决了设计问题，如何使设计的价格体系付诸实施并达到预期的目标，仍有很多难题需要解决。

第三，形成正常的生产资料市场要求供求大致平衡，而现在我国有些重要的生产资料供不应求的情况还比较严重，例如钢材就是如此。解决的办法，一是增加供给，二是控制需求。从供给方面看，钢材等生产资料需要的投资多，周期长，并非短期内可以大量增加生产和供应的。从需求方面看，在经济体制转轨过程中，企业和地方扩大了投资能力和自主权，"投资饥饿症"仍难根治，从战后一些资本主义国家由统制经济转向市场经济的经验来看，这些国家也是有条件有步骤地放开市场的，对有些严重供不应求的产品（不论是消费资料还是生产资料），不是无条件地放弃管制、开放市场和价格，而是创造条件，在供求平衡有保证的前提下才逐步放开。

第四，形成正常的生产资料市场要求强化企业的预算约束，使企业真正成为商品生产者和经营者，自主经营、自负盈亏，从而从根本上治愈传统体制下的"投资饥饿症",克服生产资料严重短缺的现象。而要使企业真正实现自主经营、自负盈亏,是很困难的,需要有一个过程,不可能一蹴而就。这里的困难还在于,形成生产资料市场,固然要求企业实行自主经营、自负盈亏,而企业实行自主经营、自负盈亏,又要具备生产资料市场。它们是互为前提条件的,而这些条件又都有待于创造。

为了形成正常的生产资料市场,还要探索和建立恰当的市场组织形式。生产资料市场和消费资料市场相比有自己的特点。发达资本主义国家经过长期的市场形成过程,大都形成了各种适合本国情况的生产资料市场组织形式。我们为了建立合适的生产资料市场组织形式,既要认真研究商品经济发达国家的有关经验,也要总结自己的经验。传统体制下有一套物资分配机构,改革中又出现了很多新的市场组织形式。对于这些机构和组织形式的性质、特征、作用和优缺点,都要进行认真的调查研究,制定正确的政策,才能促进生产资料市场的形成和发展。

中国产业结构的合理化与产业政策[*]

产业政策包括多方面的内容,主要包括产业结构政策和产业组织政策。产业结构政策的任务是实现产业结构的合理化,产业组织政策的任务是实现产业组织的合理化。在一定意义上,实现产业组织合理化也是为了产业结构合理化。本文着重探讨我国产业结构合理化面临的任务,并从这个角度探讨产业政策应该包括的主要内容。

一 我国产业结构合理化的任务

制定产业政策必须从产业结构的现状出发。由于贯彻实施"六五"计划,我国产业结构有了改善,国民经济主要比例关系基本协调或趋于协调。主要表现为:加快了农业、轻工业的发展速度,农轻重比例关系基本协调;农业内部结构有了改善;工业内部结构也有所改善;交通运输邮电事业有较大的发展;能源生产成绩显著;第一、二、三次产业比例关系得到初步改善,等等。但是,目前我国产业结构仍存在着不少急需解决的问题。主要问题有:

---

　　* 原载《中国工业经济研究》1987 年第 4 期。

（一）农业基础脆弱，后劲不足

我国农业还相当落后，人均粮食产量很低。大丰收的 1984 年人均粮食尚不足 400 公斤，比当年世界平均水平还低 30 多公斤。林、牧、副、渔的比重虽有提高，但也是很薄弱的。世界上主要农业国的畜牧业产值大都等于或超过种植业，而中国 1985 年畜牧业产值还不到种植业的 30%，人均肉、奶、蛋、鱼等产量都大大低于世界平均水平（情况如表 1）。

表 1　　　　　　　1985 年人均肉、奶、蛋、鱼产量　　　　公斤/人

国家 畜牧业	中国	世界平均	美国	苏联	法国
猪牛羊肉	16.8	30	74.5	51	70
牛奶	2.8	95	271	352	585
蛋	5.1	6	17	16	17
鱼 *	41.1	12	15.9	25.3	24

* 鱼的世界人均水平和美、苏、法人均水平是 1979—1981 年的平均数。

中国居民在食物中摄取的热值、蛋白含量、脂肪含量虽已达到世界平均水平，但来自动物类食物的营养却远远低于世界平均水平，来自动物类食物的蛋白质含量只及世界平均水平的四分之一。为了满足居民吃的需要，为了增加工业原料和增加农民收入，中国农业还需要有一个很大的发展。而近两年农业的发展暴露出基础脆弱、后劲不足等突出问题。例如，耕地面积日趋减少，1985 年与 1978 年相比减少近 4000 万亩，在现有耕地中，旱涝保收农田面积仅占 20%。土壤肥力水平呈下降趋势，农业技术基础薄弱，机械老化，水利工程老化，抗灾能力低，有些地区水土流失和沙漠化严重，等等。增强农业后劲，建立起发达的、内部结构比较合理的现代化农业，使国民经济具有牢靠的基

础，是中国产业结构合理化的一项重要任务。

（二）重工业和轻工业内部结构问题突出

过去重工业内部和轻工业内部结构也不合理，但是更为突出的是农轻重之间的关系问题，"六五"时期农轻重关系趋于协调，重工业和轻工业内部的结构问题突出起来了。

在重工业内部，采掘工业、原材料工业和加工工业发展很不协调，由于加工工业可以有多层次的深加工，从长时期来看加工工业产值的增长速度将快于采掘工业和原材料工业，但是它们发展速度的对比关系受加工深度、技术进步和资源利用情况的制约，加工工业的发展不能过分超前。采掘工业、原材料工业、加工工业增长速度之比，"一五"时期为 1：1.1：1.3，1958—1978 年为 1：1.2：1.5，1979—1985 年为 1：2.2：2.8（见表2）。在重工业总产值构成中，采掘工业的比重不断下降："一五"时期大致占 15% 左右，1958—1964 年大致占 12% 左右，1979—1985 年降到 11% 左右；原材料工业的比重也由"一五"时期的 40% 左右下降到 1985 年的 36%，而加工工业的比重则由"一五"时期的 45% 左右上升到 1985 年的 53%。采掘工业、原材料工业落后于加工工业的情况，越来越突出了。

表 2 　　　　　　　　各时期平均增长速度

时期	采掘工业	原材料工业	加工工业	增长速度比（以采掘工业为1）
"一五"时期	21.5	23.5	28.6	1：1.1：1.3
1958—1978 年	8.3	10.0	12.4	1：1.2：1.5
1979—1985 年	3.5	7.7	9.9	1：2.2：2.8

在轻工业内部，以农产品为原料的轻工业和以工业品为原料的轻工业发展速度也不协调。轻工业总产值中以农产品为原料的轻工业品产值，1965 年为 71.7%，以后各年大致在 68% 到 71% 之间波动，变化不大，1985 年下降到 67%。1986 年上半年，由于受 1985 年粮棉减产等影响，以农产品为原料的轻工业只比上年同期增长 4.5%，远低于以工业品为原料的轻工业增长 10.1% 的速度，比重降到 65.4%。从当前情况来看，以农产品为原料的轻工业的比重降得过大。轻工业中产品结构和需求结构不适应的情况更为突出，许多行业的生产在产品品种、质量、数量等方面不适应广大居民生活改善和提高的需要。

（三） 运输邮电事业与国民经济发展的要求更加不相适应

运输邮电是国民经济的基础设施，必须先行。但"六五"时期运输邮电供需矛盾突出的情况有增无减。1952—1978 年社会总产值平均每年增长 7.9%，运输邮电业总产值增长 7.8%，1979—1985 年社会总产值平均每年增长 10.3%，运输邮电业总产值增长 9.4%，本来就发展不足的交通通讯与需求相比差距更加扩大了。

当前中国运输能力严重不足。中国每万平方公里只有铁路网 54 公里，而有些经济发达国家超过 1000 公里，印度也有 206 公里。中国每万平方公里有公路网 981.7 公里，而经济发达国家有 10000 公里。运输线路中质量也差，铁路中复线里程只有 19.2%，公路中铺有沥青、渣油的高级次高级路面只有 20.7%，各种运输方式也不配套。长时期来忽视内河航道的整修，1985 年内河航道里程只有 10.91 万公里，比 1961 年减少 6.29 万公里。据估计，各种运力只能承担货物运量的 60%—70%，导致大量物资积压待运。旅客运输也很紧张，铁路主要干线的旅客列车平均超员 40% 以上，有时高达 70%—80%。通讯设施也趋落后，全国通讯网的通达深度、分布密度都比较低，电话机总数仅为世界的 0.8%，平均每百人拥有电话机部数只有 0.6 部，比非洲地区还低。

（四）　电力供应更加紧张

"六五"时期能源供应紧张问题并未根本解决。"六五"时期中国国民收入平均每年增长 9.7%，工农业总产值平均每年递增 11%，都远远超过能源生产递增 6.1% 的速度。能源弹性系数 1952—1980 年为 1.6，1981—1985 年下降为 0.62。这几年煤炭供应紧张的程度有所缓和，但电力供应更加紧张了，电力生产一般必须超前，这是各国经济发展的共同规律。我国 1953—1980 年发电量超前系数为 1.28，而"六五"时期非但没有超前，反而日趋落后，1981—1984 年这个系数为 0.64，1985 年进一步下降为 0.49。由于电力供应不足，工厂开三停四的现象相当普遍，严重影响生产的正常进行和生产效率的提高。有关部门认为，近期内能源弹性系数不能低于 0.7，电力超前系数不能低于 1.1。只有在一定时期以后，随着科技进步和生产消费结构的变化，这两个系数才有可能再降低一点。

能源工业是"六五"计划规定的基本建设重点，但是计划执行结果，投资绝对额虽比"五五"时期有所增加，从每年平均 98 亿元增加到 139 亿元，但占全部基建投资的比重却下降了。全民所有制单位基本建设投资总额中能源工业投资的比重，1981 年为 21.4%，1982 年为 18.4%，1983 年为 21.5%。1984 年为 22.3%，1985 年为 18.9%，"六五"时期平均为 20.5%，"五五"时期则为 20.9%。这是电力供应未见缓和的主要原因之一。

（五）商业服务业仍旧相当落后

中国商业饮食服务业与生产发展和人民生活提高的要求仍旧不相适应。这些行业在国民经济中的比重仍旧太小，比重下降的趋势虽已纠正，但不仅未达到历史最高水平，甚至还未恢复到1978年水平。1985年商业占国民收入的8.1%，而"一五"时期则占16%左右，1978年占9.8%。1984年中国国民收入中商业、采购和物资技术供应所占比重为6.7%，同年苏联为17.4%，民主德国为9.1%，捷克为16.4%，波兰为13.7%，匈牙利为13.6%，南斯拉夫为20.4%。中国商业在国民生产总值中所占比重也很低，1985年约为6.5%，而美国、日本、英国、法国的商业在国民生产总值中的比重为12%—16%，印度、印尼、巴西等发展中国家也占15%。再看1984年商业在就业人数中的比重，中国为5%，美国为21%，日本为23%，英国为21%，法国为16%，联邦德国为15%，苏联为8%，民主德国为11%，捷克为11%，波兰为8%，匈牙利为10%（1983年），南斯拉夫为13%，保加利亚为9%，埃及为9%，巴西为10%。中国比这些国家都低。由于商业服务业网点和从业人数太少，每万人拥有的商业机构仅及外国的三分之一或一半，每万人拥有的零售商业人员数只及外国的四分之一或五分之一。而且从业人员素质差，技术骨干少。据1982年人口普查资料，商业、饮食业、物资供销及仓储业从业人员中，小学程度和文盲较多，占34.2%，大学程度的不到1%。

我国金融保险业也很落后。1985年从事金融保险事业的人数占社会劳动者总数的比重只有0.276%，北京市和上海市也只占0.487%和0.327%，比印度的0.6%和巴基斯坦的0.7%的水平都低。这种状况与发展有计划商品经济的要求极不相称。

　　以上问题说明中国的产业结构还不合理，国民经济比例关系还不协调，需要进一步调整和完善。如果不解决这些问题，国民经济难以持续稳定地以比较高的速度发展，经济效益差的状况也难以根本改变。前一两年有些人对中国农业过分乐观，认为中国农业已经过关，农业对国民经济发展不像过去那样重要了，不必担心农业发展速度慢而要担心农业发展速度快了。这种认识不符合客观情况。在中国这样一个农民众多、农业比重大的国家里，农业这个基础是否能够持续稳定发展，对于国民经济全局具有极端的重要性，而现在中国农业还基本上处于靠天吃饭阶段，农业特别是粮食生产如果发生挫折，三五年都扭转不过来。所以对于农业问题决不能掉以轻心，固然不必悲观，但也不能盲目乐观。运输邮电事业落后和能源供应紧张也是个老问题，它们早成了经济发展的"瓶颈"，使得已经形成的生产能力也不能充分发挥作用，甚至不能发挥作用，也要下决心予以解决。过去有些人不承认或不重视一、二、三次产业的划分，处理产业结构主要是从两大部类的关系和农轻重的关系着眼。现在已经明确，也应该研究和处理好一、二、三次产业的关系。这当然不是说两大部类、农轻重等分类方法不重要了。从中国的经济理论和经济实际看，两大部类和农轻重的划分方法，仍是十分重要的。但也要足够重视一、二、三次产业关系上存在的问题以及农轻重等部门内部存在的问题，进一步实现产业结构的合理化。

　　建设合理的产业结构不能仅限于解决已经暴露出来的国民经济比例失调现象，还需要研究当前经济发展所处的阶段，从实际情况出发，遵循产业结构演变的规律，确定战略产业和产业梯队配置。过去的经验表明，如果只着眼于解决国民经济中已经出现并表现得比较突出的问题，那就难免陷于被动局面，是很难建立起符合经济发展要求的合理的产业结构的。当前中国经济处于什么发展阶段呢？对此有种种议论，主要的说法有：（1）认为处于经济技术由二元结构向一元结构转变的阶段；（2）认为处于由低收入水平向中等收入水平国家转变的阶段；（3）认为处于生活消费由温饱型向小康型转变的阶段；（4）认为处于由农业国向工业国进一步转变的阶段，等等。我认为以上说法并不是完全排斥的，而是可以和应该相互补充的。对于第一种说法，我国现在确实仍处于经济技术由二元结构向一元结构转变的阶段，必须遵循这个阶段的经济技术发展规律。但是二元结构和一元结构的内涵也是变化发展的，其转变更是一个极为漫长的过程。为了准确弄清所处的阶段，认识还需要具体化。第二种说法有助于认识的深入和具体化。本世纪末中国人均收入争取由200美元达到800美元，正是处于由低收入水平向中等收入水平国家转变的阶段。第三种说法可以从生活消费这个方面使第一种第二种说法进一步具体化。第四种说法也能帮助我们掌握中国当前转变的一个本质方面，但是过去对农业国转变为工业国认识得过于简单，不仅用损害农业的办法来发展工业，而且忽视了第三产业在工业化中的作用，所以这种说法似嫌笼统。

根据以上认识，为了实现产业结构合理化，除了认识产业结构的现状，还要认真研究以下这些问题。

（一）消费需求的变化。合理产业结构的一个重要标志是和需求结构相适应，而需求结构中居民的消费结构起着主要的甚至决定性的作用。在由低收入水平向中等收入水平国家转变和由温饱型向小康型生活消费的转变过程中，消费需求将显示出很多新的特征。例如，在温饱问题没有解决之前，消费具有很大的强制性，而在温饱问题解决之后，消费的选择性大大增加了。这就增加了研究消费需求的难度。今后居民生活费用支出中吃的比重将减少，衣着用品、住房、文化生活服务等方面的支出将增加，对衣着用品的需要也将由低档向中高档转变。所以，消费需求将有较大的变动。但是，也要看到现在还只是开始由温饱型向小康型转变。这个转变将经历一个不很短的过程，而且还有一些居民（他们所占比重不大，但绝对数也并不少）温饱问题尚未解决，有些居民生活仍比较困难。这几年人民收入增加较多，今后不可能长期维持这样快的收入增长幅度。所以，也不能把消费水平的增长和消费结构的变动估计过高。

（二）生产需求的变化。由低收入水平向中等收入水平国家的转变过程中产业结构也将发生重大变化，从而生产需求也要发生相应的变化。生产需求和消费需求是既有联系又有区别的，生产需求当然受到消费需求的制约，但是也还受到其他因素的制约。诸如资源的现状和特点、生产技术的状况和水平、进出口贸易的特点和趋势、现代化的内容和要求等等都影响生产需求。日本确定战略产业时要求遵循"收入弹性基准"，这就是要考虑产品的需求量，这显然不仅是指生活资料，而且是指生产资料。把消费需求和生产需求两者完全等同起来，只重视消费需求对产业结构的影响而不同样重视生产需求对产业结构的影响，我认为是不全面的。

（三）技术进步的要求。调整产业结构还要考虑技术进步的要求，产业结构在很大程度上决定生产技术水平，但产业结构又对技术进步产生重要作用，延缓或者促进技术进步。上面说产业结构合理化过程中要考虑生产需求，这里一个主要内容就是要求加快技术进步。日本确定战略产业时提出的"生产率上升率基准"，正是从技术进步着眼的。所以，合理化的产业结构必须是最有利于技术进步的产业结构。中国传统产业比经济发达国家落后很多，而当今世界又出现了一批建立在新技术基础上的新兴产业，经济发达国家的新兴产业已经进入成长阶段，取得了相当大的进展。中国如何处理好传统产业和新兴产业的关系，根据需要和可能积极地开拓和发展新兴产业，努力用新技术来改造传统产业，加快国民经济现代化的进程，缩短与先进国家的技术差距，是面临的一项重要任务。

（四）对外贸易的要求。产业结构也必须适应对外贸易的要求，过去有些人对对外贸易不够重视，更没有把对外贸易问题看做调整产业结构的战略问题。但是，如果不发展对外贸易，中国是很难顺利实现社会主义现代化的。现在我们已经坚持对外开放的方针，对外贸易在国民经济中将发挥越来越重要的作用，并将对产业结构提出新的要求。

（五）发挥经济优势的要求。合理的产业结构必须适合本国的国情，为了调整产业结构，必须认真研究国情，研究有利条件和不利条件，发挥优势，解决困难问题。现阶段中国经济建设最主要的矛盾是资金需求与资金供应的矛盾。提高人民消费水平需要资金，发展生产需要资金，增强基础设施，改善生态环境，发展文化教育事业也都需要资金。落后国家都存在资金问题，而人口多农民多的我国在由低收入向中等收入转变过程中资金问题更加突出。中国突出的优势是具有丰富的比较廉价的劳动力。这就需要研究如何发挥劳动力多的优势，克服资金不足带来的某些问题，建立起日趋合理的产业结构，使之既有利于解决就业问题，又有利于加快技术进步，并能取得较好的经济效益。

今后一个时期内中国应该选择哪些产业作为战略产业并据此配置产业梯队呢？回答这个问题要弄清战略产业的含义。战略产业（也可称为重点产业）一般应该具备以下特征：第一，在国民经济中具有比较重要的地位，产品的需求量大；第二，部门带动性强，能够带动或者促进很多有关部门发展；第三，对促进整个国民经济的技术进步有重要的甚至关键的作用；第四，国家予以重点扶持，给予较多的投资和较多的其他优待，同时加强领导和管理。所以，战略产业和带头产业、支柱产业、基础产业等在内涵上是有所不同的。一般认为，当前我国带头产业是电子和机械制造业以及信息、新材料和生物技术等新兴产业；支柱产业应是以食品、纺织、家用电器为重点的工业消费品行业和钢铁工业、化学工业、汽车工业、建筑业、建筑材料工业；基础产业应是农业、交通通信、燃料电力工业以及商业流通和各种服务等第三产业。显然，并非所有的带头产业都是战略产业。支柱产业主要是指在国民经济中的地位作用，是否能作为战略产业，也还要看其他条件而定。而基础产业也并非就是战略产业。战略产业和瓶颈产业也有所不同，一般公认现在能源、交通、邮电是瓶颈产业，但它们并非一定是战略产业。

根据上述认识并从实际情况出发，中国在今后一段时期内把机械工业、电子工业、冶金工业、建筑业和电力工业作为战略产业，可能是比较妥当的。

二　产业政策的一些主要内容

对于产业政策有不同的理解。一种宽的理解认为：产业政策是政府有关产业结构和产业组织的一切政策的总和。一种窄的理解认为：产业政策是部门政策，即政府鼓励向一些行业部门投资和不鼓励向其他行业或部门投资的政策。也有人认为产业政策是后进国家赶超先进国家的政策。我倾向于宽的理解，因为产业政策不仅仅是部门政策，它涉及部门间的关系，因而涉及整个国民经济的发展。产业政策也不仅仅是后进国家的政策，经济发达国家也有自己的产业政策。当然，也不能把产业政策和整个经济政策等同起来，如何区分产业政策和其他经济政策，是有待进一步研究的问题。从产业结构合理化的要求出发，当前中国产业政策应该包括以下一些主要内容。

（一）重视和改进计划工作

中国实行计划经济。计划经济有很大的优越性，但过去计划经济是建立在产品经济论基础上的，忽视和排斥市场机制的作用，因而出现了种种弊端。现在已明确了要建立有计划的商品经济，在计划指导下充分发挥市场的调节作用。而由产品经济的计划经济转变为商品经济的计划经济需要经过一个相当长的过程。在这个过程中如何处理好计划与市场的关系，即处理好政府调节与市场调节的关系，保证产业结构合理化目标的实现，是一个需要认真研究和解决的课题。

"六五"时期产业结构的改善，是同改革计划体制、发挥市场机制的作用分不开的。和过去相比，现在市场机制对生产的调节作用增强了，从而使工业中适销产品增长较快，优质名牌产品和新产品比重上升，滞销产品生产有所控制。但是，市场机制的作用还受到客观条件的限制，需要深化改革，为之创造进一步发挥作用的条件，同时要改进和加强计划工作，发挥计划对市场调节的指导作用。

有一种看法认为，在商品经济中，市场调节是第一次调节，计划调节是第二次调节。持这种看法的人主张，把资源配置的职能完全交给市场，国家只实施宏观总量调节，只有当市场运行出现自身所不能解决的问题时，国家才对市场实施调节职能。我认为这种看法在理论上未必正确，在实践上也未必可行。首先，社会主义经济既然是有计划的商品经济，市场调节就是在计划指导下发挥作用的。所谓市场调节是第一次调节的说法，同实际情况并不符合。其次，市场调节不仅不是万灵妙药，而且有种种弊端，如果在市场调节出现问题后才进行计划调节，就会给社会带来严重的损失，难以发挥市场调节的积极作用。再次，即使在发达的资本主义国家，国民经济也不是由市场第一次调节，由政府第二次调节，其政府调节既包括计划调节，也包括其他调节。不能说这些国家没有计划调节就是没有政府调节。又次，当前我国国营企业多数还未成为真正的商品生产者和经营者，市场体系还未形成，市场调节受到极大的限制，在这种情况下，根本不可能把资源配置的职能完全或主要交给市场。而且，由于经济体制改革的艰巨性和复杂性，这种情况在一个相当长的时期内是难以根本改变的。

中国传统的计划制度必须改革，但是计划经济必须坚持，计划工作不可忽视。我们既要改进计划工作，又要加强计划工作。这首先是要加强计划的科学性，使计划符合客观情况，符合客观经济规律的要求。要继续有步骤地缩小指令性计划的范围，扩大指导性计划的范围。对于当前必须实行指令性计划的经济活动，要按照指令性计划的规则办事，保证计划的严肃性和可行性。总之，要充分发挥计划经济的优越性，促进产业结构合理化。

（二）正确处理经济发展速度和产业结构的关系

中国的经济表明，产业结构问题必须同经济发展速度问题结合起来解决，这就是要确定一个比较合适的经济发展速度，防止盲目追求高速度。历史上我们多次吃过盲目追求高速度的苦头。最严重的是 1958 年搞"大跃进"，导致国民经济比例严重失调，遭受严重损失。1984 年年底开始，一个时期内经济发展速度又过快，以后加强了宏观控制，由于措施得当，1986 年速度才趋于正常。

盲目追求高速度有相当广泛和深厚的社会经济原因。经济落后使人们要求尽快发展经济，传统体制也会产生一种追求数量增长的倾向，而传统的经济发展战略即赶超战略更是以追求速度为特征的，此外还存在其他可能导致盲目追求速度的因素。例如，企业发展生产的自主权扩大了，地区、部门、企业为了增加收入而努力提高速度；速度高了可以得到表扬、奖励和提升，因而大家互相攀比速度；缺少严格的责任制度，速度过高导致损失也不受惩罚，等等。

现在对于速度问题的看法也不能说都一致了。有的人对1985年的超高速就持肯定态度，认为当前我国处于经济起飞的时期，这样的超高速是正常的，并且认为加强宏观控制导致滑坡是犯了错误。其实，国民经济每年递增8%—9%的速度就不算低了，就是高速度了，而1985年的超高速是很多不正常因素造成的，而且是难以为继的。在中国当前条件下，国民经济发展速度过高必然导致工业挤农业、重工业挤轻工业、生产挤流通、积累挤消费以及农轻重内部比例失调、经济效益下降等消极现象。1985年的超高速又使得采掘工业、原材料工业和加工工业的比例趋于恶化，使得能源供应和交通运输更加紧张。

还有人认为，当前经济生活中的主要矛盾是结构问题，而不是总量问题，只要结构理顺了，总量大一些也不会出问题。结构问题是确实存在的，但是也必须注意处理好经济发展速度等总量问题。而且，处理好结构问题还要以处理好总量问题为前提。

（三）控制投资规模，调整投资结构

调整产业结构就是在一定范围内重新配置资源，这也要求调整投资结构，按照产业结构合理化的要求分配固定资产和流动资金的投资，即优先保证战略产业部门发展所需的投资。

调整投资结构涉及到提高投资效果问题。传统体制下必然出

现的投资饥饿症仍然存在，所以调整投资结构必须同时控制投资规模。"七五"计划规定，五年内全民所有制单位基本建设投资总规模为 5000 亿元，比"六五"期间增加 49%，更新改造投资 2760 亿元，比"六五"期间增加 87%。考虑到"六五"后期投资增长过猛，"七五"前两年的固定资金投资规模要大体维持在 1985 年的水平。但 1986 年全民所有制的基本建设投资达 1160 亿元，比上年增长 8%，更新改造投资达 600 亿元，比上年增长 33%。1986 年全民所有制单位在建的大中型项目 960 个，投资总规模 4300 亿元，全部建成还要投资 2000 亿元，按照目前水平，即使新项目一个不开，全部用于在建项目，还需 4 年多时间才能建成。由于投资规模过大，加上投资结构不合理，加剧了能源交通和原材料供应的紧张状况，并导致投资效果下降。

投资结构的主要问题是：一方面，国民经济薄弱环节和急需发展部门的建设投资不足；另一方面，大量的资金投向了一般性的建设和不必要的重复建设。"六五"期间，计划要求能源、交通通信的基本建设投资占基本建设总投资的比重，由"五五"期间的 35.8% 提高到 38.5%。实际执行结果，由于其他方面的投资增长过猛，这个投资比重只为 34.7%，不仅没有达到计划的要求，反而比"五五"时期下降了 1.1%。"六五"期间非生产性建设的投资比重也偏高。非生产性建设投资在基建投资中的比重，1953—1975 年为 18.6%，"五五"期间为 26%，"六五"期间上升到 43.4%，1985 年为 45.6%。"六五"时期以前长时期偏低，"六五"时期又过高了。这些问题都要在进一步调整投资结构中解决。

需要指出的是，由于经济改革中出现了投资主体多元化的局面，控制投资规模和调整投资结构都增加了难度。这就要求在深化改革中采取配套措施，保证投资规模和投资结构合理化。

（四）增强企业尤其是大中型企业的活力

中国产业结构真正实现合理化和高级化需要两个前提条件：一是政府要善于计划和领导（包括指导、引导、诱导和干预），二是企业要真正成为有充沛活力的企业。从长远来看，这两个条件中，后一个条件更根本、更重要。因为，企业是国民经济的细胞，是生产力的载体。只有企业真正成为企业，而且成为有活力的企业，政府的宏观控制才有可靠的微观基础，政府指导正确时企业固然会有灵敏的反应发挥积极的作用，指导失误时企业也能自动地发挥积极作用。从这个意义上说，增强企业活力是顺利调整产业结构的基础。

经过几年的改革，企业活力有所增强，但是很多企业尤其是大中型企业还没有真正搞活。

根据几年来的经验，对于搞活企业要有全面的认识。谈到搞活企业，有人想到的就是扩权让利，就是增加职工收入，毫无疑问，扩权让利是搞活企业的必要措施，企业活力增强了，职工收入也会增加的。但是，搞活企业不仅是这些内容。我认为，搞活企业的确切含义应该是：使企业真正成为自主经营、自负盈亏的社会主义商品生产者和经营者，具有自我积累、自我改造和自我发展的能力，成为具有一定权利和义务的法人。企业只有自主经营、自负盈亏，才能成为商品生产者和经营者。而自主经营和自负盈亏是既有联系又有区别的。前几年我们强调扩权多，偏重于强调自主经营，对自负盈亏强调不够。而企业不自负盈亏，就不可能有合理的行为，不可能根治"投资饥饿症"、"消费饥饿症"等顽症。企业自负盈亏要经历一个过程，改革中要逐步硬化企业的预算约束，不断推进这个过程，国内外经验表明，硬化企业预算约束是很不容易的，匈牙利经过 10 多年改革，据说国有企业的预算约束也没有硬化多少。要从各方面（例如，产品质量、贷款、利率、税收、价格、物资供应、财政补贴，等等）明确企业的责任，硬化其预算约束。还要帮助企业改进经营管理，这也是增强活力的必要条件。

（五）发展横向联合，建立企业集团

随着经济体制的开展，地区、部门、企业之间的横向联合也发展起来，开始打破条块分割的局面。横向联合导致各种经济联合体（包括企业群体或企业集团）的出现。目前在全国注册登记的各种经济联合体有 3.2 万多个，已形成 24 个跨地区的横向经济联合网络，参加联合的企事业单位达 6.3 万多个。有人分析我国目前的企业集团大致有三种形式：（1）链型集团，指一系列从事不同生产工艺的企业，以名优产品或新产品为核心，通过联合实行一条龙顺序加工的企业群体。（2）伞型集团，指以加工装配型整机生产企业为核心，把大量零部件协作配套生产企业联合起来，集中生产名优产品或新产品的企业集团。（3）星座型集团，指以生产名优产品和紧俏商品的骨干企业为核心，通过技术指导、质量把关和商标转让等活动，跨地区组织联营，共同生产相同产品的企业集团。企业集团有利于在短期内迅速扩大名优产品和市场紧俏产品的生产能力，有利于消化吸收引进技术，有利于扩散新技术、新产品，有利于发展新兴产业和其他需要发展的产业，因此，发展企业群体或企业集团是调整产业结构的一条有效途径。发展横向联合和企业集团要坚持自愿互利的原则，防止把企业集团搞成行政性公司，束缚企业的积极性。还要注意不要形成独家经营的垄断性集团，而要组织规模不等各有特点的竞争性企业集团。现在加工企业之间的联合多，加工企业与原材料企业之间的联合少，联合起来发展能源交通和原材料的也少，

而且困难较多。这些问题要认真研究解决。

（六） 加快技术改造，促进技术进步

促进技术进步不仅是发展经济的需要，也是调整产业结构的需要，合理化的产业结构必须建立在先进技术基础之上。广泛运用先进技术才能保证产业结构的合理化。"六五"计划规定，科学技术的发展主要是抓好两头。一头是大力开发和普遍推广效益好、见效快的科技成果，另一头是围绕经济建设和社会发展中提出的关键性课题开展科技攻关，大力采用新技术改造传统产业，并继续加强应用研究和基础研究。现在我国多数企业设备陈旧，技术落后。因此，要更加重视现有企业的技术改造。对于调整产业结构来说，加强重点建设固然重要，加快现有企业的技术改造也不可忽视。以能源原材料供需矛盾来说，一方面固然要加强这些部门的建设，尽可能多地扩大生产能力；另一方面也要靠改造现有企业，节约能源和原材料消耗。能源工业、原材料工业本身也要依靠现有企业技术改造来增加生产。要把技术进步、技术改造与产业调整、企业结构改组很好地结合起来，制定切实可行的行业技术进步和技术改造规划和政策。更新改造资金的使用要适当集中，保证重点，以便使那些关系全局的行业、地区和企业的技术改造能够取得明显的进展。"七五"时期技术改造的行业重点是机械、电子、能源、交通、原材料和消费品工业；地区重点是上海、辽宁以及其他老工业城市和工业基地；企业重点是能在赶超国际先进水平中起主导带头作用的大中型骨干企业、关系国民经济全局但技术落后的企业以及承担出口创汇任务较多和有出口潜力的企业。

（七） 形成和完善社会主义市场体系，保护竞争

中国的社会主义市场体系还没有完全形成，还在形成过程

中，这给经济工作包括调整产业结构带来很多新问题。现在，消费资料市场已经形成，但也要发展和完善；生产资料市场则还没有完全形成。由于没有形成完整的生产资料市场，给经济改革和经济发展带来很多困难。一是妨碍企业自主经营，有些已规定给予企业的自主权也难以落实。二是妨碍企业再生产顺利进行，甚至简单再生产有时也受阻。三是不利于政府机构正确发挥经济管理的职能，仍要忙于定指标、定项目、分资金、分物资。四是不能充分发挥市场机制的作用。当务之急是要进一步扩大生产资料市场，而这是有相当难度的。形成生产资料市场要和增强企业活力、改进宏观经济管理配套进行，并要求改革价格体系，克服价格严重扭曲的现象，要求克服"投资饥饿症"，保证生产资料供求大致平衡。除了形成和健全消费资料和生产资料市场，还面临着形成和健全资金市场、科技市场、劳务市场等任务。在形成和发展市场体系的过程中，还要注意保护竞争。这几年中国消费品工业尤其耐用消费品工业有较快的发展，有些行业的产品质量有明显的提高，是同市场机制发挥作用、开展竞争分不开的。但是现在地区封锁、部门封锁的问题还远未解决，并存在少数企业垄断市场的现象，这不仅妨碍竞争，也不利于社会主义市场体系的形成。因此，很有必要制定保护竞争、反对垄断的政策和法律。

（八）发挥经济杠杆和经济政策的作用

传统体制下主要是通过指令性计划对产业结构进行调整。改革经济体制要求由直接控制为主转变为间接控制为主，这也就是要发挥经济杠杆和经济政策的作用，促进产业结构合理化目标的实现。具体来说，就是要发挥价格、税收、信贷、利率、工资、奖金、财政补贴等手段的调节作用，鼓励和支持那些需要加快发展的产业和产品的发展，限制那些需要加以限制的产业和产品的发展。"七五"计划中对不少产业提出了这类规定。如发展消费品工业的主要政策措施包括：发挥价格政策的调节作用，逐步拉开优质产品同一般产品的质量差价，对市场急需产品的生产，继续在贷款、外汇使用方面给予优待。发展原材料工业的政策措施包括：有计划地调整价格偏低的原材料价格，对化肥实行按质论价，季节差价。现在发挥经济杠杆作用遇到的一个主要困难是价格体系不合理。而改革价格是一项十分复杂的工作，不是短时期能完成的。在完成价格改革之前，要运用其他经济杠杆来弥补价值体系不合理的缺陷，发挥应该由价格杠杆发挥的某些作用。但是价格改革总是要进行的。有些人认为不进行价格改革也可以搞活企业，如果这是指价格改革前也应该采取措施搞活企业，认为这样做能取得一定成效，这当然是有根据的。但如果认为维持传统的价格体制和现行的价格体系也能使企业普遍成为真正有活力的商品生产者和经营者，那就没有根据了。在发挥改革的作用方面，还要注意在电力、交通运输和邮电通信方面改变"一家做饭，千家万户吃饭"的局面，鼓励地方、部门和企业集资办电，鼓励国家、集体、个人多方筹资兴办交通和通信。注意在商业服务业方面进一步放宽政策，促进这些行业的发展。

（九）实行正确的消费政策,引导消费

产业结构必须与消费结构相适应，因此，实现产业结构合理化需要研究和预测消费结构的变化。但是，产业结构不是被动地适应消费结构。在任何社会里，产业结构和消费结构都是相互制约的。而在中国社会主义社会里，更必须实行正确的消费政策，对居民进行正确的引导和调节。正确的消费政策应包括以下主要内容：第一，十分重视改善人民的物质文化生活。过去一个相当长的时期曾经片面强调生产建设，忽视人民生活，现在已经纠正

了这种偏向，今后仍然要注意避免这种毛病。第二，人民生活的改善要在生产发展的基础上量力而行。因为，生产是消费的前提，生活消费只能随着生产的发展逐步提高，这是一个普遍规律。第三，引导消费结构的变化符合社会性质、资源条件和民族特点。例如，根据我国耕地草地比较少的特点，食物中肉禽蛋等动物性食物的消费不能增加过快，衣着方面纯毛制品和皮革制品只能适当增加。再如，由于电力供应将长期紧张，家用电器的消费只能适度增加，尤其要控制耗电高的空调器、冷热机的使用。人民的居住条件还要不断改善，但住房面积和建筑标准不宜过高。第四，在一个长时期内坚持艰苦奋斗、勤俭建国、勤俭持家、勤俭办一切事业的方针，不追求过高的消费。

（十）加强行业管理

根据国内外的经验，行业管理对于行业发展和产业结构合理化可以起到重要的促进作用。行业管理和部门管理不同。过去部门管理对本部门所属企业进行直接控制，而部门之间则是互相隔绝的，从而导致条块分割。行业管理则面向整个行业，它不是对企业进行直接控制，而主要是抓制定行业发展规划，调查研究本行业发展中的重大经济问题、技术问题，组织信息交流、技术交流和人才培养等活动，协调企业之间的关系，并沟通政府主管部门与企业的联系。行业管理一般宜通过行业协会进行。行业协会应是企业自愿组成的民间组织，应避免变成官办机构，重蹈传统体制下政府直接管理企业的覆辙。鉴于开展行业管理还缺少经验，应该从我国国情出发，借鉴其他国家的经验，并总结过去同业公会开展活动的经验，保证行业管理按照正确的方向发展。

企业改革和两权分离[*]

为了指导企业改革，需要探索国有企业改革的目标模式。这包括广泛的内容，本文拟就其中几个问题，谈些粗浅的看法。

一 企业承包制不能作为企业改革的目标模式

有一种看法，认为承包经营责任制是企业改革的目标模式。例如，有同志说：承包制是社会主义管理的基本制度，适用于整个社会主义历史阶段。有同志说：承包制是我国社会主义商品经济初级阶段的基本模式。他们主张把企业承包制作为企业改革的目标。

企业承包制在企业改革中有重要的地位和作用。有些同志把企业承包制看成一种权宜之计，这种看法是不正确的。承包制的基本特征是包死基数，确保上缴，超收多留，欠收自补。它在一定程度上实现了政企职责分开以及所有权和经营权的分离，改变了现在企业职责不分和全民所有制企业都由国家机构直接管理的

---

* 原载《工业经济管理丛刊》1988 年第 10 期。

状况，并把企业和主管单位的责权利用具有法律效力的合同形式规定下来，使企业和主管单位在原有的隶属关系以外建立了一种平等的契约关系。这就使得企业承包制有很多优点。主要的优点是：第一，可以把国家规定的企业自主权落实下来。第二，可以增强企业的动力机制。第三，可以硬化企业预算约束。第四，可以增强企业自我积累、自我改造、自我发展的能力。第五，可以促进企业改进经营管理。第六，可以明确主管部门的责任。第七，可以促进市场体系的形成。第八，可以改进和加强宏观经济管理。第九，可以培养出一大批社会主义企业家。第十，可以保证国家财政收入。我说可以，是指有可能性。可能性并非必然性，可能性变成事实还需要其他条件，尤其需要主观努力。但是，企业承包制确实具有以上这些可能性，因此不宜把它看成权宜之计，而要在一定时期内认真地完善它，发挥它的优点，发挥它的潜力。

不过我也不同意把企业承包制作为企业改革的目标模式。企业改革的目标模式是企业成为真正的企业，即真正的商品生产者和经营者，这就要求企业是真正独立的，完全自主经营和自负盈亏的，并且要求它具有自我约束机制和合理的行为。而目前的企业承包制距离这些要求很远，即使企业承包制完善以后，和这些要求也是有很大距离的。

第一，实行承包制的企业仍在相当程度上隶属于政府机构，就是说还有"婆婆"。它可能做到相对独立，而真正的企业应该是完全独立的，即不隶属于任何政府机构，没有"婆婆"。这不是说企业不要有主管部门，但这也应是一种业务关系，而不是上下级的行政隶属关系。

第二，实行承包制的企业，经营管理自主权仍受到限制甚至很大的限制。例如，承包合同中规定了利润指标，规定了其他技术经济指标，包括产品数量、质量、消耗、新产品开发、技术引进、技术改造，等等。而对于真正的企业来说，它要成为真正的商品生产者、经营者，是应该有充分的自主权的。自主权不应受上级行政机关的限制和干预。就上面这些指标来说，应该由企业根据市场情况自行决策、自行决定，而不由作为上级主管部门的政府机构来决定或批准。否则，企业的决策和活动就会受到不应有的限制。

第三，实行承包制的企业也做不到完全自负盈亏。企业完全自负盈亏是需要一系列前提条件的。例如，必须让企业自主经营，如果企业不能完全自主经营，那么也就不能要它完全自负盈亏。再如，要严格分清国家财产和企业财产，如果不严格分清国家财产和企业财产，那么企业的盈亏仍是难以真正由企业负担，仍难以改变国家统负盈亏的格局。这就是说，企业必须有了自己的财产，而且企业财产和国家财产有严格的界限，这样，企业才有可能真正自负盈亏。而实行承包制的企业按规定是没有财产所有权的，又怎么说得上用自己的财产负盈亏责任呢？

第四，实行承包制的企业也不能做到主要由市场来引导，不能实现国家调节市场、市场引导企业的要求。这不仅由于企业还不是真正的企业，而且由于还没有形成市场体系，由于价格体系还不合理，市场机制（包括价格机制）的作用也还有限。而真正的企业即真正的商品生产者和经营者是必须有发达的市场体系作为活动场所的。不过，一旦市场体系形成了，价格体系合理了，市场机制充分发挥作用了，企业承包制在改革中的使命也就终结了。

第五，由于以上这些原因，实行承包制的企业也就难以完全形成作为真正企业所必要的自我约束机制，难以从根本上克服行为短期化等不合理行为。这些不合理行为在企业改革的目标模式中一般是应该根除的。

企业承包经营责任制不能成为企业改革的目标模式，是同它存在的基本矛盾有联系的。企业承包经营责任制的基本矛盾是政企开始分开又没有完全分开。实行承包后，通过承包合同，政企确实开始分开了。但是承包合同本身也说明政企没有完全分开。我们完善承包制的任务，归结起来就是促使政企进一步分开，最终使它们完全分开，使企业具有完全的经营自主权，有条件实行自负盈亏，成为独立的商品生产者和经营者。这就是企业改革进一步深化的方向和目标。

二　两权分离理论需要发展

实现企业改革目标模式的困难是很多的，最主要的困难是如何真正做到使企业自主经营和自负盈亏。

实现企业自主经营的困难，第一在于明确企业有哪些自主权，第二在于落实已经明确的企业自主权。现在突出的是第二方面。改革以来党中央和国务院已经发布了很多文件，规定了企业应有的经营自主权，但是真正落实这些自主权困难甚大。但不能说对于企业究竟应有哪些自主权的问题已经明确了。最明显的问题是企业是否只能有经营权而不能有所有权，这个问题至今仍很不明确。

企业实现自主经营遇到的困难也是它实现自负盈亏遇到的困难。不过企业自负盈亏也有它自身的难点。按照规定，迄今为止国有企业对国家授予其经营管理的财产只有经营权而无所有权，在这种情况下，国有企业能否自负盈亏呢？根据常理，企业的盈亏是由所有者承担的，如果企业没有自己的财产，又怎么能够承担盈亏责任呢？为了解决企业自负盈亏的问题，有人主张实行抵押承包，亏了由承包人的抵押金补偿，认为这就是自负盈亏了。这种办法对增强承包人的责任是有好处的，但这样做还不是企业自负盈亏，因为它没有解决企业用自己财产承担盈亏责任的问题，而且承包人的抵押金和企业应负的盈亏责任差距甚远。也有人认为企业试行资金分账制度可以解决企业自负盈亏问题，甚至认为这样做就是实行企业自负盈亏了。试行资金分账制度把企业经营管理的资金分为国家资金和企业资金，分别列账，并规定企业资金作为承包经营企业盈亏的风险基金。"企业完不成上缴利润，先用企业当年留利抵交，不足时，用企业资金抵交"。这样做，确实是加强了企业和承保人的责任，包括使企业承担了一部分盈亏责任。但是，这也不是严格意义上的企业自负盈亏。因为，第一，企业对于自己经营管理的财产仍没有所有权，所谓企业资金，按规定也是"属全民所有制性质"。第二，当企业资金不足以补偿企业亏损时，仍要由国家资金来补偿，这仍是国家统负盈亏。第三，企业作为法人，其资金是一个整体，把一部分规定为企业资金，也就是把另一部分规定为非企业资金，这显然不利于企业有效地利用全部资金，并会导致某些不应有的矛盾。我认为，企业自负盈亏的前提条件之一是企业有自己的财产，确切地说是对自己经营管理的财产有所有权，否则就说不上什么自负盈亏。有人说过国有企业不可能自负盈亏，就迄今为止国有企业没有所有权的状况说，这种说法是有根据的。还要指出，企业自负盈亏的困难还在于形成竞争性市场有很多困难。

从上面的分析中可以看到，企业自主经营、自负盈亏涉及到两权分离理论。两权分离是企业改革的理论依据，它要求不改变国有企业的全民所有制性质，同时又要求把经营权交给企业，规定了国有企业所有权属于国家，经营权属于企业的格局。我认为，在企业改革的目标模式中，以上要求也都是应该坚持的。但两权分离在以下几个问题上是不明确的。

第一，如何处理政府的管理权和国家的所有权。政府作为国家机关，有行政管理权，包括对国民经济进行调节控制的调控权。而国家的所有权由政府机关掌握。这两种权性质是不同的，但却是结合在一起的，这是政企职责不分的一个重要原因。一个时期以来我们谈所有权和经营权分离多，但对政府管理权和国家所有权的关系研究不够，两权分离理论没有而且不可能回答这个问题，而如果政府管理权和国家所有权继续结合在一起，那么，企业的经营自主权就很难保证，企业也就难以自负盈亏。不仅如此，多种经济成分并存的方针也难以贯彻实施。

第二，如何划清国家所有权和企业经营权的界限。完整的所有权是包括经营权的，所以，经营权是所有权的一个组成部分。两权分离规定国家有所有权，企业有经营权，但是经营者有哪些经营权，则就不明确了。事实上，经营者得到哪些经营权是由所有者来决定的。政府作为所有者可以多给企业一些经营权，也可以少给企业一些经营权，这都不违背两权分离的原则。企业没有所有权，经营权也就得不到根本保障。有些人反映所有权和经营权的界限难确定，担心企业的经营权不牢靠，这可能是两权分离理论必然导致的结果。像通常那样理解两权分离，也难以彻底解决这个问题。

第三，如何处理企业内部所有权和经营权的关系。两权分离要求建立的所有权和经营权关系，是外在于企业的关系。如果所有权只存在于企业之外，不存在于企业之内，那就或则所有权难以很好实现自己的要求，或则经营权难以真正和所有权分离。所以，作为一种有生命力的企业形式，必须在企业内部处理好所有权和经营权的关系，既不是弱化所有权，也不是弱化经营权，而是使它们相互制约，各得其所。如何在企业内部形成和处理所有权和经营权的关系，也是两权分离所不能解决的问题。

所以，两权分离理论比传统的两权合一理论是一个巨大的进步，对我国经济改革起过而且现在仍起着重要的指导作用。不过，仅仅依靠这个理论仍难以使国有企业真正实行自主经营、自负盈亏。为了给企业自主经营、自负盈亏奠定更加科学的理论基础，至少要从以下三个方面充实和发展这一理论。

第一，实行政府调控权和国家所有权的分离。这就是要把国家作为经济管理者的职能和作为国有资产所有者的职能分离开来。有人建议价格、税收、利率、汇率等主要经济政策工具集中在中央政府手中，对全社会经济进行调节和引导，对各种所有制企业一视同仁。中央政府不直接掌握国有企业的资产所有权，而由相应的管理机构或公有的金融机构行使所有者职能。同时，政府作为经济管理者，要用统一的税率向所有企业征税，企业纳税后的利润，归资产所有者拥有。税收与利润要在收入归属和使用方向上严格区分开来。我认为这些意见是中肯的。

第二，实行国家最终所有权和企业法人所有权的分离。这就是对国家所有权实行分割，国家保留最终所有权，使企业得到法人所有权，企业对国家授予经营管理的财产不仅有占有、使用、处分权，而且还有所有权。这样企业就成了财产所有者，有了财产所有权。企业的经营权有了所有权作为依据，企业作为财产主体也就可以实行自负盈亏了。国家对企业财产仍保留最终所有权，但是这种最终所有权类似于西方股份公司中股东掌握的股权，股权虽然也是所有权（最终所有权），但股东不能直接掌握公司的财产，公司的财产是由公司作为法人直接掌握的，公司是财产所有者。在股份公司，盈亏责任最终由股东负责，国有企业盈亏的责任最终也由国家负责。不过，在把国家所有权分割为国家最终所有权和企业法人所有权后，国家授予某一企业经营的财产已经和国家的其他财产严格区分开来了，企业作为真正的法人首先要负起盈亏的责任，国家的最终责任也只是这特定部分的财产，像股份公司的股东那样只负有限责任，国家不再像过去那样实行统负盈亏担负无限责任了。

曾经有过一种流行的说法，两权分离是完全排斥企业具有财产所有权的。现在看来，这种说法是不正确的。马克思讲的两权分离指两种情况，一种情况是指所有者与实际经营脱离，把经营管理交由领薪金的经理承担。这就是他说的："资本主义生产本身已经使那种完全同资本所有权分离的指挥劳动比比皆是。因此，这种指挥劳动就无须资本家亲自担任了。"[1] 另一种情况是指借贷资本家把资本借给产业资本家经营，马克思称之为资本所有权同它的职能之间的分离，又称之为"资本的法律上的所有权同它的经济上的所有权分离"[2]。把马克思的理论用到社会主义国有企业改革中来，前一种情况适用于企业内部所有权和经营权的关系，后一种情况适用于国家和企业的关系。在国家与企业之间，把国家所有权分割为国家最终所有权和企业法人所有权，使企业具有财产所有权，不违背马克思两权分离的理论，马克思在分析借贷资本家和产业资本家的关系时，把那些借人资本经营的人也称之为资本家，并明确说他们有"经济上的所有权"，据此，为什么不能允许作为法人的国有企业具有法人所有权呢？事实上，公司制度的一个重要特征是股东的所有权成了股份，公司有了法人所有权。美国制度经济学家贝利说过：公司制度的出现改变了财产关系，"被称为公司的法律上的实体，作为财产所有人而出现了"。股东当然掌握着股票，但股东已没有任何权利同

---

① 《马克思恩格斯全集》第25卷，人民出版社1974年版，第435页。

② 《马克思恩格斯全集》第26卷（Ⅲ），人民出版社1974年版，第511页。

那形成公司资产的东西发生实际关系，"美国电话电报公司股票的所有权，并不给予股票持有人以出卖一根电线杆的权利"①。因此，按照两权分离的理论是应该承认企业的法人所有权的。

第三，在企业内部实行所有权和经营权的分离。企业作为法人有了财产所有权，这样，企业内部也要实行所有权和经营权的分离。所有权与经营权分离主要是分清所有者与经营者的权、责、利关系。企业所有者的职责大致有四个方面：（1）制定企业章程，规定企业总体目标；（2）任免董事会成员；（3）占有和支配资产收益，批准年度报表；（4）维护资产的完整性和追求资产增值。企业经营者的主要职责是：（1）作为企业法人的代表，承担对企业盈亏的责任；（2）自己支配、使用企业财产；（3）对企业的日常经营管理实施决策和指挥；（4）负责对所有者作出经营情况报告；（5）聘任管理人员。②

把以上三点贯彻到实践中去，并不妨碍实现国家的所有权和企业的经营权，不妨碍实现两权分离的要求。所以，这里在理论上并不违背两权分离的基本原则，而是充实和发展了两权分离的理论。

三　国有企业改革的目标模式

基于以上对于两权分离理论的理解，解决我国国有企业改革的目标模式就可能比较容易一些。这就是说，国有企业改革目标模式的内容是：企业不仅有经营权，而且应该有法人所有权。

有些人早就提出应该让企业有所有权。他们认为，两权分离

---

① ［美］贝利：《没有财产的权力》，商务印书馆1988年版，第63—66页。
② 参见《经济日报》1987年11月7日。

的理论是不能引导国有企业成为真正有活力的企业的，甚至不能使国有企业成为真正的企业。因此，他们主张，企业不仅要有经营权，而且要有所有权。

不过，企业应有所有权的主张也有多种。一种认为应该把国家所有制改为企业所有制或集体所有制，这样国家就失去了所有权而企业获得了所有权，企业实现了所有权和经营权的统一。一种认为国有企业除国有财产以外，企业也可以有自己的财产，例如，企业留利就应该是企业财产，属于企业所有而不属于国家所有。这就是企业对一部分财产（国有财产）没有所有权，对另一部分财产有所有权。一种认为国有企业的财产最终所有权属于国家，但企业对这些财产应该有法人所有权。也有人把前一种所有权称之为法律所有权，把后一种所有权称之为经济所有权。总之是认为国家所有制经济中所有权也是可以分割的，企业作为法人既有法人所有权，又有财产经营权，在企业内部实现所有权和经营权的统一。同时又不否认国家的最终所有权。

这种理论模式还在讨论，应该说还未最终形成。我同意国有企业应有法人所有权，而最终所有权属于国家的那种意见。本文所说的企业改革目标模式就是指的这种意见。至于那种主张把国家所有制改为企业所有制的意见，在这种意见中，企业已不再是国有企业，也就不能称其为国有企业的理论模式了。而如果国有企业只对自己的一部分财产有所有权，对另一部分财产则没有所有权，那也不能说企业实现了所有权和经营权的统一，不能说企业有了完整意义上的法人所有权，因而也难以成为一种理论模式。

回顾历史，社会主义国有企业已经经历了四种模式，第一种模式是实行供给制的模式，这是列宁设想过的模式，在战时共产主义时期实践过。第二种模式是实行经济核算制的企业模式，这主要是斯大林的模式，在苏联和中国改革以前长期实行过。第三种模式是有简单再生产自主权的企业模式。这是孙冶方的模式，经济改革初期曾经实行过。第四种模式是有经营权的企业模式。这是《中共中央关于经济体制改革的决定》中肯定的模式，企业承包制就是这种模式的实践。本文提出的法人所有权的企业模式可以说是第五种模式。

以上五种企业理论模式，反映了社会主义国有企业发展成为真正的企业的过程。所谓真正的企业，是指作为商品生产者和经营者的企业。如果企业不是商品生产者和经营者，它只能起生产单位如班组车间的作用，不能起到企业的作用。第一种模式的企业，显然不是企业，第二种模式、第三种模式也不是企业。在第二种模式的情况下，虽然也存在商品生产和商品交换，但企业实行统收统支，统购统销，是上级行政机关的附属物，因此并非商品生产者和经营者。第三种模式的倡导人孙冶方就反对社会主义经济是商品经济，因此他也不是按照商品生产者和经营者的要求来设计企业模式的。只有第四种模式和第五种模式，才要求企业成为商品生产者和经营者，成为真正的企业。

我们可以从独立性、经营自主权、盈亏责任制、所有权等方面，具体地观察一下这五种模式由产品生产者向商品生产者递进的发展过程。

就企业独立性来说，第一种模式的企业完全附属于政府机关，没有独立性，第二种模式的企业有了一定的独立性，第三种模式的企业有了更多的独立性，第四种模式要求政企职责分开，企业的独立性又增强了。不过，第二种模式、第三种模式和第四种模式的独立性都是相对的独立性，我们经常这样提，事实上也是如此，就是说企业不能摆脱或不能完全摆脱对政府的依赖关系，只有到了第五种模式，企业才有了完全的独立性。

　　就企业经营自主权来说，第一种模式的企业没有任何意义上的经营自主权，第二种模式的企业开始有自主权，不过严格来说企业仍不存在经营问题，第三种模式的企业有了简单再生产的自主权，不过按照孙冶方的原意，企业也仍不承担经营的职能。第四种模式的企业真正有了经营自主权，第五种模式的企业有了完全的经营自主权。

　　就盈亏责任制来说，第一种模式的企业没有盈亏责任，也负不起盈亏责任。这是很清楚的。第二种模式的企业需要核算盈亏，但由于实行统收统支制度，企业也不负盈亏责任。这不是说盈亏对企业职工和管理人员没有任何影响，对个人的影响是有的，但企业没有独立的利益，负不起也不需要负盈亏的责任。第三种模式的企业在盈亏责任制方面和第二种模式的企业情况相仿，企业对盈亏也负不起责任。第四种模式的企业在盈亏上可以负一定的责任，因为企业有了经营权，有了相对独立的经济利益。但是，在这种情况下企业仍不能实行自负盈亏。尽管通常说企业要实行自负盈亏，明确要求第四种模式的企业要做到自负盈亏或者把自负盈亏作为目标，但是，在企业没有自己财产的情况下怎么可以做到自负盈亏呢？所以，第四种模式的企业建立一定盈亏的责任制是可能的，实现自负盈亏则不可能。只有实现了第五种模式，企业才可能真正自负盈亏。

　　就财产的所有权关系来说，从第一种模式到第四种模式，企业的财产都只归国家所有，企业没有任何意义上的所有权，第一种模式的企业在财产使用权上也受到很大限制，第二种模式和第三种模式的企业对财产有了使用权，第四种模式的企业对国家授予其经营管理的财产有了占有、使用和依法处分的权利，第五种模式的企业对国家授予其经营管理的财产有了法人所有权，国家则保留最终所有权。

前面曾分析企业承包制不能作为企业改革目标模式的原因，这大体也是第四种模式不能成为企业改革目标模式的原因。第五种模式克服了这些缺陷，它作为企业改革的目标模式是合适的。

四　在两权关系上有待解决的新问题

发展两权分离理论在实践中也提出了新问题和新任务。这就是要解决国家所有权模糊不清的问题，落实企业的法人所有权，探索实现两权分离的企业组织形式，解决这些问题，也是实现企业改革目标模式的要求。

（一）关于解决国家所有权模糊不清的问题

国有企业名义上是全民所有，而全民是由国家代表的，国家又是由中央人民政府代表的。但中央人民政府不可能经营管理几十万个国有企业，只能交给所属机构管理，或者授权和委托下级政府管理，而且往往是逐级授权和委托，直至基层政权机构。这就造成了一种情况，企业主管部门众多，却没有任何一个机构对于产品的后果负责。有人称这种所有权模糊不清的状况为所有者缺位。

有人认为所有者缺位的说法是错误的，认为全民所有制经济的所有者是全体人民，不存在所有者缺位的问题，而国有企业无人负责的现象则是多层次的授权与委托造成的，是具体工作问题。我认为，国有企业所有权模糊的情况是确实严重存在的，这不仅是具体工作中的缺点造成的，而且同传统的全民所有制体制有内在联系。在这种体制下，一方面法律没有规定企业有财产所有权，另一方面所有权名义上集中于中央政府，而中央政府又不可能具体管理这些企业，这就必然导致所有权模糊的状况。就所有权没有明确的人格代表来说，称之为所有者缺位也是有根据的。

根据其他国家的财产法，所有权包括使用其财产、占有其资产收益，以及改变其资产的形式的权利。我国《民法通则》中所有权的定义是："所有者依据法律所具有的对其财产的占有、使用、盈利以及处置的权利。"这和其他国家的规定是一致的。我们的问题在于：当政府将财产调拨给企业时，该企业并不是拥有了全部的财产权，而仅仅是得到"经营和管理权"。而当中央政府授权下级政府管理企业时，下级政府机构也没有获得全部的财产权，例如，不能出售其管辖的企业，经常出现无偿调拨企业财产的情况。因此，企业既缺少长期打算和长期行为，政府机构也没有从企业长远利益出发的长期打算和长期行为。

为了解决这个问题，既要明确企业对授予经营的国家财产具有法人所有权，也要明确拥有国家财产最终所有权的具体单位或机构。世界银行在一份报告中认为，国家企业所有权的明确化要和所有权的多样化结合起来解决。作为一个普通原则，国家的绝大多数经济管理职能应该集中于中央政府，而所有权职能应该下放，以便尽量减少调控职能与所有权职能之间的冲突。报告认为，越来越多的各种金融机构将成为国有企业的所有者或投资者，这些机构包括投资信托公司、保险公司、退休基金会和银行等。鉴于这些新型金融机构大多数已经在中国出现了，而且资金力量正在迅速增强，因此，这份报告设想把这些社会主义的机构投资者作为国有工商企业的主要所有者。金融机构的所有权则可以由各级政府部门持有。报告还提出，应该让职工和社会公众拥有国有企业的少数股权。

究竟如何实行国有企业所有权的明确化和多样化，还是需要进一步探讨的。国家所有权多样化的原则也有争论。按照传统观念，全民所有制是一种统一的不可分割的所有制，这同所有权多样化是不相容的，不过，看来这个传统观念也要破除，国际经验表明，坚持国家所有制的统一是不可能也不可取的。我国的国有经济实际上分为中央所有、地方所有、部门所有等各种形式，统一和不可分割仅仅是说说而已，并非事实。而且，提出这种统一和不可分割性，是为传统经济体制奠定理论基础，尤其是为指令性计划制度提供理论依据。而突破这种所有权的统一和不可分割性以后，由于政府作为国家机构仍掌握着调控经济的权力，仍可能使社会主义经济成为计划经济。

（二）关于落实企业法人所有权问题

提出企业应有法人所有权，究竟有什么实质意义呢？有人认为只是改变一种说法，起到精神上的作用。我认为，精神上的作用是有的，但更重要的是实质上的变化，这就是要使企业由所谓的相对独立变成完全独立，做到完全自主经营、自负盈亏。

这就有一个如何落实企业法人所有权的问题。这是一个内涵极为广泛的问题，这里主要就《全民所有制工业企业法》的一些条款，探讨在企业具有法人所有权后应该有什么变动。

《全民所有制工业企业法》第六章第55条规定："政府或者政府主管部门依照国务院规定统一对企业下达指令性计划，保证企业完成指令性计划所需的计划供应物资，审查批准企业提出的基本建设、重大技术改造等计划，任免、奖惩厂长，根据厂长的提议，任免、奖惩副厂级行政领导干部，考核培训厂级行政领导干部。"这一条充分反映了企业只是相对独立而没有完全独立的地位，反映了企业和政府间依然存在着某些隶属关系。它适用于企业不具有法人所有权的情况，而在明确企业法人所有权以后，至少应有以下变化：

第一，政府或者政府主管部门一般不应再对企业下达指令性计划，而只能用间接调控的方式使企业活动纳入国家计划。

第二，企业的基本建设计划、重大技术改造计划等一般无须再由政府或者政府主管部门审查批准，而只要企业董事会或其他企业内部的管理机关管理人员批准。

第三，厂长和副厂长的任免和奖惩一般也无须由政府或政府主管部门决定，而可以由企业的董事会决定。政府和政府主管部门也不再承担现在这样的考核、培训厂级行政领导干部任务了。

《全民所有制工业企业法》第三章对企业的权利有许多保留和限制。例如，第24条规定：企业有权自行销售本企业的产品，国务院另有规定者除外。第26条规定：除国务院规定由物价部门和有关主管部门控制价格的以外，企业有权自行确定产品价格、劳务价格。第28条规定：企业有权依照国务院规定支配使用留用资金。第29条规定：企业有权依照国务院规定出租或者有偿转让国家授予其经营管理的固定资产，所得的收益必须用于设备更新和技术改造。这些规定也反映了企业由于没有法人所有权而独立性受到限制的情况。从原则上说，独立的企业应该有权自行销售产品、决定价格、使用资金、更新设备、改造技术，等等。以上条款中不断提到的"国务院规定"，是继承着高度集中体制下国家作为所有者而干预企业活动的传统做法的，这就限制了企业的独立性，这种限制，在企业有了财产所有权以后是不应该再存在了。

企业有了法人所有权后，利润的分配也应该发生变化。1986年预计，企业上缴国家的利润占实现利润的42.4%，但扣除各种摊派后，实际留利只占25.4%。对于真正的独立企业来说，这样的留利比例太少了，上缴比例太高了。从国外企业看，利润的大部分都留给企业用以发展自己。所以，落实企业法人所有权，也要保证企业的利润大部分留在企业支配和使用。

（三）关于探索恰当的企业组织形式

为了保证政府管理权和所有权的分离，保证国家最终所有权和企业法人所有权的分离，保证企业内部所有权和经营权的分离，并在分离中处理好它们之间的关系，需要找到一种恰当的组织形式。这种组织形式要能实现政企职责分开，使企业完全自主经营、自负盈亏，成为真正独立的商品生产者和经营者，成为真正的企业法人。

越来越多的人认为股份公司可以作为这种形式。有人曾经认为股份公司是资本主义企业特有的组织形式，经过几年来的讨论，现在很多人已同意股份公司既可以作为资本主义企业的组织形式，也可以作为社会主义企业的组织形式。也有人曾经认为股份公司主要是起集资的作用，这种作用在社会主义公有制经济中不如在资本主义经济中重要。通过讨论，很多人认为，作为企业组织形式的作用，公司对社会主义经济和对资本主义经济可能是同样重要的。

现代公司的前身在罗马法中就得到承认，在 14 世纪意大利的贸易和金融公司以及 17 世纪英国的"特许"公司也可以找到。在 18 世纪和 19 世纪，随着欧洲和美国工业化的迅速发展，由于集资的需要，产生了股份有限公司。这种公司的特征在于，第一，它从许多资本所有者那里动员资本。第二，投资者的责任只限于其股份，他对公司的债务或其他义务不负个人责任。第三，公司的生命周期决定于其支付能力，不因股东的死亡而终结，因而有稳定性。因此，它对于投资者有很大的吸引力。

公司的股东不拥有公司的资产，这些资产是公司本身的合法财产。股东只拥有股权，公司的最终控制权在股东大会，股东可以通过股东大会干预公司的决策。而对于拥有众多股东的公司来说，不可能让所有者定期聚集来管理公司，因此公司设立一个小型的代表机构替代股东管理公司，大多数公司法都规定，董事会负责"公司事务和业务的管理"。而在多数情况下，这种管理日常经营活动的责任，委托给了高级管理班子。

股份公司这种管理组织和结构也被称为法人治理结构。世界银行最近在一份报告中认为，法人治理结构分为三个独立的部分：所有权作用主要限于对风险的承担，董事会发挥战略和监督作用，由总经理及其高级领导班子执行经营职能。法人治理结构既使得所有权和经营权可以分离，又不会导致失控，100多年的经验证明它是现代企业较好的组织形式。

股份公司由于上述特征，是我们可以考虑的企业组织目标模式。但是，实行股份制要具有各种条件，有些问题还要进一步研究，所以只能有计划有步骤地实行。而且，由于国有企业的情况各不相同，有些国有企业可能适宜采用其他组织形式，搞股份制也不能一刀切。

应该怎样研究收入分配问题[*]

　　社会主义制度下国民收入的分配是一个有重大理论和实践意义的研究课题。1985 年 12 月 9 日《世界经济导报》发表的《重新研究新时期的收入分配政策》一文，对国民收入的分配政策提出了系统的看法。但是，这篇文章的有些观点还值得进一步研究。下面提出几个问题和作者以及其他同志共同探讨。

一　关于新中国建立以来收入分配政策的评价

　　文章说："目前中国正在进入一个新的经济发展阶段，传统的收入分配政策必须为新的收入分配政策所代替。"这里涉及到传统的分配政策是什么，为什么要替代，用什么来替代等等问题。

　　作者的回答是："我国是一个发展中国家，与一般发展中国家不同的是，我们不仅注意资本积累，而且注意社会公平。可以说，资本积累和公平分配是我国收入分配政策追求的基本目

　　*　　本文写于 1986 年 3 月，原载《中国工业经济研究》1990 年第 3 期。

标。""但现在回过头来看，我们为'公平增长'而付出的代价还是太大了。片面地强调公平分配而忽视刺激效率，片面强调积累而忽视消费，劳动者的积极性受到严重挫伤，资源配置也不合理。"作者认为"自己走过的老路不宜再走"，新时期收入分配政策的基本目标应该是"在优先考虑刺激效率、平衡资源和积累资本的前提下，兼顾公平分配和物价稳定"。

我认为，由于作者没有把新中国建立以来的收入政策正确地划分为几个阶段进行具体分析，以及由于作者使用了公平分配之类内涵很不确定的概念，作者对于新中国建立以来的收入分配政策和今后的收入分配政策未能给予明确的说明。

作者提到了"片面强调积累"。在过去的有些年代里，我们确实犯了积累过多的错误，但是，不能笼统地说 30 多年来都是如此。例如，我国"一五"时期积累率在 25% 左右，这在当时是比较合适的。再如，"六五"时期积累率在 30% 左右，在当前情况下也是基本上合理的。作者自己也说："在今后相当长的一段时期内，高积累是不可避免的。"可见，在这个方面，似乎不存在"传统的收入分配政策必须为新的收入分配政策所代替"的问题。

作者批评过去"片面地强调公平分配"。那么，何谓"公平分配"呢？这可以有种种理解。如有的人把按劳分配理解为公平分配，有的人把平均主义理解为公平分配，等等。按劳分配和平均主义在性质上是有区别的，这种区别在资产阶级经济学中往往不被重视，但是对马克思主义则是原则问题。我们应该避免由于使用公平分配之类的概念而模糊了按劳分配和平均主义的区别。

从文章看，作者有时是把公平分配理解为平均分配或平均主义的。新中国建立以来我们确实多次犯过平均主义的错误，因此才像作者所说使"劳动者的积极性受到严重挫伤"。但是，马克思主义是坚持按劳分配而反对平均主义的。按劳分配是社会主义社会消费品分配的基本原则。宪法中明确规定："社会主义公有制消灭人剥削人的制度，实行各尽所能、按劳分配的原则。"党的十一届三中全会以来，由于纠正了"左倾"错误，端正了指导思想，按劳分配原则正在得到贯彻。因此，如果把传统的收入分配政策笼统地说成是平均主义的分配政策，那是不符合事实，因而是错误的。而且，尽管现在实行按劳分配也还有很多问题需要研究解决，但这是使分配政策进一步完善的问题，而不是要全盘否定传统的收入分配政策和用新的收入分配政策来代替的问题。

作者有时又把公平分配理解为按劳分配。作者说，30 多年来以社会公平为基本目标的分配政策"对促进经济发展、解决社会问题起了积极作用"。这里的公平分配似乎是指按劳分配。因为，只有按劳分配才能对经济发展起促进作用，而平均主义只能起破坏生产力的作用。既然把公平分配理解为按劳分配，作者提出的公平与效率孰先孰后的问题就没有意义了。我们知道，马克思所以主张社会主义社会实行按劳分配而不实行按需分配，也正是从发展经济、提高效率的要求考虑的。如果借用公平这个概念，那么在按劳分配原则中，公平与效率是统一的。今后我国的收入分配政策必须坚持在社会主义经济中实现按劳分配原则。这样，作者所说"在优先考虑刺激效率前提下兼顾公平分配"又是什么意思呢？

当前国民收入的分配确实面临着很多新情况、新问题。例如，所有制形式和经营方式的变化，以及商品经济的发展，都影响着积累基金的分配、消费基金的分配和积累与消费的比例关系。文章提出收入分配的政策目标和运行机制等等问题，并从战略的高度对这些问题进行研究，这是必要和有益的。而为了正确认识和解决这些问题，我认为还要更具体一点研究问题，就是要对具体问题进行具体分析，包括对历史经验进行具体的深入的总结。这样做，才能对过去的收入分配政策作出正确的评价，从而也才能对今后的收入分配政策提出切实可行的建议。

二　关于市场机制在收入分配中的作用

文章所主张的新的收入分配政策，一个重要内容是"确立市场机制在分配领域的主导地位"。作者认为"市场机制可以说是一个效率机制"。他是这样论证这个观点的："在市场分配机制下，劳动、资本、土地生产要素共同作用产生的国民收入在这些要素供给者之间进行分配：劳动供给者获得工资，资本供给者获得利润，土地供给者获得地租，其比重由这些要素的供求关系决定。由供求关系决定的这种收入分配，准确反映各种要素的相对稀缺程度及在生产上的互相替代关系，有利于平衡资源，提高资源使用效率。市场机制是一个效率机制，它遵循优胜劣败原则，对生产者予以奖励或惩罚。"这里涉及如何认识市场机制的作用。今后，市场机制将对我国国民收入的分配发生更大作用，这是研究分配政策必须重视的问题。但是，作者的上述观点有很多值得商榷的地方。

第一，市场机制确实对平衡资源、提高资源使用效率等有一定的作用，这是应该承认的，但是也不能夸大这种作用，更不能把市场机制说成就是效率机制。很多西方经济学家也对市场机制的调节作用有种种保留，因而主张实行国家干预和混合经济。伴随着市场机制作用的自发性和生产无政府状态，也会带来国民经济比例失调和种种浪费现象，对此马克思作过深刻的分析，马克思的有关论断并未过时。

第二，市场机制固然通过竞争对生产者予以奖励或惩罚，因而促进效率的提高。但是作者也承认，"这个机制最大缺点是不利于公平分配"，可能"导致收入分配的严重不平等，激化社会矛盾"。显然，这种严重不平等和矛盾激化现象是要影响效率的。这也说明，不能把市场机制和效率机制等同起来。文章说，"第二次世界大战之前，市场机制导致西方工业国家经济奇迹般发展"。这也不符合事实。了解一点历史的人都知道，第二次世界大战之前，如30年代初，西方工业国家曾经历过严重的经济危机，这和市场机制并非没有关系。第二次世界大战之后，有些资本主义国家确实经历过"经济奇迹般发展"的时期，而这也不能完全归功于市场机制。

第三，作者认为，国民收入是各种生产要素（劳动、资本、土地）共同作用的结果，理应在各种要素供给者之间进行分配。这是不是重复资本—利润、土地—地租、劳动—工资三位一体的公式，对此我不敢断言。我想指出的是：马克思早就批判过资产阶级庸俗经济学的三位一体理论。马克思说："庸俗经济学所做的事情，实际上不过是对于局限在资产阶级生产关系中的生产当事人的观念，教条式地加以解释、系统化和辩护。"[①] 我认为马克思的这个批判是有根据的。当然，社会主义经济中也存在利润、地租、工资等范畴，它们在市场机制中都有其地位和作用，这是经济科学要研究的问题，很值得探索。不过，也要指出，当用这种三位一体的公式来说明市场机制的作用时，说的就不是一般的市场机制而可能是资本主义市场机制了。而在资本主义制度下，由于存在着资本私有权和土地私有权，市场机制作用的结

---

① 《马克思恩格斯全集》第25卷，人民出版社1974年版，第923页。

果，就不像作者所说那样，要素收入"准确地反映了各种要素的相对稀缺程度以及它们之间在生产上的替代关系"。西方微观经济学关于完全垄断市场和垄断竞争市场的分析也表明，资本主义私有制有妨碍市场机制发挥积极调节作用的方面。

第四，分配关系在很大程度上是受所有制关系制约的。文章主张新时期应该确立市场机制在分配领域中的主导地位，但是没有明确说明所有制结构的情况和演变，也没有告诉我们所设想的所有制结构目标是什么模式。这样，人们也就难以判断当时的分配关系究竟是什么状况。同时，市场机制的作用还受市场结构的制约，今后市场机制究竟发生什么作用，除决定于所有制关系和交换关系的发展，也决定于我们选择什么样的市场结构，文章也没有分析今后市场结构的情况和变动，没有全面说明他设想的市场结构的目标模式。因此，人们也难以判断当时市场机制究竟起什么作用。也就是说，即使假定作者设想的新时期收入分配政策的基本目标是正确的，作者也没有说明"加强市场分配机制的功能"一定能达到这些基本目标。

对于劳动力市场，作者则是有所设想的。他曾说：工资改革的根本方向不是把企业的工资总额与其经济效益挂钩，而应是开放劳动力市场，将市场机制引入工资决定。还说：劳动力作为一种生产要素，同其他要素一样，其价格应该由其供求关系决定。我国的劳动就业制度、工资制度是必须改革的。文章的主张有其参考价值，但是，这种主张是否正确和可行，还有待研究。有一点似可肯定：由于社会主义商品经济有自己的特点，社会主义市场体系也理应有自己的特点。据我的理解，在社会主义经济中，职工的工资是受按劳分配规律制约的。由于社会主义企业是商品生产者和经营者，市场机制无疑会影响社会主义企业的收入分配，但社会主义工资毕竟不能由市场机制直接决定。如果社会主义企业职工的工资由市场机制即劳动力供求关系决定，受价值规律支配，那么在这种情况下，按劳分配原则又怎样发挥作用呢？这样做，又会发生什么社会后果？这些是值得认真思考的。有些同志认为，把市场机制引入工资决定才能解决工资增长过快的问题。这种假设有多少正确性，也有待于科学论证。

三　关于用科学态度对待西方经济学理论

文章在论述我国收入分配问题时运用了西方经济学的范畴概念和理论。我认为，在研究社会主义经济问题时运用西方经济学理论是可以的和必要的。社会主义经济和资本主义经济虽然性质不同，但都是社会化大生产和商品经济。因此，西方经济学家研究资本主义经济提出的理论以及他们总结的资本主义国家管理经济的经验，对我们认识社会主义经济是有参考价值的。当然，运用西方经济学理论有一个树立科学态度的问题。文章在运用西方经济学理论上似也有不足之处。

作者说："从世界范围看，所有的目标选择不外乎积累资本、刺激效率、平衡资源、公平分配和稳定物价。这五个目标之间常常是矛盾的，其中刺激效率、平衡资源和积累资本三者矛盾较小，它们与公平分配的矛盾较大。""整个国家在制定收入分配政策时都面临着一种选择：公平和效率孰先孰后？"这一段话，介绍的是西方经济学常识。但是这种西方经济学常识可以推敲的地方是很多的。例如，西方经济学把资本看成物而不看成人与人的关系，不认识或故意抹杀资本与生产资料的区别，把资本看成永恒的范畴。而事实上，资本反映着一种特定的生产关系，资本积累有自己固有的规律。社会主义社会确实有资金积累问题，在日常生活中，我们有时也把资金说成资本。但是在研究经济问题时，在把经济范畴当做科学范畴而不是日常生活语言应用时，则应该看到资本主义社会的资本和社会主义社会的资金的区别。这不是玩弄名词概念，而是为了科学地认识客观经济规律。事实上，资本主义国家积累资本和社会主义国家积累资金在性质、原则、方法、途径以及后果等方面都是有所区别的。研究收入分配时也必须看到这一点。

关于"公平与效率孰先孰后"的提法，其含义也并不精确。前面曾说人们对公平有各种不同的理解。对公平理解不同，对公平与效率孰先孰后的认识也就不同，提出的解决办法也就不同。其实，公平与效率孰先孰后的问题首先是从资本主义经济生活中提出来的。资本主义社会存在着资本家剥削工人的阶级对抗，这既不公平，也妨碍提高效率。为了解决这个问题，西方经济学提出了公平与效率孰先孰后之类问题。十分明显，由于生产关系不同，社会主义并不存在资本主义社会那样的公平与效率孰先孰后的问题。这当然不是说社会主义社会不存在类似的问题。例如，由于平均主义作祟，也会出现所谓的公平与效率的矛盾。但这仅是类似而已，问题的内容和性质是不同的。经济学作为一门科学，要在类似中看到区别，以便抓住每个问题的特殊性，透过现象看到本质。把一些表面类似而实质不同的问题归纳在一起，这并不能把科学推向前进。如果因此而模糊了问题的实质，就更不符合科学的要求了。所谓每个国家都面临着公平与效率孰先孰后选择之类的抽象提法，是否能把我们对于社会主义分配问题的研究推向前进呢？我认为还是把问题提得更具体一点为好。

文章说："国民收入分配机制多种多样，概括起来，不外乎市场分配机制、政府分配机制、伦理道德分配机制。"这方面的分析，在西方经济学中是常见的，其中有些是似是而非的。文章说，"政府分配的优点在于它能较多地考虑社会公平，从多收入阶层向低收入阶层转移收入，从而有利于社会安定"；"政府分配的最大缺陷在于不利于效率提高"。作者这里是从世界范围论述问题的。但是，难道世界上所有国家的政府分配都有上述优点和缺陷吗？国家和政府是有阶级性的。君不见，不少国家的政府横征暴敛，劫贫济富！再说，也不是所有的政府分配都不利于效率提高。问题在于：政府是按照什么原则进行分配的，是按照资本主义原则，还是社会主义原则，还是封建主义原则，还是平均主义原则，等等。按照不同原则进行分配，后果是不同的。问题还在于，分配关系是生产关系的一个方面，归根到底是受所有制关系制约的。离开生产关系来谈政府分配，不仅难以正确认识分配问题，也难以正确认识政府分配。

作者还说：伦理道义分配机制"是按'良心'办事、遵守'有福同享、有难同担'的原则。越是落后的社会，伦理道义分配机制所起作用就越大"。根据这种说法可以推论：奴隶社会、封建社会比资本主义社会落后，所以奴隶社会、封建社会更加按"良心"办事，遵守"有福同享、有难同担"的原则。这样的结论显然是不符合事实的，是错的，也不可能是作者的本意，但却是作者的理论必然导致的结论。这也说明，对于西方经济学理论必须抱分析的态度，而不能照抄照搬。

这里的一个关键问题是要坚持以马克思主义为指导。马克思主义科学社会主义理论是我们建设社会主义的指导思想。我们在社会主义分配问题上已经取得了丰富的经验，这是在马克思主义指导下取得的，由此概括出来的科学理论又丰富和发展了马克思主义，指引着我们进一步研究和解决社会主义建设中出现的问题。所以，在研究当前的分配问题时，我们在理论上应该以马克思主义关于分配问题的一系列科学理论（包括我们党的一系列已被实践说明为正确的方针政策）为依据。这和借鉴西方经济学理论并不矛盾。过去我们完全否认当代资产阶级经济理论的科学性，这是错误的。但是也要看到，资产阶级经济理论是有阶级性的，是为资产阶级和资本主义制度服务的，这种阶级性不可能不影响科学性。我们只有以马克思主义为指导，提高鉴别能力，才能正确对待西方经济学理论，从而有利于研究问题，促进经济科学的发展。

关于社会主义经济运行的几个问题[*]

《经济研究》1986 年第 2 期发表的文章《效率优先、兼顾公平——通向繁荣的权衡》（以下简称《权衡》），是探讨社会主义经济运行的目标和机制问题的。读后很有启发，也感到有些提法值得商榷。

一 关于"效率优先、兼顾公平"的提法

《权衡》一文认为，新中国诞生以后我们一直选择的是"公平优先于效率的目标"，而"结果均等、公平优先的传统目标选择在实践中已走到了它的尽头"，现在应该改变目标序列，把效率目标放在首位，实行"效率优先、兼顾公平"。在这里，作者既对我国过去经济运行的目标选择作出了评价，又对今后的目标选择提出了方向。这些意见是否都符合实际情况呢？

为了弄清作者提出来的问题，首先要弄清楚什么是效率和公平。在西方经济学中，效率一般是指资源的有效配置，公平一般

    * 原载《经济纵横》1990 年第 8 期。

是指社会成员收入的均等化。但西方经济学家对效率和公平的内涵也有争论。我们且不说关于效率的争论。对于公平，即使理解为社会成员收入的均等化，那么在社会主义社会里，这种均等化既可能是实行按劳分配的结果，也可能是实行平均主义的结果，还可能是采取其他措施的结果。人们有必要弄清楚，公平究竟是指按劳分配，还是指平均主义，还是指其他什么内容，而在这篇文章中，公平的内容往往是含糊不清的，这就不能不影响文章论点的科学性，甚至导致谬误。

文章所说的公平有时是指按劳分配原则。作者说："在社会主义制度建立以后的最初阶段，这种公平原则不仅不与效率原则相矛盾，甚至它本身还是迅速提高社会经济效率的某种现实条件，公平原则所激发出来的空前热情和英雄主义，曾经为社会经济的发展提供了巨大动力。"这里说的公平原则就是指按劳分配原则。作者还明确说过，效率优先原则是与社会主义按劳分配的要求密切联系着的。如果公平是指按劳分配，那么与效率绝不矛盾，又怎么能说"传统选择严重削弱了经济系统的动力结构"、"导致经济活动的严重衰退、经济效率的普遍低下"呢？还要指出，按劳分配不仅适合于"社会主义制度建立以后的最初阶段"，而且适合于整个社会主义阶段，是整个社会主义阶段消费品分配的主要原则。所以，如果公平是指按劳分配，那就既不能说过去选择是"公平优先于效率的目标"，也不能说今后要实行"效率优先、兼顾公平"的选择。

文章所说的公平有时也指保障人民群众的基本生活需要。作者提到新中国成立以来我国人民的基本生活需要得到了保障，并提出今后应当建立各种社会保障制度，尤其是要建立职工失业保障制度。这些意见是完全正确的。但是，如果把公平理解为保障人民的基本生活需要，也就不能说过去的选择"不能继续适应社会主义的进程"。众所周知，社会主义生产的目的是满足人民日益增长的物质文化需要，所以，社会主义社会必须保障人民群众的基本生活需要。这样做，实现公平和提高效率也是一致的，一般不存在公平与效率孰先的问题。当然，我国的保障制度和办法需要不断改进，但这也不是根本改变目标选择的问题。作者提出今后必须坚持以下社会主义公平原则：第一，不允许贫富差别过于悬殊而导致两极分化。第二，必须坚持团结互助、合作原则。第三，维护社会稳定和安全，包括保障社会成员的基本需要和福利水平。第四，坚持社会利益优先的原则。显然，就这四点而言，所谓公平和效率都是统一的，不发生孰优先孰兼顾的问题。

文章说的公平有时又指机会均等。文章说："社会主义平等观的真正要义是机会均等。"作者强调他们主张的机会均等和资产阶级所说的机会均等不同，"在社会主义平等观看来，所谓机会均等，无非是一切能使个人自主活动能力得到充分发挥并由此取得成就的机会，诸如就业、致富、受教育的机会、参与民主管理的机会、合作的机会、直至参政的机会等等，均向每个社会成员开放着"。这里不拟讨论机会均等问题，但应该指出，作者也认为自己主张的机会均等和效率并不矛盾，那么，如果把公平理解为这种机会均等，再说什么效率优先、兼顾公平，又有什么意义呢？如果公平是指资产阶级鼓吹的机会均等，那就不应兼顾而是应该反对的问题了。

文章所说公平有时则是指平均主义。文章说："历史的原因曾决定了我们对社会主义平等内容的特殊理解和对公平的特殊偏好。以新的理论形式表达的平等原则，实质上是全体社会成员地位平等基础上的结果均等（即社会财富分配方面的平均主义），在一段时期内这曾被作为经济生活中的普遍原则。"作者还说：过去目标选择是"优先注重平均主义公平"。这里明确把公平和平均主义等同起来，因而引起更多问题。第一，平均主义在民主革命时期就是反动的，在社会主义时期更只能起破坏生产力的作用。而作者又说"这种历史的选择曾经带来了伟大的历史进步"，这不是逻辑矛盾吗？第二，过去一段时期内我们确实犯过平均主义错误。但是说新中国建立以后目标选择一直"优先注重平均主义公平"，则是不符合实际情况的。第三，说新中国"以新的理论形式表达的平等原则实质上""是社会财富分配方面的平均主义"，也是违背事实的。新中国的经济建设是以马克思主义为指导的，而马克思主义明确认为社会主义社会应该实行按劳分配原则。即使"文化大革命"中也未能在理论上动摇这个原则。所以，如果要说社会主义时期平等（姑且用这两个字）原则的理论形式的话，那么这也是按劳分配而非平均主义。第四，马克思主义历来反对平均主义。如果把公平当做平均主义理解，那我们决不能兼顾而只能反对这种公平。在这个意义上，"效率优先、兼顾公平"的提法就不只是含糊，而是错误了。

以上分析表明，当运用西方经济学关于公平与效率谁先谁后的理论来分析我国经济问题时，有必要思索一下，这个问题的含义是什么，实质是什么，怎样提出来的，对不同社会制度的国家和不同时期有什么特殊意义。事实上，公平与效率谁先谁后的问题首先是从资本主义经济生活中提出来的。资产阶级对无产阶级的剥削既不公平，也妨碍提高效率，资产阶级经济学关心这个问题，提出了种种理论。有的评论家说："资产阶级经济学家舍去特定的资本主义生产关系，虚构所谓平等和效率的交替，似乎资本主义社会中或者存在着平等；或者虽然效率下降了，但却可以换取较高的平等；或者通过某种措施，可以使平等与效率两者兼顾。凡此种种，都是对资本主义制度的美化。"① 我认为这个评论是正确的。我们在研究社会主义经济问题时决不能不看到社会主义生产关系的作用。

在一定意义上，社会主义社会也有公平和效率的关系问题，但它和资本主义社会存在的问题在内容和性质上都有区别。社会主义社会在生产资料公有制基础上实行按劳分配，这就消除了资本主义社会那种不公平现象的根源，有利于提高效率。因此，从理论上（也就是本质上）说，社会主义社会并不存在资本主义社会那种公平与效率谁先谁后的问题。当然，在社会主义社会如何处理所有制关系、交换关系、分配关系以及其他种种关系，使之有利于发展生产力和提高经济效益，确实还有大量问题需要研究。所以，在一定意义上提出公平与效率的关系问题，也是可以和必要的。不过一定要把问题提得具体一些，包括对过去的经验教训要有明确的是非界限，对当前的情况和问题要作具体的调查分析。如果笼统地提出公平、平等之类的问题，至少是不利于具体地研究和解决问题的。

其实，马克思主义历来是反对笼统地谈论公平、平等之类的问题。马克思曾讥笑"平等的权利"和"公平的分配"等说法是"陈词滥调"②。恩格斯曾说侈谈平等"只能引起思想混乱"③。列宁曾说平等是"一个引起很大分歧的"问题，"不能永无止境地重复它"④。他们当然也不是一概反对谈论这些问题，事实上他们对这些问题作过极其深刻、极其精辟的分析，不过他

---

① 厉以宁、吴易风、李懿：《西方福利经济学述评》，商务印书馆 1984 年版，第 568 页。

② 《马克思恩格斯选集》第 3 卷，人民出版社 1972 年版，第 13 页。

③ 同上书，第 31 页。

④ 《列宁选集》第 3 卷，人民出版社 1972 年版，第 837 页。

们总是具体地谈论这些问题。马克思主义经典作家反对抽象地谈论公平、平等的论述，至今也是有重要指导意义的。

　　研究社会主义经济问题应以马克思主义为指导。在社会主义经济运行目标等问题上，马克思主义是有系统的并经过实践检验的科学理论。在研究这些问题时，尤其应该以马克思主义的基本原理为指导思想。建设社会主义会面临许许多多新问题，这些问题马克思主义没有作出而且也不可能作出现成的答案，要求我们去研究，并从中发展马克思主义。在这个过程中，借鉴西方经济学是完全必要的。但是，我们不能置已经为实践证明正确的马克思主义基本原理于不顾，而去搬弄西方经济学中未经证实的或已被证明为错误的理论，这样做不仅不能把我国的经济科学推向前进，而且不利于现实问题的解决。马克思说过："既然真实的关系早已弄清楚了，为什么又要开倒车呢？"① 这个问题也值得我们想一想。

二　关于把市场机制引入工资决定

　　《权衡》一文认为，为了实现效率目标，主要任务是建立社会主义市场体系，并特别强调开辟劳动市场、改革工资制度的重要性。文章说："在传统目标选择的制约下，我们几乎完全把工资作为福利手段来运用"，"为了真正把工资从福利手段中分离出来，就必须割断它与企业效益之间的联系。对工资制度的改革应当与健全劳动力市场的任务结合起来，一切工作岗位都应向市场开放，劳动者应通过择业竞争获得就业机会。这就要求就业政策和劳动人事制度相应变动。而工资改革的方向就在于使工资接

---

　　① 《马克思恩格斯选集》第 3 卷，人民出版社 1972 年版，第 13 页。

受市场机制的调节，使它反映劳动力市场上的供求关系，从而反映劳动的边际生产率。不如此，工资就不能成为服务于效率目标的经济杠杆之一。"文章作者主张打破"大锅饭"，允许劳动力的合理流动，改革退休保险制度，建立职工失业保障制度，这些都是正确的。在一定条件下一定范围内建立劳动力市场，也是必要的。但是，文章对于劳动力市场、工资制度改革方向和目标的设想远远超出了这些要求。作者的设想是否有科学根据，是否切实可行，实行起来会导致什么结果，都是要认真研究的。

第一，建立什么样的劳动力市场？《权衡》一文作者主张一切工作岗位都应向市场开放，劳动者应通过择业竞争获得就业机会，并主张改革就业保障制度，用失业保障制度来代替它。这是主张完全依靠劳动力市场来解决我国的劳动就业和劳动需求问题，劳动力分配不再由计划调节而由市场调节，劳动者不再有就业保障因而有失业风险。作者设想的这种市场，在资本主义国家确实是存在的。但是这种市场模式是否完全适用于我国？在社会主义制度下，劳动者是社会和生产资料的主人，理应有劳动就业的权利。还不可忘记，争取劳动就业权曾是工人阶级长期斗争的目标，所以社会主义国家应有就业保障制度。我国当前的"铁饭碗"制度确实应该改进，失业保障制度也应该建立，但是，改进"铁饭碗"制度和建立失业保障制度并不一定要求废除就业保障制度。而且，适应发展社会主义有计划商品经济的要求，劳动力的分配也主要由计划调节，如果完全由或主要由劳动力市场调节，这不仅不符合社会主义计划经济的要求，也不利于提高经济效益。

第二，怎样决定工资水平？《权衡》一文关于"使工资接受市场机制的调节"、"反映劳动的边际生产率"的意见的实质是什么？有一篇文章说得比较明白。那篇文章说："国民收入是各种生产要素（劳动、资本、土地）共同作用的结果。现应在各种要素供给者之间进行分配。在市场机制下，各要素所得（即工资、利息利润、地租）占国民总收入的比重由要素的供求关系决定，劳动力的供求关系决定工资、资本的供求关系决定利息、土地的供给决定地租。""要素的供求关系决定的要素收入，实际上就是要素的边际生产率（均衡价格），它准确地反映了各种要素的相对稀缺程度以及它们之间在生产上的替代关系，从而有利于平衡资源、提高资源的使用效率。"① 可见，这是主张社会主义的工资决定要以资产阶级的边际理论为依据。众所周知，这种边际理论是反对劳动价值论和剩余价值论的。很多西方经济学家也不赞同这种理论，认为它缺少科学性，也难以在实践中应用。既然如此，又怎么可以轻率地要求按照这种理论决定社会主义工资呢？而且，社会主义制度下如果劳动者失去了就业保障，必须在劳动力市场上通过择业竞争获得就业机会，加上工资由劳动力供求来决定，在这种情况下，劳动者也就变成了单纯的劳动力出卖者。这和资本主义社会里劳动者出卖劳动力，和资本主义制度下的劳动力商品，还有多少区别呢？

第三，一切工作岗位都向市场开放意味着什么，会导致什么结果？对此，有一篇文章回答得比较明白，就是认为应该打开大门，让农民进城，形成城乡统一的劳动力市场。这篇文章说："打开大门可以充分发挥简单劳动力年限供给的优势，扩大企业的选择空间，用农民的竞争抑制结构性消费膨胀。"②《权衡》一文所说的"一切工作岗位都应向市场开放"，也蕴涵着这样的主张。我认为这种主张似也根据不足，至少现在不能说它是正确和

---

① 《世界经济导报》1985 年 12 月 9 日。

② 同上。

可行的。就城乡之间劳动力的流动来说，必要的流动确实是应该允许。但要求像西方国家那样打开城市大门，则应该认真研究。在我国当前条件下这样做将给城市和农村带来什么影响，给整个国家带来多少负担，这种影响和负担现在是否承受得了？在这个问题上，其他国家的经验教训很多。只有在充分研究这些经验教训并和我国实际情况结合起来以后，才能得出比较正确的答案。

第四，把市场机制引入工资决定能否抑制消费基金膨胀？《权衡》一文和其他有的文章对此都持肯定的回答。有一篇文章说："让剩余劳动力进入就业竞争，是从根本上抑制消费基金膨胀，抑制工资总水平持续上升的机制性选择。"① 我认为在这个问题上也要避免把结论下得过早。在作结论前，至少要研究以下问题：首先，要研究我国的市场情况。我们知道，只有在竞争性的市场上供过于求才能使价格下降。我国即使建立了劳动力市场，这种劳动力市场的结构和功能如何，现在也难确定，有待分析研究。其次，要研究我国消费基金膨胀的主要原因。我认为近几年消费基金膨胀的根本原因在于企业行为机制发生了变化，即一方面扩大了权限，另一方面又没有实行自负盈亏。还有一个重要原因是生产建设存在过热现象。因此，克服消费基金膨胀首先和主要的是要从这些方面努力。如果企业行为机制（这涉及整个经济体制）和宏观管理问题没有很好解决，单靠开放劳动力市场未必一定能抑制消费基金膨胀。再次，要研究农民进城给消费基金带来什么影响。即使保证农民进城能抑制城市职工工资增长，但是农民变成工人后无疑会较大幅度地增加收入。从这个方面看，对消费基金的增长将不是起抑制作用而是起助长作用。又次，要研究西方国家的经验。西方国家存在着城乡统一的劳动力

---

① 《世界经济导报》1985 年 12 月 9 日。

市场，而有的国家有时（包括存在失业的情况下）也存在工资增长过快和消费基金膨胀现象。可见问题远非像有些人想象的那样简单，似乎只要劳动力市场上供过于求，工资就能下降。还要指出，如果市场机制果真使职工工资水平和消费水平下降了，那么这又会导致什么后果呢？应该如何处置呢？这些问题也是应该考虑的。

第五，工资能不能和企业效益挂钩？《权衡》一文认为，近年来消费基金的膨胀已表明工资与效益挂钩不是改革工资制度的好办法，主张割断工资与企业效益之间的联系。这个意见值得商榷。工资与企业效益如何挂钩，确实也是没有解决的问题，尤其目前价格体系不合理，利润等指标不能准确反映企业的经济效益。而在价格体系基本合理以前，这个问题是难以十分圆满和彻底解决的。但是，这决不是说工资不能和企业效益挂钩。事实上，现在有些企业在工资奖金和企业效益挂钩上已取得了成绩，提供了有益的经验。而从理论上说，按劳分配和等价交换是有区别的。社会主义企业之间存在着等价交换关系，企业内部职工之间则是按劳分配的问题。社会主义企业作为商品生产者，市场供求状况、价格高低无疑会影响它的收入，从而也影响职工的工资。在这个意义上，价值规律也影响社会主义职工的工资。但社会主义职工的工资直接而且主要是由按劳分配决定的，决不是由价值规律直接决定的。这里存在着社会主义社会和资本主义社会职工工资决定的根本区别，不可忽视。《权衡》的作者似乎忽视了这种区别，因而按照资本主义社会职工工资模式来设想社会主义的工资模式，这样也就难免不同意工资和企业效益挂钩了。至于作者说过去我们几乎完全把工资作为福利手段来运用，这也不完全符合事实。尽管我们的工资工作有待改进的地方甚多，但是怎么可以完全否认我国社会主义企业中的工资差别反映着按劳分配的要求呢？作者认为使工资接受市场机制的调节就能实现效率目标，认真研究一下资本主义国家的历史，就能知道，这也是把问题看得过分简单了。

三 关于经济运行机制的转换

《权衡》一文说："与效率和公平这两类目标相联系，可以把经济运行机制分为动力机制与稳定机制这两种类型，前者主要是市场机制，如价格（包括利率、工资），后者则主要是国家的调节关系，如税收、转移支付。"还说："效率目标与市场动力机制是为主，公平目标与社会稳定机制是为宾，无论如何不可喧宾夺主。"作者的看法似乎是，市场机制只有利于效率目标，稳定机制只有利于公平目标，或者说，只有市场机制才有利于效率目标，只有国家调节才有利于公平目标。我认为，如果真这样看问题，是不符合社会主义经济运行的真实情况的。我提出以下几点意见。

第一，不能忽视增强企业活力这个经济体制改革的中心环节。要在经济运行机制转换的过程中，紧紧抓住国家和企业的关系问题，使企业真正成为独立的经济实体，成为自主经营、自负盈亏的社会主义商品生产者和经营者。《权衡》一文着重谈了价格改革、工资改革、金融改革等问题，这些方面的改革都是必要的。但文章没有谈到使企业自主经营、自负盈亏的问题，我们当然不能要求在一篇文章中把什么问题都谈到，但应该看到，如果不抓住企业改革这个中心环节，那么价格、工资、金融等改革即使有所进展，也难以建立起理想的动力机制。事实上，企业不实行自主经营、自负盈亏，不成为商品生产者和经营者，价格改革、工资改革、金融改革等也难以健康地进行下去。当然，企业实行自主经营、自负盈亏需要一个过程，这就更要求我们重视这个问题，真正把它作为改革的中心环节，不断地把这个过程推向前进。

第二，不能忽视计划工作的地位和作用。社会主义经济是计划经济，改革经济体制，绝不是放弃计划经济，而是要改进计划经济的运行，这除了要充分、正确地发挥市场机制的作用外，还要改进和加强计划工作。我们强调发展社会主义商品经济，而社会主义商品经济的主要特征之一是计划性。正如《中共中央关于经济体制改革的决定》（以下简称《决定》）中所说："即使是社会主义商品经济，它的广泛发展也会产生某种盲目性，必须有计划的指导、调节和行政的管理。"《权衡》一文作者在详细论述机制转换时没有适当提及应该加强和改进计划工作，我认为这也是文章不足的地方。应该看到，如果不加强计划的科学性，不努力改进计划工作，社会主义经济也是很难健康运行并达到预期目标的。

第三，不能对经济运行机制的转换要求太高，也就是不能对一定时期内经济体制改革的目标要求过高。经济体制改革是个不断发展的过程，其中必然会出现一些阶段。为了搞好改革工作，也有一个处理好不断改革和改革阶段的问题。《权衡》一文提出"一切工作岗位都向市场开放"，劳动者"通过择业竞争获得就业机会"，"工资接受市场机制的调节"，除少数产品外"其他产品的价格均应放开"，等等，这些主张都远远超过了《决定》中提出的要求。我并不是说不可以提出超过《决定》中规定的目标，事情总是发展的，在实现《决定》的过程中，必然会对其中的内容有很多充实和发展。问题在于提出新的目标时必须考虑是否有科学根据，是否切实可行，以及是否有要求过多过急的地方。如前面所说，此文的有些主张至少现在还不能说有了充分的科学根据。我认为，在一个很长的时期内，改革的任务应是实现《决定》规定的目标。要为实现这个目标扎扎实实地努力，包括扎扎实实地从事研究工作。人们当然可以而且应该研究更远时期的任务，但是务必注意路要一步一步走。圆满地实现《决定》中规定的任务绝非轻而易举的事。等这些任务实现了，我们在社会主义商品经济的运行上有了更多的经验，再去具体设想以后的事情，作出的结论才会有较多的把握，也才可能使社会主义经济体制更加向前发展和更加趋于完善。和生产建设问题一样，在经济体制改革问题上也要注意防止要求过高和不断加码，坚持既积极又稳妥的方针。

我还要附带对所谓社会主义经济"两难境地"或"两难困境"的提法谈点看法。《权衡》一文开头就说：效率和公平"这两类不同的目标和价值判断准则，在实际生活中无疑存在着矛盾，往往使社会主义的经济决策陷入两难境地。"在处理经济问题和进行经济决策时，我们有时确实会遇到两面为难的情况，在这个意义上，提出和分析社会主义经济的两难境地问题是必要的。但在这样提问题时也要注意：第一，想一想问题是怎样产生的，是由于根本制度的原因还是由于具体制度或政策措施或思想认识的原因。我们不应给人一种错觉，似乎社会主义经济存在着本身难以解决的矛盾。第二，想一想资本主义社会的情况如何，在这个问题上如何对社会主义制度和资本主义制度进行比较。也不应该给人一种错觉，似乎社会主义社会存在着两难困境，而资本主义社会倒是不存在，或者比社会主义社会容易解决这类问题。第三，想一想各派理论主张怎样解决这些问题。也不应给人一种错觉，似乎资产阶级经济学对这些问题有科学的认识和有效的处方，而马克思主义经济学似乎是束手无策。讨论效率和公平的文章，有的确实给人这种印象：社会主义制度存在两难处境并难以解决，资本主义社会对这个问题解决得比较好，解决这个问题要以西方经济学为依据。这当然是一种错觉，因为它完全不符合事实。理论分析和历史进程都表明，从本质上说，社会主义制度比资本主义制度优越得多，资本主义社会存在着本身难以彻底解决的矛盾，如生产社会化和资本主义占有的矛盾，而社会主义社会则不存在这种矛盾。所以，如果说到两难困境，那么资本主义社会才真的存在很多两难困境，因为在资本主义范围内是难以从根本上摆脱这种困境的。

科技进步和企业改革[*]

一 怎样理解科学技术是第一生产力

邓小平同志1988年在一次讲话中说："马克思说过，科技是生产力。事实证明，这话讲得对。依我看，科技是第一生产力。"邓小平同志后来又说："科学技术是生产力，而且是第一生产力。"邓小平同志关于"科学技术是第一生产力"的论断，有重大的理论意义和现实指导意义。

应该怎样理解科学技术是第一生产力呢？这个问题包括这样一些内容：科学技术是第一生产力和科学技术是生产力有什么不同含义？为什么说科学技术是第一生产力？科学技术是第一生产力的论断对马克思主义有何意义？对我国社会主义现代化和经济改革有何意义？

生产力有哪些要素？人们对这个问题的认识是不断深化的。有人曾提出二要素论，认为只有劳动者和劳动工具才是生产力要素。后来又有人提出三要素论，在前面两个要素以外加上劳动对

　＊　原载《中国社会科学院研究生院学报》1992年第3期。

象。而马克思早就说过生产力"当然包括科学在内"①，并说"另一种不需要资本家花钱的生产力是科学力量"②。这样生产力就有了四要素。大家知道管理也是一种生产力，现代生产没有管理不可能存在和发展。这样生产力就有了五要素。

这些要素在生产力中的地位和作用是变化的。对于经济增长和劳动生产率提高，开始是劳动力起主要作用，后来劳动工具起主要作用，有时也有劳动对象起主要作用以及管理起主要作用的情况。而随着科学技术的发展，科学技术对经济增长、劳动生产率提高的作用越来越受到人们的重视。

科学技术是生产力的含义是：科学技术是生产力的一个要素。科学技术是第一生产力的含义是：科学技术是生产力中最重要的要素。所以，这两个命题的含义是不同的。前一个命题是后一个命题的基础，后一个命题发展了前一个命题。

科学技术有一个发展过程。人类社会形成以后的漫长时间里，可以说不存在科学技术。后来科学技术萌芽和发展起来，但很长时间里没有成为生产力的独立要素。在第一次技术革命（以利用蒸汽机为标志）以后，科学与生产劳动相分离，有了相对独立性，开始对生产起重要作用。马克思说科学也是生产力，指的就是这种情况。第二次技术革命（以利用电力为标志）以后科学技术的作用更大了，科学技术也更加独立了。可是，直到第三次技术革命（以利用原子能、电子计算机、宇航技术、生物工程为标志），科学技术才成为生产力中最重要的因素，成为第一生产力。

---

① 马克思：《政治经济学批判大纲（草稿）》第 3 分册，人民出版社 1963 年版，第 350 页。

② 马克思：《政治经济学批判大纲（草稿）》第 4 分册，人民出版社 1964 年版，第 25 页。

科学技术作为第一生产力，其主要作用表现在以下一些方面：

1. 对经济增长起主要作用。据计算，发达国家技术进步对国民收入增长的贡献，在 20 世纪初是 5%—10%，到 70 年代一般达到 50%—70%。美国经济学家认为，促进生产率增长最重要的因素是技术创新，30 年代以后美国生产率增长的三分之二可以直接或间接归之于技术创新的贡献。

在提高劳动生产率方面，技术创新比资本或人力资源起更重要的作用，资本和活劳动投入对经济增长的作用逐年下降，国外一些研究的结果表明，资本对生产的贡献在 18%—42% 之间，劳动力素质的贡献在 10%—18% 之间，技术的贡献最低为 40%，最高为 72%。

2. 科技走到了生产的前面，由"生产—技术—科学"变为"科学—技术—生产"。从前技术发明主要来自生产经验的总结，科学在这个基础上发展起来。后来随着科学实验的出现和大规模进行，科学开始走在前面，出现先有科学发明，然后有技术创新，然后用之于生产的现象。原子弹、电子计算机、航天飞机以及许多药品的发明都属于这种情况。

3. 科技变成生产力的进程大大加快。从科学发现到实验室中试验再到工业投产的时间不断缩短。有人统计，蒸汽机从发明到应用花了 100 年（1680—1780 年），电动机从发明到应用花了 57 年（1829—1886 年），汽车从发明到应用花了 27 年（1868—1895 年），飞机从发明到应用花了 14 年（1897—1911 年），电视机从发明到应用花了 12 年（1922—1934 年），集成电路从发明到应用花了 3 年（1958—1961 年），激光器从发明到应用花了 1 年（1960 年）。

4. 科技队伍大大扩大。从事科学技术的人数不断增加，而且队伍发展很快。在发达国家，从事科学技术工作的劳动者（所谓"白领工人"）超过在物质生产部门从事一般体力劳动的劳动者（所谓"蓝领工人"）。我国目前各类科技工作者的总数已超过 2000 万，发展速度也是相当快的。

总之，近几十年来，科学技术对经济增长的影响越来越大。正是总结了当代经济发展和科技发展的特征和规律，邓小平同志提出了科学技术是第一生产力的科学论断。

为什么马克思没有说科学技术是第一生产力？这是因为，马克思在世的时候，科学技术还没有达到第一生产力的地位，没有起到第一生产力的作用。马克思是 1883 年去世的，马克思在世时还没有汽车，没有飞机。电灯刚有，电灯泡是 1879 年发明的，马克思去世时还只在很少地方试验。电话也刚有，电话是 1876 年发明的，无线电则到 1902 年才发明出来。马克思更没有见过，也不可能知道电视机、原子弹、电子计算机。马克思在世的时候科学技术尚未成为第一生产力，他当然得不出这样的结论。

令人惊奇的是，马克思在当时条件下对科技的作用作出了极高的评价。他曾指出：固定资本的发展已表明科学成了直接的生产力，力学是大工业的真正科学的基础。他还说：对科学的估价，总是比它的价值低得多。恩格斯曾说：没有一个人能像马克思那样，对任何领域的每个科学成就，不管它是否实际应用，都感到真正的喜悦。事实确实如此。

邓小平同志提出"科学技术是第一生产力"的论断，是在新的历史条件下，对马克思主义关于科学技术学说和关于生产力学说的丰富和发展。他深刻揭示了科学技术对当代生产力发展和社会经济发展的第一位变革作用，对我国社会主义现代化建设有极其重要的意义。

新中国成立以来我国科学技术取得了重大成就，对生产建设发挥着重要作用。但是，它还未达到第一生产力的地位和作用。80 年代我国科学技术对经济增长的贡献约为 30%，我国经济增长主要还是靠资金和劳动力投入。正是由于这种情况，我们更要重视科学技术，促使它尽快成为第一生产力。这样做也是可能的。因为在我国有的产业和企业中科学技术已起了第一生产力的作用，特别是我国社会主义制度有很多优越性，我国作为后进国有可能较快地学到发达国家的先进科学技术。只要我们实行正确的路线方针政策，不懈地努力，就能在较短时间内使科学技术在我国也成为第一生产力。

现在世界上竞争十分激烈，各个国家都在努力提高自己的综合国力。而科技竞争力则是综合国力的核心。提高科技竞争力已成为全球关注的重点，各国政府都在采取措施努力发展科学技术，包括增加科技投入，加强民用产品的研究开发；调整科技政策，加强宏观管理；在高技术上加强合作研究，共同对付竞争对手。有些工业发达国家采取的具体政策措施有：（1）制定法律法规，促进企业发展；（2）增加科技经费，调整投资结构；（3）实行优惠的税收政策，扶持企业发展；（4）采取适当免税政策，让企业建立投资储备发展基金；（5）采取优惠措施，鼓励科技人员向企业流动；（6）设立相应机构，负责研究开发工作。

这种情况既是给我们的机遇，也是对我们的挑战。我们应该急起直追，尽快缩短与发达国家科技上的差距。

二　企业在科技成为生产力中的作用

江泽民同志在中国科协第四次全国代表大会上的讲话中说："要在中央和地方各级政府增加科技投入的同时，积极引导企业和社会增加科技投入，逐步使企业成为技术开发的主体。"他说的使企业成为技术开发的主体极其重要，是我国当前刻不容缓的任务。这既是加快科技进步的迫切要求，也是搞活国有大中型企业的迫切要求。为了实现使企业成为技术开发主体的任务，应该研究企业在科技成为生产力过程中的地位和作用。

发挥科技对生产力的作用可以分为两个方面：一是发展科学技术事业，即在科学技术上进行创新；二是使科学技术变为生产力，就是使科技新成果在生产中运用。第一方面的任务，主要是由科技研究机构承担的；第二方面的任务，主要是由工业企业承担的。科技研究机构，尤其是技术开发机构，也在科技成为现实生产力中发挥作用，例如，有些科学实验室也制造和生产一些产品，但这毕竟是少数。而很多工业企业尤其是大中型企业则不仅搞生产，而且搞科技，不仅搞应用研究、技术开发，甚至还搞基础研究。科研机构搞生产，有时也是必要的，但作为常规，生产不是它的责任，搞多了甚至可以说是不务正业，不符合科技从生产中独立出来的要求，也不利于科技事业的发展。而企业搞科研，是在企业内部建立科研机构，既有利于生产，也不违背科技和生产分工的原则。所以，从科研机构和企业的任务来看，科技本身的进步主要靠科研机构，科技变成生产力则主要靠企业。而企业在科技成为现实生产力的两个方面都起着重要作用。

从世界各国经济发展的历史看，现代科技首先是由企业促使其转化为生产力的。以美国为例，美国现代工业科研开始于19世纪80年代，最早的工业科研实验室是由爱迪生于1876年创建的，从事电灯的研究。为了使科研成果应用到生产实践中去，爱迪生成立了一个电灯公司。19世纪末，洛克菲勒、卡内基、摩根等财团建立了许多实力雄厚的垄断公司，它们纷纷开办工业研究实验室以进行工业创新研究。据估计，20世纪初美国已有50多个工业实验室。其中著名的有：1900年建立的通用电气公司实验室，1902 年建立的杜邦公司实验室，1904 年建立的美国电话电报公司实验室，1912 年建立的伊斯曼—柯达公司实验室。一些工业研究实验室相继创造了许多新技术和新产品，如电话自动交换机、交流电动机、电动汽车、实验飞机、三极真空管、电动洗衣机、塑料，等等。有人评论说："20 世纪初，各大公司所建立的实验室对美国现代科技发展起着决定性的作用。大公司实验室的巨大成果使汽车制造业、建筑业、钢铁工业、飞机制造等加工工业和重化学工业迅速发展起来。"[①] 我认为这个论断也反映了其他一些经济发达国家企业在科技成为生产力中的作用。

我们也不能忽视政府对科技成为生产力的重要作用。例如在美国，其工业科技进步主要是由企业承担的，但政府也起着不可忽视的作用。尤其在第二次世界大战后，随着国家不断加强对经济的干预，政府对科学技术工作的调节也从对私人科研单位给予一定的协调和资助，发展到直接出面主持庞大的科研项目，兴办国家科研机构和制定适应于国家经济发展的战略目标和科技政策。"国家逐渐变成了发展科学技术的主要组织者和科研经费的主要提供者"[②]。不过，美国工业科技进步的任务仍主要是由企业承担的。

有些国家例如德国和日本的工业化过程中，政府一开始就在经济领域和科技领域起着明显和重要的作用。但是，即使在这些国家，工业科技进步仍主要是由私人企业承担的。

第二次世界大战以后出现的一些新兴国家和地区，其科技进

[①]　崔维：《科技教育与美国经济发展》，北京师范大学出版社 1990 年版，第 38 页。

[②]　同上书，第 59 页。

步和科技转变为生产力走着另一条道路，就是依靠政府来领导工业技术开发。韩国就属于这种情况。由于私营企业力量单薄，韩国在工业化的初期，不得不由政府开办一些中介机构来促进工业技术开发，这是与发达国家不同的道路。不过，后来私营企业力量壮大了，有条件进行技术开发了，技术开发的任务也主要由企业承担了。

企业成为工业技术开发的主体看来有其必然性。首先，企业有必要进行技术开发，这样才能增强自己的竞争力，在激烈的竞争中取胜。其次，企业具备条件搞技术开发，在资金设备、人才等方面企业都有较好的从事技术开发的条件。再次，企业是生产经营单位，科技成果必须通过企业才能成为大量生产的产品，独立的科研单位也要依靠企业才能使科技成果成为现实的生产力。又次，政府对科技的作用也必须通过企业来发挥，使科技变成生产力。

企业在科技成为生产力中的作用，从各国研究开发经费的使用和来源情况也反映出来。表1、表2是几个国家和地区研究开发经费使用和来源的情况：

表1　　　　　研究开发经费使用情况　　　　单位：%

国家和地区 部门　　　年份	美国 1987	日本 1986	西德 1983	亚洲 "四小龙" 1985	印度 1984	中国 1987
一般性服务部门 （研究机构）	18.0	9.1	12.8	26.3	73.8	54.4
高等院校	9.0	19.9	15.6	11.4	0.2	15.9
企业部门	73.0	66.6	71.5	62.3	26	29.7

资料来源：《中国与各国（地区）科技实力比较分析》，第26页。

表2　　　　　　　研究开发经费来源情况　　　　　　单位:%

国家和地区 部门 年份	美国 1987	日本 1985	西德 1985	亚洲"四小龙" 1985	印度 1986	中国 1987
政府部门	49.4	21.0	37.6	33.4	88.1	60.9
企业部门	47.3	68.9	60.9	65.4	11.9	39.1
其他	3.3	10.1	1.5	1.2		

资料来源:《中国与各国（地区）科技实力比较分析》，第26页。

由以上数字可知，美国、日本、西德等经济发达国家和亚洲"四小龙"等新兴国家和地区，研究开发经费使用中都是企业的份额最大，约占三分之二甚至四分之三，尽管这些国家和地区研究开发经费的来源情况各不相同，政府的份额最大的将近一半，有的约占五分之一。不论从经费的使用还是从经费的来源看，这些国家和地区企业所占份额都远大于中国，中国的情况与印度相仿。以上情况说明我国企业在科技进步和科技成为生产力中的作用亟待加强。

三　我国企业技术开发的现状和问题

在传统体制下，我国技术开发走的是依靠政府的道路，即主要依靠政府部门主办和主管的研究院所从事工业技术开发工作，企业技术开发不受重视。当时这样做有其客观原因，对科技进步也起了积极的推动作用，功不可没。不过，这样做也带来了很多问题，尤其是不利于企业技术开发工作，越来越妨碍技术迅速进步和经济顺利发展。党的十一届三中全会以来在科技改革方面的一个重点就是要改变这种状况，促进企业的技术开发工作，逐步使企业成为技术开发的主体。

1985 年 3 月通过的《中共中央关于科学技术体制改革的决定》指出：在组织结构方面，要改变过多的研究机构与企业相分离，研究、设计、教育、生产脱节，军民分割、部门分割、地区分割的状况，大力加强企业的技术吸收与开发能力和技术成果转化为生产能力的中间环节，促进研究机构、设计机构、高等院校、企业之间的协作和联合，并使各方面的科学技术力量形成合理的纵深配置。

其实，早在 1981 年 2 月国家科委党组《关于我国科学技术发展方针的汇报提纲》中，就提出必须加强厂矿企业的技术开发和推广工作，提出"厂矿企业的科学技术工作是一个薄弱环节，全国几十万个企业和广大农村，它们的技术进步和技术改造，决不可能只是依靠少数研究机构"。"只有在厂矿企业里，广泛开展技术革新、积极采用新技术，提高产品质量，加速产品更新换代，才能使企业不断获得技术进步，不断提高竞争能力，迅速适应市场变化，迅速增加经济效益"。提纲还指出：要鼓励和组织科研机构、高等院校等各方面科学技术力量，积极支援厂矿企业的技术研究工作。这种工作可以采取接受委托任务、合作研究以及建立各种形式的科研生产联合组织等形式。有的科研机构也可以同生产企业合并。

1987 年国务院作出了《关于推进科研设计单位进入大中型工业企业的规定》。《规定》中要求：大中型企业和企业集团必须有起作用、靠得住的技术开发机构。可以充实自己已有的，也可以与现有独立院所、高等院校建立相对稳定的协作关系，但目前主要吸收现有独立院所进入企业。

经过企业建立充实开发机构和科研院所并入企业，大中型企业开发机构不断增加。到 1990 年，在 1.35 万户大中型企业中，有 7289 户企业设立了专门的技术开发机构,占全部大中型工业企业的 54.1%,比 1989 年提高 1.5 个百分点。这些企业共有技术开发机构 8116 个,比 1989 年增加 901 个,平均每百户大中型工业企业拥有技术开发机构 60 个。

企业技术开发机构已促进了企业技术开发工作,新产品开发带来了显著的效益,技术的引进、消化、吸收以及用微电子技术改造传统产业也取得了进展。但是当前企业技术开发工作也还存在不少问题。据有关部门的材料,主要问题有:

1. 尚有近半数的大中型工业企业没有建立技术开发机构,企业技术开发工作仍未提到应有的重要地位。已有的企业技术开发机构也有待充实完善。在 8116 个企业办技术开发机构中,约有三分之一未能发挥作用,有的是徒有虚名。

2. 企业技术开发人员有减少的趋势。1989 年大中型工业企业中的技术开发人员由 1988 年的 79.7 万人,下降到 77.9 万人,减少了 1.8 万人,占全部职工的比重由 1988 年的 3% 下降到 2.74%;从事技术开发工作的工程技术人员占全部工程技术人员的比重也由 1988 年的 24.65% 下降到 22.98%。1990 年,大中型工业企业中从事技术开发工作的人员又减少到 77.1 万人。

3. 企业技术开发活动缺乏横向联系。1989 年,7215 所企业技术开发机构中,单个企业独立办的有 7039 所,占 97.6%;企业合办和与高等院校、研究院所合办的只有 124 所,占 1.7%。在 34999 个技术开发项目中,有 33143 个项目是在企业内部独立进行的,占全部项目的 94.7%。在 123.8 亿元技术开发经费支出总额中,企业用于横向联合的技术开发经费支出只有 2.3 亿元,仅占 1.9%。在这种"小范围、低层次、封闭式"的环境下发展的技术开发活动难免出现信息不灵水平不高等现象,难以发挥现代科技对经济发展的巨大推动作用。1989 年在完成的 17100 个技术开发项目中，达到国际 80 年代水平的项目只有 963 项，仅占 5.63%。

4. 企业科技投入强度下降。1990 年大中型工业企业技术开发经费支出总额为 133.1 亿元，比上年虽增长 7.5%，但按每个企业平均计算，比 1989 年减少 2.49 万元，下降 2.49 个百分点。从大中型工业企业技术开发经费的收入强度看，近几年也是连续下降的。技术开发经费支出额占当年产品销售投入的比重，1988 年为 1.56%，1989 年为 1.44%，1990 年为 1.38%。而在工业化国家中，企业技术开发经费支出额占产品销售收入的比重一般在 3% 以上。据计算，我国大中型企业达到这个比例，1990 年需增加经费投入 155.6 亿元，是已有投入的 1.2 倍。

值得指出的是，我国不仅在企业技术开发上存在许多问题和困难，而且企业总的技术状况也是令人担心的。据调查，近 10 年来，就大中型骨干企业技术状况而言，关键设备、关键工艺经过全面改造的约占 15%—20%，局部改造的占 50% 左右，尚未改造的占 30% 左右。小型企业技术改造的程度还要更低，工艺落后、设备陈旧的状况相当普遍。例如，辽宁省 900 多家大中型工业企业中，600 多家是 50 年代以前建厂。现有设备中，50 年代和以前制造的占 30% 以上，80 年代的占 10%。大中型企业固定资产净值为原值的 64%。该省设备达到国际先进水平的仅占 7.2%，达到国内先进水平的占 18.3%。鞍山钢铁公司和大连造船厂有的重型设备早就超过了役龄。当年鞍钢人引为自豪的 10 座高炉、24 座平炉、23 组轧机，都已经需要进行彻底的技术改造，而改造又遇到很多困难。

四　怎样促使企业科技进步

我国应该怎样加快工业技术开发、促使科技成为第一生产力呢？对此有不同的主张。一种主张是逐步使企业成为技术开发的主体，为此要深化企业改革，使国有企业成为真正的商品生产者和经营者。另一种主张是继续走依靠国家搞技术开发的道路，由政府分批对重点企业进行技术改造，虽然也帮助企业解决一些困难，但是不是使国有企业成为商品生产者和经营者，不是使它们成为技术开发的主体。

我赞成前一种主张。如前所说，党中央已经明确了企业应该成为技术开发的主体，这是符合经济发展和科技发展的历史经验和客观规律的，也是符合我国当前的实际情况的。为了逐步使企业成为技术开发的主体，党和政府已制定了一系列方针政策。我们应该坚决贯彻这些方针政策。

在新中国成立之初，国有企业还不具备成为技术开发主体的条件，当时只能主要依靠政府和政府主办主管的研究院所搞工业技术开发。但经过几十年的建设，尤其经过10多年的改革，现在国有大中型企业一般都已具备了进行技术开发的条件。有些企业已经在工业技术开发中取得了累累硕果。

根据一些企业的经验，大中型企业的科研部门从事应用技术研究和工业技术开发有一系列有利条件和优越性。一是企业搞技术研究开发能从生产最需要的角度提出课题和选择课题，并可根据各种情况的变化灵活调整，使之与生产最紧密地结合起来。二是科研成果转化为直接生产力需要经过中间试验，同时需要新的投入，企业在中间试验和增加投入上都有较好的条件。三是科研成果转化为生产力要寻求最好的机会，企业能在经营过程中找到这种机会。四是企业搞技术研究开发有利于同国家研究机构、产业研究机构以及大专院校合作。总的来说，企业搞科技将有利于贯彻科学技术面向经济建设、经济建设依靠科学技术的方针。

我国企业技术开发面临的种种困难，其原因是多方面的。而最根本的是体制问题，就是企业还没有摆脱传统体制的束缚，没有成为自主经营、自负盈亏、自我发展、自我制约的商品生产者和经营者。加上负担过重等等原因，企业不仅搞技术研究开发困难，有的甚至连维持简单再生产也困难。

根据对 14 个省区 193 户国营工业企业调查，1989 年企业纯收入（实现利税）95.36 亿元，分配情况是上缴各级政府 79.77 亿元，占 83.6%；归还专项贷款 9.72 亿元，占 10.2%；企业实际留利 7.87 亿元，占 8.2%。1989 年企业实际留利比 1986 年的 10.66 亿元（占 12.6%）下降 26.2%，人均实际留利从 1986 年的 1122 元下降到 742 元，下降 34%。其中人均留利 1000 元以上的 65 户，占 33.7%；600—1000 元的 30 户，占 15.5%；不足 600 元的 98 户，占 50.8%。人均留利不足 300 元的 65 户，占 33.7%，连职工医药费都不够。这种留利过少的现象，是国有企业仍受传统体制影响的集中表现。

我国企业的税负与国外比较也过重。国外企业的流转税一般占企业利润的 20%—30%，有的还低于 20%（如美国为 17.9%，日本为 17.1%）。而我国企业缴纳的流转税一般占其纯收入的 50%—60%。1988 年预算内工业企业流转税占其实现利税总额的 54%，1989 年上半年高达 61%。再从所得税看，1988 年我国企业所得税率为 55%，英、美最高的所得税率为 35%，日本是 37.5%，韩国是 33%，新加坡是 35%。我国企业缴纳所得税后还要缴 5%—25% 的调节税，企业留利还要交 15% 的能源交通建设基金以及建筑税，等等。此外还要购置国库券，重点建设债券。有人估计企业的实际负税率在 80%—90%，大大高于国外企业 30%—40% 的税负水平。

我国喊了多年的折旧问题迄今仍未解决。现行固定资产折旧制度不仅固定资产分类不合理，折旧计算方法单一，而且规定的折旧年限很长，平均达 19 年。很多企业还不按规定提足折旧，实际折旧率更低。全国平均折旧率可以到 6%，实际上只有 5.3%。折旧基金还被大量挤占挪用，真正用于企业更新改造的只有 40% 左右。加上重置价格与账面价值严重背离（据抽样调查，前者为后者的 1.98 倍），这种固定资产折旧政策，实际上是一种吃老本的政策。据测算，国营企业一年少提折旧约 440 亿元。

当前阻碍企业科技进步的根本问题是企业缺少技术进步的强大动力和压力，企业干好干坏都能生存。由于企业不会破产，竞争也威胁不到企业的生存，甚至不影响有些企业的利益。加上企业缺少自主权，促进科技进步的新机制仍未形成。为了促使企业科技进步，当务之急是深化改革，使企业真正成为自主经营、自负盈亏的商品生产者和经营者。

我们主张企业应该成为技术开发的主体，决不意味着可以忽视政府的作用。我们实行有计划的商品经济，既要发挥市场机制的作用，也要发挥计划机制的作用，而且要在计划指导下发挥市场机制的作用。科技进步由于其特殊性，计划的作用和政府作用更为重要。经验表明，政府干预科技进步至少有以下理由：（1）有些科技产业，企业筹集不到必要的资金。（2）有些面临国际竞争的产业，其科技进步需要政府支持。（3）有些对整个社会有利的产业，需要政府支持其技术进步。（4）基础研究投资回收期长，需要政府支持。（5）不能直接导致技术发展的基础科学需要政府支持。（6）农业中个体经济需要政府支持其技术进步。（7）有些技术会带来不良后果或需要外在成本，也要求政府干预。

大专院校和政府主办或主管的研究院所也要继续在企业科技进步方面发挥作用。政府主办主管的研究院所曾是我国发展科学技术的骨干力量，是国家高技术和重点攻关项目研究和开发的主力军。自1984年科技体制改革以来，这些院所的改革虽然取得了一定成绩，但也出现了一些新问题。特别是由于改革拨款制度，科研经费和事业费部分或大部分取消，使得这些院所要通过横向联合、设计市场、自办生产企业和承揽短平快项目求得自身的生存和发展。而横向联合的对象大都是中小型企业和乡镇企业，开发的是一般技术和低水平技术，长此下去将导致科研设计水平的降低。现在国家计划任务仅占科研院所全年任务的20%—30%，设计单位的10%。这些院所的储备性、基础性科研项目显著减少，技术储备日益枯竭，科研设计后劲严重不足，高新技术发展困难重重。如何克服这些困难，进一步发挥它们的作用，是值得重视、研究的问题。

　　总之，我们要通过深化改革，使企业成为工业技术开发的主体，同时要发挥政府和大专院校的作用，处理好企业、政府、大专院校的关系，并使计划和市场的作用有机结合起来，促进科技进步，增强企业活力。

关于国有企业产权的几个问题[*]

——兼论所有制是目的还是手段

随着我国企业改革的深入，明确企业产权越来越成为一个突出问题。江泽民同志在党的十四大报告中说：转换国有企业特别是大中型企业的经营机制，就要"通过理顺产权关系，实行政企分开，落实企业自主权，使企业真正成为自主经营、自负盈亏、自我发展、自我约束的法人实体和市场竞争的主体，并承担国有资产保值增值的任务"。李鹏同志在八届人大一次会议上所作政府工作报告中也指出："国有企业的改革，关键是政企分开，理顺产权关系，使企业真正成为自主经营、自负盈亏、自我发展、自我约束的法人实体和市场竞争主体。"党中央和国务院都把理顺产权关系当做国有企业改革的重要问题，这是完全正确和必要的。不过，目前对于国有企业产权问题还有种种不同的看法，本文拟就有关的几个问题，谈些不成熟的意见，向读者请教。

---

* 原载《中国工业经济研究》1993 年第 7 期。

一　明确国有企业产权有什么意义

我体会，江泽民同志和李鹏同志讲的理顺国有企业的产权关系，都包括明确企业产权的内容。这就是要承认企业对自己经营管理的财产有所有权。国家对国有企业的财产当然有所有权，而国有企业对自己经营管理的财产也应有所有权。我们可以把前者称为最终所有权，把后者称为法人所有权。现代企业制度中所有权分割为最终所有权（股权也是一种最终所有权）和法人所有权的现象已经比比皆是。这种所有权分割和两权分离的原则奠定了现代企业制度正常运行的基础。国有企业实行这种所有权分割，才有可能成为真正的商品生产者和经营者，国家所有制也才能找到自己恰当的实现形式。

但是，有些同志不赞成明确企业产权。他们有的说明确企业产权是没有必要没有意义的，有的说这样做违背坚持国有制的原则，会带来各种消极后果。因此，他们只把保证国家的财产所有权作为理顺产权关系的内容，而反对把明确企业法人所有权也作为理顺产权关系的内容。我认为这种看法是不全面的。

承认国有企业的财产所有权是否有必要和有意义呢？我认为，当前经济生活中的大量事例说明这是很必要和很有意义的。例如，改革以来我们一直强调扩大企业自主权，但困难重重，阻碍不少。原因很多，而企业没有财产所有权是一个重要原因甚至是根本原因。因为，经营权即使从所有权分离出来以后，也还是决定于所有权的，国有企业作为法人没有财产所有权，企业自主经营就没有基础，更难做到使企业普遍自主经营。又如，现在国有企业真正做到自负盈亏的极少，其根本原因是企业没有财产所有权。企业自负盈亏就是企业用自己的财产承担全部盈亏责任，其前提和基础是企业有自己的财产。如果国有企业财产只属于国家而不属于企业，那就仍只能由国家统负盈亏而不能由企业自负盈亏。可见不明确企业产权，绝难实现企业自负盈亏。再如，国有企业的很多短期行为也同企业产权不明确有内在联系。短期行为是企业不能自我约束的表现，而在企业既不自主经营又不自负盈亏的情况下，是很难做到自我约束的。可见，企业产权也是企业自我约束的基础。

有人说只要使企业成为利益主体就能使企业自我约束，企业有无产权无关紧要。殊不知，有各种各样的利益主体，虽然企业没有财产所有权也可以成为利益主体，但企业作为商品生产者和经营者，必须是有财产所有权的利益主体，这样的企业才能真正自主经营、自负盈亏、自我约束、自我发展。再如，国有企业不仅受到政府的不必要干预，而且受到其他机关单位的不必要干预，例如，向企业搞摊派的就不只是政府，有的地方人人都吃企业这块"唐僧肉"，国有企业像是"见人低一等"。这种现象说明企业缺少独立性。而企业产权也是企业真正独立的基础和条件。为什么世界上很多国家的企业有独立性，不受政府和其他任何机构的非法干预和摊派？其根本原因在于企业的财产是独立的，即企业有自己的财产。我国国有企业要真正独立，也必须解决财产权问题。

概括起来，明确国有企业产权至少有以下意义。（1）为企业自主经营建立财产基础。（2）为企业自负盈亏提供财产基础。（3）为企业自我制约奠定经济基础。（4）使企业能够以利润为经营目标。（5）使企业有改进经营管理的强大动力。（6）使企业有加快科技进步的强大动力。（7）使企业有提高经济效益的强大动力。（8）使企业成为有财产权的利益主体。（9）使企业成为真正独立的市场竞争主体。（10）为企业的真正独立奠定财产基础。

明确企业产权也是改革国有企业制度使之适应市场经济的基础工作。改革以来我们强调改革经营方式，而没有着力于改革企业制度，这是国有企业改革进展不快的一个重要原因。企业经营方式和企业制度是既有联系又有区别的。企业经营方式指企业归谁经营和如何经营，企业制度则包括产权制度、政企关系、经营目标、自主权限、盈亏责任、会计制度、劳动制度、分配制度、领导制度、破产制度、法律形式等内容，其中产权制度则是企业制度的基础。过去我们只是以所有权和经营权可以适当分离为理论依据，在肯定传统国有制实现形式的前提下着重改革经营方式，没有触动传统的产权制度，从而使企业仍没有自己独立的财产，难以自负盈亏，难以政企完全分离，甚至连文件已规定的经营自主权也难以落实，传统国有企业制度的其他许多特征也保留了下来。这个教训，今后重塑国有企业制度应该认真总结和吸取。

承认国有企业的财产所有权会不会破坏国家所有制呢？我认为不会。因为，我们是在坚持国家对国有企业财产有最终所有权的条件下承认企业作为法人对财产有所有权的。大家知道西方公司制度既承认公司法人的所有权，又同时承认股东的最终所有权。在我们社会主义国有企业的场合，就是国家成了股东，国家所有权的实现形式变了，国家所有制仍坚持着。有人说，承认企业产权能瓦解国家所有制。这种说法没有充分的科学根据。迄今为止，国有企业的产权仍不明确，但国家财产流失极其严重而且普遍，可见当前国家财产受侵蚀并非由于承认了企业产权。恰恰相反，只有明确了企业产权，再做好其他必要的工作，真正把国有企业搞活搞好，国有经济才能健康发展，从而也才能彻底解决国家财产严重流失的问题。应该说，在社会主义市场经济条件下的国有企业中，国家的最终所有权和企业的法人所有权是互为条件、互相制约的，一损俱损，一荣俱荣。只承认国家的产权而不承认企业的产权，国家财产的保值增值问题也难以解决。

有的同志认为承认企业产权会带来分化甚至剥削。这种看法也要分析。这里讲的是承认国有企业的财产权，由此当然会加剧企业之间的竞争，有些企业将会破产。但这不正是我们实行社会主义市场经济所要求的吗？竞争中优胜劣汰即使带来企业的分化，也不会带来剥削。要知道国有企业的财产所有权是企业作为法人的财产所有权，并非个人所有权。可见我们必须把明确国有企业产权和实行私有化严格分清，切不可把它们混为一谈。

有一个问题值得思考：企业作为法人有自己的财产所有权，这本来是天经地义的事，为什么我们承认这件事却非常困难呢？我想，一个重要原因是：传统社会主义国有（营）经济中企业确实没有财产所有权。存在决定意识，久而久之，人们就认为这是正常状态，否认企业法人所有权倒是天经地义了。更深刻的原因可能是：在社会主义国家里，过去只有国家的财产所有权是神圣不可侵犯的，不仅个体经济、私有经济要改造，集体经济也要向国营经济过渡，而且一度认为向单一的全民所有制过渡是越早越好，越快越好。这样，又怎能承认国有经济中有企业财产所有权呢？

二　国家所有制怎样和市场经济相容

今年某单位招考经济学博士生的一道试题是：国家所有制和市场经济是否相容？很多考生的答案是不加任何条件地认为两者相容。说国家所有制和市场经济可以相容是正确的，但是这种相容是有条件的，而不是无条件的。认为不要任何条件国家所有制和市场经济都相容，这样回答问题严格说来是不正确的。

马克思、恩格斯设想的未来社会里，单一的社会所有制和市场经济是不相容的。恩格斯在《反杜林论》中有句名言："一旦社会占有了生产资料，商品生产就将被废除，而产品对生产者的统治也将随之消除。"斯大林分析这段话说："在《反杜林论》的另一个地方，恩格斯讲到占有一切生产资料，讲到'占有全部生产资料'。这就是说，恩格斯在他的公式中所指的，不是把一部分生产资料收归国有，而是把一切生产资料收归国有。"因而，恩格斯认为："在这样的国家中，在把一切生产资料公有化的同时，还应该消除商品生产。"斯大林认为"这当然是正确的"①。现在看来，斯大林的分析和结论仍是正确的。在只存在单一社会所有制（如单一的国家所有制）的情况下，整个社会成为一个管理处，成为一个工厂，商品生产确实将被消除，市场经济也就不存在了。有些马克思主义者的错误在于设想现在（或者早已）在有些国家具备了社会占有一切生产资料的条件，而不在于认为社会占有一切生产资料后商品生产将被消灭。他们是前提错了，而不是前提推出结论的逻辑错了。

斯大林时期，苏联社会主义社会的所有制结构和马克思、恩格斯的设想已有很大不同。当时苏联除了全民所有制，还有集体所有制。全民所有制企业实行经济核算制，多少有一些独立性。这就是我们通常说的传统的社会主义经济体制。这种所有制结构同市场经济也是不相容的。因为全民所有制企业都是国有企业，它们实行统购包销，统收统支。不存在市场体系，企业也不是市场主体，市场机制对资源配置起的作用甚微，社会资源的分配是由计划即由政府决定的。斯大林在《苏联社会主义经济问题》

---

① 《斯大林文选》，人民出版社 1962 年版，第 578 页。

中承认消费品是商品，不承认生产资料是商品。如果从当时的所有制结构和经济体制出发，只能承认斯大林的分析和结论在逻辑上也是正确的。毛泽东同志对生产资料不是商品的论点有怀疑，但是他们都主张实行计划经济，这种计划经济和市场经济难以相容，当时大家是明确的，现在也不能否认。

改革以来，我国所有制结构和经济体制发生了重要变化。中共十二届三中全会通过的《中共中央关于经济体制改革的决定》（以下简称《决定》）中提出社会主义经济是有计划的商品经济，国有企业要成为相对独立的经济实体，成为自主经营、自负盈亏的社会主义商品生产者和经营者。这在理论上是一个突破，使我国经济体制改革进入了一个新的阶段，是不是就使国家所有制和市场经济相容了呢？事实证明，还是没有相容，看来这种不相容也有其必然性。市场经济是市场机制对资源配置起基础性作用的经济，而根据《决定》的要求，企业是相对独立的商品生产者和经营者。相对独立就是不完全独立，因此既做不到完全自主经营，更做不到真正自负盈亏。即使企业进入了市场，也不是真正独立的市场主体，形不成竞争性的市场体系。《决定》虽然强调发展商品经济，但又说"在我国社会主义条件下，劳动力不是商品，土地、矿山、银行、铁路等等一切国有的企业和资源也都不是商品"。既然如此，市场机制又怎样能够对资源配置起基础性作用呢？虽然一度曾提出"国家调控市场、市场引导企业"的方针，这是市场经济的要求，但不仅成效有限，而且很快就被"计划经济和市场调节相结合"的方针所代替。后一个方针实际上是坚持计划经济为主、市场调节为辅。这不符合市场经济的要求，但却并不违背社会主义有计划商品经济的原则。可见，社会主义有计划商品经济和社会主义市场经济是有区别的。当然，我们不能否认商品经济和市场经济的联系，但也不可忽视它们之间的区别。《决定》提出的国家所有制模式虽然可以和有计划商品经济相容，却仍不能和市场经济相容。

综上所述，国家所有制和市场经济决不是无条件相容的。怎样才能使国家所有制和市场经济相容呢？从原则上概括起来说，就是要打破整个社会的独家所有制，使社会上的众多企业成为有财产的真正独立的市场竞争主体，使市场机制对资源配置起基础性作用。前苏联和东欧的一些国家是用私有化的办法来实行市场经济，迄今为止它们还未取得成功。即使成功，由于国家所有制已为私有制所代替，也不能在理论上实践上解决社会主义国家所有制和市场经济怎样相容的问题。我国则主要从两方面采取措施：一方面，实行多种经济成分并存和相互渗透；另一方面，改革国有经济使国有企业成为独立的商品生产者和经营者。由于商品经济和市场经济之间没有不可逾越的鸿沟，改革以来尤其是党的十二届三中全会以后，我们积极发展商品经济，实际上已开始向市场经济过渡。党的十四大明确提出经济体制改革的目标是建立社会主义市场经济体制，在理论上实践上迈出了实行和发展社会主义市场经济的决定性步伐。由于我国是在坚持社会主义国有经济起主导作用的前提下实行市场经济的，所以我们在做前人没有做过的事业，探索把社会主义国家所有制和市场经济结合起来使之相容的道路。

从传统社会主义经济体制向社会主义市场经济体制过渡，不仅要改革传统的国家所有制形式，而且要发展多种经济成分。这样，才能打破整个社会独家所有制或独家所有制占统治地位的格局。这里最困难的是改革国有制企业，使它们绝大多数成为真正独立的市场竞争主体。为此，需要重塑国有企业制度，使这些企业具有市场经济条件下企业制度的一般特征。包括：（1）企业作为法人，对经营管理的财产有法人所有权。（2）企业完全独立，彻底割断与政府的行政隶属关系。（3）企业以利润为生产经营的主要目标。（4）企业完全自主经营，不仅有简单再生产的自主权，而且有扩大再生产的自主权。（5）企业完全自负盈亏。（6）企业有自主用工权，实行自由雇佣劳动制度和相应的社会保障制度。（7）企业自主分配，留利能保证企业扩大再生产的资金需要。（8）企业实行适应市场经济要求的财务会计制度。（9）根据有利于正确、及时决策的要求，实行董事会领导下的经理厂长负责制。（10）企业依法实行破产制度。建立这样的国有企业制度不仅在理论上是可能的，而且在西方国家的国有企业中已有先例。当然困难也很多，大家感觉到的主要困难是政企分开难，自主经营难，自负盈亏难。但最根本的难题则是如何在坚持国家所有权的条件下使企业有自己的财产。好在现代市场经济已为解决这个难题提供了经验和线索，这就是实行所有权分割，国家对其财产保留最终所有权，企业作为法人有法人所有权。有的同志说明确国有企业的法人所有权是一种制度创新，在一定意义上我也赞同这样说，不过严格来说这已不是我们的创新，因为所有权分割早已是普遍存在的历史事实。

为了建立适应市场经济要求的国有企业制度，还要找到一种恰当的企业组织形式。我认为，目前普遍实行的企业承包经营责任制不是一种恰当的形式。虽然企业承包制在改革中曾经起过积极作用，但由于它基本上没有摆脱而且不能摆脱企业对政府的行政隶属关系，因此难以做到政企分开和企业真正自主经营、自负盈亏。现行的企业承包制也没有解决企业产权问题，它和传统体制下的国营企业一样，产权是不明确的。看来股份制是重塑国有企业制度的一种可行形式。股份制企业具有独立于出资人的地位，可以使企业拥有法人所有权和成为真正的民事主体；企业的股东对企业债务承担有限责任，以出资额为限对企业债务承担责任；董事会受股东的委托管理企业，以全体股东的利益为经营目标。这样就可以使国有企业在国家有股权的前提下有法人所有权，成为财产所有者，为建立适应市场经济的现代企业制度奠定基础。除了股份制这一形式，当然还会有其他企业组织形式。它们都要有利于建立现代企业制度，尤其要有利于明确企业产权，有利于实行政企分开，有利于法人企业的独立，有利于改进企业经营管理。

有的同志会说：建立这样的国有企业制度岂非改变了国家所有制？我认为，既改变了，又没有改变。和传统的国家所有制相比，确实是改变了；但是由于国家对国有企业的财产有最终所有权，国家所有制依然存在着并且发挥着作用，所以又没有改变。其实所有制是不断变动的。马克思说过，所有权是生产关系的总和，所有制体现在生产关系的各个方面，经常变动是必然的。问题在于：国家所有制经过这种改变才能和市场经济相容，这是建立社会主义市场经济体制的要求，是解放生产力和发展生产力的要求。不作这种改变，社会主义国家所有制是没有出路、难以长久生存的。

发展非国有经济也是使国家所有制和市场经济相容的一个必要条件。有的同志认为，在单一国家所有制或国家所有制占统治地位的情况下，也能通过改革国有企业实行市场经济。这可能是一种不切合实际的想法。从我国改革的实践看，非国有经济的发展对市场的形成和发展起着极其重要甚至决定性的作用。这才为国有企业的改革提供了必要的外部环境和外部压力，使国有企业有条件也有必要走向市场。非国有企业天生的是商品生产经营者。迄今为止，它们的活力远远超过国有企业。很难想象，如果没有非国有经济成分的发展，我们的市场取向改革能取得如此巨大的成绩，商品经济能发展到目前的状况。人们常引用《公有制工业企业成功的决定因素》一书中的说法，认为国有企业面对竞争的程度、企业经营中财务自主和财务负责的程度、管理自主和管理责任制受到保障的程度是影响国有企业实绩好坏的三个主要因素。这种说法是有充分根据的。但应该注意的是，国有企业面对的市场竞争的程度很大程度上是决定于非国有经济发展和非国有企业之间的竞争的，亦即只有非国有经济成分的充分发展，才能创造出一个竞争环境，为发展市场经济和改革国有企业提供必要的条件。发展非国有经济也是促使国有企业改进经营管理的重要条件。多种经济成分并存，国有企业和非国有企业在产权上也会相互渗透，形成适合于现代市场经济的新的所有制结构和形式，进一步发展国家所有制，使之与市场经济达到水乳交融的地步。

多种经济成分并存是改革以来我们一直坚持的正确方针。在党的十四大明确提出社会主义市场经济以后，如何用社会主义市场经济理论来认识这样做的重大意义，尤其是认识发展非国有经济对改革国有企业并使国家所有制和市场经济相容的重大意义，也是一个值得重视的问题。

三　所有制是目的还是手段

改革社会主义经济体制的一个重要困难是思想认识方面的，其中明确国有企业产权遇到的理论和认识方面的阻力更多。所有制是不是手段，也是必须解决的一个认识问题。有些同志认为，改革经济体制可以调整国有制和非国有制以及公有制和非公有制的结构，但是不应改革公有制本身，尤其不应改革国有制。他们把传统的国家所有制看成是社会主义的目的，对之产生了迷信，认为承认国有企业的产权就是改变国家所有制的性质，也就是破坏社会主义的经济基础。他们迷信的是传统的社会主义经济体制下的国家所有制，实质上又是把所有制当成目的而不是当成手段。

我们记得有些同志曾经把计划当成目的，认为社会主义只能是计划经济，而不能是市场经济。他们找出种种理由反对社会主义市场经济的提法，尽管邓小平同志早就讲过："说市场经济只限于资本主义社会，资本主义的市场经济，这肯定是不正确的。社会主义为什么不可以搞市场经济，这个不能说是资本主义。"但有些同志仍是反对社会主义可以搞市场经济。直至邓小平在南方讲话中明确说，"计划多一点还是市场多一点，不是社会主义与资本主义的本质区别。计划经济不等于社会主义，资本主义也有计划；市场经济不等于资本主义，社会主义也有市场。计划和市场都是经济手段"，这才统一了认识，使这些同志也接受社会主义市场经济的提法。为了明确国有企业的产权，同样要弄清楚所有制是不是手段的问题。

我认为，国家所有制和计划一样是经济手段。从世界范围看，社会主义国家所有制是作为资本主义私有制的对立物而出现的。由于资本主义私有制已经阻碍生产力的发展，马克思主义主张在社会主义革命中建立公有制以解放生产力和促进生产力的发展。而在存在国家的情况下，全社会范围的公有制也就是国家所有制。可见建立国家所有制是为了促进生产力发展，发展生产力才是目的，国家所有制是一种经济手段。而且马克思主义经典作家都认为国家最终是要消亡的，国家消亡了，国家所有制也就不存在了。可见，即使从改变所有制这个角度看问题，马克思主义也没有把国家所有制当成目标模式。因此，对国家所有制产生迷信是完全没有理论根据的。

再从我国的实际情况看，国家所有制在新民主主义革命时期就出现了，不过范围和数量是比较小的。进入社会主义革命时期以后，由于大力发展国营经济，以及由于对资本主义工商业进行改造，国家所有制大大发展了。即使如此，非国有经济一直是大量存在的。经济恢复时期和"一五"时期，我国经济发展比较迅速顺利，这固然和国有经济发展有关，也和非国有经济包括非公有经济的发展有关。这些都说明国家所有制也是作为经济手段发挥作用的，根本目的则是发展生产力。在一段时间内由于搞又"大"又"公"，人为地扩大国家所有制的范围，严重影响甚至破坏了国民经济的顺利发展。这又从反面说明，如果把国家所有制看成目的，人为地扩大国家所有制，必将对生产力发展带来消极后果，人民生活也不可能得到不断改善和提高。而且，就是在传统社会主义经济体制下，国家所有制企业也有中央的国营企业、地方的国营企业之分，可见当时国家所有权也不是铁板一块，而是或多或少或明或暗地存在着所有权分割的现象。公私合营的企业中则还存在着国有制和非国有制相互渗透的情况。这说明中国的社会主义国家所有制也一直在变动着，而且由于其外延和内涵的变化，有时对发展生产力起着积极作用，有时则起着消极作用。它确确实实是一种经济手段，对它不应迷信，而应科学分析。

从人类社会发展的历史看，最根本的目的是发展生产力，改善人民的生活，包括所有制在内的生产关系主要是作为经济手段发挥作用的。所以，我们常说生产力是社会生产的内容，生产关系则是社会形式。形式的说法和手段的说法是相通的。为什么原始社会普遍实行原始公社所有制，奴隶社会普遍实行奴隶主所有制，封建社会普遍实行封建主所有制，资本主义社会普遍实行资本家所有制？难道不正是因为这些所有制形式是有利于当时生产力发展的经济手段吗？马克思说："人们永远不会放弃他们已经获得的东西，然而这并不是说，他们永远不会放弃他们在其中获得一定生产力的那种社会形式。"① 马克思在这里也是把包括所有制在内的生产关系看做经济手段的。

有人会问：马克思主义是把所有制和生产关系看成不以人们的意志为转移的，怎么能把所有制看做经济手段呢？我认为，马克思主义确曾强调所有制和生产关系的客观必然性，例如马克思说过："人们在发展其生产力时，即在生活时，也发展着一定的相互关系；这些关系的性质必然（重点是引者加的）随着这些生产力的改变和发展而改变。"② 但这决不是说所有制和生产关系是不能选择的。事实上，从历史的长河看，人们是在不断选择所有制和生产关系的，举个明显例子，在资本主义农业发展过程中，曾经经历过劳役地租、实物地租、货币地租等阶段，这些地租形式的变迁就是当事人选择的结果，所谓不以人们意志为转移，是说选择的所有制形式是否有生命力，能否长期存在，最终不是决定于当事人的意志，而是决定于它能否促进生产力发展。例如，我国农村选择过互助组、初级社、高级社、人民公社、联产计酬等所有制形式。高级社取代了互助组、初级社，人民公社又取代了高级社，但它们不利于生产力的发展，没有生命力，最终被联产计酬取代了。联产计酬促进了生产力迅速发展，成了现在的普遍形式。可见，说所有制不以人们意志为转移和说人们选择所有制并不矛盾。说所有制的发展有其客观的必然性，和说它是经济手段，也不矛盾。

斯大林曾说：新的生产力以及同它相适合的生产关系的产生过程"不是人们有意识的、自觉的活动的结果，而是自发地、

---

① 《马克思恩格斯选集》第 4 卷，人民出版社 1972 年版，第 321 页。
② 同上书，第 325 页。

不自觉地、不以人们意志为转移地发生的。"① 在这里，斯大林把不以人们意志为转移同人们自发的、不自觉的活动等同起来，同人们有意识的、自觉的活动对立起来，我认为这是不正确的。生产关系既然是人们选择的结果，而人们选择的活动至少不是完全自发的、不自觉的。而且，随着社会生产力的发展和科学技术的进步，人们选择生产关系越来越自觉了，说它"不是人们有意识的自觉的活动的结果"，是不符合实际情况的。而究竟什么样的所有制和生产关系有生命力，能长期存在，则最终仍是不以人们意志为转移的。

既然所有制是发展生产力的手段，那么所有制就有一个选择问题，改革问题，创新问题，就应该使之有利于生产力的发展，而不要对任何所有制有迷信，不管对公有制还是私有制，都不要使它们神秘化。社会主义的所有制结构以公有制为主体，以国有制为主导，这有其客观必然性。但是在这个前提下，各种所有制的关系，国有制和其他公有制的内部结构及其实现形式，则还是要根据有利于发展生产力要求来调整和改革的。鉴于我国所有制结构和国家所有制形式都存在问题，所以不仅要调整所有制结构，而且要改革国家所有制，包括明确国有企业的产权，这样才能真正有利于生产力的发展。

我们搞革命、搞建设，最终都是为了发展生产力，提高人民生活。列宁曾说发展生产力"是社会进步的最高标准"②，这也是马克思的观点。毛主席也说过："社会主义革命的目的是为了发展生产力。"③ 可是正如邓小平同志所说："我们过去对这个问

---

① 《斯大林文选》，人民出版社 1962 年版，第 204 页。
② 《列宁全集》第 13 卷，人民出版社 1959 年版，第 223 页。
③ 《新华半月刊》1950 年第 4 号。

题不是完全清醒的。"① 因此，他一再强调："马克思主义的基本原则就是要发展生产力。"② "社会主义的任务很多，但根本一条就是发展生产力。"③ 他在南方讲话中进一步明确指出："社会主义的本质，是解放生产力，发展生产力，消灭剥削，消除两极分化，最终达到共同富裕。就是要对大家讲这个道理。"④ 衡量国家所有制搞得好不好，也要以此作为最根本的是非标准。

---

① 《邓小平关于建设有中国特色社会主义的论述（专题摘编）》，中央文献出版社 1992 年版，第 45 页。

② 同上书，第 46 页。

③ 同上书，第 47 页。

④ 同上书，第 51—52 页。

再论国有企业的产权问题[*]

　　我在《关于国有企业产权的几个问题》(见《中国工业经济研究》1993 年第 7 期,以下简称《几个问题》)一文中,论证了所有制也是一种经济手段的观点。此文摘要在 1993 年 7 月 13 日《光明日报》发表后,引起了学术界的关注,赞成者有之,反对者也有。《真理的追求》杂志有一篇文章指名批判这篇文章的观点"离开了党的十四大报告提出的(改革)目标模式","是一个拐弯抹角提出私有化但又避免公开提及私有化的理论"(以下简称"王文")^①。《当代思潮》杂志有一篇文章认为把所有制说成是发展生产力的目的的手段"完全是本末倒置","连起码的形式逻辑也不顾","是明目张胆地对人剥削人的社会制度的美化"^②。还有文章说这个观点"关系到是走社会主义道路还是走资本主义道路",是"一个大是大非

---

* 原载《中国工业经济研究》1994 年第 9 期。

① 王永祥:《只有私有化才能搞好市场经济吗?》,载《真理的追求》1993 年第 12 期。

② 郑之:《"所有制手段论"质疑》,载《当代思潮》1994 年第 1 期。

的原则问题"①，似乎在号召进一步批判。作为学术探讨，我由衷欢迎不同意见和批评，但是，这个属于常识性的观点竟引起如此尖锐的争论，倒是出乎我的意料。面对"批评家"的批评，我也不能不再说说自己的意见。

一　问题是怎样提出来的

"所有制也是一种经济手段"在一定意义上是"生产关系一定要适合生产力性质和水平"这一原理的另一种表述，这也是一个哲学（尤其是历史哲学）问题。不过我并不是从哲学提出这个观点的，而主要是从经济体制改革特别是国有企业改革提出这个观点的。企业改革是经济体制改革的中心环节，党中央和国务院一再强调，要通过深化改革，增强国有企业的活力。我长期从事经济改革和企业改革的研究工作，探索搞活搞好国有企业的途径。通过调查研究，我得出一个结论：为了使绝大多数国有企业成为真正的商品生产者和经营者，必须进行产权制度的改革，在坚持国家最终所有权的前提下，使企业有法人财产所有权。产权制度改革的顺利进行要求科学地认识所有制问题，包括明确所有制也是一种经济手段。因此，我提出了这个观点。

我们改革国有企业是从扩权让利开始的。1984 年党的十二届三中全会通过的《中共中央关于经济体制改革的决定》（以下简称《决定》）提出要使企业成为自主经营、自负盈亏的社会主义商品生产者和经营者，具有自我改造和自我发展的能

①　严思：《"公有制是手段论"质疑》，载《真理的追求》1994 年第 2期。

力，并强调要实行政企职责分开。《决定》中提出的这些企业改革目标，现在看来也是正确的。不过，仅仅实行扩权让利，是绝难达到目标的。《决定》提出所有权和经营权可以适当分开，主张国家有所有权，企业有经营权。这比过去由国家机构直接经营企业，无论在理论上、实践上都是极大的进步。但是规定企业只有经营权而没有财产所有权，企业是不可能自负盈亏、自我发展的，甚至难以真正自主经营。实行企业承包经营责任制的结果就证明了这一点。针对这种情况，有的同志早就提出国有企业不仅应有经营权，而且应有法人所有权，而国家则有最终所有权，并提出可以通过股份制改造国有企业。但这些意见长期未得到普遍认同。有些同志认为明确企业有法人所有权必将架空国有制，甚至会瓦解国有制，实现私有化。也有同志把股份制和资本主义等同起来，排斥这种财产组织形式。

　　1992年7月国务院颁布的《全民所有制工业企业转换经营机制条例》是一个具有重要意义的文件，它同过去有关文件相比有许多进步。例如，对企业的经营自主权作了更加具体详尽的规定，具体规定了厂长和职工对企业盈亏的责任，规定了政府在企业转换经营机制中的任务和责任。但是，这个文件仍没有解决企业产权问题，甚至没有明确提出这个问题。尽管各级政府认真贯彻这个条例，但是一开始就困难重重，难以保证实现企业转换经营机制的目标和要求。我在1993年上半年写的一篇文章中曾说："《条例》虽然规定企业要实行自负盈亏，但是只规定了厂长和职工对盈亏应负的责任，并未规定企业作为法人如何实现自负盈亏。""《条例》对保障国家的所有权是明确的，对企业的法人所有权则不明确，遵循的是国有企业只能有经营权、不能有所有权的两权分离理论。而企业没有财产权，又怎样自负盈亏呢？"我还认为："承认国家对财产的所有权和承认企业的法人所有权并不矛盾，这是现代企业制度已经解决了的问题。"①

据我所知，《全民所有制工业企业转换经营机制条例》制定的过程中是碰到了产权问题的，而且有过热烈的争论，由于认识未能统一，才回避了这个问题。怎样才能解决这个问题呢？我对此进行了认真的思索。联系当时和过去的情况，我认为人们对传统国有制形式存在着一种迷信思想。改革以前，它主要表现为把传统国有制看成是公有制的最高形式和最好形式，主张越"大"越好，越"公"越好，急于使集体所有制向全民所有制过渡；改革以后，它主要表现为不赞成改革传统国有制，先是坚持国有企业就是国营企业，后来不能不承认国有企业应该有经营权，但反对国有企业有法人所有权，不赞成改革企业产权制度，使国有企业成为有法人财产权的市场主体。因此，我认为，为了深化国有企业改革，明确提出和正确处理企业产权，关键之一是必须打破对传统国有制的迷信思想。

我还认为，人们对传统国有制的迷信，是同片面地把传统国有制当成社会主义的目的而不当成手段有内在联系的。邓小平同志 1992 年初视察武昌、深圳、珠海、上海等地时指出："计划和市场都是经济手段。社会主义的本质，是解放生产力，发展生产力，消灭剥削，消除两极分化，最终达到共同富裕。就是要对大家讲这个道理。"② 我体会，对所有制问题也应该这样看。因此，我在《几个问题》中说："社会主义国家所有制是作为资本主义私有制的对立物而出现的。由于资本主义私有制已经阻碍了生产力的发展，马克思主义主张在社会主义革命

---

① 参见《中国社会科学院研究生院学报》1993 年第 4 期。
② 《邓小平文选》第 3 卷，人民出版社 1993 年版，第 373 页。

中建立公有制，以解放生产力和促进生产力的发展。而在存在国家的情况下，全社会范围的公有制就是国家所有。可见，建立国家所有制是为了促进生产力发展，发展生产力才是目的，国家所有制是一种经济手段。而且马克思主义经典作家都认为国家最终是要消亡的。国家消亡了，国家所有制也就不存在了。可见，即使从改变所有制这个角度看问题，马克思主义也没有把国家所有制当成目标模式。"这里需要补充的是，由于国家所有制也有多种模式，现在更没有理由把传统国有制当成目标模式。

　　我写《几个问题》主要是为了说明改革传统国有制的必要性，改革国有企业产权制度的必要性，因此，我强调所有制是经济手段这个方面，并对我接触到的不同意见和问题作了说明。例如，我简要地从人类社会发展的历史说明了所有制也是作为经济手段发挥作用的，从我国新民主主义革命史和社会主义革命史说明了所有制也是一种经济手段，我还说明了所有制是手段的观点符合马克思主义，并分析了所有制不以人们意志为转移和所有制可以选择两个观点的关系。所有制问题还有其他重要方面，例如，所有制是生产关系的基础，所有制决定人们的地位和利益，所有制是生产关系的总和，社会主义生产关系的基础是生产资料公有制，生产力决定生产关系，等等，马克思主义有科学的理论，我们党和政府也有明确的方针。我是在肯定这些理论和方针的前提下研究问题的。我说过所有制有一个选择问题、改革问题、创新问题。"批评家"说我是主张任意选择所有制，是主张私有化。而公正的读者可以作证：我在那篇文章中是明确把发展生产力作为选择所有制的标准的。而且，我的文章中提出的改革传统国有制企业制度的目标模式，是同后来党的十四届三中全会确定的现代企业制度一致的。

二　争论的焦点是什么

有些同志把主张所有制是经济手段的观点概括为"所有制是手段"论或"所有制手段"论，有的论者径直把这一理论作为"私有化理论"批判。为什么把所有制看成是发展生产力的一种经济手段就是主张私有化呢？这也是使我非常纳闷的问题。所有制是不是一种经济手段，当然可以争论，事实上也有不同意见。但这个问题本身毕竟是个学术问题。因为所有制是经济手段这个命题既可以用来为私有化服务，也可以用来为公有化服务，也可以用来为以公有制为主、多种经济成分共同发展的方针服务，等等。它是一个中性的命题。

使我纳闷的问题的答案可以在有些批判文章中找到，这就是有些人不赞成社会主义国有制要适应市场经济的要求进行改革，他们不赞成改革公有制的提法，更不赞成改革国有制的提法，认为谁主张改革公有制或改革国有制，谁就是主张破坏公有制、国有制，主张实行私有化。由此出发，他们也不赞成改革传统的国家所有制，就像我指出的那样，在所有制问题上，他们只赞成调整所有制的提法，但是不赞成改革公有制，更不赞成改革国有制。党的十四届三中全会以前他们这种意见表述得很明确。党的十四届三中全会提出建立现代企业制度，确认了改革传统国有制的必要性和方向。这种意见也就不便表达了。不过，"王文"还是把这种意见曲折地表达出来了。

我在文章中曾提出：为了使国家所有制和市场经济相容，必须"打破整个社会的独家所有制，使社会上的众多企业成为有财产的真正独立的市场竞争主体，使市场机制对资源配置起基础性作用。""从传统社会主义经济体制向社会主义市场经济体制过渡，不仅要改革传统的国家所有制形式，而且要发展多种经济成分，打破整个社会独家所有制或独家所有制占统治地位的格局。这里最困难的是改革国有制企业，使它们绝大多数成为真正独立的市场竞争主体。为此需要重塑国有企业制度，使这些企业具有市场经济条件下企业制度的一般特征。""王文"没有正面回答传统国有制要不要改革的问题，但是说了如下一段话："有人认为'不仅要改革传统的国家所有制形式，而且要发展多种经济成分，打破整个社会独家所有制或独家所有制占统治地位的格局。'这里所谓打破国家所有制占统治地位的格局，显然就是打破国家所有制在整个国民经济中的主导地位或主体地位，这无疑就离开了党的'十四大'报告提出的目标模式。""显然，这是一种不便公开提出的、改头换面的私有化的主张。"可见，在作者看来，主张"打破整个社会主义独家所有制或独家所有制统治地位的格局"就是主张私有化，这说明作者是不赞成"打破整个社会独家所有制或独家所有制占统治地位的格局"，也就是不赞成改革传统的国家所有制的。

要不要打破整个社会独家所有制或独家所有制占统治地位的格局，或者说要不要改革传统的国有制？我认为这是争论的焦点。

所谓整个社会独家所有制，是指这样一种国家所有制模式，即整个国家、整个社会是一个大工厂。马克思主义经典作家曾经设想过这种模式。实现这种模式，所有的企业都成了工厂的车间，国家计委成了工厂的计划科，财政部成了财务科，物资部成了供应科，商业部成了销售科，各个专业部成了生产科，整个社会实行指令性的计划经济，统收统支，统购统销。显然这里是排斥商品生产和商品交换的，甚至个人消费品也不是商品，是通过分配而不是通过交换实现的。这种所有制格局当然不能实行市场经济。因为市场经济要求企业成为独立的市场主体，社会上有众多的市场主体，而且有发达的市场体系，市场机制成为社会资源的基本配置者。所以，不打破整个社会独家所有制的格局，是绝难搞社会主义市场经济的。

　　所谓独家所有制在社会上占统治地位的格局，是指社会上除了国家所有制，还存在其他所有制形式，但国家所有制在社会上还占统治地位，而且在国家所有制范围内还是一个大工厂，企业缺少独立性，不是商品生产者、经营者。许多社会主义国家改革以前主要存在国家所有制和集体所有制两种形式，国家所有制占统治地位，就是这种所有制格局的典型表现。在这种所有制格局下，在不同所有制企业之间和各个非国有企业之间，是存在商品生产、商品交换的；而国家所有制内部只有生活消费品是商品，因此整个社会的商品生产和商品交换受到很大限制。尤其是国有企业不是真正的商品生产经营者，不是独立的市场主体，严重阻碍着市场经济的发展。因此，为了发展社会主义市场经济，也必须打破这种独家所有制在社会上占统治地位的格局，尤其是必须改革传统的国家所有制，使国有企业成为真正的商品生产经营者，成为真正独立的市场主体。

　　有些人把改革国有制和私有化等同起来，见到谁主张改革国有制就断言谁主张私有化，这是毫无根据的。社会主义国有制有多种模式，改革国有制可能是使某一种国有制模式变成另一种国有制模式，而并非实行非国有化，更非实行私有化。我曾按照社会主义国有企业的发展把它划分为五种模式，第一种模式是实行供给制下的国有企业，第二种模式是实行经济核算制的国有企业，第三种模式是有简单再生产自主权的国有企业，第四种模式是有经营自主权的国有企业，第五种模式是有法人财产所有权的国有企业。前一段时候改革国有制，就是要由第二种模式、第三种模式转变为第四种模式，现在改革国有制，就是要进一步以第五种模式为目标，使第二种模式、第三种模式乃至第四种模式都发展为第五种模式。这里国有制既改变了，又没有改变。就企业从没有经营权到有经营权，从没有财产权到有财产权，国有制是改变了，但国家始终都对国有企业的财产有所有权，国有制又仍是国有制，没有改变国有制的性质。因此，决不能认为改革国有制就是私有化，而要把国有制一般和国有制的具体模式区分开来。"王文"把我说的"打破整个社会独家所有制或独家所有制占统治地位的格局"说成"就是打破国家所有制在整个国民经济中的主导地位或主体地位"，这显然混淆了社会独家所有制和国家所有制一般的区别与联系，否则，怎么能把它们等同起来呢？

"王文"还说："打破国家所有制在国民经济中占统治的地位，就必然使别的什么经济，例如个体经济、私营经济和外资经济占主体地位。这样，原来处于'补充'地位的经济便与原来处于主体地位的经济易了位。"由此说明我主张私有化。这也是一种奇怪的逻辑。首先，如上所说，把打破独家所有制占统治地位的格局改成打破国家所有制在国民经济中占统治地位是不科学的。其次，"王文"在"别的什么经济"中列举了个体经济、私营经济和外资经济，故意不提集体经济。我国现阶段的所有制格局是公有制为主体，公有制不仅包括国有制，还包括集体所有制。如果把集体经济放在视野内，就得不出原来处于补充地位的经济与原来处于主体地位的经济"易了位"的结论。再次，我在《几个问题》一文中曾明确指出："社会主义所有制结构以公有制为主体，以国有制为主导，有其客观必然性。"作者为什么对此视而不见，断言我离开了党的十四大报告的（改革）目标模式，说我主张私有化呢？

　　有人至今还反对改革国有制、改革公有制等提法，这使人感到可笑。大家知道马克思主义把所有制看成是生产关系的总和。马克思有一句名言："给资产阶级的所有权下定义不外是把资产阶级生产的全部社会关系描述一番。"[①] 我们在经济改革中对国有经济生产关系各个方面进行的改革，都可以说是改革国有制。过去曾有过这种说法，我们改革的是社会主义经济体制，不是社会主义生产关系，更不是公有制。严格来看，特别是现在来看，这种说法并不确切。例如，我们废除了农村人民公社，实行了联产承包责任制，这难道不是改革公有制吗？党的十二届三中全会决定实行两权分离，明确国有企业有经营自主权，十四届三中全会决定建立现代企业制度，明确国有企业有法人财产权，这难道不是改革国有制吗？只是我们在改革中坚持社会主义基本原则，坚持公有制、国有制的基本特征和社会主义性质。马克思说过："要想把所有权作为一种独立的关系、一种特殊的范畴、一种抽象的和永恒的观念来下定义，这只能是形而上学或法学的幻想。"[②] 有的人正是把国有制看成是一种抽象的和永恒的观念，而且这种观念是以传统的国有制为依据的，因此，他们盲目地反对改革传统国有制，认为改革国有制就是私有化。坚持这种形而上学幻想的人，又怎么能和社会主义改革的大潮合拍呢？

　　这里还涉及国有经济和市场经济能不能相容和如何相容的问题。我认为这是社会主义和市场经济结合的最关键和最困难的问题。我在《几个问题》中明确说过：说国家所有制和市场经济可以相容是正确的，但是这种相容是有条件的，而不是无条件的。认为不要任何条件国家所有制和市场经济都相容，这样回答

---

① 《马克思恩格斯全集》第4卷，人民出版社1958年版，第180页。
② 同上。

问题严格来说是不正确的。我们记得党的十四大以前有些人坚决反对社会主义市场经济的提法，认为社会主义和市场经济不能相容，其主要理由是国有经济和市场经济不能相容。现在有的人又说国有经济和市场经济在任何条件下都能相容，并含沙射影地把有条件相容的观点说成是"否定社会主义市场经济，认为在中国实行资本主义市场经济"。其实，不论根据实践经验还是理论分析，我们都不能笼统地回答国有经济和市场经济能否相容的问题。事实上，传统的国有经济在没有改革的情况下是无法和市场经济相容的，而经过改革后的国有经济则可以和市场经济相容。党的十四届三中全会已从理论上、方针政策上解决了国有经济和市场经济相容的问题。所以，认为国有经济和市场经济无条件地不相容或无条件地相容的观点都是不正确的。它们相容的必要条件是改革传统的国有制。那种认为主张改革国有制就是否定社会主义市场经济、主张资本主义市场经济的观点，实质上是堵塞国有经济和市场经济结合的道路，即堵塞走向社会主义市场经济的道路。

三 所有制是不是也是经济手段

1993 年 2 月，有位杂志主编约我写文章，给我开了一批选题，其中有个题目就是"计划是手段，所有制也是手段"。"计划是手段"显然出自邓小平同志南方讲话中说的"计划和市场都是经济手段"。当时我在研究国有企业产权改革问题，正在写一篇文章论证国有企业不仅要有经营权，而且要在保留国家最终所有权的前提下使企业有法人财产所有权；并论证要对传统的国家所有制进行改革。鉴于"计划和市场都是经济手段"这个论断对统一人们在社会主义市场经济争论中所起的巨大作用，因此我在写的文章中加了一段，论证所有制也是一种经济手段。我写这篇文章是严肃认真的。

我写那篇文章，知道会有争论，但没有想到反对意见如此之多，而且如此尖锐。有位同志说，在这个问题上有两种意见，第一种意见认为所有制只是一个手段，发展生产力是最终目的；第二种意见认为所有制不仅仅是手段，而且也是目的，即使作为手段，也是不可或缺的一个手段。我对这个概括有点怀疑，那位同志至少是漏掉了一种意见，这种意见反对所有制是经济手段。《高教理论战线》上有篇文章说："所有制是社会生产关系的基础。因此，说到公有制与生产力的关系，我们应该回到马克思主义关于生产关系与生产力之间相互关系的基本原理上去。在生产方式内部，生产关系与生产力之间并不是手段与目的关系，而是这样一种决定作用和反作用的关系。"① 《真理的追求》上的一篇文章也明确说："在生产方式内部，生产关系与生产力之间并不是手段与目的的关系，而是这样一种关系，即生产力决定生产关系，生产关系反作用于生产力。"② 这两篇文章都还说："从政治上讲，把发展生产力作为目的也是不对的。"这说明了至今还有人反对所有制是经济手段的提法，甚至反对把发展生产力作为目的。评论这场争论看不到或抹杀这个背景，是不全面甚至不公正的。

我现在还是主张所有制也是经济手段的。有人把这种观点概括为"所有制是手段"论，但也有人引我的话，把这种观点概括为"公有制是手段"论。我声明，后一种概括不符合我的原

---

① 程成：《必须坚持以公有制为主体》，载《高校理论战线》1994 年第 1 期。

② 参见《真理的追求》1994 年第 2 期。

意。因为"所有制是手段"是指一切所有制，包括公有制和私有制都是经济手段。而"公有制是手段"可以理解为只是公有制是手段，私有制则不是手段而是目的。我的文章曾明确指出："不要对任何所有制有迷信，不管对公有制还是私有制，都不要使它们神秘化。"

我提出所有制是经济手段是反对那种不把所有制看成是经济手段的观点的，是反对那种不主张改革传统国有制的观点的，是反对那种把社会主义国有制凝固化的观点的。人类社会的历史表明，社会生产是始终处在变化和发展状态中的，首先是生产力的变化和发展，然后是生产关系相应的变化和发展。所有制是生产关系的主要内容，因此所有制也是不断变化发展的。这些都是马克思主义的常识，对社会主义社会也是适用的。当然，所有制在社会发展中除了作为经济手段发挥作用，还有其他作用，还有其他性质特征和发展规律。例如，所有制是生产关系的基础，而生产关系是社会的经济基础；所有制与社会性质直接联系，决定着人们的经济利益；在一定意义上，所有制是生产关系的总和，等等。这些方面，马克思主义有过深刻的分析，我的文章没有探讨这些问题。我认为，所有制是经济手段的观点和马克思主义关于所有制的基本原理是吻合的、一致的。考虑到问题的复杂性和马克思主义在这个问题上有很多原理，我后来在《新华日报》发表的一篇文章就把题目定为《所有制也是经济手段》①。所以说"也是"，一是说发展生产力的经济手段不只是所有制；二是说所有制还有其他作用和特征。我是在肯定马克思主义其他有关原理的前提下探讨这个问题的，我认为这样做是可以的甚至必要的。有的论者把所有制是不是手段和社会主义本质联系起来，和

---

① 载《新华日报》1993年10月8日第6版。

实现共产主义的"最高目的"和"信念理想"联系起来，我不反对他们去联系，而且我也认为社会主义本质问题、共产主义信念问题是十分重要的。不过，我的文章的任务决定了不是讨论这些问题的，如果有人用我没有提及他们关心的某些问题作为批判我主张的"所有制也是手段"的依据，扣上各种政治罪名，那么只能说他们不仅没有驳倒我的观点，甚至没有使问题有任何深入。

为什么可以说所有制也是一种经济手段呢？手段是和目的相对而言的。人的活动总是一种自觉的有目的的活动，因此，马克思主义把人的目的理解为关于活动或行为的对象性的自觉意识，手段则是达到或实现目的的桥梁、媒介、方法、工具，是置于有目的的对象性活动的主体客体之间的一切媒介的总和。人的活动是多方面的，因此也有多方面的目的。适应具体的目的，也就会有各种各样的手段。人类最普遍最重要的目的是发展生产力，提高生活水平。共产党人则以实现共产主义为最高目的。因为共产主义建立在生产力高度发展的基础上，可以使人人过富裕的生活，并使生产力进一步迅速发展，充分满足所有成员物质和文化的需要。共产党人之所以主张共产主义，也是因为在一定条件下共产主义最有利于生产力的发展，从而可以消灭剥削、实现共同富裕。而实现共产主义要以高度发达的生产力为基础，所以"社会主义的第一个任务是要发展社会生产力"①。有的人说把发展生产力作为目的是不对的，这种说法才是完全错误的。列宁说过："我们为了生产力的发展（这是社会进步的最高标准），不应该支持地主式的资产阶级演进，而应该支持农民式的资产阶级

———————————

① 《邓小平关于建设有中国特色社会主义的论述（专题摘编）》，中央文献出版社 1992 年版，第 50 页。

演进。"① 毛主席也说过："发展农业生产是土地改革的直接目的。"② 他们都是明确把发展生产力作为领导民主主义革命的目的。毛主席1956年在《最高国务会议上的讲话》中还说过："社会主义革命的目的是为了解放生产力。"邓小平同志也说过："为了发展生产力，必须对我国的经济体制进行改革，实行对外开放的政策。"③ 邓小平同志说的"为了发展生产力"，明显的就是把发展生产力当做目的，所以他一再说"社会主义的主要任务是发展生产力"④，"马克思主义的基本原则是要发展生产力"⑤。而把发展生产力作为目的，所有制是一种经济手段就非常清楚了。

1. 从人类社会历史看，所有制是作为发展生产力的一种经济手段起作用的。大家知道，生产力和生产关系是不可分割地互相联系着的。以所有制为基础的生产关系是随着生产力的发展而发展变化的。在社会主义社会以前，所有制经过从原始社会的公有制到奴隶主所有制、封建所有制、资本主义所有制的复杂变化过程。不论是各种所有制本身的变化或者是一种所有制向另一种所有制的转化，都是既有客观必然性的一面，又有人们有意识活动的一面。也就是说，所有制是被人们当做发展生产力的一种经济手段起作用的。马克思曾说过，各种特权、行会和公会的制度，中世纪的全部规则，曾是唯一适合生产力发展的，但后来阻碍生产力发展了，于是经过1640年和1648年的革命，它们和一

---

① 《列宁全集》第12卷，人民出版社1958年版，第223页。
② 《毛泽东选集》（一卷本），人民出版社1966年版，第1314页。
③ 《邓小平关于建设有中国特色社会主义的论述（专题摘编）》，中央文献出版社1992年版，第48页。
④ 同上书，第49页。
⑤ 同上书，第46页。

切旧的经济形式，在英国都被破坏了。① 所有制当然在各个社会都起着生产关系基础的作用，这同它作为发展生产力的手段并不矛盾。斯大林曾正确地指出："各个社会形态不仅以自己特有的规律互相分开着，而且以一切社会形态共有的经济规律互相联系着。"② 这话也可用来说明这里表面看似矛盾实际并不矛盾的两种并存的现象。

2. 从我国新民主主义革命和社会主义改造的历史看，所有制也是作为发展生产力的经济手段起作用的。毛主席说过"发展农业生产是土地改革的直接目的"那句话以后，接着说："只有消灭封建制度，才能取得发展农业生产的条件。……消灭封建制度，发展农业生产，就给发展工业生产，变农业国为工业国的任务奠定了基础。这就是新民主主义革命的最后目的。"在这里，发展生产力是目的，消灭封建土地所有制是手段表述得最清楚不过了。毛主席也曾明确把农业、手工业由个体所有制变为社会主义集体所有制和私营工商业由资本主义私有制变为社会主义公有制看成是解放和发展生产力的条件。他把解放和发展生产力看成是社会主义革命的目的，所有制改造当然也就是手段了。有人会问：土改、合作化、私营工商业改造都曾当做革命的目的，怎么又会是手段呢？我认为这也可以用人的活动的多方面性来说明。共产党人是把完成革命任务作为目的的，在土改、合作化和私营工商业改造过程中，当然要把这些所有制改造任务作为目的。不过，我们为什么要进行土改、进行合作化和私营工商业改造呢？这又是为了解放和发展生产力，提高人民生活。所以发展

① 参见《马克思恩格斯选集》第 4 卷，人民出版社 1972 年版，第 321—322 页。

② 《斯大林文选》，人民出版社 1962 年版，第 628 页。

生产力，提高人民生活是更进一层的目的。

3. 在社会主义经济改革中，我们是根据发展生产力的要求来调整和改革所有制的。我们之所以进行经济体制改革，是因为传统的经济体制已经严重阻碍社会生产力的发展，经济体制改革是解放和发展生产力的必由之路。所以，改革是为了发展生产力。当然，社会主义经济改革要坚持和完善社会主义制度，但是这同过去只是或主要着眼于提高社会主义公有化水平、追求又"大"又"公"是完全不同的。所以，邓小平同志说："社会主义的本质是解放生产力，发展生产力，消灭剥削，消除两极分化，最终达到共产主义。"这段话当然没有把公有制排除在社会主义的本质以外，不过邓小平同志强调了解放和发展生产力，这是我们应该认真领会的。为了发展生产力，改革之初我们就调整所有制结构，贯彻公有制为主体、多种经济成分共同发展的方针。这就是把所有制当成发展生产力的一种手段。事实上我们也早就对公有制尤其是国有制进行改革。党的十二届三中全会根据解放和发展生产力的要求提出把所有权和经营权适当分开，使过去没有经营权的国有企业有了经营权，成为相对独立的商品生产者和经营者。这同原来的国有制模式相比，所有制的具体内容已经有了重大变化，可以说出现了一种新的国有制模式。但这样做仍不能使国有企业成为真正独立的商品生产经营者和市场主体，尤其是不能成为社会主义市场经济的微观基础。党的十四届三中全会又进一步提出国有企业要建立现代企业制度，使企业作为法人不仅有经营权，而且有财产权，国家作为出资者则享有所有者的权益，承担有限责任。这显然是又一次改革国有制，使其内容有了更大的变化，成为适应市场经济要求的国有制模式。如果从目的和手段的范畴看问题，这里都是把发展生产力作为目的，把改革所有制作为手段，根据发展生产力的要求对所有制进行改革，使不适合生产力发展的传统国有制模式变成适合生产力发展的新的国有制模式。

4. 经济科学对所有制研究的成果表明，说所有制是一种经济手段是有充分根据的。马克思曾经对生产力和生产关系的关系以及生产力和所有制的关系作过非常具体深入的分析研究，提出了一系列科学的历史唯物主义原理。马克思实际上指明了包括所有制在内的生产关系是作为发展生产力的手段发生作用的。例如，马克思说过："人们借以进行生产、消费和交换的经济形式是暂时的和历史性的形式。随着新的生产力的获得，人们便改变自己的生产方式，而随着生产方式的改变，他们便改变所有不过是这一特定生产方式的必然关系的经济关系。"① 这里，马克思是说"人们改变自己的生产方式"和改变"经济关系"。人们为什么要改变经济关系？当然是为了发展生产力。人们为了发展生产力而改变经济关系，这也就是把发展生产力看成是目的，而把改变经济关系看成是手段。现代西方产权理论研究如何安排产权结构和形成合理有效的产权制度，具体内容包括产权关系与产权结构的安排，产权主体权利义务的界定，产权契约或协议的履行，实际上也是把所有制看成一种经济手段，从产权的角度对与此有关的问题进行研究。

发表于《真理的追求》的"王文"举出三条理由反对"所有制是手段"论，并证明这是"拐弯抹角提出私有化"。对此，我再稍作辩驳。

第一条理由是说目的与手段是相对的，不是绝对的。我同意目的与手段是相对的说法。但由此怎么能得出否定所有制是手段的结论呢？我正是说相对于发展生产力，所有制是一种经

---

① 《马克思恩格斯选集》第 4 卷，人民出版社 1972 年版，第 322 页。

济手段。我没有笼统说过所有制不是目的，但说过马克思主义没有把国家所有制当成目标模式。对马克思主义史稍有研究的人都会知道，马克思主义的理想社会即共产主义社会，是不存在国家的，当然也不存在国有制。我反对把传统的国有制当成目的，指的是现在已成为改革对象的传统国有制模式。即使以前曾经把建立和发展这种国有制模式当成一个时期的任务和目的，现在也不应该再把它看成目的而不允许改革了。从目的和手段是相对的认识出发，更得不出结论说主张所有制是手段就是主张私有化。"王文"说："从提出所有制是手段者的目的看，他们不也是以此为借口，以达到其搞私有化的目的吗？"这是先咬定我主张私有化，然后再证明我主张私有化。这哪里还是学术讨论呢？

第二条理由是目的重要，手段也重要。应该说这是普通常识。我的文章什么地方说过手段不重要呢？难道不正是因为产权问题重要，我才把它作为重要问题认真研究吗？而且，即使把手段看做比目的次要，犯了错误，也不能说所有制不是一种手段，不能说主张所有制是手段就是主张私有化啊！"王文"说我是把所有制"看成可以这样也可以那样的问题"，我的文章明确说了改革所有制的原则以及我对改革传统国有制的设想，从未说过所有制"是一种可以随意变换的手段"。有什么根据这样指责我呢？

第三条理由是公有制和计划、市场不同，计划、市场不涉及社会主义和资本主义的本质区别，公有制涉及这种本质区别。我认为，这也不足以说明所有制不是一种经济手段。我在上面论述中实际上已经证明了，对于发展生产力来说，包括所有制在内的整个生产关系是一种经济手段。我们通常把生产关系分为所有制、生产、分配、交换等等方面，可以说计划、市场属于生产、分配这些方面，这些方面的经济关系是经济手段，其他方面的经济关系同样是经济手段。邓小平同志关于"计划和市场都是经济手段"的论述，对于我们全面深刻认识社会主义生产关系的各个方面都是有重要指导意义的。

论转变经济增长方式[*]

　　积极推进经济增长方式转变，是党的十四届五中全会提出的我国今后 15 年经济和社会发展必须贯彻的重要方针之一。那么怎样实现经济增长方式的转变呢？

　　实现经济增长方式转变，首先必须弄清转变经济增长方式的真正含义，弄清以下四个方面的内容：

　　1. 什么是转变经济增长方式。经济增长方式是指生产要素的组合和使用方式。生产要素可分为劳动和资本（土地一般被包括在资本中），现代意义上的生产要素还包括科学技术和经营管理。而生产要素如何组合、如何使用，就大有讲究。从投入产出角度看，生产要素投入是为了产出，投入要素的组合和使用对产出有很大影响，而如何较好地把生产要素组合和使用，使产出增加，是大有学问的。因此，转变经济增长方式，可以说包括四项内容：一是提高生产要素的质量，包括劳动者的素质和资本的质量；二是优化生产要素的组合，发展趋势是由劳动密集→资本

---

　　* 本文是作者 1995 年 11 月提交北京"经济增长方式转换理论与实践研讨会"论文的提要，原载《党校科研信息》1995 年第 23 期。

密集→技术密集；三是改进生产要素的配置；四是发挥生产要素的潜能。同样的生产要素和生产要素的组合，产出如何，还有一个发挥它们作用的问题，所以还要注意发挥生产要素的潜能。

2. 转变经济增长方式的标志。应该说标志是很多的，包括技术进步、质量提高、效益提高和效率的提高，还有总量标志即经济增长速度、节约资源、保护环境等。例如效率这一标志，具体说就是投入要素的生产率，即单位投入的产出量。现在我国的情况是投入多产出少（相对而言），单位投入产出量的增长率（或叫综合（全）要素生产率）低。改革以来，我国的投入效率是增加的。1953—1978 年，我国平均每年经济增长率为 6%，劳动贡献率为 23.7%，资本贡献率为 69.6%，全要素生产率贡献率为 6.7%。而 1979—1993 年年均经济增长率为 9.2%，劳动贡献率为 16.6%，资本贡献率为 58.4%，而全要素生产率贡献率增加到 25%，这说明投入效率是增加的。但同经济发达国家比，投入效率还是低，还处于投入多产出少的粗放经营阶段，必须实现向集约经营的经济增长方式转变。我认为全要素生产率贡献率达到 50%，才算达到转变的第一步目标的要求。

3. 转变经济增长方式与提高经济效益的关系。转变经济增长方式与中央多年来强调的以提高经济效益为中心，精神是一致的。提出转变经济增长方式意味着我国的经济增长进入一个新时期，即集约型经济增长为主的时期。在粗放型经济增长阶段，提高经济效益也是可能的，就像在传统体制框架内也可以对经济体制进行一些改良和改革一样。但在集约经营阶段，提高经济效益的地位、作用、要求和措施都会不同，就像突破传统体制框架，建立社会主义市场经济体制对经济体制改革会提出新的要求一样。改革以来，经济效率（投入效率）还是提高的，但提高得慢，不够理想，现在总的还处在粗放经营为主的阶段，因此要转变经济增长方式。同时，经济效益还涉及其他一些复杂问题。

4. 转变经济增长方式与实现可持续发展的关系。党的十四届五中全会通过的《中共中央关于制定国民经济和社会发展"九五"计划和 2010 年远景目标的建议》（以下简称《建议》）第五条中提出了"实现经济和社会可持续发展"的要求，这是作为 2010 年国民经济和社会发展的一个奋斗目标提出来的。可持续发展是 80 年代提出的一个新概念，现在这个概念已被国际社会广泛接受和认同。但人们对此认识并不完全一致，较为普遍的认识是：可持续发展是指既满足现代人的需要，又不损害后代人满足需要的能力。可持续发展的核心是发展，但要求在保持资源和环境永续利用的前提下进行经济和社会的发展。《建议》休现了这一要求。事实上，转变经济增长方式的标志不应是一项而应是很多项，包括节约资源、保护资源、保护环境、控制人口等等。我们必须把转变经济增长方式和实现可持续发展的要求结合起来。

我国为什么要转变经济增长方式呢？这就是我国转变经济增长方式的必要性和紧迫性问题。我认为，我国转变经济增长方式的必要性是不用多说的，因为我国的经济增长是现代经济增长，而现代经济增长理应是集约型增长。美国经济学家库兹涅茨把现代经济增长定义为：一个国家的经济增长，可以定义为向它的人民供应品种日益增加的经济商品的能力的长期上升，这个增长中的能力，基于改进技术，以及它要求的制度和意识形态的调整。可以简单地说，现代经济增长是建立在技术不断改进基础上的增长。我国的经济增长也理应如此，尽管库兹涅茨主要讲的是发达资本主义国家的经济增长。

无论是资本主义国家还是社会主义国家，发展的初期实行粗放式、外延的经济增长方式是难免的，不过，到了一定的阶段，就要转变为集约式、内涵的经济增长方式。单位投入的产出量增长率，或者说综合要素生产率的增长率在经济增长中的贡献也会增加，科学技术的贡献也会增大，经济增长主要依靠科学技术（包括管理）。我国改革以来的技术进步贡献率平均只有25%，1991—1993年平均也才达33.1%，低于发达国家50年代水平。这说明我国的技术进步贡献率还很低，全要素增长率也很低。经济增长绝大部分还是靠投入，还没有摆脱粗放的经济增长方式的轨道。其主要特点是：依靠上新项目、铺新摊子，大量增加生产要素投入，技术进步慢，经营管理差，规模效益低，结果是高投入，低产出，低质量。这充分说明了转变经济增长方式是当务之急。

需要强调的是，我国转变经济增长方式的紧迫性是由以下情况决定的：（1）我国要长期维持较快的发展速度，而现在这样的高速度，由于投入多，产出少，付出的代价很大。尤其是现在城乡居民对于增加收入和提高消费的要求和预期大大提高了，既要大幅度提高居民收入，又要较快地增加积累，如果不迅速改变粗放的经营现状，要长期维持高速增长是很困难的。出路只能是加快转变经济增长方式，提高经济效益。（2）在粗放经营条件下力争高速度，难免导致经济的大起大落，出现严重的通货膨胀。要避免经济的大起大落和通货膨胀，只有靠转变经济增长方式。（3）我国产业结构面临着合理化和高度化的任务，急需大量的资金投入，只有走集约经营的道路，才能达到这一目的。（4）我国人口多、人均资源少，要想多产出，又不破坏资源和环境，也只能走集约经营的道路。（5）我国要扩大对外开放，提高在国际市场上的竞争力，也要求加快经济增长方式的转变。（6）这也是实现社会主义本质的要求。实现集约型的经济增长方式，能够更好地发展生产力，实现社会主义的生产目的。

应该指出，转变经济增长方式是需要条件的，现在对这个问题研究不够。但是如果不具备必要的条件，即使强调要转变经济增长方式，也未必一定能实现这种转变。最明显的例子是前苏联早就强调要由粗放经营转变为集约经营，但直到苏联解体时这一任务也未完成，原因就是不具备体制条件。

那么转变经济增长方式需要哪些条件呢？我正在研究这个问题，谈一些不成熟的意见。我感到要去阅读一些已经实现了经济增长方式转变的国家的资料，即学点经济史，然后归纳出转变经济增长方式需要哪些条件。我的初步意见是，转变经济增长方式至少要具备这些条件：一是国民经济尤其是工业有一定的基础，产业结构能适应集约型增长的要求；二是科学技术有一定的水平，而且进步较快；三是重视经营管理，并不断地改进经营管理；四是有一支素质较高的职工队伍；五是经济体制有利于实现集约型增长；六是政府实行促使转变经济增长方式的政策。

我国是不是具备了转变经济增长方式的条件呢？我认为基本上具备了。一是经过 40 多年的建设，我国已经建成了比较完整的工业体系和国民经济体系，经济规模已相当可观，地区布局已经展开，正在完善之中；二是我国已有了一支宏大的科技队伍，改革开放以来已引进了几万项先进技术，为转变经济增长方式提供了技术基础；三是经过 40 多年的管理实践，积累了经验教训，培养了一支经营管理队伍，不少企业已具有较高的经营管理水平；四是培养了一支有觉悟、有能力、有技术的产业工人队伍，这支队伍数量不断扩大，水平正在提高；五是经济体制改革在不断深化，初步形成了社会主义市场体系，扩大了企业的自主权，正在进行现代企业制度试点，一部分国有企业已具备活力；六是经过党的十四届五中全会，在转变经济增长方式上统一了认识，明确了方针，制定了一些必要的政策。

尽管我国已基本上具备了转变经济增长方式的条件，但是有些条件还要完善，同时还面临着很多困难。

1. 我国在转变经济增长方式过程中，目前国有企业应该唱主角。但我国国有企业还未普遍成为真正独立的商品生产者、经营者和市场竞争主体，困难重重，缺乏活力，成为转变经济增长方式的主要依托尚有很长的一段路要走。乡镇企业虽然异军突起，但由于起步晚，技术水平低，管理不先进，在实现经济增长方式转变中也有不少困难。

2. 科技进步对经济增长的贡献理应取代资本和劳动而上升到首要位置。但在我国，还没有形成一种促进科技进步并尽快使高科技产业化的经济社会机制，这也制约着经济增长方式的转变，

3. 经济增长的质量还取决于管理水平、产业结构和企业组织结构。而在我国，企业管理水平总的来说还比较低，产业、产品结构和企业组织结构还有很多问题，特别是我国还处在经济体制改革过程中，社会主义市场经济体制还在建立中，还未完全形成有利于转变经济增长方式、提高经济增长质量的制度基础。

4. 我国人口多，劳动力多，就业任务大。目前还有七八千万人需要解决温饱问题。粗放经营、热衷于铺摊子、增人增设备的惯性依然存在，这更增加了转变经济增长方式的困难。

因此，在强调转变经济增长方式的必要性、可能性的同时，我们更要清醒地认识到转变的艰巨性和复杂性，要充分利用已具备的条件，积极地转变经济增长方式，同时还要进一步创造、充实、完善各种条件，切忌一哄而上，这样才能顺利地克服各种困难。

我国怎样才能实现经济增长方式转变呢？这个问题党的十四届五中全会的《建议》中已作了明确回答，这是到现在为止最好的答复。《建议》从我国的实际情况出发，不仅提出了转变经济增长方式的方针，而且提出了具体任务，还针对存在的问题和

困难，提出了一系列重要政策。

为了完成转变经济增长方式的任务，我认为还应特别注意以下几个问题：

1. 控制经济增长速度。我国现在还有追求速度的机制和条件，而速度过高必然影响经济增长质量。"九五"时期的速度以控制在 8%—9% 为宜，过高过低都不好。

2. 重视企业技术改造。现在经济已有一定规模，能通过企业技术改造增加生产的，都要通过技术改造，不要铺新摊子。技术改造效益高得多，投资可以省一半，进度可以快一倍。现在国有企业技术改造投资占固定资产投资比重呈下降趋势，这种情况急需改变。

3. 重视企业管理。企业管理不好，技术改造也好不了。企业管理关系到企业内部生产要素能否有效地组合和使用，不抓好企业管理，企业就难以转变经济增长方式，这样，整个国民经济也难以实现经济增长方式的转变。

4. 重视节约，努力节约。现在浪费成风，这和转变经济增长方式的要求是背道而驰的，也完全违背我们民族的优良传统。对节约的态度是职工干部素质和全民素质的表现。因此，我们要坚持资源开发与节约并举，把节约放在首要位置。

5. 要深化经济体制改革尤其是企业改革，加快改革步伐。经济增长方式能否转变关键在改革，尤其是国有企业改革。科技进步、管理进步、结构优化、规模经济都要求大多数国有企业成为真正的市场竞争主体。现在的国有企业离这一要求还远，必须通过深化改革才能达到目的。

企业家要在"两个转变"中
发挥更大的作用*

一　承认社会主义企业家,重视社会主义企业家的作用

在改革以前,我们不承认社会主义社会存在企业家。改革以后承认了,现在越来越多的人认为应该努力培育社会主义企业家,充分发挥他们的作用。党的十四届三中全会通过的《关于建立社会主义市场经济体制若干问题的决定》中也提出"要加强职工队伍建设,造就企业家队伍"。从不承认企业家到重视发挥企业家的作用,这是社会经济生活中的一件大事。

不过,不能认为社会上已经普遍承认和重视企业家的作用了。例如,有些同志只说企业经营管理人员而不说企业家,他们有的可能是把企业家等同于企业经营管理人员,并不否认企业家,有的则是反对提企业家,因而有意不用企业家这个范畴。但是,企业家是客观存在着的。企业经营管理人员和企业家也是有区别的。企业家的特征是创新。他们是具有创新精神并善于创新

---

　　*　作者 1996 年 8 月 9 日在"市场经济和企业家培育理论研讨会"上的讲话。

的企业经营管理人员。因此，并不是所有的企业经营管理人员都是企业家。企业家只是他们之中有创新精神、创新能力的一部分人。我们要培育的是社会主义企业家。社会主义企业家除了有企业家的一般特征，还要有社会主义理想，热心于社会主义事业，按社会主义原则办事。

我是主张理直气壮地提出培育社会主义企业家、造就社会主义企业家队伍的任务的。我们不能用企业经营管理人员这个范畴来取代企业家这个范畴。他们在培养目标、条件、方法等等方面都是有所区别的。例如，培养企业经营管理人员主要是提高他们经营管理企业的水平，而培养企业家还要培育他们的创新精神和创新能力。在任何体制条件下都应该和可能提高企业经营管理人员的水平，而培育社会主义企业家则要求特定的体制条件，即要求建立社会主义市场经济体制和现代企业制度。

有些同志不主张提企业家是由于对这个范畴还有误解，还没有认识到发挥社会主义企业家作用的重要性和紧迫性。在这些方面还要进一步解放思想，提高认识。

1. 有人把企业家和资本家混为一谈，认为承认企业家就是承认资本家。这种看法是不正确的。事实上，企业家从来是和资本家有所区别的。在资本主义社会，有些企业家就是资本家，但有些企业家则不是资本家。在现代公司制兴起以后，由于普遍实行两权分离，企业家一般就不再是资本家了，他们是资本家雇佣来经营管理的人。这里的区别是很明显的。即使在企业家和资本家同是一人的场合，企业家和资本家的职能和作用也不相同，虽是两位一体，也不能混为一谈。现在我们提出的是培育社会主义企业家，造就社会主义企业家队伍，而不是要培育资本家。有人担心承认企业家会有主张私有化之嫌。这种担心是不必要的。

2. 有人认为承认企业家就会把企业经营管理人员和职工对

立起来，忽视发挥全体职工的作用，影响职工的积极性，背离全心全意依靠工人阶级的要求。这种看法也缺少科学根据。即使在资本主义社会，也不是所有的企业家都是和职工对立的，企业家和职工也不只是对立的关系。如果进行全面分析，应该说既有对立的方面，也有不对立的方面。而现在我们讲的是社会主义企业家，他们是社会主义企业经营管理人员中的一部分，显然也属于工人阶级。在社会主义社会，职工成为企业家有着广阔的道路，这也是和资本主义社会不相同的。而且，企业家要创新，一般是不能脱离职工群众，而是要依靠广大职工群众的。社会主义企业家的特点之一应该是善于依靠群众和发动群众。所以，承认社会主义企业家和全心全意依靠工人阶级的要求是完全一致的。

3. 有人认为企业家不是具体的个人的概念，而是一种抽象的概念，因而只能承认企业家精神而不能承认企业家。这种看法也值得商榷。所谓企业家精神是从许许多多企业家的具体活动和行为中概括出来的。因此，是先有了企业家，然后才能概括出企业家精神的。就像先有雷锋、白求恩才能概括出雷锋精神、白求恩精神一样。有人说企业家不是一种专门职业，因而不能承认企业家。历史上，企业家确实不是一种职业，可是在市场经济条件下它是会职业化的。问题还在于，在我国也已经出现了企业家职业化的趋势。改革以前，社会主义还不存在企业家，因而那时不承认社会主义企业家多少还有些根据。而在改革以后，随着企业改革和商品经济的发展已经出现了一批社会主义企业家，他们在经济、社会生活中已经起着重要的作用，在这种情况下，怎么可以再不承认社会主义企业家呢？

4. 我们面临着建立一支更加成熟、更加庞大的社会主义企业家队伍的任务。企业是市场经济最重要的主体，在这个意义

上，企业家是市场经济的主角。发展社会主义市场经济需要社会
主义企业家。企业家在发展资本主义经济中起过重要作用，诸如
筹集资本、扩展市场、改进经营管理、促进科技进步、提高效
率、提高效益等等方面，企业家都发挥了创新的才能，克服了一
个又一个困难，促进了企业和整个国民经济的发展。企业家解决
不了资本主义社会的基本矛盾，但缓解了资本主义的很多矛盾。
到了社会主义社会，传统计划经济不要企业家，排斥企业家，这
正是传统计划经济体制缺少生命力的一个重要原因。社会主义市
场经济则必须充分发挥企业家的作用。我国现在正在实行"带
有全局性的两个根本转变"，需要克服种种困难，很多困难需要
靠企业家发挥创新才能来解决。我国已存在着一支社会主义企业
家队伍，不过这支队伍还不够成熟、不够庞大。例如，很多企业
家还有官员的身份，由上级任命，还未形成企业家市场，还未形
成健全的企业家激励机制和约束机制，不少企业家还不熟悉和不
适应市场经济。因此，当务之急是要建立一支更加成熟更加庞大
的企业家队伍。需要指出的是，我国允许非公有制企业，例如私
营企业、"三资"企业存在和发展，当然这些企业也会出现企业
家。各种经济成分之间的竞争也是企业家之间的竞争。在平等竞
争的条件下，社会主义公有经济的发展更需要依靠社会主义企业
家充分发挥作用。企业家究竟发挥多大的作用以及什么样的作
用，主要决定于企业家自己，但也决定于社会的引导和政府的规
制，决定于对企业家的培育。企业家的所作所为对其他阶层乃至
整个社会风气都有很大影响（如企业家是否敬业、勤俭、守信、
求实，将影响全社会的敬业风气、勤俭风气、守信风气、求实风
气等）。企业家自己要注意这种影响，社会和政府也要加以引
导，力求使中国的社会主义企业家对中国的经济建设和社会主义
事业起最大的促进作用。

二　"两个转变"要有机结合起来，相互促进

党中央提出实行"两个转变"，这是非常英明的正确决定。如何搞好"两个转变"的关系，保证"两个转变"顺利实现，还有不少问题要研究，包括在"两个转变"中怎样充分发挥企业家的作用。

经济体制转变的任务早就提出来了，这是大家都清楚的。其实，经济增长方式转变也早提出来了。转变经济增长方式的核心问题是提高经济效率和经济效益，党的十二大就提出了要在提高经济效益的前提下翻两番的任务。现在翻两番能提前实现，提高经济效益则和要求相差较远。我们应该看到，完成转变经济增长方式的任务要具备很多条件，尤其是要具备体制条件。前苏联早就提出要转变经济增长方式，但一直未能真正转变。日本战后则完成了经济增长方式的转变，这里的一个重要原因在经济体制上。

党的十四届五中全会通过的《中共中央关于制定国民经济和社会发展"九五"计划和 2010 年远景目标的建议》（简称《建议》）中说："实现经济增长方式的转变要靠经济体制改革。"这是总结历史经验得出的科学结论，但是决不能认为要等到经济体制改革好了再转变经济增长方式。《建议》接着上面的话就说要"向结构优化要效益，向规模经济要效益，向科技进步要效益，向科学管理要效益"。向这四个方面要效益，需要做和可以做的工作是很多的。

向这四个方面要效益当然都涉及体制问题，要有制度保证，但不能说在原有体制下不能做任何工作，而应该看到可以做很多工作。所以，那种认为改革任务完成了才能转变经济增长方式的观点也是不正确的。何况我们还在深化改革，完全可以把"两

个转变"有机地结合起来进行。还要看到，体制转变固然是经济增长方式转变的基础，而经济增长方式转变也是体制改革的条件。如果我们在改善产业结构、实现规模经济、加快技术进步、促进科学管理等方面取得成绩，使经济效率和经济效益迅速提高，也就是为深化改革创造更加有利的条件。因此，我们一定要把"两个转变"很好地结合起来，使它们互相促进。

现在转变经济增长方式的思想还未深入人心，粗放型经济增长方式的势头还未得到遏制。例如，许多地方在确定经济发展目标和工作部署上，仍是数量扩张优先，增长速度第一，指导思想还没有摆脱传统的计划经济模式，没有扭转铺摊子、上项目、扩规模、比速度的趋势。各个地区都理直气壮地提出发展速度要高于全国平均速度，经济发达地区的理由是基础好，条件好；欠发达地区的理由是要迎头赶上，缩小差别。经济增长率与国家计划8%相同的只有一个省，其余均高于国家计划。而省以下的市县又在本省速度目标的基础上层层加码。许多地方仍把基本建设作为固定资产投资重点，普遍在60%以上，更新改造投资只占三分之一左右，低的只有百分之二十几。很少省份对农业投入的数量、比重作出具体规定。据24个省（市、自治区）统计资料，确定石油化工为支柱产业的有20个，确定机械电子为支柱产业的有19个，确定建筑材料工业为支柱产业的有17个。地方产业结构趋同，低水平重复建设、规模经济效益差的局面难以迅速扭转。

以上情况说明在转变经济增长方式上，还需要进一步提高认识，转变观念，使党中央确定的任务和方针政策得到落实和贯彻。

在实现"两个转变"中，企业家应该发挥也可以发挥很大的作用。在"两个转变"中遇到的很多困难问题要求用创新的办法来解决，而创新正是企业家的特长。大量事例说明，企业家能够用创新精神、创新才能来克服面临的困难，使企业走上发展繁荣的坦途。这里特别要强调"创新"两个字。以邯郸钢铁公司为例，邯钢是推行"成本否决制"使"到了难以生存的地步"的企业得到新生的。现在全国普遍推广邯钢经验也已取得了成绩。应该说仅仅重视成本算不上多少创新，但是邯钢创造了"市场—倒推—否决—全员"的经营模式，尤其是"倒推"成本，规定完不成成本的，其他工作干得再好也要否决全部奖金，并实行全员、全过程的成本管理，这就确实是一种创新。再如，青岛海尔集团，他们是实行名牌战略使企业兴旺发达的。现在重视名牌在企业已相当普遍了，实行名牌战略也是普通事情了。不过，海尔从创办之初就确立了"名牌战略"的指导思想，明确了"名牌战略"的核心是产品质量，"高质量"的内涵是利用高技术来创造市场，引导消费，"高质量"的外延是发展规模经营，形成合理的竞争规模，并提出和实行了"要么不干，要干就要争第一"，"创造市场"，"用户永远是对的"，"精细化、零缺陷"，"人人是人才"等经营理念，确实在经营管理上有不少创新，取得成功也不是偶然的。再如，北京燕山石化公司，在技术改造上取得的成绩是全国闻名的。朱镕基同志说燕山石化把30万吨乙烯装置成功地改建为45万吨，在"建设思想、建设规模、建设方法"等三个方面都实现了"创造性的突破"。可见，燕山的成功也来自企业家创新。这类例子是很多很多的。

　　经过不断的实践和探索，我们已经找到了在微观层次上把"两个转变"结合起来的有效途径，这就是企业实行"三改一加强"。江泽民同志在最近的重要讲话中指出："把国有企业的改革同改组、改造和加强管理结合起来，以构造产业结构优化和经济高效运行的微观基础"，并把它作为一条必须"坚定不移地贯彻落实"的"国有企业改革的基本方针"。可以说，"三改一加强"就是企业集约经营的正确道路。现在企业面临的许多问题，如政企分开问题，改革国有资产管理体制问题，国有资产保值增值问题，落实企业法人财产权问题，建立法人治理结构问题，企业自负盈亏问题，筹集资金问题，扩大市场问题，调整产业结构产品结构问题，加强管理问题，科技进步问题，提高经济效率和效益问题，增强职工凝聚力问题，企业文化建设和精神文明建设问题以及在企业中加强党的领导问题，等等，都要求企业家发挥创新精神才能加以解决。这也是给企业家发挥作用、创造业绩提供机会，使他们在两个"转变"中作出更大贡献。

三　怎样充分发挥企业家的作用

在"两个转变"中怎样充分发挥企业家的作用呢？这个问题涉及面很广，我在此不作全面论述，只是着重谈谈深化改革对发挥企业家作用的意义。现在我国还处于经济体制转变过程中，社会主义企业家也在形成发展过程中。因此，充分发挥企业家的作用是和培育企业家、形成企业家队伍的任务紧密联系着的。这就决定了发挥企业家的作用最重要的是要深化改革，加快建立社会主义市场经济体制和现代企业制度的步伐。不论从世界范围还是从我国看，企业家都是商品经济和市场经济发展的产物，现代企业家则是现代市场经济和现代企业制度的产物。那么是先有企业家还是先有企业制度呢？这是一种辩证的关系，企业家在形成市场经济和现代企业制度中有着非常重要的作用，但是归根到底，企业家阶层的形成和发展是决定于市场经济和企业制度的状况的。在资本主义国家，如果没有现代市场经济和现代公司制度，没有现代公司中的"两权分离"和公司法人治理结构，很难设想能够出现现代企业家队伍和能够使他们充分发挥作用。在我们社会主义国家，随着经济改革和社会主义市场经济发展出现了社会主义企业家，但主要由于制度的原因，企业家身上还有不少弱点，如对政府的依赖性，思想不够解放，存在短期行为，等等，也只有建成了社会主义市场经济体制，建成了现代企业制度，法人治理结构规范化了，竞争性的市场体系包括企业家市场形成和发展了，国有资产管理体制改革好了，政企职责分开了，才能从根本上克服这些弱点。这次会议的主题是"市场经济和企业家培育"，它也说明：改革时期就是企业家队伍形成和发育时期，培育的最好方法莫过于为他们的成长创造有利的制度条件，这也就是深化经济改革尤其是国有企业改革。

现在国有企业改革是滞后的，为了加快国有企业改革的步伐，要认真学习和贯彻江泽民同志今年 5 月 4 日的重要讲话。1995 年五六月间江泽民同志也作过一次讲话，今年的讲话除了重申以前的重要内容，还有一些新的精神需要学习和领会。（1）指出了搞好国有企业不仅是实现经济改革而且是实现经济增长方式转变的基础。（2）提出了中央关于国有企业改革的八条基本方针。在这些方针问题上现在还存在模糊乃至错误认识，应该在讲话的基础上统一起来。例如，有的同志至今认为传统体制下国有企业的产权是清晰的，否认有产权清晰的任务；有的同志把产权清晰和科学管理对立起来，认为它们是不相容的；有的同志对企业自主经营、自负盈亏、自我发展、自我约束的提法表示怀疑或反对。这些认识都是片面甚至错误的。有的同志认为国有企业可有可无，有的同志认为国有企业越多越好。前者没有认识到社会主义国民经济中国有经济必须发挥主导作用，后者没有认识到我国现阶段国有经济只能起主导作用，不能要求它起主体作用。也有同志主张每一个国有企业都要搞好，对国有经济与国有企业既有联系又有区别缺乏全面认识。这些同志不懂得：只有着眼于搞好整个国有经济，通过存量资产的流动和重组，对国有企业实施战略性改组，才能更好地发挥国有经济在国民经济中的主导作用。再如，对于"抓大放小"，有的同志把"抓大"理解为对大企业管住管紧，从而加强了行政干预；有的同志把"放小"理解为让小企业放任自流，从而放弃了对改革的领导。这都是不正确的。根据八条基本方针的要求，大中型企业必须加快改革步伐，尽快建成现代企业制度，小企业也要成为自主经营、自负盈亏、自我发展、自我约束的法人实体和市场竞争主体。

（3）指出深化国有企业改革、建立现代企业制度也必须以"三个有利于"为判断是非得失的标准，并提出了有关的重要原则。从目前来看，背离"三个有利于"标准的现象还是存在的，给人乱扣帽子的现象时有发生，如有人只是在姓"社"姓"资"上做文章，甚至根本否认诸城等地的股份合作带有社会主义性质；有人列举"理由"认为国有大中型企业实行股份制必将导致私有化。重申"三个有利于"的标准并提出主要原则是必要的及时的。④提出各级党委和政府的主要领导要亲自抓国有企业改革。我体会江泽民同志是把这一条作为有普遍意义的经验来总结和推广的。

为了更好地发挥企业家的作用，企业家也要努力提高自身的素质和水平。社会主义企业家要有较高的政治素质，同时，也要有很强的创新精神和业务能力。我国不少企业家有不熟悉不适应市场经济等弱点，必须通过学习和实践，努力克服这些弱点，适应"两个转变"的要求。企业家不仅要会经营管理，懂科学技术，而且还要有金融、外语、法律、国际市场等各方面的知识和才能。企业家要积极参加社会活动，但是，决不能放松本业，更不能不务正业。企业家还有一个进一步解放思想的问题。例如，在走集约化道路、建立规范的法人治理结构、进入国际市场、进行企业组织结构调整、实行自负盈亏、使企业成为技术进步主体以及克服等、靠、要等方面都存在解放思想、提高认识的问题。社会主义企业家还要十分重视思想修养和道德品质的提高。

社会和政府要更加关心企业家，要建立有效的激励机制，使企业家得到与自己地位和贡献相适应的权益，并使权益受到保护。还要建立起有效的约束机制，促使企业家健康成长。

对社会主义初级阶段基本经济制度的几点认识 *

党的十五大报告中指出："公有制为主体，多种所有制经济共同发展，是我国社会主义初级阶段的一项基本经济制度。"这是一个有重要理论意义和实践意义的新提法，应该认真地学习和领会。下面谈谈我学习的一些体会。

一　提出这项基本经济制度的重大意义

党中央早已明确了公有制为主体、多种所有制经济共同发展的方针。例如，党的十三大报告中就指出：要"在公有制为主体的前提下继续发展多种所有制经济。"党的十四届三中全会也明确指出：坚持以公有制为主体多种经济成分共同发展的方针。而十五大把公有制为主体、多种所有制经济共同发展作为我国社会主义初级阶段的一项基本经济制度，在党的历史上还是第一次。

"公有制为主体多种所有制经济共同发展的方针"和"公有

*　原载《理论前沿》1998 年第 14 期。

制为主体多种所有制经济共同发展是一项基本经济制度"这两个提法有没有什么区别呢？有些同志认为没有区别或者认为区别不大，因而对这个新提法重视和研究不够。而我认为这里是有重大区别的。至少有以下四点区别：（1）方针是政策措施，属于上层建筑的范畴，而基本经济制度则属于经济基础的范畴。（2）方针政策是人制定的，而制度尤其是基本经济制度在一定意义上是不以人的意志为转移的客观存在。（3）方针政策必须根据情况的变化而变化，而基本经济制度一旦形成以后，就会比较长时期地存在并按照自身的规律发展。（4）方针政策是按照社会经济规律制定的，而基本经济制度则有自身的发展规律。可见，这两个提法的含义是有很大不同的。

党的十五大报告对所有制还提出了其他重要的新提法。例如，报告提出，要全面认识公有制经济的含义，集体所有制经济是公有制经济的重要组成部分，公有制实现形式可以而且应当多样化，非公有制经济是我国社会主义市场经济的重要组成部分，等等。这些新提法都是围绕"公有制为主体、多种所有制经济共同发展是我国社会主义初级阶段的一项基本经济制度"提出来的，是为了给予完善和发展这项基本经济制度以明确的指导思想和方针政策。而"基本经济制度"这一提法在这里则起着提纲挈领的作用。

为了进一步确立、完善和发展公有制为主体、多种所有制经济共同发展这项基本经济制度，有很多问题需要研究。例如，这项基本经济制度有什么规律，如何深刻认识和正确运用这些规律，如何长期坚持公有制的主体地位，如何增长国有企业的活力，发挥国有经济的主导作用，如何引导非公有经济健康发展，如何正确处理各种所有制经济之间的关系尤其是公有制经济和非公有制经济的关系，等等。这也说明，加强对这项基本经济制度的研究是非常重要的。

二 提出这项基本经济制度的依据

提出公有制为主体、多种所有制经济共同发展是社会主义初级阶段一项基本经济制度的依据是什么？我认为，最根本的依据是生产关系一定要适合生产力性质的规律。正如党的十五大报告所说：我国是社会主义国家，必须以公有制作为社会主义经济制度的基础；而我国处在社会主义初级阶段，又需要在公有制为主体的条件下发展多种所有制经济；一切符合"三个有利于"的所有制形式都可以而且应该用来为社会主义服务。而"三个有利于"正是以生产关系一定要适合生产力性质的规律为依据的。我们许多人过去曾依据这个规律，认为只有公有制才是社会主义社会的经济基础，否认或反对社会主义社会的一切非公有制经济成分。现在也还有人否认非公有制经济可以在公有制为主体的情况下成为社会主义社会的经济基础。这里的问题在于能否正确运用马克思主义揭示的生产关系一定要适合生产力性质的规律，尤其在于能否全面深刻地掌握中国的国情。中国已经进入社会主义社会，但是还处于社会主义初级阶段，就生产力发展水平来说，还远远落后于发达国家。为了摆脱不发达状态，实现社会主义现代化，必须在坚持公有制为主体的条件下，允许多种所有制经济共同发展。马克思恩格斯早就说过："私有财产是生产力发展一定阶段上必然的交往形式，这种交往形式在私有财产成为新出现的生产力的桎梏以前是不会消灭的，并且是直接的物质生活的生产所必不可少的条件。"[①] 我国正反两方面的经验都表明，个体、

---

① 《马克思恩格斯全集》第 3 卷，人民出版社 1960 年版，第 410—411 页。

私营等非公有制经济在社会主义现阶段也还是发展生产力所必不可少的条件。

发展社会主义市场经济也是确立这一基本制度的重要依据。马克思曾经设想社会主义社会将消灭市场经济，但实践表明，在社会主义条件下发展市场经济，才能不断解放和发展生产力。把社会主义同市场经济结合起来，是一个伟大创举。这就必须坚持和完善社会主义公有制为主体、多种所有制经济共同发展的基本经济制度。我还想指出，我国在完成社会主义初级阶段的任务以后，由于仍要继续发展社会主义市场经济，因此很可能仍要继续在公有制为主体的条件下允许多种所有制经济（包括非公有制经济）存在。因为我们现在还很难设想在单一公有制的情况下能够发展市场经济，同时也没有充分根据断言现代科学技术和生产力发展将会使一切私有制经济在看得见的未来一定消亡。这是一个值得关注和研究但不必忙于作结论的问题。

提出公有制为主体多种所有制经济共同发展是社会主义初级阶段的一项基本经济制度，还由于经过 10 多年的改革开放，现在已经形成了这样的所有制格局。以工业来说，1978 年工业总产值中国有经济占 77.6%，集体经济占 22.4%，其他所有制经济是空白。而到 1996 年，国有经济占 28.5%，集体经济占 39.4%，个体经济占 15.5%，其他经济占 16.6%。再以商品零售总额来说，1978 年国有经济占 54.6%，集体经济占 43.3%，个体经济占 0.1%，其他经济占 2%。而到 1996 年，国有经济占 27.2%，集体经济占 18.4%，个体经济占 32%，其他经济占 22.4%，在国民经济中已形成了公有制为主体多种所有制经济共同发展的格局。党的十五大提出这是我国社会主义初级阶段的一项基本经济制度，无疑是非常及时和必要的。

三　对一个争论问题的看法

现在对这项基本经济制度还有一些不同认识，其中一个争论是非公有制经济是不是我国社会主义初级阶段的经济基础。党的十五大之前对这个问题就有争论，有人认为私营经济和公有经济都是社会主义现阶段的经济基础，有人则认为只有公有经济才是社会主义现阶段的经济基础，反对私营经济是社会主义现阶段经济基础的提法。按理，这个问题在党的十五大之后可以解决了。因为，既然作为主体的公有制经济和必须共同发展的多种经济成分（包括非公有制经济）都是社会主义初级阶段的基本经济制度，当然它们也就都是社会主义初级阶段的经济基础。如果不受条条框框的束缚，这个道理是容易明白的。

但在党的十五大之后，有的人还是坚持非公有制经济不是社会主义现阶段的经济基础。他们的主要根据是：社会主义制度是以公有制为基础的，因此不能把私营经济作为我国社会主义经济基础。诚然，我们常说社会主义制度是以公有制为基础的，因为，马克思主义设想生产资料私有制最终是要消灭的，社会主义制度建立在公有制基础上，当然是以公有制为基础的。但现在中国还处于社会主义初级阶段，需要在公有制为主体的条件下发展多种经济成分，这样，非公有制经济和公有制经济一样成为社会主义初级阶段基本经济制度的组成部分，即成为经济基础的组成部分，也就是理所当然的了。有人认为，一个社会中起主导作用的经济成分才构成这个社会的经济基础。他们引马克思如下的一段话为根据，这段话是："在一切社会形式中都有一种一定的生产支配着其他一切生产的地位和影响，因而它的关系也支配着其他一切关系的地位和影响。这是一种普照的光，一切其他色彩都隐没其中，它使它们的特点变了样。这是一种特殊的以太，它决定着它里面显露出来的一切存在的比重。"① 他们认为"这就是马克思主义经济学的生产方式一元论思想"，"公有制实现形式以及所有制成分多样化，并不等于一个社会的经济基础可以多元化"。但是，我们只要联系前后文认真读一读马克思的这段话，就能知道马克思这里讲的是政治经济学体系中如何处理经济范畴，讲的是一些经济范畴的地位和关系，这里并不涉及什么是经济基础的问题。至于什么是经济基础，马克思曾有明确的界定。例如他说："人们在自己生活的社会生产中发生一定的、必然的、不以他们的意志为转移的关系，即同他们的物质生产力的一定发展阶段相适合的生产关系。这些生产关系的总和构成社会的经济结构，即有法律的和政治的上层建筑竖立其上并有一定的社会意识形式与之相适应的现实基础。"② 马克思说，同"物质生产力的一定发展阶段相适合的生产关系"的"总和"构成经济基础，而在我国社会主义初级阶段，在公有制为主体的条件下，非公有制经济也是同生产力相适应的，又怎么能否认它是经济基础的构成部分呢？

也有人认为，"把私营经济说成社会主义经济基础，将导致理论上混淆公有制和私有制的界限，否定坚持公有制主体地位的必要性"。这个说法也难成立，因为，坚持公有制为主体，分清公有制和私有制的界限，同私有制也是社会主义初级阶段的经济基础，说的是不同的问题。而且，我们已经明确了公有制为主体多种经济成分共同发展方针，因而是在公有制为主体的前提下把多种经济成分作为社会主义初级阶段基本经济制度的组成部分

---

① 《马克思恩格斯选集》第 2 卷，人民出版社 1972 年版，第 109 页。
② 同上书，第 82 页。

的。所以，如果有这种顾虑，也是不必要的。

马克思主义提出经济基础和上层建筑等范畴，首先是为了说明历史发展的。例如，恩格斯说过："每一时代的社会经济结构形成现实基础，每一个历史时期由法律设施和政治设施以及宗教的、哲学的和其他的观点所构成的全部上层建筑，归根到底都是应由这个基础来说明的。"① 后来斯大林则强调上层建筑为经济基础服务的问题，强调上层建筑要"采取一切办法帮助新制度去根除、去消灭旧基础和旧阶级"。斯大林说："基础创立上层建筑就是要上层建筑为它服务，要上层建筑积极帮助它形成和巩固，要上层建筑为消灭已经过时的旧基础及其旧上层建筑而积极斗争。"②

我认为，无论是从说明历史发展（以及说明现实）的角度还是从上层建筑要为经济基础服务的角度看问题，都应该把在公有制为主体条件下共同发展的多种经济成分看成我国社会主义初级阶段的经济基础。从前一个角度看，只有把公有经济、私有经营都看成是经济基础，才能全面深刻地认识我国社会主义初级阶段的历史发展和现实。从后一个角度看，现在非公有经济也还有一个继续发展的问题，为了使之健康发展，也需要上层建筑为它服务，即把它作为社会主义初级阶段的经济基础。在现阶段，非公有制经济显然不属于已经过时的旧基础，而应该和公有制经济一样属于上层建筑为之服务的社会主义经济基础。服务包括容许、支持、扶持、鼓励、引导，也包括监督、管理以及某些情况下必要的限制。如果不把非公有制经济也看成为社会主义初级阶段的经济基础，势必要把它看成是已经过时的"旧基础"，重蹈

① 《马克思恩格斯选集》第3卷，人民出版社1972年版，第66页。
② 《斯大林文选》，人民出版社1962年版，第521页。

为消灭它"而积极斗争"的错误覆辙。

我们记得，五六十年代曾经有过"综合经济基础论"的争论。当时杨献珍同志主张五种经济成分（即国营经济、合作社经济、个体经济、私人资本主义经济、国家资本主义经济）都属于新民主主义社会的经济基础。但是，他的正确观点受到了批判，造成了很多消极后果。现在中国已进入社会主义初级阶段，和新民主主义社会已有根本区别。但是，在要求多种经济成分共同发展这一个基本点上，它们是相同的。我们应该吸取五六十年代那次争论的教训，承认非公有制经济也是当前我国社会主义社会的经济基础，坚持走有中国特色的社会主义道路。

谈谈坚持"三个有利于"标准和生产力标准问题 *

　　有一种说法："在当今中国，两种改革开放观的对立，焦点就在于坚持还是反对公有制的主体地位。"我认为，这种说法既不确切，也不符合客观情况。从改革开放以来我国思想理论界的争论的总的情况看，应该说，焦点是要不要坚持"三个有利于"标准，实质是把生产力还是把生产关系看成衡量改革的根本标准问题。

　　邓小平同志曾经说过：改革开放迈不开步子，不敢闯，说来说去就怕资本主义东西多了，走了资本主义道路。要害是姓"资"还是姓"社"的问题，判断的标准，应该主要看是否有利于发展社会主义的生产力，是否有利于增强社会主义国家的综合国力，是否有利于提高人民的生活水平。邓小平同志在这里一针见血地指出了争论的焦点，并提出了著名的"三个有利于"标准，深刻说明了不解决"三个有利于"标准问题，改革开放就会遇到阻力，迈不开步子。

---

　　*　原载《南方经济》1998 年第 5 期。

　　"三个有利于"标准的核心是生产力标准，是生产力标准在社会主义国家的具体化。所谓生产力标准，是指把发展生产力看做衡量改革是非得失的根本标准，而不是把生产关系看做衡量改革是非得失的根本标准。根本标准不是唯一标准，根本标准之外还可以有其他标准，但这些不是根本标准。

　　有些人不赞成生产力标准因而实际上也不赞成"三个有利于"标准，他们主张把姓"资"姓"社"的生产关系标准作为衡量改革的根本标准。党的十五大召开前夕，一篇广为散发的文章就集中反映了这种观点。这篇文章的一个基本观点是，社会主义公有制一定比资本主义私有制优越。用这位同志的话说："公有制肯定比私有制优越，这是没有什么问题的。"这个观点乍看似乎有理，其实是似是而非的。因为，衡量公有制、私有制的优越性问题，要以它们对生产力的作用为根本标准。马克思主义承认公有制的优越性，是以公有制在一定条件下更有利于发展生产力为前提的。说社会主义公有制一定优越于资本主义私有制，至少是一种过于笼统的说法。需要指出，社会主义国家历史上实行过的集体农庄和人民公社，都是社会主义公有制，但除个别的以外，它们却没有促进生产力而是阻碍甚至破坏了生产力。所以，从发展生产力来看，我们没有充分根据说社会主义公有制一定优越于资本主义私有制。而只能说，当资本主义私有制已阻碍生产力发展时，如果找到了适当的社会主义公有制形式，同时经营管理也好，社会主义公有制是会优越于资本主义私有制的。也就是说，社会主义公有制优越于资本主义私有制是有条件的，不是在任何条件下都是"一定"的。

　　这里问题的要害在于，如果社会主义公有制一定优越于资本主义私有制，那么我们判断改革的是非成败，也就不必考察对生产力的影响，而只要问姓"资"姓"社"就行了。就是姓

"社"的一定好，姓"资"的一定不好，社会主义的"草"也比资本主义的"苗"好。所以，这个观点是把生产关系作为衡量改革是非成败的根本标准的，是反对生产力标准是根本标准的观点的。

这篇文章正是把生产关系标准作为根本标准，提出了一系列既不符合党的方针政策也不符合社会主义初级阶段基本经济制度理论的观点和主张。这方面的争论还在继续。为了正确理解和贯彻党的十五大精神，现在仍要强调坚持"三个有利于"标准和生产力标准的问题。这也是坚持马克思主义历史唯物主义的要求。

马克思主义的历史唯物主义从来认为，生产力是一切社会发展的最终决定力量。生产关系和上层建筑只有适应生产力的状况，才能促进生产力的发展。值得探讨的问题是，为什么人们有时会背离生产力标准而主张生产关系标准？这是一个很复杂的问题，涉及到利益、舆论、观点、方法等多方面。仅从认识论的角度来探讨，对以下几个问题的认识同能否坚持生产力标准关系甚大。

1. 发展生产力是不是人类社会的目的

有些人认为发展生产力不是人类社会的目的，建成和发展社会主义公有制、共产主义公有制才是目的。有人说："把发展生产力加以抽象化，把它说成是一切社会的共同目的，是不正确的。""在任何社会，都不可能把发展生产力作为根本目的。""从政治上讲，把发展生产力作为目的，也是不对的。"

那么，究竟发展生产力是不是人类社会的目的？我认为是，目的是同人的活动有关的范畴。人的活动都是有意识的自觉的活动，人在进行活动之前，对活动过程结束时要取得的结果，就已经在头脑中预先存在着，这就是目的。人的活动就是实现这个预定的目的，也就是要使这种观念存在着的结果成为现实。马克思曾经说过，人的有目的的活动是人同其他动物的一个根本区别。

人的活动是由人的需要决定的。人有各种各样的需要，而且需要是不断变化发展的。毛泽东同志曾把人的需要概括为生产斗争、阶级斗争、科学实验。西方社会学家马斯洛认为，人至少有生理需要、安全需要、友爱需要、尊重需要、自我实现需要等五种需要。满足任何需要都要进行相应的活动，因此人的活动是多种多样的。而任何活动都会有特定的目的，生产斗争有生产斗争的目的，阶级斗争有阶级斗争的目的，科学实验有科学实验的目的。明白了以上道理，可知发展生产力不是目的的说法，是违背最起码的常识的。

必须强调的是，在人的多种多样的活动中，生产劳动是最基本的实践活动，"马克思主义者认为人类的生产活动是最基本的实践活动，是决定其他一切活动的东西"。因此，我们完全有理由说发展生产力是人类社会的根本目的。就是说，发展生产力不仅是人类社会的目的，而且是根本目的。

有人说，在阶级社会里，剥削才是目的，主张发展生产力是目的，是"对人剥削人的社会制度的美化"。当然，就阶级社会里剥削阶级剥削被剥削阶级的活动而言，增加剥削确实是剥削阶级的目的。不过，广大劳动者从事生产活动还是以发展生产力为目的的。而且当某个剥削阶级处于上升时期时，也是把发展生产力作为目的的，尽管这也是为了增加剥削。而当它只顾剥削而不再关心发展生产力时，这个阶级及其统治的社会也就开始走向衰败和灭亡了。这个道理马克思一再讲过，是历史唯物主义的基本内容。

2. 如何认识生产关系的社会功能

生产关系的社会功能是多方面的。例如，生产关系是上层建筑赖以建立的经济基础，生产关系又是生产力发展的社会形式。生产关系的社会功能还有其他表现，如决定社会的性质，决定人们的经济地位，决定阶级状况，等等。这些功能是同时存在同时发生作用的，不能用一种功能否定另一种功能。

但是有些人却用生产关系是上层建筑的经济基础来否认生产关系是发展生产力的社会形式，认为生产关系只能是目的而不能是手段，尤其认为不能说国有制也是一种经济手段，这是坚持生产关系标准的突出表现。

其实，说生产关系是发展生产力的社会形式，也就是说，生产关系在历史上是作为发展生产力的一种经济手段发生作用的，这和它作为经济基础并不矛盾。为什么原始社会普遍实行原始公社所有制，奴隶社会普遍实行奴隶主所有制，封建社会普遍实行封建主所有制，资本主义社会普遍实行资本家所有制？难道不正是因为这些所有制形式是有利于当时生产力发展的手段吗？

邓小平说过计划是一种经济手段。我认为，国家所有制和计划一样是一种经济手段。从世界范围看，社会主义国家所有制是作为资本主义私有制的对立物而出现的。由于资本主义私有制已经阻碍生产力的发展，马克思主义主张在社会主义革命中建立公有制以解放生产力和促进生产力的发展。而在存在国家的情况下，全社会范围的公有制也就是国家所有制。可见，建立国家所有制是为了促进生产力发展，发展生产力才是目的，国家所有制是一种经济手段。而且马克思主义经典作家都认为国家最终是要消亡的，国家消亡了，国家所有制也就不存在了。可见，即使从改变所有制这个角度看问题，马克思主义也没有把国家所有制当成目的的。

有人说，把所有制和生产关系看成是经济手段，就把它的地位作用看低了，因为手段比目的次要。这种说法也是不能成立的。

黑格尔说过一段话，认为"手段是比外在的合目的性的有限目的更高的东西——锄头比由锄头所造成的作为目的的直接的享受更高贵些。工具保存下来，而直接的享受却是暂时的，并会被遗忘的"。列宁摘录过这段话并高度评价过这段话。所以我们不能笼统说目的比手段重要或者手段比目的重要，而要如实地分析社会现象，手段、目的这些范畴是用来帮助分析问题的。

在有些人的逻辑里，目的是不能随意选择的，手段则是可以随意选择的。有人说："手段是可用可不用的，人们可以选择这个手段，也可以选择那个手段。"基于这样的认识，他们把"选择"和"任意选择"等同起来。但是说手段可以随意选择是缺少根据因而是错误的。目的不能随意选择，手段也不能随意选择。因为，手段和目的一样，都是受现实条件和历史条件制约的，而且手段还受目的的制约。例如，我们确定了生产某种产品这一目的以后，在确定手段时就要使用特定的劳动工具、原材料和生产工艺。即使在有些方面有选择的余地，也绝不是可以随心所欲选择的。

3. 如何认识生产关系的发展趋势

主张生产关系标准的人往往持这样的观点：生产发展的趋势是由小生产变成大生产，相应的，生产关系的趋势是由私有变为公有，最终是整个社会变成一个大工厂。他们把国有制看成公有制的最高形式，而且否认合作社是公有制，否认股份制可以成为公有制的一种形式，主张越大越公越纯越好。

马克思、列宁主张过整个社会是一个大工厂，但他们不是把生产关系看成根本标准。他们是历史唯物主义者，承认生产力是根本标准。这是与持上面主张的人的根本不同之处，尽管整个社会将变成一个大工厂的观点现在看来并不正确。生产关系的趋势是不是越大越公越纯越好？看来不是。

从现代科学技术和生产消费等情况看，个体劳动、个体经济可能会长期存在，整个社会不一定会发展成为一个大工厂。因为既没有这种必要性，也没有这种可能性。即使在公有制社会，公有制也会有多种形式，包括合作制、股份制、股份合作制，等等，当然也会有原先的集体经济、国有经济。可以设想一下，发达的资本主义国家如果实现了社会主义革命，在现代高科技情况下，可以把全社会变成一个大工厂吗？这样做，有什么必要？会导致什么结果？为什么不让合作制、股份制作为公有制形式？为什么取消一切个体劳动？

所以，从世界经济、科技的现状和发展趋势看，社会主义国家在看得见的未来，前景不是整个社会成为一个大工厂，而是以公有制为主体的多种经济成分并存，是公有制实现形式多种多样，并允许非公有制存在的混合经济。那种越大越公越纯越好的观点，不仅在历史上造成了灾难，也不符合社会发展趋势。

马克思主义认为生产力决定生产关系，生产关系要适应生产力的性质和水平，这无疑是正确的。不过影响生产关系变化的并不仅仅是生产力，除了生产力这个因素，诸如生产关系的现状、阶级力量的对比、各个阶级的意愿、政府的方针政策、理论导向和舆论导向以及历史文化传统等都对生产关系的变化产生影响，有时甚至是决定性的影响。

也不能把公有制的出现或公有化程度的提高都看成是一种进步，看成生产力发展的结果，而要依据生产力标准对此作科学的分析。

值得一提的是，我们说生产力决定生产关系，但不能认为出现过的生产关系全都是生产力必然决定的。有人说："每一种特定的生产关系，总是在生产力发展到要求这种生产关系之后才出现的。人们在生产中究竟结成什么样的生产关系，或者说生产关系的性质是什么，正是由生产力的状况和发展要求所决定的。"按照这种说法，我国一"大"二"公"的人民公社的出现难道也是生产力发展的必然结果？我认为显然不能这样说。应该说人民公社也是我们选择的结果，不过选择错了。这也说明，所有制和生产关系确实有个选择问题，而选择正确与否，则是有其客观标准的，这就是生产力标准。

4. 坚持生产力标准会不会导致私有化

有人认为坚持生产力标准会导致私有化，坚持生产关系标准则可以防止私有化，因而反对生产力标准，主张生产关系标准。

坚持生产力标准会不会导致私有化呢？我认为，在我国社会主义条件下，只要坚持党在社会主义初级阶段的基本路线、基本政策，是不会导致私有化的。实行公有制为主体、多种所有制经济成分共同发展正是我国社会主义初级阶段发展生产力的要求，我们是社会主义国家，不仅有这种必要性，而且有这种可能性。现在中国已经形成了公有制为主体、多种所有制经济成分共同发展的格局，并在不断完善的过程中。因而它已经具有现实性，这种现实性中包含着必然性。这从改革前后的对比中可以看得很清楚。改革前没有这样做，生产力难以迅速发展，社会主义生产关系也被扭曲。改革后这样做了，不仅生产力发展了，社会主义生产关系也巩固和完善了，尤其是人民生活水平大大提高了。随着改革的深化，这项基本经济制度将会遵循建设有中国特色社会主义的要求不断发展和完善，而不会导致私有化，更不存在私有化的必然性。

现在经济生活中确实出现了分配不公、贫富悬殊的现象，也存在着两极分化的可能性，这是应该予以十分重视和努力设法克服和防止的，党和政府已经采取了措施。我们要继续重视和加强这方面的工作，但不能由此否定生产力标准和反对改革。因为，只有深化改革，加快生产力的发展，才能为克服两极分化创造有利条件。当然，在深化改革过程中，是应该十分重视防止和克服两极分化现象的。

中国不能走资本主义道路，这是小平同志说过的。他说："中国十亿人口，现在还处于落后状态，如果走资本主义道路，可能在某些局部地区少数人更快地富起来，形成一个新的资产阶级，产生一批百万富翁，但最多也不会达到人口的百分之一，而大量的人仍然摆脱不了贫穷，甚至连温饱问题都不可能解决，还会发生严重的就业问题。"这是非常深刻、完全正确的。

因此，在深化改革过程中必须坚持社会主义的目标和原则，这也是生产力标准的要求。正如党的十三大所指出的：我们为什么要坚持四项基本原则？就是因为在当代中国，只有这样做，才能从根本上保证生产力的发展。"离开了生产力标准，用抽象原则和模式来裁判生活，只能败坏马克思主义的声誉"，也难以正确理解和贯彻四项基本原则。

如果违背生产力标准，不以经济建设力中心，凡事问一个姓"社"姓"资"，而不把改革深化下去，不维护、完善和发展社会主义初级阶段基本经济制度，就必然要妨碍生产力发展。出现了这种情况，使得生产力停滞甚至下降，倒有可能导致社会主义生产关系遭到破坏，导致私有制复辟。

社会主义市场经济和国有企业改革[*]

中国在由社会主义计划经济向社会主义市场经济转变的过程中，国有企业改革一直处于极其重要的地位。国有企业改革不仅涉及国有企业本身的改革，而且涉及整个经济体制的改革，涉及所有制结构的调整，涉及国有经济改革。国有企业改革还要和企业改组、技术改造和加强企业管理结合起来。所以，国有企业改革是一项非常艰巨的任务。本文谈谈社会主义市场经济和国有企业改革的几个基本问题。

一 发展社会主义市场经济是国有企业改革的依据

虽然我国早就提出要使国有企业成为自主经营、自负盈亏、自我发展、自我约束（以下简称"四自"）的社会主义商品生产者和经营者，但是由于在一个长时期内实行的是放权让利而不是制度创新，这个目标也就难以实现。直至党的十四大提出了建立

---

* 本文是作者提交 1998 年 10 月杭州"市场经济与国有企业改革国际研讨会"的论文。曾刊载于《现代财经》1998 年第 11 期。

社会主义市场经济体制的目标，十四届三中全会又提出要在国有企业中建立现代企业制度，才为国有企业改革找到了正确的方向。提出现代企业制度是以提出发展社会主义市场经济为前提的。就是说，在国有企业中建立现代企业制度是发展社会主义市场经济的要求，国有企业改革要服从于和有利于发展社会主义市场经济，要以发展社会主义市场经济为依据。

改革前，我们实行的是高度集中的计划经济体制。这种体制是排斥商品货币关系和市场机制的作用的。它的优点是可以集中使用资源，有利于完成某些国家规定的任务。在新中国成立后的一段时间内，这种体制起过积极作用。但这种体制存在着一些根本性的弊端，不利于发挥地区、部门、企业和劳动者的积极性。经济改革就是要在体制上创造条件，让市场机制发挥作用，尤其是让市场机制在社会资源配置中起基础作用，克服以上弊端。

但是，我们对于市场机制作用的认识经过了一个曲折的过程。改革伊始我们就认识到要让市场机制发挥作用，在农村、城市采取的改革措施都是为此创造条件的。1984年党的十二届三中全会通过的《中共中央关于经济体制改革的决定》，明确了社会主义经济是公有制基础上有计划的商品经济，以后更是自觉地实行了市场取向的改革，日益扩大了市场机制的作用。尽管如此，大家对市场机制在社会主义社会资源配置中要不要起基础作用却长期没有取得共识。邓小平在1979年就说过社会主义也可以搞市场经济，其他有些同志也说过社会主义商品经济就是社会主义市场经济，但社会主义市场经济的提法并未及时被人们普遍接受。

如果只承认社会主义商品经济而不承认社会主义市场经济，那么就是在商品经济和市场经济之间划了一条不该划的鸿沟。由于这种不承认社会主义市场经济的观点曾经非常流行，因而使得社会主义商品经济理论有局限性，在有些问题上不够明确或不够彻底。例如，我们曾把社会主义商品经济的运行机制概括为计划经济和市场调节相结合，有些同志进而认为这就是计划经济为主，市场调节为辅，这样就难以使市场机制在社会资源配置中起基础作用。又如，一种流行意见认为，国有企业只能有相对的独立性。所谓相对独立，就是相对自主经营而不完全自主经营，相对自负盈亏而不完全自负盈亏。这样，国有企业就难以成为真正独立的商品生产者和经营者，难以成为真正的市场主体，从而也难以使市场机制发挥它应有的调节作用。再如，我们曾规定劳动力、土地和企业等都不是商品，这样就难以形成生产要素市场，难以使国有企业优胜劣汰，难以充分发挥市场机制的作用。再如，政府作为国有企业的主管部门既有行政管理权，又有财产所有权，同时又不承认企业作为法人对财产有法人财产权，这就难以实现政企职责分开，而政企职责分开则是市场机制充分发挥作用的前提条件。这些理论上的局限都曾影响到改革的实践，增加了改革的困难，造成改改停停的局面。后来按照邓小平的理论克服了这些局限，在继承社会主义商品经济理论的科学内容的基础上，发展成为社会主义市场经济理论，并据此进一步明确了企业改革以及价格改革、市场培育、宏观管理改革的目标和要求，才比较顺利地建成了社会主义市场经济体制的框架。

二　正确处理国有经济的地位和作用

搞好国有企业改革，主要要在两个方面努力：一方面，要通过建立现代企业制度，使国有企业成为真正的企业；另一方面，要处理好国有经济在国民经济中的地位和作用，也就是把国有经济原来在国民经济中的主体地位改变为主导地位。后一方面的工作属于定位问题，是国有企业改革的首要问题。

　　把国有经济放在国民经济中的主导地位既不同于那种不重视国有经济，主张把国有经济放在国民经济中的一般地位甚至取消的意见，也不同于那种不从实际出发，主张把国有经济放在国民经济主体地位上的意见。提出国有经济是主导，是历史经验的科学总结。

　　在改革以前，除了农业，社会主义国民经济中可以说是国有经济一统天下的局面。在这种国有经济不仅是主导而且是主体的情况下，是难以实现市场经济体制的。因为，市场经济要求企业成为真正独立的市场主体，而在国有经济一统天下的局面下，即使主观上要求在国有企业建立现代企业制度，使之成为真正的企业，也是不可能的。党的十一届三中全会以来，我们一直坚持发展多种经济成分的方针，中国是在形成了多种所有制经济成分共同发展的格局以后，才出现在国有企业建立现代企业制度和建成社会主义市场经济的可能性的。

　　但是，一直到国有企业改革进入建立现代企业制度阶段以后，我国国有经济仍存在战线过长、范围过宽、分布过散即布局不合理的问题。据统计，1995 年底，我国国有经营性资产约为4.5 万亿元，扣除军工、邮电、铁路等特殊部门，分布于工商业中的国有资产大约为3.6 万亿元。在这些工商业的资产当中，又有 20% 左右属于"企业办社会"的非生产性资产。用于生产经营活动的国有资产不足 3 万亿元，它们分布于几十万户工商企业之中。据 1994 年情况，从工业内部 39 个行业看，行行都有国有经济，比重最高的行业国有资产比重是 99%，最低的是 11%，平均为 61%。在一些国有经济不一定要进入的领域，如第二产业中的食品、服装、家具、文化用品，第三产业中的理发、浴池、饭馆、旅店、日常用品店，都有相当比重的国有经济。如食品加工工业中国有企业产值比重为 56.5%，资产比重为 66.2%。

国有资产的广泛分布，既妨碍多种经济成分的共同发展，也削弱了国有企业的竞争力，限制国有经济优势的发挥。这种情况导致单个企业规模过小，难以形成大批具有竞争力的大企业，使得企业技术水平低下，产品老化，无力进行重大的技术开发，使得国有企业负债率高，蕴涵着发生金融危机的可能性，并增加了建立现代企业制度的难度。

我在1994年10月发表的一篇文章中曾指出：国有经济主导作用首先要有合理的产业构成，即经营范围、经营内容合适。现在国有经济在有些产业和企业应该加强，却没有加强，在有些产业和有些企业可以退出，也没有及时退出。因而我提出要把"调整国有经济的经营范围和内容"作为发挥国有经济主导作用的一项"战略措施"①。

党的十四届五中全会通过的《中共中央关于制定国民经济和社会发展"九五"计划和2010年远景目标的建议》中指出：要着眼于搞好整个国有经济，通过存量资产的流动和重组，对国有企业实施战略性改组。这种改组要以市场和产业政策为导向，搞好大的，放活小的，把优化国有资产分布结构、企业组织结构同优化投资结构有机地结合起来，择优扶强，优胜劣汰，形成兼并破产、减员增效机制，防止国有资产流失。重点抓好一批大型企业和企业集团，以资本为纽带，联结和带动一批企业的改组和发展，形成规模经济，充分发挥它们在国民经济中的骨干作用。区别不同情况，采取改组、联合、兼并、股份合作制、租赁、承包经营和出售等形式，加快国有小企业改革改组步伐。

党的十五大进一步明确，国有经济起主导作用，主要体现在控制力上，要从战略上调整国有经济布局。对关系国民经济命脉

① 《怎样发挥国有经济的主导作用》，载《光明日报》1994年10月28日。

的重要行业和关键领域，国有经济必须占支配地位，在其他领域，可以通过资产重组和结构调整，以加强重点，提高国有资产的整体质量。同时指出："只要坚持公有制为主体，国家控制国民经济命脉，国有经济的控制力和竞争力得到加强，在这个前提下，国有经济比重减少一些，不会影响我国的社会主义性质。"

调整国有经济布局还要贯彻抓大放小的方针。据统计，按总资产、净资产和实现利税三项指标排在前面的 1000 家国有大型企业，其数量不到国有企业总数的 0.3％，而它们的总资产占全国国有企业总资产的 40％，净资产占 51％，上缴的销售税金占 52％，提供的利润占 66％。另据统计，全国 500 家最大的工业企业的资产占国有企业总资产的 37％，销售收入占 46％，实现利润占 63％。我们只要抓好关键的 500—1000 家国有大企业，50—100 家大型企业集团，就可以把握住整个国民经济的命脉，抓住中国经济发展的主导力量。而对于一般国有小企业，则可以采取改组、联合、兼并、租赁、承包经营和股份合作制、出售等形式，加快放开搞活的步伐。

三 绝大多数国有企业要成为真正的企业

国有企业改革的直接目的是使绝大多数国有企业成为真正的企业，即成为"四自"的商品生产者和结营者，成为真正的市场竞争主体。之所以说绝大多数，是因为有的国有企业是必须国营的，不能要求它们成为独立的商品生产者和经营者。改革以来，曾经实行过放权让利、承包经营等措施，但都未能使国有企业成为真正的企业。故而党的十四届三中全会提出要建立现代企业制度，"到本世纪末要使大多数大中型骨干企业初步建立起现代企业制度，成为自主经营、自负盈亏、自我发展、自我约束的法人实体和市场竞争主体"。

日本一位经济学家曾说改革前中国没有真正的企业，意思是中国的国有企业没有自主权，也不能创新，名义上是企业实际上不是企业。这话是 1985 年说的，很快得到人们的赞同。其实在此以前我们已经明确了国有企业应该成为自主经营、自负盈亏的商品生产者和经营者，以后又明确了企业要自我发展、自我约束，这就是市场经济条件下真正企业的主要特征。

在企业"四自"中，自主经营、自负盈亏尤为重要。在国务院颁布《全民所有制工业企业转换经营机制条例》以后，各地认真落实《条例》中规定的 14 项企业的经营自主权，取得了较大的进展和成效。而对于企业自负盈亏，则仍未给予应有的重视。近年来，国有企业利润下降、亏损增加已成为影响经济正常发展和经济运行质量提高的突出问题，成为各界人士注目的焦点。导致国有企业经济效益差的原因很多，而企业缺少自负盈亏的机制显然是一个重要原因。因为如果企业不自负盈亏，则一系列问题难以解决。

产权改革是国有企业改革的一项重要内容。有人不赞成建立现代企业制度，尤其不赞成产权要清晰，不赞成企业产权改革。现代企业制度试点迟缓，这是一个重要原因。例如，有一种说法：中国国营企业的产权是明确的，不存在清晰产权问题，主张产权清晰就是要实行私有化。按照这些意见去做，中国国有企业改革难以深入，也建立不起现代企业制度。

我国国有资产的所有权属于国家，这是明确的。但是产权和所有权是既有联系又有区别的范畴。长期以来国有企业资产流失严重，却找不到具体的单位和人员负责，经济效益差和亏损严重的责任也大都难以落实到具体的单位和个人。这种情况，怎么能说不存在产权清晰问题呢？

　　把国有企业改革成为真正的商品生产者和经营者，必须找到恰当的形式。实践表明，股份制是改革国有大中型企业的一种好形式，股份合作制是改革国有小型企业的一种好形式。党的十五大报告指出：股份制是现代企业的一种资本组织形式，有利于所有权和经营权的分离，有利于提高企业和资本的运作效率，资本主义可以用，社会主义也可以用。要按照"产权清晰、权责明确、政企分开、管理科学"的要求，对国有大中型企业实行规范的公司制改革。并指出："目前城乡大量出现的多种多样的股份合作制经济，是改革中的新生事物，要支持和引导，不断总结经验，使之逐步完善。劳动者的劳动联合和劳动者的资本联合为主的集体经济，尤其要提倡和鼓励。"这也是改革实践的总结。

　　国有股份制企业的经济效益一般好于非股份制企业，尤其是比较规范的股份制企业，为国有企业转换经营机制、建立现代企业制度创造了经验。主要是：（1）初步理顺了产权关系，向政企分开、政资分开的方向转变。（2）实现投资主体多元化、分散化。（3）依法建立了股东会、监事会、董事会，初步形成了比较科学的法人治理结构。（4）进行资产重组，推动国有企业的战略性改组。现在不少股份制企业包括有的上市公司很不规范，要把股份制企业的规范化提上重要议程，着力加以解决。

　　股份合作制是我国经济体制改革中的创造，它把合作制与股份制结合起来，既保留了合作制中劳动联合、按劳分配、劳动者直接参与管理等优点，又吸取了股份制筹集资本、产权清晰、分散风险等长处，是适应社会主义初级阶段生产力水平、符合小型乃至中型企业特点的企业组织形式。1995 年，中央提出"抓大放小"方针以后，各地加快了放开搞活国有小型企业的步伐。到 1997 年底，一些地区的小企业改制面已达 50% 以上，有的地区超过 90% 。在很多地区，股份合作制是改革国有小型企业的首选模式。

说股份制和股份合作制是改革国有企业的一种好形式，绝不是说这是唯一形式。我国地域大，人口多，国有企业的情况也是差别很大，因此，不论是改革国有大中型企业还是改革国有小型企业都不可能只有一种形式，而必然会存在多种多样的形式。各个企业应该根据本企业的具体情况，采取适合于自己的形式，而决不能搞"一刀切"。在实行股份制和股份合作制时也不能刮风，不能一哄而起，更不能强迫命令，而要从实际情况出发，采用既积极又稳妥的办法，促进改革的深化和健康发展。

四　把深化改革和加强企业管理紧密结合起来

改革国有企业不仅是为了使企业成为真正的企业，而且是为了使企业成为有活力和竞争力的企业。因此，企业改革还必须和企业改组、技术改造、改进经营管理结合起来。当前尤其要努力把企业改革和加强企业管理结合起来，这也是做好企业改组、企业技术改造的重要条件。

我们进行改革是为了发展生产力和完善社会主义制度，而改革本身是把生产力从传统体制的束缚下解放出来。要使得解放的生产力要素变成现实的生产力，实现发展生产力和完善社会主义制度的要求，则还要搞好管理，包括企业管理和国民经济管理。所以，改革和管理是既有联系又有区别，它们是相辅相成的关系，应该互相补充，相互促进。不能以改革代替管理，也不能以管理代替改革。

改革以来，国有企业经营管理发生了深刻变化，出现了不少经营好的企业，它们在制定正确的经营战略，建立科学的管理体系，实施先进的管理方法，调动职工的积极性创造性等方面，都进行了探索，取得了成绩，创造了经验。尤其是在适应和开拓市场、提高竞争力方面，这是改革以后面临的新课题，一些企业在发展战略、管理制度、管理方法、管理手段以及调整产品结构、加快技术进步、实行名牌战略等方面进行了创新，积累了经验，这些经验对于建立现代企业制度也是十分宝贵的。

但是，与经济改革和经济发展的要求相比，加强和改进企业管理显得滞后，一些企业还出现了管理滑坡现象。企业中管理不严、纪律松弛、组织涣散、基础工作薄弱的情况是相当严重的。管理思想落后，经营观念陈旧，决策能力差，失误多也是普遍现象。这是导致一些企业亏损的重要原因。现在企业向经营管理要效益的潜力确实很大，狠抓企业管理确实是会见实效的。

其实，在任何情况下，抓企业管理都是必要的，而在深化企业改革时期，抓企业管理更有重要的紧迫的意义。这是解决企业面临困难的要求，也是推动企业改革进一步深化的要求。企业领导人要敢于抓管理，善于抓管理。

从一些国家的历史和现状看，企业管理好是由一系列主客观条件决定的，企业制度则是一个基本条件。因此，为了使企业管理普遍好和持续好，必须深化改革，建立现代企业制度，为之建立制度基础。加强和改进企业管理要求尽快落实企业法人财产权，实现产权清晰的要求，并建立科学的法人治理结构。清晰产权的步子可以而且应该比建立现代企业制度更快一点，这样可以使企业早一点实现自负盈亏，并从根本上解决企业经营管理的动力机制和约束机制等问题。《公司法》已颁布三年多，在公司制企业中如何落实法人财产权已有章可循，而在非公司制企业中如何落实法人财产权，是一个迫切需要研究解决的重要课题。科学的法人治理结构应该有利于正确处理所有者、经营者、职工之间的关系，保障他们各自的权益和落实他们的责任；应该有利于正确实现所有权和经营权两权分离的要求，促使企业家成批出现和成长。所以，建立规范化的法人治理结构也是加强和改进企业经营管理的一项重要任务。总之，一定要使加强管理和深化改革紧密结合起来。

可持续的社会主义和不可持续的社会主义 *

一 从一场争论说起

党的十五大是一次有重大历史意义的会议。大会高举邓小平理论的旗帜，提出了社会主义初级阶段的基本纲领，全面发展了马克思主义理论。

在学习和贯彻党的十五大精神和方针政策的过程中，对于党的十五大提出的新理论及其意义，还有一些不同的认识。我想就其中一个理论问题引出的争论，谈谈可持续社会主义和不可持续社会主义的问题。

党的十五大报告提出：以公有制为主体、多种所有制经济共同发展是社会主义初级阶段的一项基本经济制度。又提出：非公有制经济是社会主义市场经济的重要组成部分。这些提法在党的历史上是第一次，含意丰富，意义重大。

根据这些提法，有的同志发表文章，认为社会主义经济不能

———————————
* 原载《改革》2000 年第 3 期。

完全等同于公有制经济，应该把非公有制经济也看做社会主义经济的重要组成部分。并且认为，社会主义初级阶段的基本经济制度同社会主义的基本经济制度不是两个不同的概念，应该把社会主义初级阶段的基本经济制度理解为社会主义的基本经济制度。其基本理由是社会主义初级阶段也是社会主义，社会主义市场经济就社会主义经济。

这位同志的观点引起有的同志反对。有位同志发表文章认为，社会主义经济和社会主义市场经济不能等同起来，不能把非公有制经济看成是社会主义经济的重要组成部分。还认为，社会主义初级阶段和社会主义也不能等同起来，不能把以公有制为主体、多种所有制经济共同发展看成是社会主义的基本经济制度。还有同志发表文章，认为社会主义市场经济和社会主义经济是两个不同的问题，不能把两者混为一谈；社会主义初级阶段的经济和社会主义经济是两个不同的问题，不能把两者混为一谈。这也是反对前一种意见的。

应该如何看待这场争论？我认为，这场争论也涉及怎样认识社会主义和怎样建设社会主义的问题，这是邓小平同志极为重视的问题。所以这场争论是很有意义的。那么应该如何看待争论中的是与非呢？我谈些很不成熟的看法。

我认为，持后一种意见的有的同志的文章，逻辑推论是严密的。因为，社会主义经济和社会主义市场经济确实是不完全相同的概念，社会主义初级阶段和社会主义两个概念也不能等同起来。因此，直接依据上引党的十五大的论断来证明社会主义初级阶段的基本经济制度可以理解为社会主义基本经济制度，社会主义市场经济重要组成部分的非公有制经济也是社会主义经济的重要组成部分，说服力似乎不强。可是，后一种观点更是值得商榷的。持后一种观点的同志认为社会主义经济只能是公有制经济，这个观点一定站得住吗？他们强调社会主义经济和社会主义市场经济的区别，这固然有一定的道理，但却忽视了有活力的（我暂时不用可持续的）社会主义经济只能是市场经济。而且笼统说不能用某种所有制经济的作用来确定其性质，这也大可斟酌。

后一种观点的问题在于前提是否正确。这种观点是以社会主义就是彻底消灭私有制，社会主义是建立在纯粹公有制基础上的理论为逻辑前提的。这些作为前提的理论是马克思提出来的，现在还被许多同志认为是完全正确的。如果这些前提真是完全正确，那么由此推论出来的后一种观点的确是无可非议。但是，根据社会主义的实践和当前可以科学预见到的趋势，这些前提是很有必要认真加以研究和讨论的。

二　社会主义能否彻底消灭私有制

理论要由实践来检验。但这并非一件简单的事。不过，中国社会主义改革和建设的实践，还是可以对社会主义理论作出一些重要的鉴别和判断的。

进入社会主义革命以后，根据社会主义只能建立在公有制基础上的理论，我们曾经不断地想在中国消灭而且彻底消灭私有制。这样实践的结果，导致生产力的严重破坏，社会主义生产关系也难以完善和发展。

现在我们已经认识到，社会主义初级阶段不仅不能消灭私有制，而且要把它看成社会主义市场经济的重要组成部分。这一点党的十五大已明确宣布，这也是我国社会主义改革和建设实践的科学总结。

那么，在社会主义初级阶段以后，是不是能够消灭私有制呢？

　　这个问题还是相当遥远的问题，现在不必忙于作出结论。不过由于科学是研究规律的，是要有预见的，因此，用科学的方法，从实际出发，仔细观察未来的发展趋势，也是必要的。

　　我认为，从现在人们可以看到的和有把握设想的情况，很难得出结论，说在社会主义初级阶段以后的中级阶段乃至高级阶段，就有必要和有可能彻底消灭私有制。

　　首先，马克思曾经认为，随着生产力的发展，生产规模将越来越大。而现代生产力的发展并未证实马克思的预言。实际情况是，生产规模的发展既有大的趋势，也有小的趋势。例如，计算机可以使人在家里工作，即从事个体经营，而与生产社会化不相矛盾。

　　其次，从当代经济最发达的国家看，它们即使实现了社会主义革命也不能消灭私有制经济。例如，个体农场能适应现代生产力，促进生产力迅速发展，强使它变为公有制经济，岂非又要破坏生产力?!

　　再次，随着生产力的高度发展和人们物质文化生活水平的极度提高，有些人为了自由和方便，可能更乐于搞个体经营。这既有利于自己，也无损而有利于社会，没有充分的理由不允许这样做。事实上，马克思也没有说过要消灭个体经济，不过他认为个体经济要被资本主义消灭，因而主张要用公有制代替资本主义私有制。但历史表明资本主义社会也绝不可能消灭个体经济。

　　又次，现在人们越来越认识到不同于资本家的企业家的作用。即使是私营企业，企业家的存在和发挥作用也是有利于社会主义经济的发展的。社会主义不仅不应消灭个体经济，而且不应消灭不同于个体经济而又适应于社会主义社会的私营经济，这样才能有利于企业家的成长和发挥作用。

　　有些人忧虑的是：社会主义允许私有经济存在会不会导致两

极分化和资本主义复辟？我认为不一定会，而且只要做好工作，可以说一定不会。因为，社会主义社会中的私有经济和资本主义社会中的私有经济有如下的根本区别：一是社会主义社会是公有制经济为主体，私有经济是从属于公有制经济的；二是私有经济的业主是可以拥护社会主义制度的；三是私有经济的业主的收入是受到限制的，如受到政府规定的所得税、遗产税等的限制；四是社会主义社会的政权是由人民掌握的，而且我国还有中国共产党的领导。只要共产党和人民政府坚持社会主义方向，不腐化，不变质，实行正确的方针政策，社会主义社会允许私有经济存在就不会导致两极分化和资本主义复辟。

应该指出，到了社会主义的中级阶段、高级阶段，也仍旧要搞市场经济。而市场经济是要以多种所有制经济为基础。有的同志说在单纯的公有制基础上也可以搞市场经济。他们举改革前社会主义经济中存在商品生产和商品交换为例，举斯大林的《苏联社会主义经济问题》一书中的论述为例。但是改革前的社会主义经济不正是计划经济，而不是、也不能说是市场经济吗？斯大林在《苏联社会主义经济问题》一书中不正是主张社会主义应该限制并最终取消商品生产和商品交换的吗？何况，我国改革的实践说明消灭私有制是绝难搞好社会主义市场经济的。现在国有经济改革这样难，是同没有摆脱计划经济框框搞企业改革有关的，因而非公有制经济健康发展也难，市场经济健康发展也难。

最后，还有一个吸取历史教训的问题。如果仍旧认为社会主义经济只能是公有制，很有可能或者难以避免再次发生急于向公有制过渡，搞又大又公又纯的做法。以前所以多次发生这类错误，正是建立在彻底消灭私有制这种乌托邦思想的基础上的。

三　社会主义能否不搞市场经济

在赞同非公有制经济是社会主义市场经济的重要组成部分而不赞同非公有制经济是社会主义经济的重要组成部分的人中间，有些人（不是全部）是认为社会主义初级阶段以后，市场经济是要取消的。这符合马克思的理论，因为马克思说过社会主义要取消商品经济。从马克思的这一理论出发，当然会得出结论：非公经济决不是社会主义经济的重要组成部分，只是在社会主义初级阶段，由于要搞市场经济，非公经济才成为社会主义市场经济的重要组成部分。

但是，在社会主义社会，包括社会主义初级阶段以后的中级阶段乃至高级阶段，能否取消商品经济，使社会主义经济不是市场经济呢？

从历史、现状和趋势看，似乎得不出社会主义社会商品经济可以取消的结论。下面从五个方面稍作分析：

首先，取消商品经济就是搞社会主义计划经济。因为现代社会里资源配置的方式只有两大类，即市场调节和计划调节。社会主义经济只能或者是市场经济，或者是计划经济。而根据苏联、东欧及我国搞计划经济的经验，计划经济制度绝不是一种好的配置资源的办法。在这种制度下，企业没有积极性、主动性，政府包办了企业办的事情，民主难以发扬，腐败难以减轻（更不用说根除），生产力发展必然受到阻碍。

其次，如前所说，很难设想社会主义社会能够消灭非公有制经济，而能够设想它是一种以公有制经济为主体多种所有制经济共同发展的混合经济。这种所有制格局的经济，是只能用市场经济而不能用计划经济的机制和制度来调节的。这里有点循环论证：用所有制格局说明市场经济，又用市场经济说明所有制格局。而这本来是一个问题的两面，说明社会主义经济既存在非公有制经济的必然性，又存在市场经济的必然性。

再次，马克思分析过市场经济的缺陷，想用计划经济来克服这种缺陷，而事实上计划经济并没有消灭市场经济的缺陷，也不能消灭这种缺陷。任何制度都有利有弊，而市场经济和计划经济相比，前者利多弊少，后者弊多利少。

又次，建立在高度生产力水平基础上的社会主义经济，为了进一步发展，既要开展竞争，又要进行宏观调控。这也必须实行社会主义市场经济才能做到和做好。

最后，即使在当前最发达的资本主义国家，如果它们经过革命建立了社会主义制度，也仍是只能搞市场经济，而不能搞计划经济。现在还不能说没有人会去搞计划经济，但是如果搞了计划经济，这些经济最发达的国家生产力必然要受到破坏，不再可能是最发达的国家。马克思设想当时发达国家可以搞计划经济，现在看来这似乎也带有空想的因素。

四　有中国特色社会主义理论的普遍意义

上面说的这场争论，我认为首先涉及到对中国社会主义初级阶段基本经济制度理论的意义如何认识。也就是这一理论对整个社会主义社会的基本经济制度有没有一般的指导意义。

一种意见认为：有。

一种意见认为：没有。

根据我对以上第二、第三个问题的分析，我是属于前一种意见，认为是有一般指导意义的。我认为邓小平关于建设有中国特色社会主义的理论，经过党的十五大的发展，明确公有制为主体、多种所有制经济共同发展是社会主义初级阶段的基本经济制度，其指导意义远远超出了社会主义初级阶段的范围。

其实，不仅党的十五大关于社会主义初级阶段所有制结构的理论，而且党的十五大关于社会主义初级阶段分配制度、市场经济制度的理论，对整个社会主义阶段都是有指导意义的。

党的十五大报告中说：建设有中国特色社会主义的经济，就是在社会主义条件下发展市场经济，不断解放和发展生产力。这就要坚持和完善社会主义公有制为主体、多种所有制经济共同发展的基本经济制度，坚持和完善社会主义市场经济体制，使市场在国家宏观调控下对资源配置起基础性作用，坚持和完善按劳分配为主体的多种分配方式，允许一部分地区一部分人先富起来，带动和帮助后富，逐步走向共同富裕。

能说这一段话对整个社会主义阶段没有普遍的指导意义吗？

党的十五大报告接着说，建设有中国特色社会主义的政治，就是在中国共产党领导下，在人民当家做主的基础上依法治国，发展社会主义民主政治。

接着又说：建设有中国特色社会主义的文化，就是以马克思主义为指导，以培养有理想、有道德、有文化、有纪律的公民为目标，发展面向现代化、面向世界、面向未来的，民族的、科学的、大众的社会主义文化。

这几段话直接都是针对社会主义初级阶段说的，但是对整个社会主义阶段的经济、政治、文化建设也都有一般的指导意义。这是非常清楚明白的。

所以，邓小平关于社会主义初级阶段的理论，尤其是党的十五大对这个理论的概括和发展决不能仅仅看成是只对社会主义初级阶段有效而应看到对整个社会主义阶段都有重要的指导意义。当然，社会主义初级阶段和社会主义其他阶段相比会有特点，但就上面说的基本经济制度、政治制度、文化制度而言，邓小平关于社会主义初级阶段的理论对整个社会主义阶段都有重要指导意义。

我认为我们应当这样来领会邓小平的理论，领会党的十五大的精神。这才能有利于进一步解放思想、实事求是，有利于当前的社会主义改革和建设事业。

五　社会主义从空想到科学是一个过程

恩格斯写过一本书，叫《社会主义从空想到科学的发展》。他把马克思以前的社会主义都称之为空想社会主义，论证了只有马克思才把社会主义变成科学，后来我们就把马克思的社会主义称之为科学社会主义。

恩格斯说：唯物主义历史观和通过剩余价值揭破资本主义生产的秘密，都应当归功于马克思。由于这些发现，社会主义已经变成了科学。

许多人学了恩格斯的这本书，往往认为社会主义从空想到科学的问题马克思主义都解决了。事实上，社会主义从空想到科学是一个过程，而且是一个长过程。恩格斯在上一段话以后接着就说：要对这门科学的一切细节和联系作进一步的探讨。

什么叫空想？什么叫科学？

所谓空想，是指设想的东西不符合实际；所谓科学，是指设想的东西符合实际。马克思以前的社会主义者确实不认识社会发展的规律，不认识社会主义要有生产力基础，要有阶级和群众基础，不认识社会主义是资本主义发展的结果。马克思由于发现历史唯物主义和剩余价值理论，使理论正确反映（符合）了实际，因而使社会主义从空想变成了科学。

　　可是"符合"也是相对的，社会主义究竟是什么样子，如何建设社会主义，这些问题马克思远没有完全解决，也不可能完全解决，因为当时还不存在或基本上不存在解决这些问题的条件。马克思、恩格斯曾设想过其中的有些问题，例如，认为整个社会要变成一个大工厂，要实行完全的按劳分配等，但是他们的设想很多并未为事实所证明。所以，马克思科学社会主义虽然使社会主义从空想变成了科学，但是也有其局限性。

　　就历史唯物主义而言，马克思、恩格斯的思想也有一个发展过程。他们有的论述也不是很明确的。例如，恩格斯在《共产主义原理》中说过："社会制度中的任何变化，所有制关系中的每一次变革，都是同旧的所有制关系不再相适应的生产力发展的必然结果。"按照这个说法，我国人民公社存在了 20 年左右，似乎是生产力发展的必然结果了。人民公社存在期间许多人曾用这段话来论证人民公社的合理性。事实上，人民公社完全不是生产力发展的要求和结果，而主要是"左"倾思潮和错误政策的产物。再如斯大林说过：生产的变化和发展始终从生产力的变化和发展，首先从生产工具的变化和发展开始的。这也不是历史现象的科学概括。即使就生产力和生产关系的关系来说，有生产工具变而生产关系不变的，也有生产工具不变而生产关系变了的。马克思的劳动价值论和剩余价值论现在也争论很多，分歧很大。争论如此之多，如此之大，最少说明这一理论也需要完善和发展。我们无法否认资本在生产中的作用，无法否认企业家在生产中的作用，无法否认马克思在世时工人阶级的局限性，无法否认科学技术及科学技术工作者在生产和社会发展中的作用。邓小平说科学技术是第一生产力，就是对马克思主义关于科学技术的理论的重大发展。我认为有不同理论的出现就意味着对问题的认识在深入或者有必要有可能深入。

　　为什么马克思科学社会主义会有局限性？从根本上说是人的思想不可能一下子全面地反映实际。即使是当时的实际，任何人也不可能方方面面、仔仔细细、里里外外反映清楚。而且事情都是发展的，即使理论符合当时的实际，情况变了，也未必再符合后来的实际。

　　具体一点说，马克思科学社会主义的局限，首先是由当时的客观条件决定的。当时资本主义社会的生产力比过去封建社会是无比地提高了，而比现在则差得远。马克思没有坐过汽车，打过电话，看过电视，用过计算机，怎么能要求他了解在有了这些东西以后社会主义将是什么样子呢？当时工人确实是一无所有的无产阶级，资产阶级剥削十分残酷，加上还有封建残余，甚至不只是残余，阶级斗争十分尖锐，因此难免把生产力和生产关系的矛盾以及阶级斗争的形势估计严重了，认为世界社会主义革命快到了，快成功了。这些预言都未成为事实。现在看来，在发达资本主义国家，在能预见的未来，用暴力革命夺取政权，然后进行社会主义建设这种可能性是几乎不存在的。其次是空想社会主义对马克思也有影响，而且不可能没有影响，马克思有些设想无疑仍有空想的因素，如消灭商品生产等。

　　正是因为马克思主义有局限性，所以要不断地发展。列宁主义、斯大林主义、毛泽东思想、邓小平理论，都是发展的过程和结果。发展就是克服局限性，而且发展是永远的过程。

六　作为一门科学的社会主义的现状和趋势

　　科学社会主义和社会主义科学（作为一门科学的社会主义）是有所不同的。社会主义作为一门科学，其范围大于科学社会主义。过去很多人常常把科学社会主义看成是唯一的社会主义科学，但是经过苏联 70 多年（从 1917 年到苏联瓦解）的社会主义实践，经过中国近 50 年（从 1949 年或 1953 年算起）的社会主义实践，经过其他社会主义国家的实践，还有一些发达资本主义国家内部社会主义因素的出现和增加，再加上世界范围内社会主义理论的争论，现在越来越多的人承认科学社会主义不能等同于社会主义科学。

现在世界上有多种多样的社会主义。当然不能说它们都是科学的，但也不能说除了马克思主义以外的社会主义流派都完全是非科学的。在西方，马克思主义包括多种多样的社会主义学说，就被作为一门科学来研究，人们不能不承认有其科学的内容。

除了西方马克思主义，社会主义还有许多流派。最近出版的《全球时代的"社会主义"》一书曾提到经济社会主义、政治社会主义、整体社会主义、市场社会主义、生态社会主义、女权社会主义，等等。不能说这些社会主义都是科学的，但也不能把它们划出社会主义科学的研究范围之外。

至于社会主义科学的发展趋势，各种社会主义理论在世界范围内会继续争论和发展，包括既相互斗争又相互吸收合理和可以吸收的内容，对争论的问题不断全面系统深入地研究，求得理论的繁荣和发展。

在中国，其趋势则决定于对这门科学的认识和对策。如果人们认同科学社会主义和社会主义科学是既有联系又有区别的，中国的社会主义科学将会更加健康发展，并和世界范围的趋势有更多的共同之处，从而促使科学社会主义更加繁荣和发展。否则，社会主义科学还将主要是局限于研究宣传科学社会主义。即使如此，世界范围的趋势，也不会不对中国的社会主义科学进一步发生影响。

为了使未来的趋势有利于社会主义科学的发展，应该重视研究以下一些问题：社会主义理论发展史，苏东社会主义国家兴衰史，中国社会主义改革和发展史，当代资本主义发达国家生产关系演变史。通过这些研究，也许可以在什么是社会主义科学上逐步取得共识。

七　可持续的社会主义和不可持续的社会主义

现在可持续发展的概念已经很为流行，不过主要是说的经济和社会的可持续发展，即要有效利用资源、保护环境、控制人口，求得经济和社会的持续发展。我认为需要提出可持续的社会主义的概念，相应地也要提出不可持续的社会主义的概念。

提出这两个概念的主要根据，是苏联社会主义仅存在了70多年，以后就瓦解因而不再存在了。东欧社会主义国家存在的时间更短。因此，社会主义确实有个能否持续存在和发展的问题。其实，真要实现经济和社会的持续发展，例如，做到节约和有效地利用资源以及最好地保护环境，从理论上说社会主义也远比资本主义优越。不过，我提出可持续发展社会主义的问题，直接是想说明那种认为社会主义社会要彻底消灭非公有制经济，要取消商品生产和商品交换（即使是在社会主义中级阶段和高级阶段）的观点，也会使社会主义不能持续发展。

原来我想用现实的社会主义和不现实的社会主义，可行的社会主义和不可行的社会主义等概念来表述我的观点。由于人们已比较普遍地认识在社会主义初级阶段不可能彻底消灭私有制经济，采取消灭私有制的政策是不现实的，所以我想用现实的社会主义和不现实的社会主义来划分这里的界限。可是考虑到许多学者早就把在苏联东欧等存在过的社会主义称之为现实的社会主义，而这些现实的社会主义，有的现在已经不是现实了，所以我放弃了现实的社会主义的提法。我也曾想用可行的社会主义和不可行的社会主义来表述我的观点，但不可行的固然不能持续，可行的也未必就能持续，甚至可行的也未必就是正确的，如我国的人民公社制度。而且英国人诺夫就写过一本名为《可行的社会主义经济》的书。为了避免混淆，我又放弃了可行的社会主义的提法，决定用可持续的社会主义和不可持续的社会主义来说明我想说的问题。

什么叫可持续的社会主义和不可持续的社会主义？我的初步意见是：可持续的社会主义至少要具备以下几个条件：一是符合社会发展的规律，因为社会主义是社会发展的结果，符合社会发展规律才是符合科学的社会主义，而不是空想社会主义。二是符合社会主义的本质。我本来是想说符合社会主义的基本原则，可是这样说可能过于空泛，过于抽象，甚至会引起争论。好在邓小平同志已科学地概括了社会主义的本质，指出：社会主义的本质是解放生产力、发展生产力，消灭剥削、消除两极分化，最终达到共同富裕。社会主义的本质和社会主义的原则既有区别，也有联系。由于邓小平的上述理论已为人们广泛接受，也是科学社会主义的最新发展，我也把它看做是可持续社会主义的必要条件。事实上，不具备这个条件，社会主义是难以持续的。三是有实现的可能性。有些社会主义理论是不可能实现的，当然不能属于可持续的社会主义。例如，认为在落后的中国不经过暴力革命也可以完成新民主主义革命进而完成社会主义革命。又如，认为现在发达资本主义国家也只有经过暴力革命才能实现社会主义。我认为都不是可持续的社会主义，因为不可能实现。当然，可能实现的未必就是能够持续的。因此，还要有第四个条件，即社会主义能够持续发展，例如，经由社会主义初级阶段走向社会主义中级阶段再走向社会主义高级阶段，然后向更高级的社会发展。也就是不能让社会主义事业半途而废，不能让它夭折。

实现可持续的社会主义，是一个巨大无比的系统工程，其中任何一个重要环节出了大错而又不及时改正，就有可能成为不可持续的社会主义。举例说，那种排斥商品生产和商品交换的社会主义，那种要求彻底消灭非公有制经济的社会主义，就属于不可持续的社会主义。根据中国的经验，如果不坚持公有制为主体、多种经济成分共同发展，不坚持以按劳分配为主的多种分配方式，不坚持以市场调节为基础并实行科学的宏观调控，不发扬民主，不消除腐败，不坚持和改进党的领导，不重视精神文明建设，不以促进生产力为衡量一切制度和方针政策的根本标准，社会主义要成为可持续的，是有极大的难度的。

关于公有制和私有制问题，我还想指出：社会主义社会需要的公有制，应该是具备社会主义性质的公有制。在社会主义国家，并非所有名义上的公有制都是社会主义性质的公有制。而私有制在一定条件下也可能具备某些社会主义性质，资本主义国家出现的社会主义因素就可作为一种佐证。在社会主义国家，更有可能使私有制经济带有社会主义性质，这也是使社会主义可持续发展要注意的问题。

历史发展的趋势将是社会主义代替资本主义，可是在实践中要使社会主义成为可以持续的而不是中断了再来搞，确实是理论界要关注和认真研究的问题。

八　研究社会主义科学要以科学社会主义、以邓小平理论为指导

区分社会主义科学和科学社会主义，我是想说明一个观点，就是不能一概否定马克思科学社会主义以外的社会主义学派的理论也可能有科学性。事物是无限丰富的，社会主义理论和实践也

是如此，任何人都不能发现绝对真理，不能穷尽真理。而只要有志于科学、潜心钻研，任何人也都会对科学作出贡献，社会主义科学也是如此。那种顶峰之类的话，完全是胡说八道。

不过，各种学派毕竟有优劣之分和高低之分。社会科学尤其是社会主义科学还有（甚至充满）阶级斗争的成分。因此，为了推进社会主义科学，实现可持续的社会主义，我还要强调要以马克思的科学社会主义尤其是邓小平理论为指导，理由是：

1. 马克思主义使社会主义由空想变成了科学。

2. 马克思主义的科学社会主义经历了丰富的实践，而且在实践中不断发展。

3. 马克思主义的科学社会主义比其他社会主义学派更具科学性。

4. 邓小平是当代最伟大的社会主义理论家，实践证明他的有中国特色的社会主义理论是正确的，而且有普遍意义，同时邓小平理论还在不断发展中。

我们要高举邓小平理论的旗帜，开展社会主义科学的研究。当前尤其要以邓小平理论为指导，认真研究解决我国的公有制改革问题，非公有制发展问题，市场和政府的关系问题，政治体制改革问题，发扬民主问题，根治腐败问题，以及其他社会主义改革和发展过程中的重大问题，促进生产力迅速发展，人民生活水平不断提高，最终达到共同富裕，也就是马克思说的人的全面发展的目标。这也是我所以写本文的缘由。

再论可持续的社会主义
和不可持续的社会主义*

　　我在《改革》杂志 2000 年第 3 期上发表的《可持续的社会主义和不可持续的社会主义》的论文中提出了可持续的社会主义和不可持续的社会主义的概念。当时我主要是从非公有制经济是不是社会主义经济的组成部分这个争论问题说开去的，在一些问题上语焉不详，还引起了有些人的误解。我认为这个问题很需要进一步研究，下面再谈谈其中的几个问题。

一　为什么要研究可持续的社会主义和不可持续的社会主义

　　这里我讲的社会主义，指的是社会主义制度。现在可持续发展的概念已很流行，但主要是用来研究生产力持续发展即人口增长、资源利用、环境保护等问题的，研究生产关系和制度问题的也有，但不多见。而我认为我们也应该十分重视研究社会主义制度如何持续发展的问题。

　　*　原载《改革》2001 年第 5 期。

首先是为了吸取苏联东欧剧变的教训。苏联东欧社会主义国家存在了几十年，有的国家有过辉煌的成就，曾被看做世界劳苦大众的希望。这些国家尤其是苏联的剧变是出乎一般人的意料的，也出乎中国人的意料。但这却是严酷的事实。苏联为什么发生剧变？有人认为是由于戈尔巴乔夫叛变，有人认为是斯大林模式的必然结果，也有人从外因与内因、远因与近因、客观原因和主观原因、微观原因和宏观原因、下层原因与上层原因、浅层原因与深层原因等方面作了更全面的分析。这个问题还在争论。研究社会主义可持续发展除了要研究苏东剧变的原因，还要研究已经出现或可能出现的其他问题，防患于未然。

其次是现在中国的社会主义还处于初级阶段，更需要重视社会主义的持续发展问题。按照马克思的设想，社会主义是要建立在高度发展的生产力基础上的，他曾设想当时英国等资本主义发达国家可以实行社会主义革命，建立社会主义制度。但后来成为社会主义国家的则大都是生产力不发达的国家。中国经过 50 多年的建设，和旧中国相比生产力有了很大提高，但同发达国家相比，生产力水平仍是很低的。邓小平在 1987 年说：“现在虽说我们也在搞社会主义，但事实上不够格。”[1] 这个观点现在依然有效。生产力不发达，社会主义制度要持续发展就更加困难。我们知道在资本主义发展史上，那些生产力不发达而实现了资产阶级革命的国家，封建主义复辟的情况并不是个别的，英国、法国都有过这种现象。而建设社会主义是比建设资本主义更为复杂艰巨、更为崇高的事业，国内外的敌对势力都在处心积虑地反对我国的社会主义建设事业。这就更增加了社会主义持续发展的难度。

再次是不仅生产力有持续发展问题，生产关系、上层建筑也

---

[1]　《邓小平文选》第 3 卷，人民出版社 1993 年版，第 225 页。

有持续发展问题，事实上，生产力的发展总是和生产关系、上层建筑的发展联系着的。中国现在的中心任务是经济建设，是发展生产力。但是怎样才能使生产力持续、快速、健康发展呢？包括怎样使产业结构优化升级、由农业国转变为工业国、实现现代化、使经济增长持续保持较高速度、人民生活水平不断提高，以及处理好人口、资源、环境等问题，这些都会遇到社会制度问题，要求有一个好的社会制度并使之能持续发展。所以我们面临的不仅是生产力持续发展问题，而且是社会主义制度持续发展问题，不论从中国看还是从世界看，只有在社会主义制度正确、健康、持续发展的情况下，才能解决生产力持续发展的许多难题。

最后是社会主义前途问题还存在着争论。例如，美国人福山在《历史的终结》一书中认为苏联的变化意味着社会主义历史的终结。德鲁克在《后资本主义社会》一书中认为社会主义注定要失败，后资本主义社会绝非社会主义社会。我们知道，社会主义思想已存在了几百年甚至上千年，只要存在着穷人和富人的对立，存在着无产阶级和资产阶级的对立，社会主义思想就会继续存在。说什么社会主义历史终结了，这只能是剥削阶级的一相情愿和痴心妄想。至于德鲁克（还有别的人）说的后资本主义社会，即使这个概念可以成立，那么这也说明资本主义社会将会消亡。而在新的社会里，他们也都承认，生产力将迅速发展，知识的作用大大加强，公有制大量出现，人与人的关系会发生很大变化，国家的作用会发生很大变化。这不也就是马克思设想的社会主义因素将大量出现吗？我认为德鲁克等人不是证明了社会主义没有前途，而是证明了马克思主义历史唯物主义的科学性和洞察力，即社会主义必将代替资本主义，这样人类也才有前途。中国已建立了社会主义社会，社会主义已经带给中国人民比过去美好、幸福得多的生活，还会继续带给中国人民更加美好和幸福的生活，人民是希望社会主义制度能够持续发展的，**解决生产力的持续发展也要靠社会主义制度的完善和持续发展**。因此，解决社会主义前途的争论问题，也要求重视对可持续社会主义和不可持续社会主义问题的研究。

二　社会主义可持续发展和社会主义的本质

为了使社会主义健康和持续发展，首先要正确认识什么是社会主义。苏联剧变，是同这个问题的认识错误有密切关系的。例如，苏联长期限制甚至排斥商品经济，认为社会主义只能搞计划经济，只能搞公有制，把国有制看成是公有制最高级最优越的形式。当计划经济优越性难以发挥，国有经济的缺陷越来越暴露的时候，生产力发展受到阻碍，人民生活难以提高，因而引起广大群众不满。我国社会主义发展过程中的挫折，也同这个问题上的错误有关，例如，把阶级斗争看成社会主义社会的主要矛盾，追求一"大"二"公"，等等。所以，邓小平同志多次提出："什么叫社会主义，什么叫马克思主义？我们过去对这个问题的认识不是完全清醒的。"[1] "我们总结了几十年搞社会主义的经验，社会主义是什么，我们并没有完全搞清楚。"[2] 他在 1980 年就指出："苏联搞社会主义，从一九一七年十月革命算起，已经六十三年了，但是怎么搞社会主义，它也吹不起牛皮。"[3]

正确认识什么是社会主义，关键是要弄清楚社会主义的本质，这是一件十分复杂艰巨的事情。一是因为本质是通过现象表

---

① 《邓小平关于建设有中国特色社会主义的论述（专题摘编）》，中央文献出版社 1992 年版，第 45 页。

② 同上书，第 47 页。

③ 同上书，第 44 页。

现出来的，只有研究现象才能掌握本质，而现象不仅是变化的，而且现象中还有很多不能正确反映本质的假象。二是因为社会主义本质可以从多方面来观察和表述，例如，可以从生产力方面，从生产关系方面，从上层建筑方面，从人民生活方面，以及从这些方面的结合上进行观察和表述。这里也有表述是否正确、深刻的问题。三是前人对社会主义本质已有不少研究和论述，例如，政治经济学中关于社会主义经济的基本特征和经济规律就有不少说法，其中有科学的成分，也有不科学甚至反科学的成分，它们都会影响我们的认识，增加了问题的难度。

邓小平同志把社会主义的本质表述为："解放生产力，发展生产力，消灭剥削，消除两极分化，最终达到共同富裕。"[1] 这个表述主要是从经济上着眼的，坚持了马克思主义经典作家的科学理论，总结了社会主义国家的实践经验（包括教训），针对我国社会主义建设面临的主要问题，提出了制定正确路线、方针、政策的理论依据。这是从理论和实践的结合上对什么是社会主义问题的科学概括，发展了马克思的科学社会主义理论，有重大的理论意义和实践意义。

我们的工作必须体现邓小平同志提出的社会主义本质的要求，才能保证社会主义持续发展，如果背离了这个要求，社会主义是难以持续发展的。

过去曾经把社会主义经济的基本特征概括为计划经济、公有制、按劳分配。当时所说的基本特征也有本质的含义。实践证明这个概括有片面性，有的内容还被证明是错误的。邓小平同志提出的社会主义本质克服了这种片面性的错误。

为什么邓小平同志在社会主义的本质中没有提公有制？我认为

① 《邓小平文选》第 3 卷，人民出版社 1993 年版，第 373 页。

这不是偶然的，因为过去把非公有制和社会主义完全对立起来的理论已被实践证明是错误的。在我国社会主义初级阶段，必须在公有制为主体的条件下允许非公有制存在和发展，这就说明非公有制和社会主义在一定条件下是可以相容的，社会主义社会的所有制不等于公有制。有人说消灭剥削、消除两极分化是以公有制为前提条件的，社会主义本质不能不包含公有制。这种说法也值得斟酌。因为存在非公有制不一定导致剥削，更不一定导致两极分化。社会主义基本经济制度是以公有制为主体、多种经济成分（包括非公有制经济成分）共同发展，而不是完全的公有制。至少社会主义初级阶段是如此。所以，我认为邓小平同志不把公有制作为社会主义的本质是经过慎重考虑并有科学根据因而是正确的。

斯大林提出过社会主义基本经济规律的范畴。他说："社会主义基本经济规律的主要特点和要求，可以大致表述如下：用在高度技术基础上使社会主义生产不断增长和不断完善的办法，来保证最大限度地满足整个社会经常增长的物质和文化的需要。"基本经济规律和本质在科学上属于同一个层次的范畴，在这里比较起来，本质这个范畴更为准确和科学。因为规律是在一定条件下的产物，是事物必然的内在联系。而不仅当时的苏联不存在斯大林说的社会主义基本经济规律，现在也不能说社会主义国家已形成了社会主义基本经济规律。本质的说法则灵活得多，它意味着社会主义社会必须按照社会主义本质的要求办事，而并不意味着必然按照社会主义本质的要求办事。

社会主义基本经济规律的范畴是需要的。我们要通过改革，创造必要的条件和机制，使得社会主义基本经济规律的要求必然能够实现。这样，社会主义的持续发展也就有比较充分的保证了。

社会主义持续发展不仅是经济问题，也是政治问题、文化问题。这里应该指出的是，从政治上着眼，民主也是社会主义的本质。邓小平同志说过:"我们进行社会主义现代化建设,是要在经济上赶上发达的资本主义国家,在政治上创造比资本主义国家的民主更高更切实的民主,并且造就比这些国家更多更优秀的人才。达到上述三个要求,时间有的可以短些,有的要长些,但是作为一个社会主义大国,我们能够也必须达到。"①他还说过:"没有民主就没有社会主义,就没有社会主义的现代化。"②说民主是社会主义的本质是有充分根据和重大意义的。

三 社会主义可持续发展和社会主义社会的所有制结构

我们常说生产关系是社会的经济基础,而所有制又被看成是生产关系的基础。正确处理社会主义社会的所有制结构,是社会主义持续发展的重要条件。

新中国成立以来在所有制问题上也经历了曲折的过程,有着丰富的经验教训。党的十五大总结了我们自己的经验教训,也总结了其他国家的经验教训,制定了正确处理社会主义初级阶段所有制问题的理论和方针政策。例如,在所有制含义的问题上,提出公有制经济不仅包括国有经济和集体经济,还包括混合所有制经济中的国有成分和集体成分,并提出集体所有制经济是公有制经济的重要组成部分。在公有制的实现形式问题上,提出公有制实现形式可以而且应当多样化,一切反映社会化生产规律的经营方式和组织形式都可以大胆利用。在国有经济的地位作用问题上,指出国有经济的主导作用主要表现在控制力上,并指出要从战略上调整国有经济布局。在非公有制经济问题上,指出非公有制经

① 《邓小平文选》第2卷,人民出版社1983年版,第322—323页。
② 同上书,第168页。

济是社会主义市场经济的重要组成部分。尤为重要的是规定"公有制为主体，多种所有制经济共同发展，是我国社会主义初级阶段的一项基本经济制度"。这些规定对正确处理社会主义初级阶段的所有制结构问题具有极其重要的指导意义。不过，为了保证这些规定的贯彻执行，以及为了应对面临的新情况和解决将会出现的新问题，还是需要认真研究社会主义社会的所有制结构问题的。

邓小平说我们搞社会主义"事实上不够格"时，实际上也提出了社会主义社会的所有制结构问题。他这段话的全文是："搞社会主义，一定要使生产力发达，贫穷不是社会主义。我们坚持社会主义，要建设对资本主义具有优越性的社会主义，首先必须摆脱贫困。现在虽说我们也在搞社会主义，但事实上不够格。"① 可见，不够格主要是因为我们生产力不发达，没有摆脱贫穷。为什么说生产力不发达因而搞社会主义不够格呢？这是因为马克思主义经典作家认为社会主义是要建立在发达资本主义国家的生产力基础上的，而中国没有经历过资本主义阶段。那么为什么我们在生产力不发达、没有摆脱贫穷的情况下就完成社会主义改造进入社会主义呢？一个重要原因是我们在处理所有制以及生产关系问题上犯了急于向社会主义过渡的急性病的错误。

毛泽东曾设想在新民主主义革命胜利后建立新民主主义社会以促进生产力的发展。他在《新民主主义论》中说："在无产阶级领导下的新民主主义共和国的国营经济是社会主义的性质，是整个国民经济的领导力量，但这个共和国并不没收其他资本主义的私有财产，并不禁止'不能操纵国民生计'的资本主义生产的发展，这是因为中国经济还十分落后的缘故。"② 在《论联合

---

① 《邓小平文选》第3卷，人民出版社1993年版，第225页。
② 《毛泽东选集》第2卷，人民出版社1952年版，第671页。

政府》中又说："在中国的条件下，在新民主主义的国家制度下，除了国家自己的经济、劳动人民的个体经济和合作社经济之外，一定要让私人资本主义经济在不能操纵国民生计的范围内获得发展的便利，才能有益于社会的向前发展。"① 他在《对论联合政府的说明》中还说，"这个报告与《新民主主义论》不同的，是确定了需要资本主义的广大发展"②。《在中国共产党第七次全国代表大会上的口头政治报告》中他又说："我们这样肯定要广泛地发展资本主义，是只有好处，没有坏处的。对于这个问题，在我们党内有些人相当长的时间里搞不清楚，存在一种民粹派的思想。这种思想，在农民出身的党员占多数的党内是会长期存在的。所谓民粹主义，就是要直接由封建经济发展到社会主义经济，中间不经过发展资本主义的阶段。"③ 不幸的是，后来他自己也受民粹主义的影响急于向社会主义过渡，使社会主义建设事业遭受了损失。

现在来看，刘少奇"巩固新民主主义制度"的理论和主张是正确的，在新中国成立前后刘少奇明确指出"过早地采取社会主义的政策是要不得的"，"过早地消灭资本主义的办法，则要犯'左'倾的错误"。当时毛泽东曾表示赞同这个观点。后来毛泽东改变了观点，提出过渡时期总路线。毛泽东说："确立新民主主义社会秩序，怎样确立？每天在变动，每天都在发生社会主义因素。所谓确立，是很难哩。"④ 这个批评是针对刘少奇的，但缺乏充分根据，难以成立。因为新民主主义阶段固然是一个过

---

① 《毛泽东选集》第3卷，人民出版社1953年版，第1061页。
② 《毛泽东文集》第3卷，人民出版社1996年版，第275页。
③ 同上书，第322—323页。
④ 转引自薄一波著《若干重大决策与事件的回顾》（上卷），中共中央党校出版社1991年版，第47、65页。

渡时期，但它有自己的特征和任务，具有既不同于资本主义社会又不同于社会主义社会的质的规定性，并有大力发展生产力的长期而艰巨的任务，而且"确立"和"变动"是可以并存的。"文化大革命"中批评刘少奇的"巩固新民主主义秩序论"同样是错误的，是中国历史上的大冤案。不过刘少奇在新中国成立前后的一段时期内和毛泽东一样认为新民主主义阶段只要 10 到 20 年就可以结束，也把事情看得简单和过分容易了。邓小平在 1987 年说过："只有到了下世纪中叶，达到了中等发达国家的水平，才能说真的搞了社会主义，才能理直气壮地说社会主义优越于资本主义。"① 从这个意义上说，中国向社会主义过渡起码早了 100 年。马克思说过："社会经济形态的发展是一种自然历史过程。"② 中国这样人为地加速社会经济形态的发展，是难免要出乱子的。结果是应了一句老话：欲速则不达。

最近有同志发表文章，认为我国社会主义初级阶段应该从 1949 年中华人民共和国成立算起，理由是从中华人民共和国成立到 1956 年社会主义改造完成这个通常称为新民主主义社会的阶段和 1956 年社会主义改造完成到现在这个被称为社会主义初级阶段的时期都是过渡时期，即都是向马克思主义经典作家提出的社会主义社会过渡的时期，在政治、经济等方面有着基本共同之处。这个意见可以给人以启迪。但我们难以否认 1956 年前后两个时期的许多重大差别，尤其难以否认中国是从 1956 年完成了所有制的社会主义改造以后才进入社会主义社会的。尽管中国的社会主义是个早产儿，但是他的出生日期却不能任意更动。不过，由于生产关系一定要适合生产力是不以人的意志为转移的客

---

① 《邓小平文选》第 3 卷，人民出版社 1993 年版，第 225 页。
② 《马克思恩格斯全集》第 23 卷，人民出版社 1972 年版，第 12 页。

观规律，为了使搞社会主义由事实上"不够格"变为"够格"，我们除了利用社会主义公有制努力发展生产力，还要利用非公有制努力发展生产力。在这个意义上，毛泽东讲的"要广泛地发展资本主义"，还是有重要的指导意义的。和新民主主义时期相比，现在更有条件把发展非公有制经济包括发展资本主义经济成分纳入有利于社会主义社会的轨道。

总结经验教训，为了正确处理社会主义社会的所有制结构问题，最重要的是要按照生产关系一定要适合生产力规律的要求办事，这就要求贯彻"三个有利于"标准尤其是其核心——生产力标准，把发展生产力作为衡量改革是非得失的根本标准，这要求把所有制和生产关系看做是发展生产力、提高人民生活的手段。

四　社会主义可持续发展和企业活力

企业是社会主义市场经济的主体，也是技术进步、管理创新的主体，企业缺少活力，整个国民经济也难有活力，国家在世界上也不会有强的竞争力。苏联等社会主义国家解体，同这些国家的企业长期缺少活力有内在关系。因此，增强企业活力也是社会主义持续发展的必要条件。

如何才能使企业有活力？一种相当流行的观点是靠加强企业管理。我也发表过这种看法。1979 年我参加以马洪为团长的中国工商行政管理代表团访问美国，着重考察美国管理教育，访问了哈佛大学、麻省理工学院、斯坦福大学等单位，回国后写了几篇访问稿，第一篇的题目就是《企业经营好坏决定于管理》。文章中说："我们访问麻省理工学院的斯隆管理学院时，院长庞兹着重介绍了管理的重要性。他说，企业经营好坏，管理人要负主要责任，这似乎是常识，但这是非常重要的原则。他还说，企业经营好坏决定于管理。任何一个组织都需要管理，其经营效果主要决定于管理人员应付外界影响和组织内部工作的能力。根据美国最大银行美洲银行的资料，经营失败的企业，大多数是由于缺少管理的经验和知识，因而是管理不善造成的。"去年我重读这篇文章，感到这个观点在美国是有根据的，但未必适合迄今为止的中国的情况。因为美国早已建成了比较发达的市场经济体制和适应市场经济体制的企业制度，在这种情况下，企业经营好坏确实主要决定于管理。而在我们访问美国时中国还在实行计划经济，后来通过改革逐步形成社会主义市场经济体制，可是到目前为止，国民经济的市场化改革还远未完成，企业改革也还在进行过程中。改革开放以来，中国在企业管理的考察、宣传、教育、研究以及实践上做了大量工作，虽有成绩，但不显著，根本原因就是还不完全具备改进管理的制度条件。因此，为了增强企业活力，当前最主要的也还是深化改革。这绝非是说管理不重要，管理是非常重要的，在改革中必须加强管理。但是与改革比较，改革重于管理。

中国经济体制改革一直是以国有企业改革为中心环节的，这样做是符合从计划经济向市场经济转变的要求的。那么，当前国有企业改革的形势如何呢？对此有不同的看法。第一种是非常乐观，认为国有企业改革搞得有声有色，使国有企业实现了一次战略升级，能以新面貌进入新世纪。第二种是非常悲观，认为国有企业改革没有取得实质性进展，对进一步改革有畏难情绪甚至失去信心。第三种是认为改革取得了成绩和实质性进展，但现在国有企业的形势仍很严峻，存在的问题还很多。我赞同第三种看法。我们一定要把国有企业改革进行到底，这既是必要的，也是可能的。

通过20多年的实践和探索，我们已经积累了丰富的经验，初步找到了比较科学、切实可行的国有企业改革的途径。例如，明确国有企业改革的目标是建立"产权清晰、权责明确、政企分开、管理科学"的现代企业制度；要通过建立现代企业制度，使绝大多数国有企业成为真正自主经营、自负盈亏、自我发展、自我约束的商品生产经营者和真正独立的市场竞争主体；明确了要坚持以国有经济为主导、公有经济为主体、多种经济成分共同发展的方针；国有经济的布局要进行战略性调整，国有企业要实施战略性改组；尤其是明确了国有经济的改革要同发展多种经济成分结合起来，不仅要搞活国有企业，而且要搞活包括私营企业在内的非国有企业，等等。决心沿着这条路走下去，努力解决还没有解决的问题，国有企业改革是能够取得成功的。

有同志提出当前中国经济体制改革的中心应该转移了，不能再以国有企业改革为中心环节了。我不赞同这种意见。因为国有企业改革的任务尚未完成，还有不少关坎要过。例如，要实现产权多元化，规范法人治理结构，建立有效的激励约束机制，建立健全的社会保障制度，改革国有资产管理体制，使国有资本的出资人到位，真正实现政企分开，等等。在没有跨过这些关坎以前，深化国有企业改革对整个经济体制改革和国民经济发展仍有多方面的影响甚至举足轻重的作用。（1）不深化国有企业改革，很难从根本上解决国有企业脱困。（2）不深化国有企业改革，很难普遍提高企业经营管理水平。（3）不深化国有企业改革，很难彻底解决国有企业技术进步缓慢的问题。（4）不深化国有企业改革，很难使非国有企业迅速健康发展。（5）不深化国有企业改革，很难使工商业有效支援农业，增加农民收入。（6）不深化国有企业改革，将会增加解决就业、收入差距扩大问题的困难。（7）不深化国有企业改革，很难使市场机制更为有效地发挥作用，将阻碍产业结构的优化升级。（8）不深化国有企业改革，扩大内需会受到阻碍，国际竞争力也难以提高，国民经济很难持续协调发展。党的十五届五中全会又一次明确"国有企业改革是经济体制改革的中心环节"，我认为是正确的、必要的。

什么时候经济体制改革的中心环节可以转移？我认为要到国有企业改革基本取得成功的时候。国有企业改革成功的主要标志是：（1）国有经济布局进行了战略性调整，国有企业的部门结构趋于合理。（2）绝大多数国有企业建立了现代企业制度，达到了产权清晰、权责明确、政企分开、管理科学的要求，做到了自主经营、自负盈亏、自我发展、自我约束。（3）建立了竞争有序和发达的市场体系。（4）包括私营企业在内的非国有企业有了平等竞争的地位和快速发展的机会。显然，当国有企业改革任务基本完成之时，又会面临着新的搞活企业、增强企业竞争力的任务。

现在国有企业中政企不分的现象仍相当普遍和严重，甚至在不少上市公司中也存在着严重的政企不分现象。党的十五届五中全会强调要"真正实现政企分开"，但有些人认为国有企业是不能政企分开的。例如，有的文章认为："典型的或本意上的国有企业天生就是政企不分或不能完全分开的。从这个意义上说，政企不分不是什么缺陷，而是对国有企业的本质规定。"这种看法在一部分人中相当流行。又如，近几年国有企业是特殊的企业的理论相当流行，这一理论也蕴涵着国有企业不能实行或不能完全实行政企分开的意思。这一理论强调国有企业数量不能太多，不能成为国民经济中的一般企业而只能是少数特殊企业，在这个意义上是有理由和积极意义的。但是，我们改革国有企业首先就是为了使绝大多数原来不是真正企业的国有企业变成真正的企业，而真正的企业是必须政企分开的。现代企业制度的一个主要特征就是政企分开，笼统说国有企业本质上是不能政企分开或不能完全政企分开，在我国过去甚至当前条件下是不是妥当呢？

　　问题在于，我们原先存在的国有企业绝大多数要不要通过改革成为真正的企业，真正的企业要不要实行政企分开？回答应该是肯定的。事实上，各国的理论和实践都表明多数国有企业是可以政企分开的，只有极少数国有企业不宜或不能政企分开。通过对国有企业的分类改革，我国绝大多数国有企业也要改变为政企分开从而能够自主经营、自负盈亏、自我发展、自我约束的真正的企业，不能彻底实行政企分开的只能是少数。

　　为了深化国有企业改革，需要进一步贯彻邓小平同志倡导的解放思想、实事求是的思想路线。现在所有制结构调整、国有经济布局调整、建立现代企业制度、发展个体私营经济都遇到思想障碍，说明进一步解放思想、实事求是仍是一项重要任务。理论界对一些问题的认识分歧也很大。例如，有人认为国有企业不存在"产权不明晰"、"所有者主体缺位"的问题，认为国有企业改革不应该搞产权改革、所有制改革，认为国有制和市场经济是无条件相容的，认为国有经济不应该从某些竞争性领域退出。他们把不同意他们看法的观点说成是"错误观点"，声称这些"错误观点干扰中央的决策和部署，危害甚大"。其实，尽管他们批判的观点有些是理论界提出来的，但这些观点已被党中央采纳，成为有关《决议》或《决定》中的方针政策。例如，党的十四届三中全会通过的《中共中央关于建立社会主义市场经济体制若干问题的决定》把产权清晰作为现代企业制度的一个主要特征，党的十五大报告提出"继续调整和完善所有制结构"，党的十五届四中全会通过的《中共中央关于国有企业改革和发展若干重大问题的决定》说实现公有制与市场经济的结合"最重要的是使国有企业形成适应市场经济要求的管理体制和经济机制"，党的十五大报告还提出要"从战略上调整国有经济布局"。这些都是党中央制定的改革国有企业的重大方针，怎么可以称之为"关于国有企业改革的错误论点"呢？

在国有企业改革问题上怎样进一步解放思想、实事求是呢？我认为一要认真研究苏联的经验教训和斯大林的社会主义模式。要对苏联社会主义建设和社会主义改革的经验教训进行全面的科学的分析，对斯大林社会主义模式的思想理论依据进行系统深入的研究。斯大林的社会主义模式在我国仍有影响，例如，有的人仍把国有制看成社会主义公有制的最高形式，把社会主义和公有制完全等同起来。应该继续清除这些不符合有中国特色社会主义理论和现实的错误观点的影响。二要深入实际多作调查研究，一切从事实出发而不是从本本出发。三要讲真话，讲实话，开展百家争鸣。通过认真求实的研究和讨论，坚持真理，修正错误，统一认识。四要坚持三个有利于标准，坚持实践是检验真理的唯一标准，发展科学社会主义。最近有文章仍继续坚持"社会主义即公有制"的观点，认为对此提出异议就是否定马克思主义的基本原理和科学社会主义理论。而建设有中国特色社会主义的实践表明，"社会主义即公有制"的观点并非是不容讨论的绝对真理。当代世界科学技术迅猛发展的实践也表明社会化生产的趋势未必一定是大生产，大生产也未必一定都要采取传统的公有制形式。任何理论观点都需要接受实践的检验，马克思的社会主义理论也要通过实践才能不断创新和发展。邓小平同志说："一个党，一个国家，一个民族，如果一切从本本出发，思想僵化，迷信盛行，那它就不能前进，它的生机就停止了，就要亡党亡国。"① 思想僵化和迷信盛行是苏联社会主义成为不可持续的社会主义的一个根本原因。

---

① 《邓小平文选》第 2 卷，人民出版社 1983 年版，第 143 页。

发展中小企业是一个战略问题[*]

我说发展中小企业是一个战略问题有两重意义。一是说中小企业在中国国民经济中的地位和作用具有战略意义，是中国社会主义经济发展中带有全局性、长期性、根本性的问题。二是说中小企业也要研究、制定自己的发展战略，即研究自身发展中的带有全局性、长期性、根本性的问题。我讲下面六个问题：

一　什么是中小企业

发展中小企业首先要界定什么是中小企业，可是界定中小企业相当困难。原因是：（1）不同国家和地区经济发展水平不一样，因此划分大中小企业的标准也不一样。（2）即使在同一国家和地区，各个发展阶段划分大中小企业的标准也不一样。（3）企业本身也在发展，而且各个行业中大中小企业的标准也有区别。

例如，荷兰雇用100人以下的企业叫中小企业。意大利雇用500人以下、投入资金15亿里拉以下的企业叫中小企业。日本

＊　本文是作者 2001 年 12 月 9 日在北京"中国管理创新论坛"上的发言。

的制造业中，中小企业指从业人员 300 人以下或资本 1 亿日元以下的企业；批发业中指从业人员 50 人以下或资本 3000 万日元以下的企业；零售服务业中指从业人员 50 人以下或资本 1000 万日元以下的企业。美国的中小企业在制造业的一般行业中指从业人员 500 人以下的企业，汽车制造业指从业人员 1000 人以下的企业，航空机械制造业指从业人员 1500 人以下的企业。美国曾规定，凡是独立所有、独立经营并在某个事业领域不占支配地位的企业，均属中小企业。

中国 20 世纪 50 年代主要是按照职工人数划分大中小企业。1962 年改为主要按照固定资产价值划分。1978 年又改为按照企业的年综合生产能力划分。1988 年颁布《大中小型企业划分标准》，按企业生产规模，把企业分为特大型、大型、中型和小型。1999 年又进行了修改，规定大型企业的标准是年销售收入和资产总额均在 5 亿元以上，其中特大型的标准是 50 亿元及以上，中型的标准是 5000 万元至 5 亿元，其余的属小型企业。

一般来说，中小企业的特点是：（1）生产规模小，资本和技术构成较低。（2）竞争力较弱，受市场外部的影响较大。（3）数量众多，分布面广。（4）经营灵活，形式多样。这是一般而言，有些小企业的竞争力是很强的。

二　为什么从排斥中小企业到扶持中小企业

世界各国，包括经济发达国家，现在都非常重视中小企业。因此，有人说现在中小企业"热"遍全球。可是，在半个世纪以前，中小企业是不受重视甚至是受排挤的。

工业革命以后，由于机器大工业的发展，很长一段时间内是大生产排斥小生产，有人甚至认为小生产会被大生产消灭。1890

年，英国著名经济学家马歇尔在《经济学原理》一书中说：要通过大机械生产的竞争，淘汰和消灭以手工业和家庭工业为代表的小型企业。马克思和恩格斯都分析过资本主义生产有向大规模企业发展的趋势，认为会出现整个社会由一个企业家经营的现象。列宁更明确说过：社会主义社会里"整个社会将成为一个管理处，成为一个劳动平等报酬平等的工厂"。这都是以大生产会消灭小生产为依据的。

但是，资本主义大生产并没有消灭小生产，而且到 20 世纪后半世纪，中小企业的地位、作用显得越来越重要。一本研究美国经济史的著作中说：由于国际竞争的加剧和新技术革命的发展，美国 20 世纪 70 年代以后经历了小企业的某种复兴。在经济发达国家，中小企业在国民经济中现在都有很重要的地位。如 1996 年德国中小企业创造的总产值占 GDP 的 95％，英国中小企业的产值占金融业以外的 GNP 的 42％，美国中小企业的产值占 GNP 的 45％。德国中小企业上缴国家的营业税占企业上缴营业税的 47％，美国出口总额的 58％ 来自中小企业。

从世界范围看，中小企业的地位作用可以概括为：（1）是经济增长的重要来源甚至是主要来源。（2）是保证市场竞争、促进市场繁荣的基本力量。（3）是技术创新的一支重要力量。（4）是增加就业、稳定社会的重要保证。美国 20 世纪 80 年代的就业岗位主要是小企业创造的，特别是雇用人数少于 20 人的小企业极其重要。

为什么小企业没有像许多经济学家设想的那样被大企业消灭？据分析，原因主要有：（1）企业规模经济是有限度的，规模不经济使企业组织不能无限扩大。（2）随着企业规模的增大，企业内部的管理成本也会增大，可能会大于企业之间的交易成本。这也会限制企业规模的扩大。（3）大企业离不开中小企业，如需要中小企业提供零配件，提供各种服务。（4）高新技术促进中小企业的形成和发展。有了计算机和电子网络，小企业可以做大企业的事。当代生产力和科学技术的发展使得企业生产规模既有向大的方向发展的趋势，也有向小的方向发展的趋势。因此，在社会主义社会里，小企业也将大量存在。处理好大企业和小企业的关系，是我们长期面临的重要战略问题。

三　中小企业在中国国民经济中的地位和作用

最近发表的《2001 年中国企业发展报告》对我国中小企业的地位作用概括为八点。即：（1）中小企业是国民经济健康协调发展的重要基础。（2）中小企业是社会稳定的重要保证。（3）中小企业是稳定财政收支的基础，也是确保国家财政收入特别是地方财政收入的稳定来源。（4）中小企业是引入优胜劣汰机制，建立社会主义市场经济体制的微观基础。（5）中小企业是政府集中精力抓"大"的保证和必备条件。（6）中小企业是实现男女真正平等的物质基础。（7）中小企业是鼓励民间投资的重要载体。（8）中小企业是发展和建设小城镇的主体。这个概括相当全面，我想强调以下几点：

1. 中小企业的发展促进了中国的经济改革。可以说中小企业是中国市场经济的一支基本力量。

2. 中小企业提供大量的就业岗位。中国就业的压力很大。据有的人估计：一是城镇约有 3000 万人失业；二是每年城镇新增劳动力 800 万人需要就业；三是公有经济富余人员约 2600 万人需要安排就业；四是农村约有 1.3 亿剩余劳动力需要就业。这个估计不一定准确，可以肯定的是，在一定时期内就业是中国经济面临的最大难题。解决这个难题主要要靠中小企业。据估计，大型企业创造一个就业岗位需要投资 22 万元，中型企业需要 12 万元，小型企业只需 8 万元。

3. 中小企业是促进经济持续稳定增长的重要条件。在中国的工业企业户数、产值、利税中，目前中小企业分别占 99%、60%、40%。

4. 中小企业是参与国际竞争的重要力量。中小企业的出口额约占中国出口总额的 60%。

四　中国中小企业发展中存在的问题

《2001 年中国企业发展报告》中列举了中小企业发展存在的问题。报告把问题概括成两个方面：自身的问题和外部环境问题。

1. 自身的问题。主要有：（1）产业结构和组织结构不合理，如低水平重复、"小而全"。（2）人员素质和经营管理水平低，技术装备落后，产品质量差。（3）资产负债率高，资金短缺，生产经营和技术创新投入不足。

2. 外部环境问题。主要有：（1）政策体系尚未形成，中小企业尚未普遍获得国民待遇，按所有制制定扶持政策的局面依然存在。（2）缺乏正常的融资渠道。（3）社会服务体系薄弱。（4）税费负担重。（5）政府职能转变滞后。

当前，要特别重视中小企业的以下情况和困难，积极帮助解决：（1）资金困难，融资困难。（2）产业产品结构不合理。（3）产权制度还存在问题，如所谓的"红帽子"问题。（4）经营者和职工综合素质低。（5）政策法规不健全。（6）管理体制不顺，存在多头管理等现象。（7）对中小企业的社会化服务体系尚未形成。（8）社会上对中小企业还存在歧视现象。

五　为发展中国中小企业营造更好的环境

　　中国现在处于社会主义初级阶段，中小企业是中国社会主义社会的重要经济基础。上层建筑尤其是政府机构要为经济基础服务，所以，政府不仅要为大型企业服务，也要为中小型企业服务。过去曾经发生过的追求一"大"二"公"的错误，要从理论上、政策上、实践上彻底克服。不仅要认识中小企业在社会主义社会将长期存在，而且要认识中小企业适合多种经济形式，而选择何种经济形式，必须根据"三个有利于"的标准来确定。江泽民同志在"七一"讲话中指出：个体户、私营企业主也是有中国特色社会主义事业的建设者。这是符合实际情况的科学论断。我们要牢固地树立中小企业也是社会主义物质基础和经济基础的思想认识。

　　政府为中小企业健康发展创造有利的环境，这是当前发展中小企业要进一步解决的问题。政府在现代经济增长中发挥着不可替代的作用，但是政府对企业要多一点服务，少一点干预。在市场经济中，为了提高整体资源配置效益，政府应当从对资源配置的直接干预，转向充分发挥市场机制的作用，并弥补市场机制的缺陷。

　　1. 要建立健全中小企业的法律法规体系。建立健全法律法规体系，改善中小企业经营环境，是促进中小企业发展的重要前提。政府应该抓紧研究制定有关中小企业的法律法规，确立中小企业的法律地位。

　　九届全国人大常委会将《中小企业促进法》纳入立法规则，由全国人大财经委负责，并于1999年4月成立了中小企业促进法起草组。当前，要加快《中小企业促进法》的立法进程，通过法律维护中小企业合法权益，积极扶持中小企业创立与发展，改善中小企业外部环境。

2. 要加强金融政策的支持力度。最近国家经贸委负责同志指出：解决中小企业融资难问题，是当前鼓励和促进中小企业发展的重点。国有商业银行要进一步发挥中小企业信贷部的作用，完善中小企业的金融服务。国有政策性银行应当积极探索依托城市商业银行网络开展对中小企业的转贷款业务。城市商业银行要切实办成中小企业间接融资的主体银行。同时，要切实扶持中小金融机构的发展。这位负责同志还指出：强化中小企业贷款保证系统是解决融资难的手段之一，要设立担保机构或通过政策性银行分散和分担商业银行贷款风险，要扩大中小企业贷款利率的浮动幅度，简化中小企业贷款抵押手续和条件，合理确定商业银行贷款审批权限，减少审批环节。

3. 要鼓励中小企业尤其是非国有中小企业投资。国家经贸委负责同志指出：鼓励社会各界特别是有创新能力和创新精神的人参与企业的投资和改制。为了鼓励中小企业投资，对符合国家产业政策的技术改造项目的国产设备投资按 40% 的比例抵免企业所得税；国有企业下岗职工创办中小企业的按国家规定享受减免税款优惠政策；对纳入全国试点范围的非营利性中小企业信用担保和再担保的机构，其业务收入三年内免征营业税。还要降低开办中小企业的注册资本限额，允许分期缴付，逐步减少前置审批；公开设立条件，简化注册手续，降低收费标准，以减少中小企业的创立成本。

4. 要努力培育中小企业的技术创新能力。要大力扶持高科技中小企业发展，建立和完善技术创新支撑体系，提高全社会的技术创新能力，加快科技成果转化。可选择一部分城市进行区域性、行业性中小企业技术创新试点，建立中小企业创新基金，支持中小型科技企业的技术创新。通过推广技术"孵化器",培养科技企业的技术创新。加快发展技术市场,促进中小企业利用先进科研成果。

5. 要建立健全社会化服务体系。调动社会各方面的力量,为中小企业的发展提供有效的社会化服务。建立健全为中小企业提供产前、产中、产后等全方位服务的社会化服务体系。建立行业协会、商会等组织,充分发挥各类民间组织和中介机构的作用。帮助中小企业培训人才,提高管理水平。

6. 要制定国家的、行业的、地区的科学和切实可行的中小企业发展战略和规划。

六　依靠自身努力是中小企业发展的关键

内因是发展的根据。不具备必要的条件,中小企业难以发展。具备了必要的条件,如何发展,主要要依靠中小企业自己。

1. 企业家要努力提高素质,发挥作用。我想强调两个问题:(1)企业家要有创新精神和创业精神,这要付出艰辛劳动,也是为国家、为社会、为人民作出贡献。(2)企业和企业家要重信用。信用是市场经济的基础,市场经济是信用经济。如果企业和企业家不讲信用,企业不可能持续发展,市场经济也不会顺利发展。中小企业一定要过好信用关,以诚信开拓市场,以诚信扩大融资,以诚信求得发展。

2. 制定科学的发展战略。中小企业有自己的优势,因此要善于利用优势,根据自己的情况,制定符合自己特点的企业发展战略。中小企业在发展壮大过程中要防止"大企业病"。有活力的中小企业当然要力求发展成为大企业,但切不可盲目求大,更不要由于规模大了发生机构臃肿、部门膨胀、官气十足、效率降低、扯皮增多、士气低落等病症。据报载，三株、科龙、长虹等企业都或多或少患了这种病症，要引以为戒。

3. 努力培育核心竞争力。核心竞争力是指拥有别的企业没有的优势资源，这种资源可以是人力、产品、技术、服务、设备、流程、企业文化以及品牌，等等。随着科技发展和竞争加剧，越来越要注重新技术、新产品、新市场和企业管理、企业文化等因素，努力培育和提高自己的核心竞争力。

4. 努力创造品牌。中小企业也要重视品牌的创造和发展问题，努力提高产品和服务质量，降低成本，提高知名度，发展自己。

5. 正确处理家族企业的发展问题。在中国当前条件下，家族企业也还有生命力，不可一概和全盘否定。当然，家族企业确有局限性，在具备条件时，要逐步改进它的股权结构、治理结构、决策机制和经营管理方式，使之适应经济发展的要求。

6. 增强企业凝聚力。要使职工对企业产生荣誉感、归属感，在职工之间营造一种相互尊重、相互帮助、和谐进取的环境，使每个职工能够充分发挥自己的聪明才智。

努力提高中国产业的国际竞争力 *

    大家都说中国加入WTO既是机遇又是挑战。有人还说挑战大于机遇。我同意这种说法。因为，只有正确应对挑战，才有可能抓住机遇，取得胜利。怎样应对加入 WTO 面临的挑战，一个关键问题是提高我国产业的国际竞争力。对于这个问题，谈得已经很多。最近的一个热门话题是中国是否成为"世界工厂"。提出"世界工厂"问题，就是为了提高中国制造业的国际竞争力。我从这个问题谈起。

一　中国是否已经成为"世界工厂"

    世界制造业的中心和重点是不断转移的。其原因是供求关系、产业结构、技术进步等因素的变动。蒸汽机发明后世界制造业的中心先是在英国，后来转移到美国，"二战"后又转移到了以日韩为首的东南亚诸国。20 世纪 90 年代以来，世界制造业中心又从日韩开始向中国转移。"中国制造"的产品已渗透到世界

---

    * 本文是作者 2002 年 10 月在济南"山东经济研究高层论坛"上的发言。

各个角落，2001 年中国出口商品总额达到 2600 多亿美元，其中 90% 是工业制造品。世界 500 强跨国企业中 80% 已进入中国，中国已跃居世界第二大吸引外商直接投资的国家。

在这种形势下，国内外都有人说中国已经成为"世界工厂"。首先是 2001 年日本通产省发表的白皮书第一次说中国已成为"世界工厂"，新加坡副总理李显龙也发表过类似看法。国内也有人鼓吹这种观点。

后来这个问题引起了争论。许多人表示，尽管世界制造业重点有转移到中国的趋势，但中国现在还不是"世界工厂"。我同意这种观点。

一个国家要成为"世界工厂"，要求这个国家的制造业对其他国家具有比较优势，生产规模和进出口规模领先于世界其他国家。此外，还要求这个国家具有领导世界制造业潮流的新技术、新产品或新的生产组织和管理方法。这样，这个国家的制造业才会有竞争力，才能在国际市场竞争中取胜而成为"世界工厂"。英国是第一个被称为"世界工厂"的国家，在 19 世纪的前 70 年里，英国占世界人口的 2%，却占世界工业生产的三分之一到二分之一，占世界贸易的五分之一到四分之一。第二个是美国，1913 年美国工业生产量等于英、德、日、法四国的总和，占全世界的三分之一以上。第三个是日本，日本在 20 世纪 80 年代是世界第二经济强国，日本的电子产品、照相机、摩托车等产品都领先世界，造船吨位一度占世界的一半。

19 世纪 60 年代前后，英国作为"世界工厂"，其制造业产值在全世界的比重曾达到 20%，而中国现在则不过 5%。那时英国生产了全世界 53% 的铁，50% 的煤，而 2000 年我国出口 40 亿美元的普通钢铁，却进口了 97 亿美元的优质和特殊钢铁，其逆差为 57 亿美元。2001 年世界 500 强企业排名，中国企业有 11

家，没有 1 家制造业企业。在全球制造业的生产链上，中国企业主要在中低端，常常受制于人。而且我国企业出口大都采用贴牌生产（OEM）的制造方式，中国外贸 200 强中企业出口值有 74% 是通过加工贸易方式实现的。

因此，我同意这个结论："从中国的综合国力、制造业的素质和竞争力，特别是拥有的自己核心技术看，中国同先进工业国比，还有很长的一段路要走。"说中国已经是"世界工厂"，既不符合实际情况，还会引起不必要的误会和疑虑。应该承认中国现在还不是"世界工厂"。

二　沿海地区有条件率先成为"世界工厂"

为什么中国应该努力争取成为"世界工厂"？第一，中国制造业还不发达，成为"世界工厂"是发展制造业的内在需要。第二，中国工业化还处于中期阶段，还要进一步完成工业化和工业现代化，这也要以制造业的发展和发达为基础。第三，中国人口多，劳动力多，解决就业问题是长期的艰巨任务，成为"世界工厂"也是解决中国就业问题的需要。第四，成为"世界工厂"也有利于解决"三农问题"，促进我国城市化步伐。第五，归结起来，成为"世界工厂"是提高我国制造业国际竞争力和整个产业竞争力的需要。

中国成为"世界工厂"也有利于世界经济的进一步发展。在当前世界，"世界工厂"不再是一个国家单独打造，而是多个国家共同打造。中国成为"世界工厂"，既增加了制造业产品的供给，也给世界带来中国这个不可限量的庞大消费市场，并会从多方面促进世界经济发展。有的国家对中国成为"世界市场"表示忧虑，是完全不必要的。

　　说中国现在还不是"世界工厂",绝不是说中国不能成为"世界工厂",而是说经过努力才能成为"世界工厂"。中国成为"世界工厂"还需要克服很多困难,但是也具备许多有利条件。首先,中国经济经过 20 多年的持续高速增长,取得了重要成就。中国是近年世界制造业发展最快的国家。其次,中国良好的投资环境对外商有巨大吸引力。再次,中国有无限供给的低成本劳动力。1998 年制造业的名义工资水平,美国是中国的 50 倍,马来西亚是中国的 5 倍,菲律宾是中国的 4 倍。2000 年,中国中学以上文化程度的人口占总人口的 48.7%,说明中国劳动者的素质比较高。又次,中国在基础设施和其他服务方面也有了良好的基础。最后,由于不断扩大改革开放,中国有比较良好的宏观经济环境,有相对较好的政府服务。"入世"也给我国制造业带来机遇。有人估计,制造业有可能成为我国"入世"后相当一个时期内发展最快、国际竞争力加快提高、受益最大的部门。

　　中国地区发展很不平衡。东部沿海地区由于具有区位、资本、人才、技术、管理以及体制等方面的优势,加上工业化水平较高、制造业基础较好,有条件经过努力率先成为"世界工厂"。大家关心加入 WTO 对东部产业发展的影响,我简单谈点意见。

　　中国加入 WTO,将对不同地区产生不同影响。总体上看,沿海地区环境较为完善,应对 WTO 的能力较强,因而加入 WTO 以后,能够分享和获得比中西部地区更多的经济利益。具体来说,沿海地区优势主要集中在轻工、纺织、服装、机电、石化以及高新技术产业领域。按照 WTO 协定的规定,2005 年之前将分阶段取消纺织品配额,美国等国家限制中国纺织品出口的歧视性配额将取消,沿海地区的纺织服装业将获得稳定的贸易环境,从而使纺织服装生产业受益。据统计,到 2010 年,中国的服装产品出口在国际市场上的份额将提高 10 个百分点。沿海地区已形成规模优势且技术相对成熟的行业，如彩电、洗衣机、电风扇、自行车、玩具等，也将在加入 WTO 后获得较大的好处。而对于已经具有相当规模但竞争力还较弱的产业，如石化、医药、精密仪器设备、汽车及汽车零部件等，将产生较大的冲击。在高新技术领域，由于将实行美国所推行的技术产品零关税原则，还要取消所有的关税壁垒，将使美国等发达国家的公司可以从中国市场获得更大的销售份额。从短期看，将会对沿海地区的信息技术产品带来一定的冲击，但从长期发展看，由于高技术产业是中国成长最快的行业，预计今后 15 年年平均增长速度将高达 20%—40%，加上沿海高新技术企业已有一定的应变能力，估计加入WTO 对沿海高新技术产业不会产生太大的影响。关于外商投资，加入 WTO 后，随着对外开放领域的扩大，外商直接投资将会逐步由南部沿海地区向北部沿海地区和西部地区转移扩散。在今后一段时期内，中西部地区外商投资比重会有所提高，但沿海地区仍将是外商投资区位选择的主要地区。由于在市场机制的作用下，各种生产要素将会向发展条件较好的优势地区聚集，今后资本和劳动力的空间转移可能更有利于东部沿海地区，这些地区将成为世界上少有的加工制造业的集群区。

有人概括英国、美国、日本等国家成为"世界工厂"的四个条件：一是资源的比较优势；二是对外开放的市场环境；三是金融实力的坚强支撑；四是技术创新能力。我们应该从这些方面努力，加快中国成为"世界工厂"的进程。

三　把发挥比较优势和增强竞争优势结合起来

为了提高我国的产业国际竞争力，需要有合理的即能够增强产业国际竞争力的产业结构。这就是产业结构优化升级要完成的任务。有的同志认为现在不要提结构升级，我认为还是要提的，因为这既是实际情况，又是面临的任务。我国现在还不能忽略传统产业的作用，也不能盲目地实行产业升级，不能夸大产业升级的地位和作用，但是完全否定产业升级的必要性也是不妥当的。例如，发展服务业，发展高新技术产业，都属于产业升级的任务。关于山东省产业结构问题，这次会议有专门报告，我不多说。我想指出的是，实现产业结构优化升级应该既重视发挥比较优势，又重视增强竞争优势，就是要把发挥比较优势和增强竞争优势结合起来。

我曾经说过，为了提高企业的竞争力，必须把发挥比较优势和增强竞争优势结合起来。为了提高产业竞争力，实现产业结构合理化和优化升级，同样要把发挥比较优势和增强竞争优势结合起来。为什么要这样做？比较优势主要是指一个国家或地区的资源禀赋优势，例如，好的自然条件、丰富的矿藏、廉价的劳动力给市场上产品和服务带来的优势。竞争优势主要是指体制创新、技术创新、管理创新以及政府、企业的其他经济活动对提高国际竞争力的影响。比较优势和竞争优势相互区别又相互联系。具有比较优势的产业往往容易形成较强的竞争优势，比较优势也要通过竞争优势才能体现。

加入 WTO 从总体上看有助于发挥中国的比较优势，比较优势强的产业可以更大规模地进入国际市场。中国有些产品和产业具有很强的比较优势，尤其是具有劳动力富裕、劳动成本低、市场广阔等优势，对这种优势应充分利用和发挥。但是也要注意，现在中国工业产品的档次与其他工业国家已逐渐接近，加上科学技术成了第一生产力，中国工业的上述比较优势有减弱的趋势。"入世"以后，中国除了要继续发挥而且更充分发挥比较优势以外，还必须通过深化体制改革、进行结构调整、加快技术进步、改进经营管理和宏观经济管理等措施，不断增强竞争优势，把发挥比较优势和增强竞争优势结合起来，这是中国增强产业和企业国际竞争力的基本战略。加入 WTO 后中国工业能否抓住机遇获得更大发展，关键也要看它能否立足在中国资源和市场的比较优势的基础上，创造出更大的竞争优势。

四　建立保证产业结构优化升级的保障机制

为了提高中国产业竞争力、实现产业结构优化升级的任务，必须继续贯彻解放思想、实事求是的思想路线，既要积极地促进结构优化升级，实现可能实现的生产力跨越式发展，又要从实际出发，正确妥善地解决各种利害关系问题，扎实工作，重视实效，防止形式主义和弄虚作假，避免重犯过去"大跃进"那样的错误。过去不断提出的结构调整任务，有些完成了，有些没有完成。例如，一再要求防止或克服重复建设，但不必要的重复建设依然严重存在。为了保证产业结构优化升级任务顺利完成，应该克服各种障碍，建立结构优化升级的保障机制。

所谓产业结构优化升级的保障机制，是指保障资金、人才、技术、市场各种资源有效筹集、合理分配、有效利用的机制。实现产业结构优化升级需要解决资金、人才、技术、市场等等具体问题，而最根本的则是要建立结构调整的保障机制。具备了这种机制，才能够克服资源不足的障碍，在各个部门、各个地区、各个领域合理分配资源，并能够提高资源的利用效率，使经济效益提高和人民得到更好的福利。

如何建立产业结构优化升级的保障机制，是需要认真研究的课题。当前的关键是要建立和健全能够促进生产力发展的经济体制。正如《中共中央关于制定国民经济和社会发展第十个五年计划的建议》中所说：要大胆探索，勇于创新，突破影响生产力发展的体制性障碍，逐步完善社会主义市场经济体制。《中共中央关于制定国民经济和社会发展第十个五年计划的建议》还对建立体制保障机制提出了明确的任务，其中特别强调国有大中型企业要进一步深化改革，要积极探索国有资产管理的有效形式，建立规范的监督机制，鼓励国有大中型企业实现规范的股份制，进一步放开搞活国有中小企业。这些任务都还有待进一步完成。

经济体制是建立在所有制基础上的，建立产业结构优化升级的保障机制要求建立合理的所有制结构。公有制为主体的多种所有制经济共同发展是我国社会主义初级阶段的基本经济制度，非公有制经济是社会主义市场经济的重要组成部分。在继续调整和完善所有制结构中，要为各类企业发展创造平等竞争的环境，支持、鼓励和引导私营、个体企业健康发展。这是十分必要的。现在非公有制经济的发展仍受到不必要和不应有的限制，有些人仍把私有制和社会主义看做是完全对立和绝对不相容的。这种认识是片面和缺乏充分根据的。中国建设有中国特色社会主义经济的实践充分表明，非公有制经济不仅可以和社会主义相容，而且是我国社会主义初级阶段以公有制为主体、多种所有制经济共同发展的国民经济的重要组成部分，绝不是和社会主义完全对立和不能相容。

我认为，不仅社会主义初级阶段必须允许私有经济存在和发展，而且社会主义中级阶段甚至高级阶段也必须允许私有经济存在和发展。因为社会主义中级阶段、高级阶段也必须搞市场经济。人们忧虑的是：社会主义允许私有经济存在会不会导致两极分化和资本主义复辟？我认为可能会，但不是一定会，而且只要做好工作，可以说一定不会。因为，社会主义社会中的私有经济和资本主义社会中的私有经济有如下的根本区别：（1）社会主义社会是公有制经济为主体，私有经济是从属于公有制经济的。

（2）私有经济的业主是可以拥护社会主义制度的。（3）私有经济的业主的收入是受到限制的，如受到政府规定的所得税、遗产税等的限制。（4）社会主义社会的政权是由人民掌握的，而且我国还有中国共产党的领导。只要共产党和人民政府坚持社会主义方向，不腐化、不变质，实行正确的方针政策，社会主义社会允许私有经济存在就不会导致两极分化和资本主义复辟。还应该看到，在历史上有各种各样的私有制，私有制的性质、特征还在很大程度上受到政府和法律等的影响，这种影响随着历史的发展越来越明显。在社会主义社会，国家完全有可能通过法律、政策等措施逐步改变私有制的性质、特征，使之和社会主义本质、社会主义制度相容，有利于社会主义的巩固和发展。这里的关键是共产党和人民政府坚持社会主义方向，不断提高领导和驾驭私有制经济的能力。

概括起来说，产业结构优化升级保障机制主要包括以下内容：一是有合理的经济体制；二是有优秀的企业家集群；三是有科学的发展战略和产业政策；四是有健全、有效的法律体系；五是处理好政府和市场的关系。合理的经济体制又包括以下的内容：（1）合理的所有制结构。（2）有活力的企业。（3）合理的企业组织结构。（4）竞争有序的市场体系和优胜劣汰机制。（5）合理的投融资体制。从中国的现实出发，建立和健全这样的产业结构优化升级保障机制，是我们面临的既迫切又艰巨的任务。

五　正确处理改革、管理、技术进步的关系

提高我国产业竞争力还要求正确处理改革、管理、技术进步三者的关系。

在这个问题上存在着不同看法：一种认为制度重于技术和管

理，制度决定技术和管理的好坏，当前最重要的还是制度问题。一种认为企业管理是增强企业竞争力的最主要的问题。一种认为加快技术进步是增强企业竞争力的关键。应该如何认识这些争论？

根据马克思主义原理，生产力决定生产关系。从这个角度看，似乎不能笼统地说制度重于技术。而且现在地区之间、产业之间、企业之间情况也不同，改革、管理、技术三方面都有不平衡的现象。因此，应该根据具体情况处理好这三者的关系。

不过一般而言，现在改革的任务还十分艰巨，以企业改革为例，有些企业建立了现代企业制度的框架，但还没有建成现代企业制度，有些企业连现代企业制度的框架还没有建立。因此，就企业改革、企业管理、企业技术进步而言，总的来说，还是应该把深化企业改革、建立和完善现代企业制度放在首位，这样也才能加强和改善企业管理，为加快企业技术进步创造制度条件。

所以，在制度改革还任重道远这个背景下，说制度重于技术和管理是正确的。当然，由于制度变革需要一个过程，现代企业制度的完善更需要较长的时间，在这个过程中，还是要把加强管理，加快技术进步放在重要的地位上，使改革、管理、技术进步三者互相促进。

六　认真研究国内外提高产业国际竞争力的经验

为了提高中国产业竞争力，研究和总结经验教训十分重要。过去我们主要是研究外国的经验，其实，我们自己也有经验，包括反面的经验即教训。

在总结国内经验时，要注意以下几点；（1）既要总结经验，也要总结教训。好的典型、坏的典型都要总结。（2）总结的时间跨度要长一点，这样便于发现规律。（3）要联系企业、地区以及国家的竞争力进行总结。（4）不是只罗列一堆素材，而是要尽可能加以提高，提到理性的高度。（5）总结经验不仅仅为了宣传，更主要是为了掌握规律，解决问题，进一步提高竞争力。

研究总结国外的经验教训也是很重要的。因为国外有些国家搞市场经济的时间长，积累的经验教训多。同时，把国内外的情况进行比较，才能加深认识，更好地掌握规律，更好地借鉴和吸取对我们有用的经验。

20 世纪 80 年代末 90 年代初，我几次去美国考察研究美国发展高科技产业问题，对他们当时努力设法提高竞争力留下了极其深刻的印象。70 年代开始，美国一些高科技产业和传统产业受到日本和欧洲一些国家的挑战，80 年代一度形势相当严峻。我 1998 年去美国访问时，遇到的政府、研究机构、大学、大企业的人员，谈的都是日本在哪些方面超过美国了，使人感到他们严重的危机感。也正是这种危机感，才使美国认真进行了大量系统的调查研究工作，制定了产业振兴、提高竞争力的对策，促进了 90 年代经济的长期繁荣。那次调查中我们总结了美国的以下一些经验：（1）联邦政府重视和支持高技术产业的发展。（2）依靠企业发展高技术产业，企业真正是技术创新的主体。（3）大学在发展高科技产业中起着重要作用。（4）风险资本促进了高技术产业发展。（5）州政府和地方政府在经济发展中的作用日益重要。

那次去美国麻省理工学院访问，学院送给我们一本书，这就是 1998 年中国翻译出版的《美国制造》一书。当时，美国各界包括议会、政府、企业、大学、研究机构都在进行美国竞争力的调查，记得有一个组织就叫竞争力委员会。《美国制造》这本书是 1986 年开始调查，有几十位教授参加，著作是 1990 年出版的。隔了这么多年，我们也出版了一些中国产业竞争力的著作，有些也是相当好的。不过，像《美国制造》那样的著作，对美国产业的情况和问题调查得那么深入细致，提出了那么多中肯、具体、可行而且有远见的建议，在中国学术界还是不多见的。而我们当前面临的形势，应该说要比美国人有更多的危机感，更要加强这方面的调查研究工作。

我们也要总结外国失败的教训。有一本书书名是《日本：又一次失败》。日本有成功的经验，也有失败的经验，对此我们都要研究。该书说到日本高科技发展何以由成功转为失败，有一节的标题是"技术路线落后于信息时代"，其中认为日本放弃个人电脑是最大的失误，延缓电子通信行业的改革是痛失良机（其中说到由于电信业垄断，日本电话费比美国要高多少倍）。还有在信息高速公路上让美国领了先。这些教训对我们也有启发。

总之，希望我们也能通过认真的调查研究，吸取经验教训，努力提高我国产业的国际竞争力。

努力增加农民收入 *

一 影响农民增收的四大难点

农民增收缓慢是全国关注、各方面重视的问题。为了使农民收入能够较快增加，需要研究农民增收难在哪里。一般认为，农民增收有以下主要困难：

（一）难在农村人口过多，必须大量转移人口

我国农民人均二亩地，人口稠密地区人均仅半亩左右，户均二亩至五六亩地。由于农业生产率增长的相对滞后，农民与其他居民的收入差距还可能扩大。要想真正增加农民收入，必须大幅度减少农村人口。一段时间以来政策鼓励的"农民离土不离乡"并不能解决农业发展问题，因此必须让一部分农民离开农村，让土地耕作向生产能手集中。

为此，要加快城市化的步伐。在普遍发展小城镇的同时，要有计划地发展人口在20万—100万规模的城市，这种规模的城

---

* 原载《哈尔滨市委党校学报》2002年第6期。

市在管理上相对容易些，并且能吸收大量从事第三产业的劳动力，从而可以使农民进城以后得到发展的机会。

（二） 难在小农难以进入市场

我国农业与市场经济的最大矛盾是农业规模过小，农民难以进入市场。转移农村人口的目的是扩大农业经营规模，因此，必须实行土地使用权的流动制度，进城的农民放弃土地的经营权，使农业经营规模的扩大适应市场经济的要求，土地使用权一律实行有偿转让。农民进入市场的途径一是组建大农场。但由于条件限制，我国采用这种形式的可能性不会很多。二是按照国际公认的原则组织合作社。这种合作社的好处在于，既可以保持农民的家庭经营，发挥家庭经营的长处，又可以使个体农户在自愿的基础上组织起来，进入市场，参与竞争，还可以使农民通过合作社规模化生产和经营获得利润，大幅增加收入。

（三） 难在分散的农户和实现大规模生产的矛盾

在我国，大量农民进入城市后农业规模仍然较小。如何实现规模经济，降低生产成本和增强竞争力？目前，各地农民在扩大经营规模方面有不少创造。例如，一些地方创造了"反租承包"的方法，即由合作社等组织将农民分散的土地租过来，将成千上万亩土地连成一片，在平整土地、修路和完善其他基础设施以后，再承包给原有的农民或其他人，从事某种农作物的生产。在品种、植保、施肥及其他技术性操作等方面实行规范化操作，对产品进行统一的收购、加工或销售。

（四） 难在农业结构需要调整

农业结构调整关系到我国农业发展的前途。如何调整，需要认真研究。加入世贸组织后农业竞争加剧,我国农业必须向产品的优质化、标准化、无毒化和信息化的方向发展。要在利用高新技术(包括基因技术)的基础上改良品种,在保护和改善环境的基础上实现农产品的无公害化,在推广标准化的基础上创造农业品牌,在发展信息技术的基础上,瞄准国际市场,及时调整产品结构,使国产农产品能够扩大国内外市场的占有率。

农民致富还必须走农产品加工和综合利用的道路,不断推出高质量产品。农民如果只生产和出售农产品是永远也富不起来的,因为农产品的价格一般是低的。为增加农民收入,必须发展农产品的保鲜和深加工。农产品加工不仅可以改变农产品的形状,延长它们的供应时间,而且还可以吸收大量的劳动力,使农产品成倍地增值。要看到食品加工业将逐步发展成为国内最大的工业部门。随着人民生活水平的提高和需求的多样化,食品加工业在各国都是最大的工业部门之一,我国也不会例外。我国人均消费的加工食品(特别是乳制品)的数量还很低,因此它们的发展前途十分广阔。我们应该及时地占领这块阵地。

二 关于农民增收的可行性对策

农民收入能不能持续较快地增长呢?有人到浙江进行了两年的跟踪调查。调查的情况表明,农民收入是能够持续较快增长的。1997—2001 年,浙江农民人均纯收入增长幅度分别达到3.8%、4.7%、5.6%、7.8%、6.9%。五年间,农民年均收入由 3463 元增加到 4582 元,增加 1119 元。农民随着收入的增加,生活质量明显提高。

浙江省增加农民收入的主要经验是:坚持市场取向的改革,对农村经济结构进行战略性调整,全省农村形成以乡镇工业为主

体，以专业市场为依托，以高效农业为基础，一、二、三产业协
调发展的经济格局。

（一）市场机制对资源配置的基础性作用，使得乡镇工业迅速发展

改革开放以来，浙江省乡镇企业销售收入由 26 亿元增加到
14199 亿元，增长 545 倍，实现利税从 5.5 亿元增加到 1176 亿
元，增长 213 倍，全省乡镇企业已形成包括纺织、轻工、医药、
化工、机械、电子、食品等多种行业门类齐全的工业体系，乡镇
工业已占全省工业总产值的五分之四，上缴税金已占全省财政收
入的三分之二。乡镇工业不仅成为农村经济的主体，而且成为浙
江省经济的支柱。

（二）由于乡镇企业的发展，原料和产品都需要在更大范围流动，各类商品市场应运而生

2001 年浙江已涌现出各类市场 4278 个，成交额 4652 亿元。
其中成交额超亿元的市场有 465 个，超 10 亿元的有 78 个，超百
亿元的有 6 个。义乌小商品市场成交额 241 亿元，产品销往全国
300 多个大中城市和世界上 192 个国家和地区，有 89 个国外企
业在义乌设代表处，2000 多名外商常驻义乌采购商品。

（三）农村二、三产业的崛起，有力地促进了农业产业化经营

浙江省农村随着二、三产业的发展，出现各种类型的龙头企
业 5100 家，带动三分之一的农户从事各种专业生产。二、三产
业的发展，使农村 55% 的劳动力从土地经营中转移出来。浙江
省 2100 万农村劳动力中，有 1180 万人从事工业、商业、服务

业。有 300 万人到省外务工经商，100 万人到国外创业。大批农村劳动力转移，促进了土地流转和规模经营。在龙头企业的带动下，浙江省形成 300 多个万亩以上的特种产品基地。每个基地都联结一批农户，形成较大规模的产业群体。每个产业群体围绕名牌产品，实行大批量、标准化生产，有效地提高了农产品市场竞争力的占有率。由千家万户农民生产的产品，经过龙头企业加工销售，源源不断地进入国内外市场。

从浙江的经验看，使农村繁荣起来，使农民富裕起来，必须逐步推进农业产业化和农村工业化并加快城市化的步伐，使它们相辅相成，互相促进。

重视居民收入差距问题[*]

一 我国居民收入差距的现状

　　基尼系数是一个用来描述收入分配差距的指标。按照国际通常标准,基尼系数在 0.3 以下为最佳的平均状态,在 0.3—0.4 之间为正常状态,超过 0.4 就算警戒状态,达到 0.6 则属社会动乱随时发生的危险状态。

　　据测算,我国居民个人收入的基尼系数自 1994 年就已经超过这个临界点（当年为 0.434）,近三年呈现逐年缓慢攀升的态势,1998 年为 0.456,1999 年为 0.457,2000 年又增加到 0.458,每年递增 0.1 个百分点。我国基尼系数拉大的问题,主要是由城乡差距拉大引起的。

　　据估计,1980 年,我国包括农村居民在内的基尼系数为 0.3 左右,整体差距不大,到 1988 年,城乡合计的基尼系数已上升至 0.382,仍然在正常的区域内。但 2000 年与 1980 年相比,基尼系数上升了十几个百分点。

　　*　原载《企业活力》2002 年 10 月号。

　　中国城乡差距在世界上是最高的。国际劳工组织发表的1995 年 36 个国家的资料显示，绝大多数国家的城乡人均收入比都小于 1.6，只有三个国家超过了 2，中国是其中之一。外国学者称中国城乡收入差距世界最高，从近年的具体数据看，1998—2000 年我国城镇居民人均收入分别为 5458 元、5888 元和 6316 元；而农村居民人均收入分别为 2162 元、2210 元和 2253 元。城镇居民收入分别是农村居民收入的 2.52 倍、2.66 倍和 2.80 倍。按国际一般的情况，当经济发展水平在人均 GDP 为 800—1000 美元阶段，城镇居民收入大体上是农村居民的 1.7 倍，而我国这一比例远高于其他国家，并且呈不断增大的趋势。2000 年我国农村居民人均纯收入仅相当于城镇居民纯收入的 35.7%，比 1997 年的 40.5% 下降了 4.8 个百分点；农村人均消费支出是城镇居民人均消费支出的 33.41%，比 1997 年的 38.61% 下降了 5.2 个百分点。

　　城镇居民收入差别也呈扩大趋势，1999 年，全国城镇居民低收入户（每户年人均收入为 2357—4315 元）占 31.79%，中等偏下收入户（每户年人均收入为 4316—6273 元）占 32.36%，中等收入户（每户年人均收入为 6274—8231 元）占 19.67%，中等偏上收入户（每户年人均收入为 8232—10190 元）占 8.95%，高收入户（每户年人均收入为 10190 元及以上）占 7.23%。将户人均收入由低到高排序，我国城镇居民贫富差距仍小于一些发达国家。应该指出的是，我国城镇居民收入差距拉大是在各阶层收入均有明显增长的基础上实现的，只是步子有快有慢而已。1999 年与 1986 年相比，20% 的高收入家庭年人均收入增长了 7.3 倍，与此同时，20% 的低收入家庭增长了 4.5 倍。

　　但是，在一些地区，高收入群体和低收入群体的差距问题比较突出。如 2000 年北京经济论坛上，有人指出，北京市最富裕的 20% 的人口的财富是最贫穷的 20% 人口的 11 倍。发达国家的这一比例一般在 6—7 倍，而北京市目前已经超过了发达国家。国家统计局城调总队联合有关部门在 1999 年第三季度开展的涉及全国 15 万户城镇居民的调查数据表明，1999 年 8 月户人均收入为 442.64 元。如果按户人均收入由低到高，将全部调查户五等分分组，计算各组户人均收入及其在全部收入中所占的比重，则 20% 的高收入户占总收入的 42.4%，户人均收入达 992 元；20% 的低收入户仅占 6.5%，户人均收入为 124 元。高收入组与低收入组的户人均收入比为 8:1，差距相当大。

二　正确认识居民收入差距

目前对于居民收入差距议论颇多，也有不同看法。有人认为现在主要的问题还不是收入分配不均，而是平均主义思想仍占主要地位，也有人认为收入差距还不算大，无须大惊小怪，还有人对收入差距状况持悲观态度，认为无能为力。我认为这些看法都有偏颇。我们对当前居民收入差距，既要重视，又应该正确认识和处理，为此要明确以下几点：

（1）市场化改革在一定时期有导致收入差距扩大的必然性。比起平均主义的分配，改革以来居民收入差距扩大就克服平均主义而言是一种进步，是有积极作用的。

（2）我国收入差距扩大是在城乡居民收入普遍增加的基础上出现的。

（3）目前收入差距继续扩大的趋势，值得重视和警惕，因为这里既有合理的方面和因素，也有不合理的方面和因素，前者是正确实行按劳分配和按生产要素分配的结果，后者是实行垄断、利用特权甚至是腐败的结果。

（4）收入差距的扩大是市场经济发展的结果，不能笼统地反对差距和反对差距扩大，但我们搞的是社会主义市场经济，最终目的是实现共同富裕，因此，差距要有一个度，要有利于生产力的发展和最终实现共同富裕。

（5）收入差距和两极分化既有区别又有联系。区别是指不能笼统地说收入差距扩大必然导致两极分化，联系是指收入差距扩大在一定条件下是可能导致两极分化的。

（6）实行社会主义市场经济对收入差距扩大决不是无能为力的，除了要反对腐败反对非法收入以外，还要通过再分配环节采取措施，限制收入差距过大，维持公平原则和促进社会稳定。

三　加强城市贫困工作的力度

值得一提的是，现在不仅农村存在贫困群体而且城市也出现了新的贫困群体，这是研究收入差距扩大时必须重视的问题。当前城市贫困群体有如下一些新情况和新特点：

首先，城市贫困群体的规模较大，构成有新的变化。目前，城市贫困人员的主体已不是传统的民政救济对象，而是下岗和失业职工，包括停产半停产企业职工、长期被拖欠工资的在职职工和养老金不能按时足额发放的离退休人员中的生活困难人员。据民政部统计，截至 2001 年 10 月，全国应享受最低生活保障的人数为 1589 万。但有人估计，城市贫困人口的实际人数要高于民政部的统计人数，目前全国的城市贫困人口在 2000 万至 3000 万，占非农业人口的 7%—10%。

其次，新增贫困人口的生活相当艰难。这部分人收入低且不稳定，用于食品消费的支出比例较大，营养水平较低，穿戴和日用品简陋，住房条件差。有些地区已经出现少数特困职工以捡拾菜叶、卖血为生的现象；有的无力支付电费，晚上不敢点灯；北方高寒地区有的职工冬天无钱买煤取暖；有的小病不看，大病熬着。

再次，产生城市贫困人口的原因仍将在较长时期内存在。据国家经贸委估计，当前国有企业中的冗员仍然高达三分之一。不少国有企业生产经营困难的问题在短期内还难以真正解决，扭亏的基础也很脆弱，相当一批该破产的尚未列入破产程序。因此，城市贫困人口的数量可能继续增加，决不能掉以轻心。

因此，要加大城市反贫困工作的力度，做好以下工作：

（1）有针对性地开辟适合当前下岗失业人员的再就业渠道。比如积极发展社区事业，或财政拿钱购买部分保安、保绿、保洁等社会公益岗位，安排部分中年下岗职工上岗。

（2）下决心拿出一笔资金，加大社会保障的力度。

（3）重视收入差距扩大趋势，运用税收、分配政策等综合手段解决分配不公问题。一方面要克服体制内的平均主义，一方面要下大力气遏制分配差距过大的趋势。当务之急是加强宏观调控，加强监管，加大清除分配领域腐败现象的力度，把收入分配纳入法制化轨道。

（4）把城市反贫困工作和农村扶贫工作统筹安排。

（5）关注贫困职工的心态和情绪，考虑群众对改革措施的实际承受能力和心理预期，对低收入者要有综合性的救助措施。要尽快建立面向贫困家庭的社会救助体系，如实行临时救济、廉租住房、粮油帮困、学杂费减免、助学金、奖学金、半价病床等措施。

千方百计扩大就业*

    不久前出版的 2002 年度《人口与劳动绿皮书》提出，加入世贸组织后，我国应该确定以就业为核心的经济政策，充分利用劳动力资源。我认为当前确实应该高度重视就业问题。中国经济要以较高速度发展，原因之一就是这样做才能解决就业问题。

    我国自改革开放以来，劳动就业取得了很大成绩。但当前也存在一些突出问题：一是下岗失业人员多。2000 年与 1996 年相比，国有和城镇集体企业净减员 4655 万人，同期，机关事业单位、三资企业、城镇私营企业和个体户创造净就业岗位 1240 万个，扣除离退休人员，下岗失业人员积累量约为 3000 万人。二是城镇新生劳动力增量大。城镇每年新增劳动力为 700 万至 800 万人，劳动力供给进入高峰期。三是公有制单位冗员量大。今后几年，估计国有和城镇集体企业及机关事业单位，将会减少 2500 万左右的冗员。四是农村剩余劳动力转移量大。我国现有 1.2 亿至 1.5 亿农村剩余劳动力亟待转移。五是国民经济增量对就业的拉动效应降低。由于资本和技术密集程度的提高，经济发

---

    * 原载《技术经济与管理研究》2003 年第 1 期。

展对就业的拉动力减弱，下岗职工再就业率降低，1998 年至2001 年，下岗职工的再就业率分别为 50%、42%、35.4% 和30.6%。六是劳动就业市场供给和需求的结构失衡。

为了做好劳动就业工作，首先要充分认识劳动就业问题的重要性和紧迫性。就业权是法律赋予劳动者最基本的权利，是劳动者增加收入、提高生活水平的根本途径。不能就业，劳动者不仅失去了最基本的权利，而且丧失了维持生存的根本经济来源。国有企业职工对我国经济发展作出过不可磨灭的贡献，解决好下岗职工的再就业和基本生活保障问题，是国家的责任，是我们党代表最广大人民群众根本利益的具体体现。

其次，要把扩大就业作为施政的重点。扩大就业、减少失业、完善社会保障是各级政府重要的经济和社会管理职能，要切实纳入国民经济和社会发展规划，并认真付诸实施。要大力发展第三产业，尤其是社区管理和家庭服务业、教育业、各种信息咨询业等。要努力开辟各产业行业的就业空间，催生新兴行业就业。对有发展前途、有市场需求的行业、企业和产品，国家要给予政策扶持，扩大用人岗位。要大力发展非公有制企业就业和非正规就业，积极扶持和鼓励兴办各种形式的合作经济、合伙经济、股份制经济以增加就业。要在发展资本密集型企业的同时，重视发展劳动密集型企业，特别是投资少、见效快、能吸纳各种素质劳动者就业的中小企业。要大力发展非农产业，加快我国城市化进程，积极引导农村剩余劳动力向城镇有序流动。

再次，要加快《促进就业法》的立法进程。要以法律形式规定政府和社会促进就业的责任。要确立正确的就业方针，坚持以经济和社会发展为前提，实行政府指导就业、中介组织介绍就业、自愿结合就业和自谋职业相结合，建立以市场为导向的平等就业体制、机制与环境。

又次，要采取有效措施促进下岗职工再就业。要继续出台并切实落实促进下岗职工再就业的各项优惠政策，如支持下岗职工自谋职业、集体创业和开展生产自救等各种税费减免政策，对积极吸纳下岗职工再就业的中小企业实行信贷优惠政策等。要切实保证再就业有困难的下岗职工得到再就业的政策援助、信息和岗位援助、技能培训援助、社会保险关系接续援助、基本生活保障援助和其他特殊援助。

最后，要建立完善就业和再就业服务体系。要培育和规范劳务中介组织，将就业和再就业服务机构向街道、社区和乡镇延伸。要形成统一、高效、规范的劳动力市场管理服务体系。尤其要拿出必要的资金，建立公益性再就业培训系统，让下岗失业人员及时得到免费培训，获得重新就业的技能。

与就业问题相联系的是建立和完善社会保障制度。社会保障事关国家长治久安和基本民生问题。我国的社会保障制度建设滞后于经济和社会发展的需要，面临着立法滞后、资金短缺等方面的问题。针对存在的主要问题，一要将社会保障作为我国经济社会发展的基础性工程来建设。现在我国经济社会发展中存在着一些不稳定的因素，可以说进入了一个不太稳定的时期，这就决定了社会保障制度的确立和健全应当成为一项非常重要的工作。二要加快立法步伐。立法先行是世界各国社会保障制度建设普遍奉行的原则，现在加快社会保障立法步伐已经成为社会保障制度建设的基本条件。国家应尽快制定《社会保险法》、《社会救助法》、《社会福利法》等社会保障基本法律，明确社会保障的性质、政府的责任与国民的权益。三要实现多元筹资，缓解资金短缺的局面。要尽快形成针对社会保障制度的稳定的财政拨款增长机制，对财政收入增量确定一个固定比率用于社会保障。可以通过国有股减持、资产置换、土地拍卖等方式变现部分国有资产，以补偿中老年职工养老基金的不足。还可以发行特种国债，专门用于社会保险改革。四要重视农村社会保障制度建设。农村社会保障制度建设被长期忽略，是社会保障制度改革的一个缺陷。农村人口同样需要社会保障。尽管这种需要与城市居民存在着差异，但对生活安全保障的期望是一样的。尤其目前数以千万计的农民已经或将要离开土地，这种需求更加迫切。因此，我们应该重视解决农村居民的社会保障问题。

全面建设小康社会的几个问题[*]

　　党的十六大提出，21世纪头20年我们要全面建设小康社会。最近，党的十六届三中全会又通过了《中共中央关于完善社会主义市场经济体制若干问题的决定》，完善社会主义市场经济体制，就是要为建设小康社会提供强有力的体制保证。

一　不要把全面建设小康社会看容易了

　　全面建设小康社会的决策，是非常英明的，大得人心的。小康这个词中国早就有了，把它应用于中国社会主义发展战略则是邓小平的创造。邓小平提出了中国分三步实现现代化的发展战略。第一步解决温饱问题，第二步达到小康水平，第三步基本实现现代化。

　　2000年中国人均国内生产总值850多美元，达到了预定的小康水平。以后怎么办？按理可以把基本实现现代化作为当前的目标。许多人也是这样主张的。还有人提出"实现信息化"、

---

*　原载《唯实》2004年第2期。

"超越工业化"等"宏伟"目标。

但是，党中央经过认真研究，决定把全面建设小康社会作为当前和今后一段时期内的奋斗目标。为什么不把实现现代化而把全面建设小康社会作为目标呢？

概括起来，有以下一些理由：（1）现在达到的小康还是低水平的，不全面的，发展很不平衡的小康。（2）小康社会和小康经济是有区别的，建设小康社会除了经济目标，还有政治、文化等方面的目标。（3）今后实现现代化的任务必须分步走。（4）中国社会存在的主要矛盾要求全面建设小康社会。（5）全面建设小康社会可以衔接第二步和第三步要实现的目标。由此可见，全面建设小康社会的任务既是十分重要的，也是十分艰巨的。

但是有些地方有些同志却对这种艰巨性缺乏认识，把全面建设小康社会看得过分容易。今年全国人大会上就有代表指出：对于全面建设小康社会，一些地方、一些行业、一些人存在急躁情绪，恨不得明天早上就全面实现小康社会。代表们提出全面建设小康社会要克服急躁情绪。我认为，他们的意见是完全正确的。

现在许多地方提出要率先实现现代化。党的十六大报告中说："有条件的地方可以发展得更快一些，在全面建设小康社会的基础上，率先基本实现现代化。"但是很多地方并不具备这种条件，即使具备条件，也要在全面建设小康社会的基础上率先基本实现现代化。因此，决不能忽视全面建设小康社会的艰巨性，决不能不顾条件轻率地提出率先基本实现现代化等口号。

有的人把全面建设小康社会看得很容易，可能是由于只看到经济方面的任务而忽略了其他方面的任务。党的十六大提出2020年国内生产总值力争比2000年翻两番，人均国内生产总值将达到3000美元左右。完成这个任务，主客观条件是具备的，但也存在着诸多不确定因素，要经过艰苦努力才能实现。问题在于，全面建设小康社会包含中国特色社会主义经济、政治、文化全面发展的目标。党的十六大报告指出："我们要在本世纪头二十年，集中力量，全面建设惠及十几亿人口的更高水平的小康社会，使经济更加发展、民主更加健全、科教更加进步、文化更加繁荣、社会更加和谐、人民生活更加殷实。"报告除了提出经济发展目标，还提出了民主法制建设、科学文教事业以及可持续发展能力等方面的要求，说了六个"更加"。完成这些任务都是非常艰巨的，决不可掉以轻心，急于求成。党的十六届三中全会《中共中央关于完善社会主义市场经济体制若干问题的决定》提出五个"统筹"，就是充分考虑到了这个艰巨性。

在发展和改革问题上我们一定要克服贪多求快的急躁情绪，脚踏实地、一步一个脚印努力去做。我国 20 世纪 60 年代就提出要在世纪末实现"四个现代化"，这个口号起过鼓舞人心的作用，但实际上做不到。1979 年邓小平提出"中国式的四个现代化"。他说："我们开了大口本世纪末实现四个现代化。后来改了个口，叫中国式的现代化，就是把标准放低一点。"这当然不能说中国的现代化只能是低标准的，而是说现代化的路要一步一步走，不能把 20 世纪末的标准定得太高。这种实事求是的精神，也充分体现在提出全面建设小康社会目标上。我们也要用实事求是的精神来努力完成全面建设小康社会的目标。

二　公有制经济在全面建设小康社会中的使命

全面建设小康社会的一项重要任务是建成完善的社会主义市场经济体制，包括根据解放和发展生产力的要求，坚持和完善公有制为主体、多种所有制经济共同发展的基本经济制度。不论是公有制经济还是私有制经济，在全面建设小康社会中都担负着各自重要的使命。因此，我们要做到两个"必须"，即"必须毫不动摇地巩固和发展公有制经济"，"必须毫不动摇地鼓励、支持、引导非公有制经济发展"。我们不能因为强调私有制经济的使命而忽视公有制经济的使命，也不能因为强调公有制经济的使命而忽视私有制经济的使命。

全面建设小康社会中公有制经济的使命是由其性质、地位、作用决定的。就性质来说，公有制经济虽有多种实现形式，但它们都是"公有"，在这一点上是和私有制经济不同的。改革以来，私有制经济比重发生了很大变化，但是公有制经济仍在我国国民经济中占有主体地位，国有经济则起着主导作用。以上情况决定了我们决不能忽视公有制经济在全面建设小康社会中肩负的重要使命。当然，公有制能够在何种程度上完成这种使命，还决定于公有制企业的活力。这就必须深化改革，完善社会主义市场经济体制，同时还要加强和改进企业管理，加快技术进步。全面建设小康社会中公有制经济肩负的主要使命有：

1. 公有制经济是小康社会的主要经济基础

全面建设小康社会是社会主义初级阶段的一个重要阶段，必须巩固和发展社会主义初级阶段的经济基础。过去人们把社会主义和公有制完全等同起来，现在认识到私有制经济也是社会主义市场经济的重要组成部分，和公有制经济一起成为社会主义初级阶段的经济基础。而由于公有制经济是社会主义国民经济的主体，因此公有制经济在社会主义初级阶段（包括全面建设小康社会的阶段）的经济基础中也具有更重要的地位。事实上，私有经济成为社会主义的经济基础是需要一定条件的，如何使私有经济纳入社会主义轨道，完全按照社会主义本质的要求经营和运行，是一个尚未完全解决的问题。而无论如何，坚持公有制为主体，巩固和发展公有制经济，则是私有制经济成为社会主义经济基础的必要条件。

2. 公有制经济是继续完成工业化的重要力量

过去，我国社会主义工业化任务主要是由公有制经济承担的。现在，我国处于工业化中期阶段，工业化的任务还未完成，在继续完成工业化任务中，公有经济担负重要的使命。从国有经济的现状和发展趋势看，公有制经济仍将是实现工业化的重要力量。中国走新型工业化道路，也要依靠公有制经济同私有制经济一起完成任务。在长时期内，国有企业不仅是我国科技进步的主力军，也是我国产业升级的主力军。

3. 公有制经济肩负着支援"三农"的重要使命

全面建设小康社会最困难的问题是"三农"问题。近年来，农民收入增长缓慢，农村居民收入和城市居民收入的差别呈扩大趋势。而增加我国农民收入需要把大量农民转入城镇，转入二、三产业，因此要加快城镇化建设，这也需要公有制经济和私有制经济共同发挥作用。长期以来，我国工业是靠农业支援发展起来的，现在到了工业支援农业的时候了。而只有在公有制经济牢固和发展的条件下，才能承担起支援农业、帮助农民增加收入的使命。

4. 公有制经济在西部大开发中起着重要作用

综观世界经济发展的历史，国有经济在不发达国家更能起到促进经济发展的作用。现在我国西部和沿海地区相比国有经济比重更高，私有经济比重则较低。如何使有些国有企业由负担变为财富，是一个很值得重视、研究的问题。

5. 公有制经济是提高国际竞争力的主要依靠

从发展看，私有制经济将在国际竞争中起重要作用，但公有制经济尤其是国有经济仍将是提高国际竞争力的主要依靠。由国家经委选定的 520 家重点培育的大企业中有 514 家国有企业，它们主要分布在国民经济支柱行业中，是这些行业的排头兵，占有举足轻重的地位，已成为中国企业参与国际竞争的重要力量。

此外，公有制经济在增加职工就业的收入、增加国家财政收入、加强宏观调控等方面，也都承担着重要的使命。

三　为可持续的社会主义打下牢靠的基础

中国在人民生活总体上达到小康水平的时候，提出全面建设小康社会，而没有提出过高过急的目标，这也是为可持续的社会主义打下牢靠的基础。我们不能离开发展和巩固社会主义制度来谈全面建设小康社会，因为全面建设小康社会是建设中国特色社会主义的一个阶段。党的十六大报告中提出全面建设小康社会的目标时，强调"必须看到我国正处于并将长期处于社会主义初级阶段"，就是把全面建设小康社会作为社会主义初级阶段的一个重要阶段，把全面建设小康社会和发展、巩固社会主义制度联系起来。实现全面建设小康社会的各项目标也都是为使社会主义能够持续发展。

但是社会主义能不能持续发展，在当前世界上也还是一个问题。苏联东欧社会主义制度的剧变说明社会主义现在还不是必然可以持续发展的。中国生产力水平还低，还属于发展中国家。正如邓小平说的："现在虽然我们也在搞社会主义，但事实上不够格。"因此社会主义持续发展更要经受严峻的考验。中国实行社会主义市场经济是一个具有伟大历史意义的创举，但是既要看到社会主义和市场经济统一的一面，也要看到社会主义和市场经济矛盾的一面。搞得好，市场经济可以促进社会主义；搞得不好，市场经济促退甚至搞垮社会主义。因为市场经济的一个特点是优胜劣汰，而社会主义则要求平等和共同富裕。市场经济的自发性和社会主义要求的计划性（不同于传统计划经济的那种计划性）

也是有矛盾的。我们搞社会主义经济，可以使它们统一起来，但是不能消灭其中的矛盾，而要做许多工作，处理好这些矛盾。因此，党的十六届三中全会强调要"坚持社会主义市场经济的改革方向，注意制度建设和体制创新"。全会通过的《中共中央关于完善社会主义市场经济体制若干问题的决定》，表明我们面临的改革任务多么繁重艰巨。我们在完成第二步战略目标后没有提出更高的要求，也是为了有比较充裕的时间完善社会主义市场经济体制，既为全面建设小康社会提供体制保障，也为我国社会主义制度的可持续发展打下牢固的基础。

为了使我国社会主义制度持续发展，要认真研究苏联社会主义失败的原因，并采取措施解决这些问题。苏联社会主义失败的原因很多，一个重要原因是在社会主义制度问题上违背客观规律，急于求成，不断地烧夹生饭。科学社会主义认为社会主义社会应该建立在发达的生产力基础上，十月革命前俄国生产力很不发达，战争中又遭到破坏，刚有恢复，斯大林就改变了列宁的新经济政策，1936年就宣布苏联"进入完成社会主义建设并逐步过渡到""共产主义社会"。20世纪60年代初赫鲁晓夫宣布，苏联将在20年内"建成共产主义社会"。后来，勃列日涅夫又宣布苏联已建设成了"发达社会主义"，戈尔巴乔夫上台后又搞加速战略，改革上也急躁冒进，以后又改变方向，最终使苏联解体。苏联社会主义先天不足后天失调的历史，说明我国从"建立小康社会"到全面建设小康社会，为可持续的社会主义打下牢靠基础，是完全必要的。

公有制经济缺乏活力也是苏联社会主义失败的一个重要原因。上面已经讲了公有制经济在全面建设小康社会中的使命，完成这些使命必须增强公有制经济的活力，应该说增强公有制经济的活力也是社会主义持续发展的要求。

这里我要提出一个问题：社会主义究竟为什么要公有制。问题是这样引起的：国有企业经过改革以后，将和私有企业一样以追求利润为目标，而且由于不再实行计划经济，国有企业也不再是实现国家统一计划的基层组织，而且国有企业也存在职工下岗、收入差别扩大等等问题。既然如此，国有企业岂非和私有企业一样，社会主义为什么还要国有企业呢？确实也有人据此提出这样的理论：社会主义可以建立在完全私有经济之上。这种理论是小资产阶级社会主义或资产阶级社会主义的一个流派。

这个问题对马克思主义来说，似乎是一个不成问题的问题。可是从当前的理论界和实际工作来看，却是一个需要认真研究的真实问题，说清楚这个问题也并不容易。我的初步看法是：第一，社会主义必须要有公有制，但是需要的是社会主义公有制；第二，即使在社会主义社会，也并非公有制就是社会主义性质，因此要解决坚持公有制的社会主义性质的问题；第三，还要找到恰当有效的社会主义公有制的实现形式和国有资产管理体制，既使公有制能克服资本主义社会的基本矛盾，又使公有制企业能避免计划经济时期公有制的种种弊端，有利于解放和发展生产力，使人民生活日益改善，逐步实现共同富裕。

关于第一点。不能根据国有企业的现状来否定社会主义社会公有制经济的必要性。因为现在公有制经济还在改革的过程中，我们不能完全依据目前国有企业的行为来判断公有制经济在社会主义社会的地位作用。而依据马克思主义关于资本主义社会基本矛盾的科学分析，建立公有制才能根除资本主义的基本矛盾，即生产无政府状态和资产阶级与无产阶级的对立。此外，发展公有制经济也是社会主义社会实现社会公平、消灭剥削、发扬民主、共同富裕的需要，是增强社会主义国家履行社会主义职能所需经济实力的需要，也是社会主义社会保障国家安全的需要。我们现在可以得出的结论是私有制还会在社会主义社会中存在和发展，却得不出社会主义社会不需要公有制的结论。

关于第二点。社会主义社会中的国有企业怎样做才具有社会主义性质？有些人总把公有制和社会主义等同起来，把私有制和社会主义对立起来，这是没有科学依据的。事实上，各个社会形态都存在公有制，显然不能说这些公有制都是社会主义性质。在社会主义社会里，也不能像有些人那样把国有企业都看成是社会主义性质。如果国有企业的领导人变质了，发生了严重的贪污盗窃行为，或者企业经营完全违背了社会主义原则，内部分配严重不公平，压迫剥削职工，贫富分化悬殊，这样的企业也不再是真正的社会主义企业。企业公有制的性质不仅表现在所有、占有关系上，还表现在生产、分配、经营、管理等等方面。邓小平提出过社会主义的本质，社会主义性质的国有企业应该符合这些本质的要求。邓小平是从经济的角度提出社会主义的本质的，没有涉及政治、社会等方面。按照邓小平理论，民主也是社会主义的本质。因此，必须发扬社会主义民主，职工参加企业管理，这样的国有企业才是社会主义性质的国有企业。

关于第三点。要把改革国有企业和改革国有资产管理体制以及改革国家宏观调控体系结合起来。传统计划经济体制下的国有企业严格来说不是真正的企业，因此必然缺少活力。20多年来国有企业改革就是沿着增强企业活力的轨道前进，不断探索能够增强企业活力的有效形式。党的十二届三中全会提出国有企业应是自主经营、自负盈亏、自我约束、自我发展的商品生产者和经营者，前进了一大步。党的十四届三中全会提出建立产权清晰、权责明确、政企分开、管理科学的现代企业制度，又前进了一大步。党的十六届三中全会提出积极推进公有制的多种所有形式，并指出要"使股份制成为公有制的主要实现形式"，再前进了一大步。但是企业成为有活力的市场竞争主体以后，如何防止和克服竞争可能带来的生产无政府状态，如何减少和避免企业之间和企业内部职工收入分配的贫富悬殊现象，也是必须关注和解决的问题。这两个问题的解决要求完善国有资产管理体制和国家宏观调控，也是深化国有企业改革的重要任务。党的十六届三中全会既强调要"增强企业活力和竞争力"，又强调要"健全国家宏观调控"，还强调要"推进收入分配制度改革"，就是要使增强国有企业活力和克服生产无政府状态、职工收入过分悬殊等问题，都可能得到解决。不能说所有的问题都已找到了解决的好办法，但认真贯彻《中共中央关于完善社会主义市场经济体制若干问题的决定》中的政策措施，并不断研究新情况，探索新问题，有望使这些问题逐步得到解决。

可持续的社会主义至少要具备以下几个条件：（1）符合社会发展的规律。（2）符合社会主义的本质。（3）有实现的可能性。（4）社会主义能够持续发展。因此，实现可持续的社会主义是一个巨大无比的工程，其中任何一个重要的环节出了大错误而又不及时纠正，就有可能成为不可持续的社会主义。根据中国的经验，如果不坚持公有制为主体、多种经济成分共同发展，不坚持以按劳分配为主的多种分配方式，不坚持以市场调节为基础并实行科学的宏观调控，不发扬民主，不消除腐败，不坚持和改进党的领导，不重视精神文明建设，不以促进生产力为衡量一切制度和方针政策的根本标准，社会主义要成为可持续的，是有极大难度的。

总之，为了使我国社会主义可以持续发展，需要研究和解决的问题是很多的，除了公有制经济问题，还有：社会主义和市场经济的关系，社会主义和资本主义的关系，社会主义和封建主义的关系，公有制经济和私有制经济的关系，公平和效率的关系，民主和集中的关系，集权和分权的关系，经济体制改革和政治体制改革的关系，经济和文化的关系，等等。这些问题将是我国社会主义发展和改革中会长期遇到并有待解决的理论问题和现实问题。其中有些问题已有了明确的方针政策，但是不能认为已经完全和彻底解决了，有些问题正在争论，有些问题以后会有争论，都是需要深入研究和妥善解决的。

把社会主义和市场经济
更好地结合起来[*]

　　《中共中央关于完善社会主义市场经济体制若干问题的决定》（以下简称《决定》）提出，要坚持社会主义市场经济的改革方向。这是《决定》提出的五个坚持的第一个坚持，可见这个坚持多么重要。要坚持社会主义市场经济的改革方向，首先要弄清楚坚持社会主义市场经济的改革方向是什么含义，包括哪些内容。我国经济体制改革的一条主线是把社会主义基本经济制度与市场经济结合起来，不断探索两者结合起来的正确途径和方式。坚持社会主义市场经济的改革方向可以有多种含义：一是指坚持社会主义基本经济制度，二是指坚持市场经济体制，三是指坚持把两者正确结合起来，四是包括所有以上这些内容。笔者认为，也许是第四种理解比较正确。下面，讲几个有关问题。

一　社会主义和市场经济结合的必然性

　　根据马克思主义理论，在共产主义社会，为了克服资本主义

---

　　*　原载《理论视野》2004 年第 2 期。

1

生产方式存在的生产社会化和私人占有的基本矛盾，应该实行计划经济。作为共产主义的初级阶段的社会主义也应该实行计划经济。苏联实行的就是计划经济。对苏联计划经济的性质有不同看法：一般是把苏联计划经济称之为社会主义计划经济；也有很多人认为苏联实行的不是社会主义计划经济，而是带有严重封建性质的计划经济；也有人认为苏联根本不具备实行计划经济的条件。还有人认为，在当前世界上，生产力最发达的资本主义国家也还没有达到实行马克思主义所设想的那种计划经济的生产力水平，所以，现在提出实行社会主义计划经济，在当今世界范围内都是一个虽然美好但却难以实现的空想。

我比较同意现在世界上还没有条件实行计划经济这种意见。现在世界上还没有哪个国家达到了可以实行马克思说的计划经济的水平。实行计划经济的前提是全社会实现单一的公有制，就是一个国家变成一个大工厂。苏联是用行政的办法即超经济的强制建立公有制的，并在国有经济占统治地位的情况下实行了计划经济。单一公有制和计划经济导致的种种弊端，最终使苏联趋于解体，苏联斯大林模式以社会主义的失败而告终。我们可以问一问，如果现在世界上经济最发达的美国社会主义革命胜利了，是否能够实行单一的公有制，从而实行计划经济？如果这样做了，将会是促进生产力发展还是阻碍和破坏生产力发展？据我了解的美国生产力的现状，这样做的结果恐怕难免也要破坏生产力的发展。马克思主义是以促进还是阻碍生产力发展作为评价一种生产方式先进还是落后的主要标准的。现在实行计划经济的结果会破坏生产力，因此只能承认那种经典式的即马克思说的计划经济在现在世界上是不可行的。

社会主义和市场经济的关系长期存在着争论，在我国经济体制改革过程中，对这个问题也一直存在着尖锐的争论。有人用社会主义只能实行计划经济反对社会主义可以实行市场经济。现在这个争论基本上告一段落了，就是大家取得了社会主义可以实行市场经济的共识。不过，也许我们还要加深对这场争论的认识，就是认识现阶段的社会主义不仅可以而且只能实行市场经济。因为，如果只说社会主义可以实行市场经济，那就认为似乎社会主义也可以实行计划经济。但是，历史和现实都说明，现阶段社会主义是不可能实行计划经济的，除非是用超经济的强制实行计划经济从而歪曲了马克思设想的计划经济，而这样做已经遭到了失败。

这里深化认识的关键是要弄清楚所有制结构、企业制度和市场经济的因果关系。现阶段世界上的生产力水平还没有达到可以消灭私有制的阶段，因此，社会主义国家也必须实行多种所有制共存，允许私有制经济存在，公有制经济争取成为主体，公有制企业也必须是自主经营、自负盈亏、自我发展、自我约束。这种所有制结构和企业制度，决定了社会主义社会实行市场经济的必要性、可能性和必然性。多种所有制结构和独立的企业制度是社会主义实行市场经济的"因"，实行市场经济则是"果"。最终的"因"则是生产力还没有达到实行单一公有制的水平。人们往往用实行市场经济的必要性来说明社会主义必须多种所有制并存，我也曾这样说过，这可能是倒"果"为"因"了。

上面这些我是企图说明，当代社会主义社会实行市场经济是必然的，而实行计划经济则是人为的。

二 社会主义和市场经济相结合是一个艰难的过程

建立社会主义市场经济体制就是把社会主义和市场经济结合起来，这是一个十分艰难复杂的过程。这里的艰难首先是由于传统社会主义观念所致。长时期以来，人们把社会主义和计划经济等同起来，把资本主义和市场经济等同起来，因而又把社会主义和市场经济对立起来，认为社会主义社会实行市场经济就是搞资本主义复辟。由于人们的思想长期受这种传统社会主义观念的禁锢，在传统的计划经济向市场经济转变的过程中，每前进一步都遇到巨大的阻力，引发极大的争论。即使是"计划经济为主、市场调节为辅"、"计划经济和市场调节相结合"等现在看来已经过时的口号，提出来后也都引起一些人的强烈反对。这说明，传统的社会主义观念对实行社会主义市场经济的阻力有多大。这方面出现的困难现在也不能说完全克服了。

这种艰难不仅存在于思想认识方面，还存在于实际工作之中。建立社会主义市场经济体制的实践中还会遇到种种实际困难。举其大者：一是由单一公有制转变为多种所有制共存的困难。尽管多种所有制共存是中国特色社会主义的客观要求，符合生产关系一定要适合生产力发展的规律，但从已形成的单一公有制转变为多种所有制共存却困难重重。为了自觉实现这一转变，中国已多年对国有经济结构进行战略性调整，但迄今调整的任务依然很重，非公有制经济的发展仍受到多方面的阻碍。二是国有企业改革遇到的困难。实行社会主义市场经济，既要以多种所有制共存为前提，又要以国有企业成为真正的商品生产者和经营者为前提。如果国有企业不能成为真正的商品生产者和经营者，社会主义市场就缺乏国有企业的市场主体，国有企业也难以有竞争力，难以形成公有制经济为主体、国有制经济为主导的局面。国有企业的改革，其艰难更是众所周知，现在企业负担重、冗员多、出资人不到位、法人治理结构不规范等问题仍阻碍着国有企业改革的深化，解决这些问题的难度仍很大。三是形成统一开放、竞争有序的市场体系的困难。要求市场充分发挥资源配置的积极作用，必须形成统一开放、竞争有序的市场体系，这也是困难重重。我们现在除商品市场外，资本和其他要素市场都还很不发达。以商品市场来说，由于行业垄断、地区封锁等等原因，全国统一的市场也远未形成。四是实现政企分开困难。政企分开，既是国有企业改革的内容，也是国有企业改革的前提。事实上，由政企结合到政企分开也是完善公有制为主体、多种所有制经济共同发展这一基本经济制度的前提。如果不实行政企分开，即使建成了市场经济，那将会是官僚资本主义市场经济或裙带资本主义市场经济，离社会主义市场经济的要求相距不止十万八千里。由于我们改革是自上而下进行的，政企分开要政府主动实行，加上这个问题又是和党政分开、政资分开等问题结合着的，解决起来就更为困难。五是扩大社会主义民主、健全社会主义法制的困难。社会主义市场经济是法制经济，也要求发扬民主。我们通常认为公有制经济就是社会主义性质，这种认识是不正确的。因为在各种社会形态中都会有公有制经济，它们不一定姓"社"，即使在社会主义社会，公有制企业也未必一定姓"社"。究竟姓什么，要由企业的生产关系和经营活动的性质来决定。而实行民主和法制，则是社会主义社会公有制企业姓"社"的前提条件。因此，建立和健全社会主义市场经济体制，必须发扬民主、实行法制。尽管党的十六届三中全会通过的《决定》强调了"扩大社会主义民主，健全社会主义法制"，但不仅在实践中会遇到诸多困难，在思想认识上也会遇到比解决经济问题更多的困难。

三　社会主义和市场经济的矛盾统一关系

传统的社会主义理论认为社会主义社会不能实行市场经济，也就是认为社会主义和市场经济是不能结合的。中国改革的实践证明社会主义和市场经济是可以结合的，以邓小平为代表的中国共产党人从理论上说明了社会主义和市场经济结合的必要性、可能性和必然性，发展了科学社会主义理论。

当然，社会主义和市场经济的结合是有条件的。最基本的条件有两个：一是，社会主义社会的所有制结构不是单一的公有制，而是以公有制为主体、多种所有制经济共同发展；二是，不是完全自由放任的市场经济而是有宏观调控的市场经济。把社会主义基本经济制度与市场经济结合起来不断探索两者结合起来的恰当途径和形式，首先要明确社会主义市场经济的这两个前提条件。如果仍是单一的公有制，或实行的是完全自由放任的市场经济，那么社会主义和市场经济或者是不能结合的，或者就不成其为社会主义市场经济了。只有具备以公有制为主体、多种经济成分共同发展的社会主义所有制结构，同时实行有宏观调控的市场经济，社会主义和市场经济才能够结合。即使如此，社会主义和市场经济也还是有矛盾的。社会主义和市场经济是一种矛盾统一的关系。这种统一，是指两者可以结合。在统一的情况下，两者的矛盾也是存在的。

社会主义和市场经济之间存在哪些矛盾？这是有待研究的课题。至少以下两个矛盾是值得重视的：一个是社会主义要求消灭剥削和逐步实现共同富裕，而市场经济则必然导致优胜劣汰、贫富差别，这里显然是有矛盾的。另一个是市场经济的自发性必然带来盲目性，我们通常称之为生产无政府状态，而社会主义则要求一定的计划性。一定的计划性，是指区别于传统计划经济要求的那种计划性，是为了有效率地合理配置资源起码必需的计划性。这里显然也存在着社会主义和市场经济的矛盾。这两个矛盾的根源是由于社会主义社会的市场经济也存在着生产社会化和单位占有或单位经营（单位指公有经济的单位或私有经济的单位）

的矛盾，因而必然会由于竞争而产生分化，同时必然带有自发性、盲目性。这种市场经济的矛盾是社会主义社会生产力发展的动力，但和社会主义的本质又存在相悖的方面。

把社会主义和市场经济结合起来，实行社会主义市场经济，是很困难的。从深层次看，这种困难很多是同社会主义和市场经济之间存在矛盾有联系的。就是说，社会主义和市场经济的矛盾必然会给它们的结合带来很大困难。当前我国社会经济生活中存在的一些突出问题，如贫富差别悬殊，就业问题严重，农民收入增长缓慢，产业结构不合理，原因很多，其中一个重要原因也是由于社会主义和市场经济存在矛盾。因此，正确处理它们之间的矛盾是十分重要的。我们完善社会主义市场经济体制，就是要围绕正确处理它们之间的矛盾而制定政策和采取措施。

有一种意见认为，现在社会经济生活中存在的一些严重问题，都是改革不到位造成的。我们不能否认现在存在的很多问题同改革不到位有关。这种意见主张深化改革，我也是完全赞成的。但说当前社会经济生活中存在的问题都同实行社会主义市场经济无关，认为改革到位后这些问题就都解决了，这种看法是需要商榷的。由于社会主义和市场经济之间存在矛盾以及市场经济本身存在矛盾，这些矛盾也会给社会经济生活带来一些问题，即使改革到位了，现在社会经济生活中的有些问题也不会自动消解。在社会主义市场经济条件下，要完全消灭市场经济的矛盾及这种矛盾带来的消极后果是不可能的。认为改革到位了，当前存在的所有严重的社会经济问题都能迎刃而解，恐怕也是一种乌托邦的空想。

那么，应该如何处理社会主义和市场经济之间存在的矛盾呢？笔者认为，其原则不是消灭它们之间的矛盾，而是要调节矛盾，使之既无害又有利于社会主义。换句话说，就是既要坚持社会主义基本经济制度（主要是所有制和分配制度），又要坚持最大程度地发挥市场在资源配置中的基础性作用。我国将长期处于社会主义初级阶段，所有制是公有制为主体、多种所有制共存，分配制度是按劳分配为主、多种分配方式并存，允许富裕程度的差别和一定程度的剥削，要求企业发挥积极性和提高竞争力。因此，在坚持社会主义和市场经济结合的前提下对它们的矛盾进行调节是可能的。

经济理论界曾经有过一次争论：在建立社会主义市场经济中，当社会主义的要求和市场经济的要求发生矛盾时，应该谁服从谁？这个问题也涉及如何处理社会主义和市场经济的矛盾，现在反思和继续讨论也有必要。我认为笼统地主张一方服从另一方似乎都不全面，因为这里首先有一个需要什么样的社会主义和什么样的市场经济的问题。如果是中国特色的社会主义市场经济，那么在由传统计划经济向社会主义市场经济转变的过程中，社会主义和市场经济应该互相适应、互相配合，即实行互动以达到社会主义和市场经济的有机结合。有些同志曾提出社会主义市场经济＝社会主义＋市场经济＝社会公平＋市场效率，或提出类似的公式。笔者认为，说社会主义市场经济＝社会主义＋市场经济是可以的，但说社会主义市场经济＝社会公平＋市场效率，则似乎有可能抽掉社会主义基本制度，而且社会公平可以有多种解释，有的国家实行资本主义市场经济也主张社会公平和市场效率，这样，社会主义市场经济和资本主义市场经济又如何区别呢？所以，类似后面这个等号的提法，也是值得商榷的。

四　把社会主义和市场经济更好地结合起来

改革开放以来，经过不断地实践和探索，我们在社会主义和市场经济相结合这个问题上已经找到了有效结合点。当前，公有制为主体、多种所有制经济共同发展的基本经济制度已经确立，市场体系建设取得了重大进展，宏观调控机制逐步完善，分配制度和社会保障制度的改革逐步推进。我们已经把社会主义和市场经济结合起来，初步建立了社会主义市场经济体制。但是，现在社会主义市场经济体制还不完善，社会主义制度和市场经济的结合上还有不少问题有待解决，生产力发展仍面临诸多体制性障碍。突出的问题有：城乡体制分割，产权制度不健全，国有企业建立现代企业制度和国有经济布局调整的任务还未完成，非公有经济的发展还受到阻碍，资本等要素市场发育滞后，市场秩序比较混乱，政府职能转变滞后，社会管理和公共服务职能薄弱。因此，还需要进一步完善社会主义市场经济体制，使社会主义和市场经济更好地结合起来。

《决定》是完善社会主义市场经济体制，把社会主义和市场经济更好地结合起来的纲领性文件。《决定》有以下几个主要特征：

1. 提出了明确的任务。提出的主要任务是：完善公有制为主体、多种所有制经济共同发展的基本经济制度；建立有利于逐步改变城乡二元经济结构的体制；形成促进区域经济协调发展的机制；建设统一开放、竞争有序的现代市场体系；完善宏观调控体系、行政管理体制和经济法律制度；健全就业、收入分配和社会保障制度；建立促进经济社会可持续发展的机制。这些任务有很强的针对性，并抓住了把社会主义和市场经济更好地结合起来这个中心环节。

2. 提出了五个"统筹"。五个"统筹"是：统筹城乡发展，统筹区域发展，统筹经济社会发展，统筹人与自然的和谐发展，统筹国内发展和对外开放。这就进一步明确了改革的目标和任务，可以促使人们解放思想、实事求是，**发挥首创精神**，进行制度建设和体制创新。五个"统筹"，为完成改革的目标和各项任务提供了指导原则和思想保证。

3. 提出了五个"坚持"。除了提出坚持社会主义市场经济的改革方向，还提出："坚持尊重群众的首创精神，充分发挥中央和地方两个积极性"；"坚持正确处理改革发展稳定的关系"；"坚持统筹兼顾，协调好改革进程中的各种利益关系"；"坚持以人为本，树立全面、协调、可持续的发展观"。提出五个"坚持"，不仅能保证改革的正确方向，而且可以增强改革的动力。这是深化改革、完善社会主义市场经济体制必须解决的重要问题。

4. 提出了解决改革中一些老大难问题的新举措。例如，提出要"使股份制成为公有制的主要实现形式"，要"大力发展国有资本、集体资本和非公有资本等参股的混合所有制经济"，这将有利于国有经济结构调整和国有企业深化改革难题的解决。提出要"允许非公有资本进入法律法规未禁止的基础设施、公用事业及行业和领域"，"非公有制企业在投融资、税收、土地使用和对外贸易等方向，与其他企业享受同等待遇"，这将有利于非公有制经济的进一步健康迅速发展。提出要"加快建设全国统一市场"，要"促进商品和各种要素在全国范围自由流动和充分竞争"，要"废止妨碍公平竞争、设置行政壁垒、排斥外地产品和服务的各种分割市场的规定，打破行业垄断和地区封锁"，这将推进建设统一开放、竞争有序的现代市场体系的进程。

为了完善社会主义市场经济体制，我们要认真学习和贯彻《决定》。《决定》中的有些原则规定，还要在实践中进一步具体化。有些涉及较少或没有涉及的问题，也需要进一步认真研究。例如，如何使公有制企业成为完全名副其实的社会主义性质的公有制企业；如何使公有制企业既有竞争力又有社会主义必需的计划性；如何把非公有制经济逐步地更好地纳入社会主义轨道；如何根据形势的变化正确界定公有制经济和非公有制经济的范围，等等。研究和解决这些问题，对于不断巩固、健全社会主义市场经济体制，使社会主义和市场经济越来越好地结合起来，也是很必要的。

正确处理社会主义和市场经济的矛盾[*]

　　正确处理社会主义和市场经济的矛盾是完善社会主义市场经济的需要，是社会主义市场经济健康发展的需要，也是保障社会经济安全和构建社会主义和谐社会的需要。

　　党的十六届四中全会通过的《中共中央关于加强党的执政能力建设的决定》中，提出要不断提高驾驭社会主义市场经济的能力。这也就要求正确处理社会主义和市场经济的矛盾。只有处理好这个矛盾，才能化解当前面临的社会经济风险，保障社会经济安全，保持社会经济稳定。

　　中国改革已经25年了，成绩概括起来是初步建立了社会主义市场经济体制。现在改革的任务还很艰巨，所以党的十六届三中全会、四中全会都提出要"坚持社会主义市场经济的改革方向"。坚持社会主义市场经济的改革方向要求把社会主义和市场经济正确结合起来，也就要求重视研究和正确处理社会主义和市场经济的矛盾。

一 必须重视研究社会主义和市场经济的矛盾

社会主义市场经济是存在矛盾的，而且存在许多矛盾。其中包括社会主义和市场经济的矛盾。我所以要提出重视研究社会主义和市场经济的矛盾，有四点原因：

1. 由于一个时期内强调社会主义和市场经济可以和必须结合，使得有些人可能否认或忽视社会主义和市场经济的矛盾。但是应该看到，社会主义和市场经济既是可以结合的，又是存在矛盾的。过去有些人否认可以结合，当然是错误的，但不能否认也不能忽视它们之间存在矛盾，也不能忽视对这些矛盾的研究。

2. 有人认为改革到位了，社会主义和市场经济的矛盾就不存在了。而我认为，即使改革任务完成了，社会主义市场经济体制完全建成了，社会主义和市场经济仍会存在矛盾，这些矛盾会带来种种问题，可能影响社会经济稳定。有一种说法，认为当前社会上存在的贫富差别、权钱交易、假冒伪劣等都是改革不到位造成的，改革不到位是这些问题的根源。而事实上，很多问题固然同改革不到位有关，也同社会主义和市场经济的矛盾有关。

3. 有些人担心承认社会主义市场经济的矛盾会被误认为反对社会主义市场经济。过去有人反对社会主义市场经济是因为看到社会主义和市场经济存在矛盾，但是承认社会主义和市场经济存在矛盾并不应该也不必然导致反对社会主义市场经济。不过这种担心是可以理解的。我曾写过一篇论述社会主义和市场经济矛盾统一关系的文章。有个刊物只选登其中讲可以结合、必须结合的部分，却没有登讲存在矛盾和不可忽视的矛盾的部分。也许就同这种担心有关。其实，重视研究和正确处理社会主义和市场经济的矛盾，才能坚持社会主义市场经济改革的方向和发展社会主义市场经济。

4. 最主要的，社会主义和市场经济的矛盾已经明显地大量地暴露出来和影响社会经济稳定了。如果不重视和正确处理，或者市场经济不能充分发挥作用，或者社会主义原则将受到损害，其结果，都不利于社会主义事业，不利于社会主义经济安全，会影响社会主义可持续发展。正确处理社会主义和市场经济的矛盾也是构建社会主义和谐社会的需要。

二　当前社会主义市场经济的矛盾主要表现在哪里

主要表现在以下四个方面：

1. 贫富差别扩大影响社会经济稳定。由于实行社会主义市场经济，现在居民收入和生活水平总的来说比过去提高多了，贫困人口也大大减少了。但是，贫富差别却扩大了。计划经济解决不了贫困问题，因此决不能走回头路，但现在贫富差别扩大则同实行市场经济有关，不利于社会经济稳定和安全。

2. 产业结构和需求结构在一些方面很不适应。经济中的过冷或过热现象都和市场经济有关。实行计划经济时期也存在生产无政府状态和比例失调现象。市场经济不能自动地克服类似的现象，而且其自发性还可能助长这些现象，由此引起的问题可能更加复杂。

3. 唯利是图使得社会、经济、政治尤其是意识形态领域出现许多消极现象，不利于社会主义健康发展。市场经济能鼓励人们努力进取，对经济、文化的发展起到积极的作用，但是竞争和追求利润也会导致唯利是图，给各方面尤其是意识形态领域带来很多不健康的东西。一个时期以来，人们深恶痛绝的假冒伪劣、坑蒙拐骗、不讲信用、不讲道德的现象，都是和市场经济有内在联系的。竞争会导致垄断，拜金主义会助长权钱结合和权钱交易，商品拜物教会导致劳动异化，这些也是应该关注的问题。

4. 消费过度和消费不足现象并存。现在还有几千万人没有摆脱贫困，更多的人有这样那样消费不足的问题，增加居民的消费数量和质量还是主要问题。但是消费过度现象也值得重视。各种炫耀性消费在很多地方已成为一种时尚，这类过度消费不仅使地球不堪重负，也不利于人们的身心健康。当然不能把炫耀性消费和过度消费都归罪于市场经济，但也不能否认它们之间的内在联系。因为，市场经济要求生产无限扩大，从而要求消费相应地发展以保证扩大再生产的实现。现在一片"鼓励消费、刺激消费、增加消费"之声，这是发展市场经济的要求。但是，笼统地提倡刺激消费，似乎消费越多越好，这样做对社会主义发展是否有利，是大可商榷的。

三 社会主义和市场经济为什么会有矛盾

这个问题很复杂，我提几点不成熟的意见：

1. 社会主义的核心价值观是共同富裕，而市场经济的竞争和优胜劣汰则会带来贫富差别甚至两极分化，和共同富裕是有矛盾的，在由计划经济向市场经济转变的过程中竞争的起点也是不公平的。此外，社会主义发展生产力要有计划性，市场经济有利于发展生产力，而市场经济的自发性带来的盲目性，即人们通常说的生产无政府状态，又是与发展生产力有矛盾的。

2. 现在，计划经济体制下的公有制经济还在改革过程中，还没有找到使全体职工都能参与经营决策和享受利润分配的公有制企业形式。这种有缺陷的公有制经济无疑会助长社会主义和市场经济的矛盾。

3. 在社会主义现阶段，必须允许非公有制经济存在和发展，否则将搞不成社会主义市场经济。非公有制经济和市场经济相结合，必然带来类似于资本主义私有经济的某些矛盾。由于坚持公有制为主体，非公有制经济的发展不一定会改变社会主义社会的性质，但会影响社会主义和市场经济的矛盾，助长某些不利于社会主义的消极现象。

4. 政企不分的问题还有待解决，各级各类政府机关干预企业微观经济活动的现象还大量存在，这种情况也会助长社会主义和市场经济的矛盾。

总之，社会主义和市场经济在目的、要求和价值观等方面是存在矛盾的。社会主义和市场经济的结合有一个磨合的过程，这就是社会主义和市场经济相互适应的过程，通过磨合达到最佳的结合状态，既坚持社会主义的基本原则，又充分发挥市场经济的积极作用，允许矛盾存在，但尽量克服其消极作用。我们现在还处于这个磨合的开始阶段，有些矛盾突出起来是难免的。还要看到，社会主义和市场经济的矛盾有赖于国家的宏观调控来调节和解决，由于经验不足等原因，也会出现政策措施不够周密甚至差错的情况，助长某些消极现象。

四　需要深入研究的几个问题

党的十六届三中全会通过的《中共中央关于完善社会主义市场经济体制的决定》，既是进一步深化改革的纲领性文件，也是正确处理社会主义和市场经济的矛盾的纲领性文件。《决定》提出的"五个坚持"和"五个统筹"，是处理社会主义和市场经济的矛盾的指导方针。党的十六届四中全会又强调"要适应世界经济科技发展趋势和我国改革发展的新形势，把握社会主义市场经济的内在要求和运行特点，自觉遵循客观规律，充分发挥社会主义制度的优越性和市场机制的作用，不断提高领导经济工作的水平"。还提出了正确处理坚持公有制为主体和促进非公有制经济发展的关系、正确处理按劳分配为主体和实行多种分配方式的关系、正确处理市场机制和宏观调控的关系、正确处理中央和地方的关系、正确处理经济体制改革和其他方面改革的关系、正确处理改革发展稳定的关系等有关经济体制改革全局的重要任务。为了完成这些任务，需要研究下面几个问题，处理好社会主义和市场经济的矛盾。

1. 计划（这里指的是宏观计划）在社会主义市场经济中的作用。社会主义和市场经济结合要具备两个基本条件：一是不是单一的公有制经济而是以公有制为主体多种经济成分共同发展，二是不是自由放任的市场经济而是有宏观调控的市场经济。宏观调控就是使社会主义社会的社会、经济、文化发展具有预见性和计划性。现在有些人讳言或怕讲计划，而宏观调控又偏爱采用传统计划经济的办法。为了改进宏观调控，防止经济大起大落，要研究社会主义经济的计划性和计划在社会主义经济、社会、科技发展中的作用问题。包括哪些领域需要计划，由谁制定计划，如何制定计划，如何实施计划，如何避免和克服传统计划经济中计划的弊端。国内外有大量研究计划的文献资料，现在是不是还值得读一读，想一想？

2. 公有制经济（尤其是国有制经济）在社会主义社会的使命和如何完成这些使命。公有制经济在社会主义社会中的地位和作用问题仍有争论，需要继续研究。尤其是，公有制企业承担着在社会主义社会实现计划性、实现经济民主、实现共同富裕等使命，现在设想的公有制改革目标能使公有制企业完成这些使命吗？例如，国有企业在市场上都像私有企业一样经营，如何保证实现社会主义必要的计划性呢？至于在公有制经济中让职工当家做主、分享利润，更是一个有待解决的问题。公有制经济究竟应该采取什么样的企业形式和组织制度，如何经营管理，如何分配，才能既符合市场经济的规律，又符合社会主义的本质，值得深入研究。

3. 如何处理好转变经济增长方式和增加劳动就业的关系，如何从体制机制上保证经济增长方式的转变，需要进一步研究。问题还在于，我国转变经济增长方式在一定时期内是和增加劳动就业有矛盾的，而增加劳动就业是必须完成的任务。在社会主义社会就业是劳动者的神圣权利，失业必然加剧贫富差别，甚至会导致两极分化。因此，社会主义社会应该努力做到充分就业。所以，这里也是一个事关正确处理社会主义和市场经济的矛盾的大难题。

4. 如何实现可持续的社会主义消费模式。要根据社会主义的原则、根据新的发展观、根据可持续发展的要求，对当前的消费模式和消费趋势进行科学的评估与审思，并从理论和实践的结合上研究社会主义社会的消费模式。当前消费中存在一些既不科学、也不健康、更不公平的现象，国外报刊也惊呼"西方生活方式困扰中国"、"中国环境负荷已达到极限"，认为"消费过度的经济不可持续"。不少人提出应该提倡"适度消费"、"建立新的可持续性的消费模式"。这个问题还涉及生产模式和社会发展模式等问题。

新条件下的中国工业化[*]

党的十六大报告提出中国要走新型工业化道路。这是决定我国工业化、现代化前途和国家命运的重要决策，也是社会主义建设理论的重大创新。走出这条道路是很艰巨的，有许多问题需要研究解决。所以，我们这次会议把新条件下的中国工业化列入议题，是必要和适时的。我就几个方面对这个问题谈些看法，向大家请教。

一 重新认识什么是工业化

从世界范围看，可以说工业化从 18 世纪就开始了，但是工业化这个名词大约在 20 世纪 20 年代才出现。对于什么是工业化，过去和现在有过许许多多回答，存在着激烈的争论。由于工业化表现在经济、社会、政治、文化的各个方面，因此要下一个大家都同意的定义是不容易的。我在这里也不是想给工业化下定义，而是要指出：对于工业化要有正确全面的理解，切忌有片面

　　* 本文是作者 2005 年 5 月在南昌"第二届江西发展论坛"上的学术报告。

性，如果认识上有片面性，就会在实践中导致严重的后果，使工业化付出太多的代价，走过多的弯路，甚至失败。斯大林的工业化理论就是一个例证，尽管斯大林的理论有正确的方面，但由于片面性，在使苏联工业化取得巨大成就的同时，也使它最终失去活力，在与发达资本主义国家竞争中处于劣势，成为苏联解体的一个重要原因。吸取历史教训，我们一定要正确全面地理解工业化，这样才能走出一条适合我国国情和国内外形势、能够保证我国顺利完成工业化任务的新型工业化道路。

在什么是工业化问题上我们也有过许多片面认识，有些认识现在仍在发挥作用。如果这些片面认识得不到纠正，就难以走出新型工业化的道路。现在的主要认识问题有四个：一是把工业化和发展工业等同起来，认为实现工业化就是发展工业。这种认识来自斯大林，斯大林认为工业总产值达到工农业总产值的70%或70%以上就实现了工业化。工业化当然要发展工业，但是不能把工业化和发展工业等同起来。把工业化看成就是发展工业，就会导致重视工业，轻视农业，用损害农业的办法发展工业；就会导致重视城市，轻视农村，造成城乡差距扩大，城乡二元经济结构矛盾加剧。二是把工业化道路只看成是农轻重的关系问题。为了纠正斯大林片面优先发展重工业的错误，毛泽东提出重工业、轻工业、农业的关系是工业化道路问题，认为我国经济建设在以重工业为中心的同时，必须充分注意农业和轻工业。这是工业化理论的一个重大进步，但人们据此认为工业化道路问题就是农轻重关系问题，则又成为一种片面性。它的一个严重后果就是忽视服务业。现在大家越来越认识到服务业的重要性，而我国国民经济中服务业是明显偏低的。2001年我国服务业产出占GDP的比重为34%，就业占社会就业总数的比重为28%。与世界上收入水平基本相同的下中等收入国家的平均水平相比，我国服务业增加值比重要低 19 个百分点，在这类国家中名列倒数第二；就业比重要低 20 个百分点，名列倒数第一。我国服务业不发达的原因当然很多，但认识片面是重要原因之一。三是把工业化看成就是或主要是发展大工业。苏联《政治经济学教科书》中说："社会主义工业化就是发展大工业。"这是这种说法的一个来源。工业革命以后，由于大工业的发展，很长一段时期内是大生产排斥小生产，有人甚至认为小生产会被大生产消灭。但后来的历史表明，工业化过程中大生产不可能消灭中小企业。无论是资本主义国家还是社会主义国家，现在都出现了企业规模两极化的发展趋势。而如果把工业化看成就是或主要是发展大工业，就会重视大企业，忽视中小企业，造成企业组织结构和产业组织不合理，影响工业化的顺利发展。我们现在仍存在这种现象。四是把社会主义工业化和资本主义工业化完全对立起来。斯大林把优先发展重工业说成是社会主义工业化道路，把优先发展轻工业说成是资本主义工业化道路，就是这种片面认识的表现。社会主义工业化和资本主义工业化确实是有区别的，我们不能否认这种区别，同时也不能否认它们有许多共同点。例如，在产业结构演变、工业技术进步、市场机制作用、企业组织和企业管理等等方面，社会主义工业化和资本主义工业化都有共同的规律性。如果把社会主义工业化和资本主义工业化完全对立起来，就会否认这些共同的规律，拒绝研究和吸取资本主义国家工业化的经验教训，特别是会忽视发展市场机制的作用，忽视完善社会主义市场体制和转变政府职能等工作。这些现象现在也还存在。

对工业化片面理解导致的最严重的后果是难以走出城乡二元经济结构，甚至使这种二元结构的矛盾加剧。所谓城乡二元经济结构是指城市现代工业和农村传统农业两种经济并存，这是工业化过程中必然会出现的现象，也只有通过工业化才能走出二元经济结构，建立现代经济结构。因此，解决城乡二元结构矛盾应该成为我国工业化和现代化的主线。目前我国城乡二元结构相当突出，国民经济中存在的一系列重大问题都和二元结构有关，如"三农"问题突出，城乡差距扩大，城市化滞后，农村劳动力转移滞缓，要素配置不合理，农民不能完全享受与市民同等的国民待遇，等等。为了解决城乡二元结构的矛盾，走出二元结构的困境，必须正确全面理解工业化，克服这个问题上的片面性。

工业化的英文表达是 Industrialization，它也可以翻译成产业化，也许翻译成产业化更确切，因为工业只是产业之一，农业、服务业也都是产业。现在通常把产业分为第一次产业、第二次产业、第三次产业，它们在工业化过程中都会发生重大的变化。有人认为应该从经济发展、社会变革、文明进化三个层面研究工业化。从经济发展层面认识工业化，可以看到工业化既是一个经济增长的持续动态变化过程，也是一个产业结构变革的过程，还是一个经济制度和经济体制变革的过程。从社会变革层面认识工业化，可以看到工业化过程同时也是一个社会变革和社会进步的过程，工业化过程中经济和社会是一种互动的关系，脱离了对社会环境和社会条件的分析，也不可能真正认识工业化。从文明进化层面认识工业化，可以看到工业文明是一种不同于农业文明的新文明，强调理性、鼓励创新、重视科学、发扬民主是工业文明的特征，但工业文明也会带来浪费资源、污染环境、破坏人和自然的和谐、人的异化等等问题。我认为这是很有见地的。

由于工业化包含如此复杂丰富的内容，全面正确地认识工业化既非常必要，也很不容易。党的十六届三中全会提出要"坚持以人为本，树立全面协调可持续的发展观"，并提出"统筹城乡发展、统筹区域发展、统筹经济社会发展、统筹人与自然的和谐发展、统筹国内发展和对外开放"的"五个统筹思想"，为我们重新认识工业化和正确处理工业化过程中的问题提供了重要的指导思想。我们要认真学习科学的发展观，深化对工业化问题的认识，为走出新型工业化道路奠定思想基础。

二　中国工业化面临哪些新条件

中国为什么要走新型工业化道路，有些学者主要是从实现全面小康社会这个角度进行分析说明的，这样做当然是必要的。党的十六大就是从全面建设小康社会的要求提出走新型工业化道路的。问题在于，为什么中国不能继续走原来的工业化道路呢？新型工业化道路有些什么特点呢？如何实现新型工业化道路的要求呢？为了弄清楚这些问题，就必须研究中国工业化面临哪些新条件。

中国是在 21 世纪初明确提出要走新型工业化道路的，这是因为 20 世纪最后几十年间国内外都出现了许多新情况，这些情况使得中国不能继续走原来的工业化道路，为了完成工业化的任务，必须走出一条新路子。这些新情况就是决定中国必须走新型工业化道路的新条件。它们主要是：

1. 信息社会的来临和挑战

20 世纪 70 年代中后期以来，世界进入了以信息技术为中心的高新技术蓬勃发展时期。当时丹尼斯·贝尔写了一本名为《后工业社会的来临》的书。后工业社会究竟是什么社会？托夫勒和奈斯比特等称之为信息社会、信息经济，1972 年克林顿采用了"知识经济"的概念。1998 年江泽民在北京大学建校 100 周年大会上的讲演中说："当今世界，科学技术突飞猛进，知识经济已见端倪。"他们说的知识经济我体会主要就是信息经济。许多学者认为 21 世纪世界将进入信息社会，这对中国是一个巨大的挑战，因为中国工业化的任务尚未完成，还要继续工业化。中国如何处理好工业化和信息化的关系呢？这是一个极大的难题。

从世界经济发展来看，信息化是在工业化的基础上发展起来的。在世界上，信息应该说早就出现了，如印刷、报纸、通信、电报等，都是信息，但国民经济和社会的信息化确实是近几十年的事情，这是在发达国家电子工业、机械工业、材料工业、化学工业等传统工业的基础上发展起来的。历史的轨迹是：工业高度发展了，随之，世界由工业时代转入信息时代。而随着信息社会的来临和挑战，中国既要工业化，又要信息化。这是中国新型工业化道路要解决的首要问题。

2. 中国经济融入经济全球化的过程加速，竞争加剧

党的十一届三中全会以后中国实行改革开放，在深化改革的同时扩大开放。扩大开放是一个渐进的过程，但加入 WTO 以后，开放的过程加快了，中国经济进一步融入了世界经济全球化的潮流。这既是一种机遇，可以更加充分利用国内外两种资源、两个市场，克服资源、资金、技术、管理等方面的制约，加快工业化和国民经济的发展，同时也是一种挑战，考验中国的国际竞争力。中国制造业总体规模已经达到了世界第四位，已经成了世界第三贸易大国，但在国际分工中仍处于低端地位。在越来越多的"中国制造"商品进入海外市场的同时，越来越多的倾销诉讼、技术壁垒、专利要挟接踵而来。中国输出许多商品主要是靠低廉的劳动成本支撑的，赚钱很少。例如，美国市场上销售的一种儿童玩具，商场零售价是 100 美元，这种玩具的设计商和经销商都是美国公司，生产商是中国企业。美国公司设计后将订单下给一家香港贸易公司，每件价格为 50 美元。香港贸易公司转手将订单交给中国一家外贸公司，每件价格为 22 美元。这家外贸

公司再向国内两家加工厂订货，每件价格 15 美元，其中人工、原材料等成本费为 12 美元。美国公司收到玩具后以每件 82 美元的价格卖给商场。每件玩具总算起来，中国生产企业的毛利润是 3 美元，中国外贸公司的毛利润是 7 美元，香港贸易公司的毛利润是 28 美元，美国公司的毛利润是 32 美元。① 中国在国际分工中处于劣势的情况必须设法改变，为此，要努力从多方面提高中国产业和企业的国际竞争力。

3. 资源约束

资源约束加剧也是中国工业化面临的新情况。从总量上看，中国土地辽阔，许多资源基础储量都比较丰富。但如果按人均占有量计算，中国大多数资源都低于世界平均水平。中国人口约占世界总人口的 21%，国土面积约占世界 7.1%，耕地占世界 7.1%，草地占世界 9.3%，水资源占世界 7%，森林面积占世界 3.3%，石油占世界 2.3%，天然气占世界 1.2%，煤炭占世界 11%。问题在于我们是在发达国家已占用大量资源后开始实现工业化的。占现今世界人口不到 15% 的发达国家，是靠消耗全球 60% 的能源、50% 的矿产资源实现工业化和现代化的。问题还在于我国资源利用率低，浪费严重。我国目前能源利用效率为 30% 左右，比发达国家低近 10 个百分点，我国主要用能产品的单位产品能耗比发达国家高 25%—90%。加上现在我国经济的基数高了，GDP 每增加一个百分点消耗的能源原材料要比过去增加很多。2003 年中国消耗了全球 31% 的原煤、30% 的铁矿石、27% 的钢材、40% 的水泥，创造出的 GDP 不足全球的 4%。有人计算，如果继续走传统工业化道路，从 2000 年到 2020 年，中国 GDP 翻两番，一次能源消耗将从 13 亿吨标准煤至少增加到 52 吨

① 《中国经济时报》2005 年 3 月 9 日。

标准煤，中国现有资源根本难以承受。因此，从资源看，传统的高投入、高消耗、低产出的工业化道路已走到尽头了。

4. 环境约束

中国环境污染问题也日益严重。由于走传统工业化道路，废水、废气、固体废物的排放居高不下，甚至逐年增加。2003年，全国废水排放总量为460亿吨，比上年增加4.7%；全国废气中二氧化碳排放量2158.7万吨，比上年增加12%；烟尘排放量1048.7万吨，比上年增加3.6%；全国工业固体废物产出量10亿吨，比上年增加6.2%。中国是世界上人均水资源少的贫水国之一，人均水资源仅相当于世界人均数的四分之一。全国669座城市中有400多座供水不足，110座严重缺水。一方面缺水，一方面浪费水的现象严重。我国GDP仅为美国的八分之一，但用水总量与美国相当，工业万元产值用水量平均为241立方米，是发达国家的5—10倍。更令人担忧的是江河污染日趋严重。全国七大水系中，松花江、辽河、淮河、海河、黄河已有50%—80%的水体降至国家标准的最差级，全国75%的湖泊出现了不同程度的富营养化。近日报载：淮河水污染造成的危害令人触目惊心，沿岸许多村庄癌症发病率奇高，一个村在一年因癌症死亡人数高达100多人，甚至连许多刚出生的婴儿都得了癌症。[①] 环境污染已威胁到人的生存，怎么能再走传统工业化道路呢？

5. 就业压力

我国人口多，适龄劳动人口持续增长，就业问题将长期存在。过去也有就业问题，为什么这里把就业压力作为中国工业化面临的一个新条件呢？首先是由于这个问题比较突出。目前每年的城镇新增劳动力加上现有的下岗失业人员，每年城镇需要就业

---

① 《中华工商时报》2005年4月15日。

的劳动力达到 2400 万人。农村还有 1.5 亿多富余劳动力要向城镇转移，另外还有新增的农村劳动力需要转移。按经济增长速度保持在 8%—9% 计算，在现有就业弹性条件下，城镇每年新增加的就业岗位最多 900 万个左右。因此，就业形势是严峻的。许多发达资本主义国家在工业化过程中农村劳动力向城市转移的问题就解决了，我们现在已是工业化中期，农村劳动力向城市转移的问题基本上还未解决。改革前中国工业化基本上没有重视农民向城市转移的问题，改革后这种转移也受到种种限制，近几年明确和强调城乡劳动力流动的问题，强调要加快城镇化、加快发展第三产业吸纳多余农民，加上农村隐性失业变为显性失业，这些也加剧了就业压力。在工业化过程中，随着技术进步和社会分工发展深化，与扩大就业既有一致的方面，也有矛盾的方面。产业结构调整带来的结构性失业，传统工业化道路导致的资本有机构成过快提高以及深化国有企业改革导致的下岗工人增加，也增加了就业问题的难度。因此，解决就业问题也要求在工业化道路问题上进行创新。

6. 社会矛盾增加

20 世纪 90 年代后期以来，我国社会矛盾有增加的趋势。主要表现在：一是城乡收入差距扩大。2004 年年初中国社会科学院一份经济研究报告显示，近年来中国城乡收入差距在不断扩大，如果把医疗、教育、失业保障等非货币因素考虑进去，中国城乡收入差距世界最高。报告指出，2001 年城镇居民的人均收入几乎是农村居民的 3 倍，2002 年全国基尼系数相对于 1995 年上升大约 2 个百分点。报告还指出，城镇居民的可支配收入没有涵盖城市居民所享受的各种实物补贴。二是城镇居民收入差距扩大。根据 2004 年全国 5 万户城镇住户抽样调查，上半年最高收入 10% 的收入组人均收入 13322 元，比上年同期增加 16.7%，是全国平均水平的 2.8 倍；而最低收入 10%的收入组人均可支配收入 1397 元，比上年同期增长 11.6%，是全国平均水平的 29%。高低收入组人均收入之比为 9.5∶1，比上年同期 9.1∶1 有所扩大。三是区域之间的收入差距也在扩大。2004 年上半年人均收入最高的五省市人均收入为 7453 元，比上年同期增加 12.4%；最低的五省市人均收入为 3661 元，比上年同期增加 10.9%。四是按照联合国每人每天收入或消费不低于 1 美元的国际贫困标准测算，中国还有贫困人口 1 亿。2003 年农村贫困人口不仅没有减少，还增加了 80 万。五是农民失地已成为社会问题。目前全国有约 4000 万失地农民，其中"务农无地、上班无岗、低保无份"的失地农民已成为一个需要特别关注的社会群体。六是贪污腐败现象仍未有效遏制。

　　为什么会出现社会矛盾增加的现象？有人认为是由于人均 GDP 达到 1000 美元时是易于动荡的风险时期，有人强调是由于改革滞后尤其是政治体制改革滞后，有人认为这和市场经济的消极作用有关，有人认为是由于某些战略和政策错误造成的。还有其他说法，这个问题可以进一步研究。但无论如何，新型工业化道路必须针对这些社会矛盾，有利于解决这些社会矛盾。

三　探索中国新型工业化道路

　　工业化是一个历史范畴，各个国家以及一个国家在各个时期的工业化道路都会有所不同。正确的工业化道路首先要符合本国的基本国情；其次要符合当时发展阶段的特点；再次要体现时代特点，符合世界发展的趋势。这一点在经济全球化愈益发展的今天尤为重要。因此，我同意有的同志所说，所谓中国新型工业化道路，就是在当前历史条件下体现时代特点，符合我国国情的工业化道路。

党的十六大提出来的新型工业化道路，就是从中国国情出发，根据世界经济科技发展新趋势和我国经济发展新阶段的要求提出来的。新型工业化的总的要求是：科技含量高、经济效益好、资源消耗低、环境污染少、人力资源优势得到充分发挥。在本世纪头 20 年基本实现工业化，完成全面建设小康社会的目标。

工业化道路包括广泛的内容，根据党的十六大报告和长期探索取得的共识，我认为新型工业化道路的主要内容有：

1. 以信息化带动工业化，以工业化促进信息化。优先发展信息产业，在经济和社会领域广泛应用信息技术。

2. 推进产业结构优化升级，形成以高新技术产业为先导、基础产业和制造业为支撑、服务业全面发展的产业格局。积极发展对经济增长有突破性重大带动作用的高新技术产业。用高新技术和先进适用技术改造传统产业，大力振兴装备制造业，加快发展现代服务业，提高第三产业在国民经济中的比重。

3. 发挥科学技术作为第一生产力的重要作用，依靠科技进步和提高劳动者素质，提高经济增长质量和效益。转变经济增长方式，实施科教兴国战略。

4. 全面繁荣农村经济，加快城镇化进程。统筹城乡经济社会发展，建设现代农业，发展农村经济，增加农民收入。逐步提高城镇化水平，坚持大中小城市和小城镇协调发展。引导农村劳动力合理有序流动。

5. 逐步缩小东西部地区差距，加强东、中、西部经济交流和合作，优势互补、共同发展，促进区域经济协调发展。

6. 坚持"引进来"和"走出去"相结合，全面提高对外开放水平，充分利用国际国内两个市场，优化资源配置。

7. 坚持和完善基本经济制度，健全现代化市场体系和现代企业制度。深化分配制度改革，健全社会保障体系。加快政府职能转变，加强和改善宏观调控。

8. 千方百计扩大就业，充分发挥我国人力资源优势。正确处理发展新技术产业和传统产业、资源密集型产业和劳动密集型产业、虚拟经济和实体经济的关系。

9. 保障职工权利，增加职工收入，改善和提高职工的生活质量。

10. 把可持续发展放在十分突出的地位，坚持计划生育、保护环境和保护资源的基本国策。稳定生育水平。合理开发和节约各种自然资源。树立全民环保意识，搞好生态保护和建设。实施可持续发展战略。

党的十六大报告明确把正确处理工业化和信息化的关系、推进产业结构优化升级、实施科教兴国战略和可持续发展战略作为中国新型工业化道路的内容，是完全正确的。我把繁荣农村经济、区域经济协调发展、深化经济体制改革、提高对外开放水平等作为新型工业化道路的内容，也是符合党的十六大报告精神、符合工业化道路内涵的要求的。因为，中国工业化必然会遇到农业经济、区域经济、劳动就业、居民收入等等重大问题，而且必须妥善解决这些问题。实现新型工业化道路必须有体制保障，从而要求深化改革，扩大开放，转变政府职能，完善宏观调控。所以，我把以上这些方面的要求都作为新型工业化道路的内容。我认为这样做也是必要和正确的。

党的十六大规划的中国新型工业化道路，是长期实践、探索、研究、总结的结晶。新中国开始工业化是以俄为师，在斯大林工业化理论指导下进行的。但是不久就发现了斯大林理论的片面性，毛泽东1956年写的《论十大关系》，论述了重工业和轻工业、农业的关系，指出"重工业是我国建设的重点，必须优先发展生产资料的生产，这是已经定了的。但是决不可以因此忽视生活资料尤其是粮食的生产"。1957 年又在《关于正确处理人民内部矛盾的问题》中论述了"中国工业化的道路"问题。他努力探索中国工业化的正确道路，尽管未能根本突破斯大林理论的框架，以后发动"大跃进"、"人民公社"运动还发展了斯大林的某些错误，但他毕竟曾从理论上揭示了苏联工业化道路存在的问题，纠正了斯大林的某些错误。"文化大革命"结束以后，1979 年开始集中几年时间对国民经济实行调整、改革、整顿、提高的方针，通过讨论，才比较清楚地认识到斯大林把优先发展重工业说成是社会主义工业化道路、把优先发展轻工业说成是资本主义工业化道路是错误的，认识到不能把优先发展轻工业和社会主义工业化对立起来，社会主义国家有些时期（如国民经济调整时期）也应该和可以优先发展轻工业。这样才彻底清理了斯大林在这个问题上的错误。

我国工业化过程中在工业发展速度上长期存在着"速胜论"和"持久战"的争论。"速胜论"主要表现在忽视经济效益、盲目追求速度等方面，如把重视利润看成是修正主义，搞"大跃进"运动，曾给国民经济带来严重的损害，因而是错误的。1982 年党的十二大提出"在不断提高经济效益的前提下"翻两番的战略目标，强调提高经济效益是前提，就是要纠正忽视经济效益的错误。20 世纪 60 年代我们曾提出要在世纪末实现"四个现代化"，这个目标实际上达不到。1979 年邓小平提出"中国式的四个现代化"。他说："我们开了大口，本世纪末实现四个现代化，后来改了个口，叫中国式的现代化，就是把标准放低一点。"这当然不是说中国现代化只能是低标准的，而是说工业化、现代化的路要一步一步走，不能把速度定得过高。党的十三大接受了邓小平分三步实现现代化的发展战略。这些都是对工业化问题上"速胜论"错误的纠正和批评。

1995年党的十四届五中全会提出"要下大力量切实转变经济增长方式",这是探索中国正确工业化道路的又一个里程碑。全会指出,要"积极推进经济增长方式转变,把提高经济效益作为经济工作的中心。实现经济增长方式从粗放到集约型的转变,要靠经济体制改革,形成有利于节约资源、降低消耗、增加效益的企业经营机制,有利于自主创新的技术进步机制,有利于市场公平竞争和资源优化配置的经济运行机制。向结构优化要效益,向规模经济要效益,向科技进步要效益,向科学管理要效益"。转变经济增长方式是新型工业化道路的重要内容,全会提出的以上要求已成为新型工业化道路的重要组成部分。

20世纪末经济界和理论界对于中国如何处理工业化和信息化的关系曾有激烈的争论。一种意见认为在工业化以前不能搞信息化,或者认为不能太强调信息化;一种意见认为可以越过工业化时期进入信息化时期,就是不要完成工业化,当即实现信息化。这是面临世界开始进入信息社会中国如何实现工业化的最重要的问题,应该怎样解决这个问题呢?2000年党的十五届四中全会正确指出:"继续完成工业化是我国现代化进程中的艰巨的历史性任务。大力推进国民经济和社会信息化,是覆盖现代化建设全局的战略举措。以信息化带动工业化,发挥后发优势,实现社会生产力的跨越式发展。"党的十六大报告中提出"坚持以信息化带动工业化,以工业化促进信息化",使这个问题有了更加全面、科学的答案,成为新型工业化道路的最重要的内容。

党的十六大概括的新型工业化道路是在对理论和经验不断反思、研究、总结的基础上形成的,是有牢靠的实践依据和科学依据的。党的十六大以后新型工业化道路又有了新的发展,主要是党的十六届三中全会提出了科学发展观和"五个统筹"的思想。

这就是"坚持以人为本，树立全面、协调、可持续的发展观，促进经济社会和人的全面发展"，"统筹城乡发展、统筹区域发展、统筹经济社会发展、统筹人与自然的和谐发展、统筹国内发展和对外开放"。党的十六届四中全会又提出了构造社会主义和谐社会的要求。社会主义和谐社会是一个很重要的新概念，使我国社会主义现代化建设的总体布局，由发展社会主义市场经济、社会主义民主政治和社会主义先进文化这样的三位一体，扩展为包括社会主义和谐社会在内的四位一体。提出"科学发展观"、"五个统筹"、"民主政治"、"先进文化"、"和谐社会"虽不是直接针对工业化问题的，但为落实新型工业化道路和不断解决工业化过程中出现的新问题提供了指导思想。

从以上简单回顾中就可以体会到，探索中国工业化道路是一个十分艰苦的过程。从中可以总结很多经验，主要经验有：

1. 坚持邓小平同志倡导的解放思想、实事求是的思想路线，用实践来检验工业化理论。

2. 对工业化有全面的认识，不能仅仅就工业发展研究工业化，而要从整个国民经济着眼研究工业化，尤其要重视工业与农业、第三产业的关系，重视工业化和市场化、法制化、全球化的关系，重视工业化中出现的社会问题。

3. 认真研究中国的国情，不断总结反思工业化的经验教训，研究新情况，解决新问题，与时俱进。

4. 认真研究国外尤其是发达国家工业化的经验教训，研究世界经济科技的历史、现状和发展趋势。

5. 允许不同意见，开展百家争鸣，不断探索工业化的规律，按客观经济规律办事。

我认为，中国共产党和全中国人民正是这样做了，才找到适合本国国情，体现时代特点的新型工业化道路。当然，这条道路特别是其中有些内容还需要由实践来检验，要在实践中继续不断完善、充实和发展。

事实上，目前我国理论界在工业化道路问题上就有许多争论。例如，（1）我国工业化当前是否进入了重化工阶段？有人认为已经进入，而且这是必然的，有人则认为中国工业化不应该经过重化工阶段，从世界范围看工业化也没有所谓的重化工阶段。[①]（2）我国工业化和城市化如何协调发展？有人认为应该优先发展大城市，有人认为应该优先发展小城镇，还有人主张应该优先发展中等规模城市。[②]（3）如何处理劳动密集型产业和资本技术密集型产业的关系？有人强调大力发展劳动密集型产业的必要性和重要性，有人则强调产业结构升级，主张更多重视发展资本技术密集型产业。[③]（4）怎样认识循环经济的地位和作用？有人认为发展循环经济的首要目标是提高资源利用率，有人则认为循环经济主要是一种全新的污染治理模式。[④]（5）应该建立什么样的消费模式？有人强调高消费，一味鼓吹消费，有人则认为目前存在的过度消费、愚昧消费、非理性消费都不利于节约资源、保护环境，也不利于人的身心健康和全面发展，是不可持续的。[⑤]这些问题不仅涉及对新型工业化道路的认识，而且涉及对新型工业化道路的贯彻和落实。实践新型工业化道路的过程中必然还会出现其他许多问题，开展这些问题的讨论是必要和有益的。

---

① 《新华文摘》2005 年第 2 期。
② 《调查研究报告》2005 年第 41 号。
③ 《当代财经》2005 年第 1 期。
④ 《可持续发展研究》2005 年第 1 期。
⑤ 《经济学家》2004 年第 4 期。

作者主要著作目录

一 专著与文集

《利润范畴和社会主义的企业管理》（周叔莲、吴敬琏、汪海波合著），北京，人民出版社，1979年7月。

《社会主义经济建设和马克思主义政治经济学》（周叔莲、吴敬琏、汪海波合著），北京，中国社会科学出版社，1982年9月。

《中国经济改革》（英文版）（林韦、周叔莲等合著），美国宾夕法尼亚大学出版社，1982年。

《经济结构与经济效果》，广州，广东人民出版社，1983年2月。

《论经济管理》，太原，山西人民出版社，1983年4月。

《中国式社会主义经济探索》，

沈阳，辽宁人民出版社，1985年4月。

《论孙冶方"最小—最大"理论》（周叔莲、汪海波合著），北京，人民出版社，1985年8月。

《周叔莲选集》，太原，山西人民出版社，1987年3月。

《中国的经济改革和企业改革》，北京，经济管理出版社，1989年10月。

《论企业家精神》（周叔莲、闵建蜀等合著），北京，经济管理出版社，1989年12月。

《重建社会主义企业》（周叔莲、张冀湘合著），北京，中国社会科学出版社，1990年1月。

《中国工业的发展与改革》

（周叔莲、陈佳贵等合著），北京，经济管理出版社，1992 年 3 月。

《中国的现代化与经济改革》，北京，经济管理出版社，1992 年 10 月。

《从计划经济到市场经济》，北京，经济管理出版社，1994 年 6 月。

《中国经济的两个根本转变》，北京，经济管理出版社，1997 年 3 月。

《可持续的社会主义和中国经济》，北京，经济管理出版社，2000 年 3 月。

《中国经济改革和发展面临的问题》，北京，经济管理出版社，2002 年 4 月。

《小康社会和可持续社会主义探索》，北京，经济管理出版社，2005 年 3 月。

《周叔莲经济理论文选》（上、下卷），北京，经济管理出版社，2005 年 4 月。

《周叔莲文集》，上海，上海辞书出版社，2005 年 5 月。

二　主编

《对大庆经验的政治经济学考察》（于光远主编，马洪、孙尚清、周叔莲副主编），北京，人民出版社，1979 年 6 月。

《中国工业发展战略问题研究》（周叔莲、裴叔平主编），天津，天津人民出版社，1985 年 5 月。

《国外产业政策研究》（周叔莲、杨沐主编），北京，经济管理出版社，1988 年 4 月。

《中国地区产业政策研究》（周叔莲、陈栋生、裴叔平主编），北京，中国经济出版社，1990 年 6 月。

《中国产业政策研究》（周叔莲、裴叔平、陈树勋主编），北京，经济管理出版社，1990 年 12 月。

《中国的经济改革》（英文版），主编之一，瑞典，斯德哥尔摩大学出版社，1992 年。

《市场经济与现代企业制度》（周叔莲、陈佳贵主编），北京，经济管理出版社，1994 年 12 月。

《国外城乡经济关系理论比较研究》（周叔莲、金碚主编），北京，经济管理出版社，1993 年

12 月。

《中国地区城乡经济关系研究》（周叔莲、郭克莎主编），北京，经济管理出版社，1994 年 7 月。

《中国城乡经济及社会协调发展研究》（周叔莲、郭克莎主编），

北京，经济管理出版社，1996 年 6 月。

《中国工业增长与结构变动研究》（周叔莲、郭克莎主编），北京，经济管理出版社，2000 年 8 月。

三　论文

《论农业在前资本主义社会和资本主义社会国民经济中的地位和作用》，载《经济研究》1961 年第 5 期。

《生产资料所有制是生产关系的决定环节》，载《中国青年报》1961 年 9 月 24 日。

《关于扩大再生产公式的初步探讨》（与汪海波合作，署名：实学），载《光明日报》1961 年 12 月 4 日。

《现阶段我国农村人民公社级差地租的分配问题》（与汪海波合作，署名：汪嘉周），载《江汉学报》1962 年第 2 期。

《关于社会主义级差地租产生原因的探讨》（与汪海波合作，署名：汪涛、粟联），载《经济研究》1962 年第 3 期。

《不能把马克思主义的观点说成是重农主义的观点》，载《经济

研究》1962 年第 4 期。

《如何在扩大再生产公式中反映劳动生产率提高的影响——试把劳动生产率提高的影响纳入马克思扩大再生产公式》（与汪海波合作，署名：实学），载《江汉学报》1962 年第 4 期。

《关于社会主义级差地租的若干问题》（与汪海波合作，署名：实学），载《中国经济问题》1962 年第 5 期。

《不能把农业提供劳动力、市场、资金的作用说成是非基础作用》，载《光明日报》1962 年 10 月 22 日。

《关于农业扩大再生产的标志和形式问题》，载《经济研究》1963 年第 11 期。

《试论若干影响农业扩大再生产的因素》（周叔莲、汪海波合

作），载《中国经济问题》1963 年第 12 期。

《"三级所有、队为基础"不仅是生产单位规模大小的问题》，载《学术月刊》1964 年第 4 期。

《社会主义劳动竞赛不容诬毁》，载《光明日报》1977 年 3 月 19 日。

《限制资产阶级法权不要物质基础吗》，载《人民日报》1977 年 5 月 17 日。

《科学技术就是要走在生产建设前面》（周叔莲、吴敬琏合作），载《北京日报》1977 年 7 月 6 日。

《论社会主义工资及其具体形式——驳斥"四人帮"对社会主义工资的诬蔑》（与吴敬琏、汪海波合作），载《光明日报》1977 年 12 月 5 日。

《批判"四人帮"的封建社会主义思想》（本文写于 1978 年），载《周叔莲文集》。

《批驳"四人帮"诬毁社会主义商品生产的谬论》（周叔莲、汪海波合作），载《北京师范大学学报》1978 年第 2 期。

《马克思主义政治经济学对象不容篡改》，载《南开大学学报》1978 年第 3 期。

《社会主义生产关系是无产阶级和资产阶级的关系吗》，载《经济研究》1978 年第 5 期。

《"四人帮"——半殖民地半封建旧中国的招魂巫师》（周叔莲、吴敬琏合作），载《历史研究》1978 年第 7 期。

《引进先进技术，加速实现四个现代化》，载《北京日报》1978 年 11 月 4 日。

《充分发挥企业的主动性》（周叔莲、吴敬琏、汪海波合作），载《人民日报》1978 年 12 月 31 日。

《经济核算制度和社会主义所有制》（周叔莲、吴敬琏合作），载《未定稿》第 43 期，1979 年 1 月 15 日。

《政治经济学应该重视企业问题的研究》（周叔莲、吴敬琏合作），载《经济学动态》1979 年第 3 期。

《基建战线过长的原因何在》（周叔莲、林森木、谭克文合作），载《人民日报》1979 年 4 月 1 日。

《价值规律和社会主义企业的自动调节》（周叔莲、吴敬琏、汪海波合作），载《经济研究——社会主义经济中价值规律问题讨论专辑》1979 年 4 月。

《关于社会主义经济管理体制改革的几个问题》，载《学术月刊》1979 年第 8 期。

《把发展轻工业放在优先地位》（周叔莲、吴敬琏合作），载《人民日报》1979 年 8 月 31 日。

《再论价值规律和社会主义企业的自动调节》（周叔莲、吴敬琏、汪海波合作），载《经济研究》1979 年第 9 期。

《调整时期应当优先发展轻工业》（周叔莲、吴敬琏合作），载《中国经济问题》（双月刊）1979 年第 6 期。

《对于当前经济结构的一些看法》（与孙尚清、吴家骏、张卓元合作，周叔莲主笔），载《经济研究参考资料》1979 年第 177 期。

《社会主义生产目的和基本建设工作》（本文写于 1979 年），载《论经济管理》。

《人民的需要第一》，载《中国青年》1980 年第 1 期。

《投资方向的一个重要问题》（周叔莲、林森木合作），载《人民日报》1980 年 1 月 21 日。

《访美归来话管理》（四篇），载《财贸战线报》1980 年 2 月 12 日、16 日，3 月 1 日、25 日。

《美国企业管理的若干特点》，载《社会科学辑刊》1980 年第 3 期。

《按照客观经济规律办事——学习刘少奇同志关于社会主义经济建设理论的体会》，载《北京日报》1980 年 5 月 9 日。

《合理化的经济结构和经济结构的合理化》，载《齐鲁学报》1980 年第 6 期。

《谈谈住宅问题》（周叔莲、林森木合作），载《人民日报》1980 年 8 月 5 日。

《论建筑业在国民经济中的地位和作用》（周叔莲、林森木合作），载《建筑》1980 年第 8 期。

《论企业管理在美国经济发展中的作用》，载《世界经济》1980 年第 11 期。

《关于我国国内市场问题》，载《人民日报》1980 年 11 月 14 日。

《提高经济效益是当务之急》，载《经济问题研究资料》1980 年第 88 期。

《三十年来我国经济结构的回顾》（本文写于 1980 年），载《中国经济结构问题研究》，人民出版社，1982 年。

《基建规模和综合平衡》，载《人民日报》1981 年 1 月 20 日。

《经济建设和量入为出》，载《北京日报》1981 年 2 月 13 日。

《不能再走经济效果低的道路了》，载《人民日报》1981 年 3 月 2 日。

《调整国民经济的几个理论问题》，载《经济研究》1981 年第 3 期。

《关于社会主义全民所有制经济的几个问题》（周叔莲、吴敬琏、汪海波合作），载《求索》1981 年第 4 期。

《设备更新改造和国民经济调整》，载《技术经济和管理研究》1981 年第 4 期。

《重视企业经营的研究》，载《晋阳学刊》1981 年第 4 期。

《谈谈对国外企业管理的研究》，载《外国经济管理》1981 年第 5 期。

《论当前经济调整的若干特点》，载《中国经济问题》1981 年第 5 期。

《把整顿放在应有的地位上》（周叔莲、吴敬琏合作），载《人民日报》1981 年 5 月 6 日。

《马克思主义和住宅问题》，载《社会科学研究》1981 年第 6 期。

《正确处理生产和消费的关系》，载《经济问题》1981 年第 7 期。

《把经济调整和改革的研究推向前进》，载《经济学动态》1981 年第 7 期。

《应该重视消费模式的研究》，载《经济学动态》1981 年第 10 期。

《充分调动职工积极性，推动经济发展》（周叔莲、桂世镛合作），载《人民日报》1981 年 8 月 28 日。

《一定要处理好积累和消费的关系》，载《人民日报》1981 年 10 月 13 日。

《把重工业搞活，争取一定的发展速度》，载《人民日报》1981 年 10 月 16 日。

《调整时期如何把重工业搞活》，载《人民日报》1981 年 11 月 30 日。

《技术改造和经济调整》，载《人民日报》1982 年 1 月 13 日。

《有关资本主义国家企业管理的几个问题》，载《兰州大学学报》1982 年第 1 期。

《经济结构的内涵和研究经济结构的任务》，载《经济科学》

1982 年第 2 期。

《经济结构和经济发展速度》，载《福建论坛》1982 年第 3 期。

《提高经济效果，促进经济发展》，载《人民日报》1982 年 4 月 20 日。

《试论经济增长和经济结构的关系》，载《经济研究资料》1982 年第 4 期。

《经济效果问题是经济建设的核心问题》，载日中人文社会科学交流协会《交流简报》1982 年 5 月号。

《认真研究我国经济发展战略的历史经验》，载《人民日报》1982 年 5 月 24 日。

《城市的作用和经济结构的演变》，载《工业经济丛刊》1982 年第 6 期。

《建立工业经济管理科学的几个问题》，载《经济学动态》1982 年第 6 期。

《不能把计划经济和商品经济对立起来》，载《社会科学辑刊》1982 年第 6 期。

《整顿企业和经济建设的新路子》，载《经济研究》1982 年第 8 期。

《从西方企业管理经验可以学习些什么》，载《红旗》1982 年第 16 期。

《扩大企业自主权要有计划有步骤地进行》，载《人民日报》1982 年 8 月 23 日。

《扩大企业自主权的若干理论问题》，载《财贸经济》1982 年第 11 期。

《关于经济发展战略的几个问题》，载《技术经济与管理研究》1983 年第 1 期。

《论我国经济发展的战略目标》，载《经济研究》1983 年第 1 期。

《论我国经济调整的新阶段》，载《经济问题》1983 年第 2 期。

《我国经济发展战略的历史回顾》，载《经济研究资料》1983 年第 2 期。

《抓好大企业是一个战略问题》，载《东岳论丛》1983 年第 3 期。

《谈谈中国经济体制改革的理论依据》，载《技术经济与管理研究》1983 年第 3 期。

《基本建设规模和社会经济机制》，载《经济理论与经济管理》1983 年第 3 期。

《论经济管理体制的内涵、模

式和演变》，载《求索》1983 年第
6 期。

《建设中国式社会主义的指
针》，载《内蒙古社会科学》1983
年第 6 期。

《社会主义工业化理论的几个
问题》，载《中国社会科学院工业
经济研究所研究报告》1983 年 6 月
1 日。

《关于我国工业发展战略的几
个问题》，载《中国社会科学院工
业经济研究所调研资料》1983 年
第 26 期。

《关于社会主义经济的计划经
济属性和商品经济属性问题》（周
叔莲、吴敬琏合作），载《工业经
济管理丛刊》1983 年第 9 期。

《速度不是工业发展战略目标
的唯一内容》，载《光明日报》
1983 年 11 月 13 日。

《我国沿海城市的经济发展战
略》（本文写于 1982 年），载《中
国式社会主义经济探索》。

《再谈中国经济体制改革的理论
依据》，载《经济日报》1984 年 1 月
26 日。

《集中财力物力和改革经济体
制》，载《经济科学》1984 年第
1 期。

《试论新技术革命的社会经济
影响》，载《中国工业经济学报》
1984 年第 1 期。

《税利要和生产同步增长》，载
《技术经济与管理研究》1984 年第
1 期。

《论国民收入和工农业总产值
的同步增长》，载《湖南经济研究》
1984 年第 2 期。

《再论国民收入和工农业总产
值的同步增长》，载《技术经济与
管理研究》1984 年第 2 期。

《提高企业素质和企业自负盈
亏》，载《求索》1984 年第 4 期。

《评〈大趋势〉和〈第三次浪
潮〉中的几个问题》，载《技术经
济与管理研究》1984 年第 4 期。

《试论新兴产业和传统产业的
关系》（周叔莲、裴叔平合作），载
《经济研究》1984 年第 4 期。

《大企业也要搞活》，载《工业
经济管理丛刊》1984 年第 11 期。

《新兴技术和经济管理》，载
《人民日报》1985 年 1 月 18 日。

《建立中国式的社会主义经济
体制》，载《贵州财经学院学报》
1985 年第 1 期。

《对社会主义商品经济要有全
面的认识》，载《经济与社会发展》

1985 年第 1 期。

《农产品商品化和国民经济现代化》，载《社会经济导报》1985 年第 1 期。

《关于社会主义商品经济问题争论的思考》，载《中国工业经济学报》1985 年第 2 期。

《搞活企业和加强宏观管理》，载《人民日报》1985 年 3 月 25 日。

《树立有计划的商品经济观念》，载《当代经济》1985 年第 4 期。

《试论我国当前的工业发展速度》，载《中国工业经济学报》1985 年第 4 期。

《计划管理——现代化的一项重要任务》，载《现代管理科学》1985 年第 4 期。

《工业发展速度和经济体制改革》，载《技术经济与管理研究》1985 年第 5 期。

《谈谈对国民经济的宏观管理问题》，载《社会科学辑刊》1985 年第 5 期。

《重视企业行为规律的研究》，载《人民日报》1985 年 10 月 28 日。

《根据社会主义商品经济的要求改进计划工作》，载《经济工作者学习资料》1985 年第 34 期。

《从巴山轮会议看中国经济体制改革》，载《当代世界社会主义问题》1986 年第 1 期。

《战略转变和经济发展——谈谈"六五"时期的经验》，载《技术经济与管理研究》1986 年第 1 期。

《再谈企业行为规律的研究》，载《中国工业经济学报》1986 年第 2 期。

《关于产业政策的几个问题》，载《中国工业经济学报》1986 年第 3 期。

《日本企业的借镜——读小宫教授论文断想》，载《经济社会体制比较》1986 年第 3 期。

《再论我国经济体制改革的目标模式》，载《中国工业经济学报》1986 年第 4 期。

《承包经营和企业管理》（周叔莲、陈佳贵合作），载《技术经济与管理研究》1986 年第 4 期。

《加强工业经济学的学科建设》，载《中国工业经济学报》1986 年第 4 期。

《谈谈计划经济体制改革的目标模式》，载《技术经济与管理研究》1986 年第 6 期。

《必须重视产业政策研究》，载《人民日报》1986年7月7日。

《"六五"时期我国工业交通的成就与问题》，载《工业经济管理丛刊》1986年第9期。

《把经济发展战略和产业政策结合起来研究》，载《经济学动态》1986年第11期。

《论社会主义企业改革的目标模式》，载《经济管理》1986年第11期。

《还是要在增强企业活力上多下功夫》，载《世界经济导报》1986年12月29日。

《加强经济体制改革问题的研究》，载《江苏经济探索》1987年第1期。

《有关企业民主管理的几个问题》，载《贵州财经学院学报》1987年第1期。

《关于我国生产资料市场的几个问题》，载《江海学刊》（社会科学版）1987年第1期。

《搞活企业是当前经济改革的中心》，载《工业经济管理丛刊》1987年第2期。

《关于增强企业活力的几个理论问题》，载《经济纵横》1987年第2期。

《当前苏联经济体制改革的情况和特点》，载《经济社会体制比较》1987年第2期。

《重视国外产业政策的研究》，载《技术经济与管理研究》1987年第3期。

《树立职工主人翁意识》，载《北京工人》1987年第5期。

《经济改革中的企业管理问题》，载《人民日报》1987年6月15日。

《关于苏联经济体制改革的几个问题》，1987年7月17日在民建中央、全国工商联等单位举办的现代经济知识报告会上的报告。

《苏联经济体制改革考察报告》（周叔莲主笔，陈瑞铭、袁文祺、王金存合作），载《经济研究资料》1987年第15期。

《苏联企业改革的步伐在加快》，载《经济日报》1987年9月5日。

《论汽车工业的地位和作用》，载《工业经济管理丛刊》1987年第9期。

《正确处理经济改革和经济发展的关系》，载《群众》1987年第11期。

《两权分离，搞活企业》，载

《中国经济体制改革》1987 年第 12 期。

《对苏联经济体制改革发展趋势的估计》，载《经济工作者学习资料》1987 年第 30 期。

《关于若干社会主义经济改革规律的探讨》，载《经济研究参考资料》1987 年第 192 期。

《关于当前大中型企业机制改革的几个问题》，载《中国工业经济研究》1988 年第 1 期。

《把改革和管理结合起来——记北京"企业机制改革国际研讨会"》，载《工业经济管理丛刊》1988 年第 1 期。

《论完善企业承包经营责任制》，载《当代财经》1988 年第 1 期。

《试论社会主义经济改革的规律性》，载《管理世界》1988 年第 2 期。

《国有企业模式理论的发展》，载《改革》1988 年第 6 期。

《时代在呼唤企业家》，载《经济管理》1988 年第 6 期。

《深化改革要重视企业管理》，载《世界经济导报》1988 年 6 月 27 日。

《企业承包经营责任制的历史地位》，载《经济工作者学习资料》1988 年第 39 期。

《深化改革必须与加强管理密切结合》，载《企业家》1988 年第 13 期。

《价格改革和企业改革的关系》，载《理论信息报》1988 年 8 月 1 日。

《再造企业机制，深化企业改革》（周叔莲、陈佳贵合作），载《中国社会科学院要报》1988 年第 75 期。

《推行优化劳动组合》，载《经济管理》1988 年第 11 期。

《股份制在深化改革中的作用》，载《数量经济和技术经济研究》1988 年第 11 期。

《认真完善承包制，逐步推行股份制》，载《求是》1988 年第 11 期。

《我国国有企业模式的演变》，载《中国社会科学院研究生院学报》1989 年第 1 期。

《我国企业改革的历史回顾》，载《当代经济科学》1989 年第 1 期。

《我国国有企业改革的目标模式》，载《中国经济问题》1989 年第 1 期。

《论企业家在社会主义社会中的地位与作用——从香港"企业家精神国际研讨会"说起》，载《当代世界社会主义问题》1989 年第 2 期。

《关于企业改革的目标及其理论依据》，载《经济管理》1989 年第 3 期。

《美国企业在进行改革》，载《经济学动态》1989 年第 4 期。

《试论社会主义的生产无政府状态》，载《当代世界社会主义问题》1989 年第 4 期。

《美国发展高技术产业的经验和问题》，载《工业经济管理丛刊》1989 年第 5 期。

《论企业家与社会主义、企业制度和财产所有者的关系》，载《企业家》1989 年第 5 期。

《中国实现现代化必须继续进行工业化和科技革命》，载《理论与现代化》1989 年第 9 期。

《我国产业结构和产业政策的历史演变和发展趋势》，载《经济工作者学习资料》1989 年第 25 期。

《改革和管理要互相适应》，载《经济管理》1989 年第 11 期。

《牢固树立持续稳定协调发展的指导思想》，载《经济参考报》1989 年 11 月 21 日。

《改革与发展：中国如何走好这两步棋》，载《中国工商导报》（香港）1989 年第 11 期。

《必须重视企业管理问题》，载《经济研究》1989 年第 12 期。

《千方百计提高经济效益》，载《人民日报》1990 年 1 月 12 日。

《美国、日本的企业改革及其经验教训》，载《技术经济与管理研究》1990 年第 1 期。

《实现我国现代化建设第二步战略目标的几个关键问题》（周叔莲、陈佳贵合作），载《当代世界社会主义问题》1990 年第 1 期。

《努力提高经济效益》，载《经济管理》1990 年第 2 期。

《中国的企业改革》（提交 1990 年 2 月莫斯科"中苏经济改革学术讨论会"的论文），载《社会经济导报》1990 年第 2 期。

《论治理整顿的意义、实质和困难》，载《经济师》1990 年第 1—2 期。

《把大陆经济改革与经济发展更好地结合起来》，载《现代中国经济》（香港）1990 年第 2 期。

《论 90 年代中国的经济发展和经济改革》，载《学术论坛》1990

年第 6 期。

《经济改革必须促进经济发展》，载《经济管理》1990 年第 7 期。

《企业改革难在哪里》，载《金融时报》1990 年 11 月 27 日。

《苏联的经济形势》（重访苏联札记之一），载《经济工作者学习资料》1990 年第 24 期。

《苏联经济改革的进展、问题和困难》（重访苏联札记之二），载《经济工作者学习资料》1990 年第 24 期。

《苏联经济改革的目标》（重访苏联札记之三），载《经济工作者学习资料》1990 年第 33 期。

《苏联经济改革的步骤》（重访苏联札记之四），载《经济工作者学习资料》1990 年第 33 期。

《苏联的租赁制》（重访苏联札记之五），载《经济工作者学习资料》1990 年第 33 期。

《中国企业管理的现状和对策》，载《管理世界》1991 年第 1 期。

《我国当前经济形势和 90 年代经济发展的趋势》（在淄博市文学家、企业家联谊年会上的讲话），载《世纪潮》1991 年第 1 期。

《再论九十年代中国的经济发展和经济改革》，载《经济学家》1991 年第 2 期。

《下决心搞活大中型企业》，载《学习与研究》1991 年第 2 期。

《社会主义国有企业应该是商品生产者和经营者》，载《当代世界社会主义问题》1991 年第 2 期。

《九十年代中国的企业改革问题》，载《企业家报》1991 年 2 月 11 日。

《实施产业政策的几个问题》（周叔莲、乔仁毅合作），载《人民日报》1991 年 3 月 8 日。

《中国的产业结构和产业政策》（1991 年 6 月提交"中国经济效益与工业体制改革国际研讨会"的论文），载《计划与经济》1991 年第 3 期。

《对河南周口味精厂经验的思索》，载《河南财经学院学报》1991 年第 4 期。

《坚持改革的正确方向》，载《经济管理》1991 年第 5 期。

《关于国有企业改革的几个争论问题》，载《中国工业经济研究》1991 年第 5 期。

《正确处理经济改革和经济发展的关系问题》，载《经济管理》

1991 年第 5 期。

《企业问题和经济宣传》，载《经济参考报》1991 年 8 月 8 日。

《坚决走有中国特色的社会主义工业化道路》，载《经济管理》1991 年第 11 期。

《经济形势、经济发展和经济改革》，载《90 年代海峡两岸及香港合作前景》，北京，经济管理出版社，1991 年。

《论科学技术是第一生产力》（周叔莲、张世贤合作），载《中国工业经济研究》1991 年第 12 期。

《把搞活国有企业放到经济理论研究的重要位置》，载《经济研究》1992 年第 1 期。

《企业改革的目标不能模糊》，载《管理世界》1992 年第 1 期。

《研究产权问题，发展产权理论》，载《当代世界社会主义问题》1992 年第 1 期。

《努力提高国有企业的竞争力》，载《现代中国经济》（香港）1992 年第 1 期。

《企业改革要分类指导——从国营企业和国有企业的差别说起》，载《经济学家》1992 年第 3 期。

《关于搞活国有企业的几个问题》，载《中国社会科学》1992 年第 3 期。

《深化改革必须解决财产制度问题》，载《中华工商时报》1992 年 3 月 14 日。

《重视城乡工业关系问题的研究》，载《中国的现代化和经济改革》，北京，经济管理出版社，1992 年。

《从社会主义商品经济到社会主义市场经济》，载《市场经济研究》1992 年第 4 期。

《国营企业改革的困难与出路》，载《中州学刊》1992 年第 5 期。

《我对中国产业发展的看法和建议》，载《当代中国百名经济学家自述：我的经济观（3）》，南京，江苏人民出版社，1992 年。

《改革应以社会主义市场经济为目标》，载《中国软科学》1992 年第 6 期。

《企业自负盈亏：九十年代经济改革的重要课题》，载《马克思主义与现实》第 7 期。

《社会主义经济是市场经济》，载《金融时报》1992 年 9 月 7 日。

《售后服务的思考》，载《决策与信息》1992 年第 9 期。

《售后服务怎样才能普及提

高》，载《售后服务理论与实践》，1992年。

《社会主义商品经济理论需要发展》，载《经济日报》1992年12月16日。

《社会主义商品经济理论的重大发展》，载《经济管理》1992年第12期。

《实行政企分开是当务之急》，载《半月谈》（内部版）1992年第12期。

《加快国有大企业的经营机制转换》，为中国社会科学院工业经济研究所召开的"大型特大型企业贯彻《条例》、转换经营机制对策研讨会"写的总结。

《我对国有企业改革的看法》，载《中国著名经济学家论改革》，北京，北京出版社，1992年12月。

《社会主义市场经济与国营企业经营机制转换》，载《经济学家》1993年第1期。

《社会主义市场经济是发展生产力的要求》，载《技术经济与管理研究》1993年第1期。

《营销关系企业生死存亡》，载《经济参考报》1993年2月16日。

《转换企业经营机制要求加快企业股份制的步伐》，载《人民日报》1993年3月15日。

《经改中的一个重大课题》，载《经济导报》（香港）1993年3月。

《从"放水养鱼"到"放鱼入海"》，载《经济学消息报》1993年3月25日。

《向改革的实践学习——读马洪新著〈建立社会主义市场经济新体制〉》，载《光明日报》1993年4月2日。

《既要贯彻〈条例〉，又要发展〈条例〉》，载《中国社会科学院研究生院学报》1993年第4期。

《关于建设现代国有企业制度的几个问题》，载《改革》1993年第4期。

《论企业承包制和社会主义市场经济的矛盾》，载《经济管理》1993年第4期。

《股份制是转换国有企业经营机制的适当形式》，载《中国工业经济研究》1993年第4期。

《市场经济和资源配置》（周叔莲、郭克莎合作，写于1993年），载《管理世界》1994年第4—5期。

《学习孙冶方为科学而献身的精神》，载《财贸经济》1993年第5期。

《加快建立现代国有企业制度》，载《新视野》1993 年第 5 期。

《重塑国有企业制度》，载《新华日报》1993 年 6 月 25 日。

《上海成为国际化大都市的几个问题》，载《经济预测》1993 年第 4 期。

《关于国有企业产权的两个问题》，载《光明日报》1993 年 7 月 13 日。

《所有制也是经济手段》，载《新华日报》1993 年 10 月 8 日。

《转换企业经营机制要高要求》，载《北京财贸学院学报》1993 年第 11 期。

《论建立现代国有企业制度》，1993 年 11 月 27 日在国家经贸委主办的研讨会上的学术报告。

《国有资产管理和现代企业制度》，载《市场经济导刊》1994 年第 2 期。

《访台观感》，载《技术经济与管理研究》1994 年第 2 期。

《实现企业改革思路的真正转变》，载《企业活力》1994 年第 3 期。

《市场经济和国有企业改革》，载《管理世界》1994 年第 4 期。

《努力实现〈大庆经济调整规划〉》，载《大庆区域经济调整规划研究》，北京，中国社会科学出版社，1994 年。

《谈谈建立现代企业制度》，载《冶金财会》1994 年第 6 期。

《实施中国名牌战略的意义和条件》，载张玉川主编《中国名牌战略研究·绿丹兰卷》，北京，中国工人出版社，1994 年。

《市场竞争有国界，中国名牌须自主》，载《消费时报》1994 年 7 月 25 日。

《怎样发挥国有经济的主导作用》，载《光明日报》1994 年 10 月 28 日。

《发展中国自己的名牌》，载《人民日报》1994 年 11 月 23 日。

《对湛江市经济社会发展战略的几点看法》，载《经济工作者学习资料》1994 年第 35 期。

《向管理要效益》，载《经济日报》1994 年 12 月 29 日。

《认真学习社会主义市场经济理论》，在 1994 年全国政协社科组讨论会上的发言。

《中国的企业改革和工业发展》，1995 年 5 月在香港理工大学作的学术报告。

《深化企业改革不可忽视企业管理》，载《光明日报》1995 年 6 月 21 日。

《明晰产权并不是搞私有化》，载《发展导报》1995 年 6 月 21 日。

《走集约化经营道路》，载《北京日报》1995 年 10 月 12 日。

《怎样实现经济增长方式的转变》，载《党校科研信息》1995 年第 23 期。

《确实要解决研究社会主义的方法论问题——学习于光远有关论著的札记》，载《科学攀登的历程》，北京，人民出版社，1995 年。

《发展中国名牌产品四题》，载《市场经济导报》1996 年第 1 期。

《我国转变经济增长方式的条件和困难》，载《商业经济研究》1996 年第 1 期。

《中国企业家任重道远》，载《深圳特区报》1996 年 2 月 5 日。

《重视转变经济增长方式的条件问题》，载《粤港经济》1996 年第 3 期。

《关于转变经济增长方式的几个问题》，载《经济工作者学习资料》1996 年第 28—29 期。

《谈谈我国企业家队伍的建设问题》，载《经济工作者学习资料》

1996 年第 34 期。

《国有企业改革的几个认识问题》，载《天津商学院学报》1996 年第 4 期。

《关于蒋一苇同志的企业理论和企业"四自"的提法》，载《经济管理》1996 年第 6 期。

《了解中国工业发展的情况与动向——〈中国工业发展报告（1996）〉评价》，载《人民日报》1996 年 7 月 2 日。

《在企业自负盈亏上多下功夫》，载《证券研究》1996 年第 8 期。

《把改革国有经济和发展多种经济成分结合起来》，载《特区理论与实践》1996 年第 9 期。

《充分发挥社会主义企业家的作用》，载《河北企业家》1996 年第 10 期。

《企业家要发扬三种精神》，载《企业改革与管理》1996 年第 10 期。

《振兴天津经济，建成北方经济中心》，载《中国经济的两个根本转变》。

《两个转变和企业家的作用》，载《企业活力》1996 年第 11 期。

《加快新时期国有企业改革和

发展的步伐》，载《中国工业经济》1996 年第 12 期，1997 年第 1 期。

《政企分开：国有企业改革的难题》，载《新视野》1997 年第 1 期。

《增强使命感，掌握规律性，促进国有企业的改革与发展》，载《经济工作者学习资料》1997 年第 23 期。

《雪莲的经验：企业文化和经济发展要互相促进》，载《中国特色社会主义研究》1997 年第 3 期。

《国有企业改革和生产力标准》，载《经济体制改革》1998 年第 2 期。

《政企分开难在哪里》，载《亚太经济时报》1997 年 9 月 23 日。

《党的"十五大"报告在经济理论方面的创新和贡献》（本文写于 1992 年），载《中国工业经济》1998 年第 2 期。

《党的"十五大"规划了科学的国有企业改革道路》，载《企业改革与管理》1998 年第 3 期。

《做好调整所有制结构的工作》，1998 年 3 月提交全国政协九届一次会议的书面发言。

《调整与提高产业结构是当务之急》，载《商业经济与管理》1998 年第 4 期。

《对于陕西跨世纪发展的若干意见》，载《当代经济科学》1998 年第 5 期。

《社会主义初级阶段的基本经济制度和"三个有利于"标准》，载《中国社会科学院研究生院学报》1998 年第 5 期。

《中国国有企业改革的方向和道路》，1998 年 5 月提交香港"国际学术研讨会"的论文。

《20 年中国国有企业改革的回顾与展望》，载《中国社会科学》1998 年第 6 期。

《中国产业结构调整和升级的几个问题》，载《中国工业经济》1998 年第 7 期。

《对知识经济的几点认识》，载邢良忠主编《知识经济：大连跨世纪的战略思考》，1998 年。

《国企要成为真正独立的经济实体——20 年国企改革的回顾与展望》，载《经济导报》（香港）1998 年 9 月 28 日。

《开发高新技术产业必须坚持"有限目标、突出重点"的方针》，载马洪主编《跨入新世纪的必由之路：中国高新技术产业发展研究》，江苏科技出版社，1998 年。

《面向 21 世纪的中国工业发展及对策》（周叔莲、王延中合作），载《中国工业经济》1999 年第 2 期。

《增强国有企业改革的决心和力度》，1999 年 3 月提交全国政协九届二次会议的书面发言。

《不要再用计划经济模式要求国有企业改革》，载《经济日报》1999 年 5 月 31 日。

《论五粮液品牌的地位及其经验和意义》，载《中国信息报》1999 年 6 月 20 日。

《中国的所有制改革与国有企业改革》（周叔莲、王延中合作），载王梦奎主编《中国经济转轨二十年》，北京，外文出版社，1999 年 9 月。

《20 年中国国有企业改革经验的理论分析》（本文写于 1999 年），载张卓元主编《中国改革开放经验的经济学思考》，北京，经济管理出版社，2000 年。

《开创国有企业改革和发展的新局面》，1999 年 12 月 14 日在张家口市政协八届十次常委扩大会议上的报告。

《认真贯彻〈决定〉精神，加快国有企业改革的步伐》，载《天津商学院学报》2000 年第 1 期。

《温故知新——评张卓元主编的〈论争与发展：中国经济理论 50 年〉》，载《新经济》2000 年第 1 期。

《论国有企业改革成功的必要条件》，载《特区理论与实践》2000 年第 3 期。

《克服思想障碍，加快国企改革》，2000 年 3 月提交全国政协九届三次会议的书面发言。

《关于社会主义和有中国特色社会主义理论的思考》，载《领导理论与实践》（江苏）2000 年第 3—4 期。

《关于社会主义和市场经济的若干认识问题》，载《上海行政学院学报》2000 年第 3 期。

《国有企业改革思路的反思》，载《企业文明》2000 年第 3 期。

《怎样发挥政府在社会主义市场经济中的作用》，载《开放潮》2000 年第 3 期。

《国企改革的方向和思路》，载《企业活力》2000 年第 4 期。

《社会主义从空想到科学是不断发展的过程》，载《南方经济》2000 年第 4 期。

《深化国有企业改革与经济结

构战略性调整》（周叔莲、王延中合作），载《中国工业经济》2000年第4期。

《非公有制经济是不是社会主义经济的重要组成部分》，载《当代经济研究》2000年第4期。

《私有制经济还有生命力》，载《上海改革》2000年第5期。

《企业文化建设要注意的几个问题》，载《企业文明》2000年第12期。

《"十五"时期中国工业发展的特点和方针——兼论以信息化带动工业化》，载《理论视野》2001年第1期。

《论工业化与信息化的关系》（周叔莲、王伟光合作），载《中国社会科学院研究生院学报》2001年第2期。

《"十五"计划要以结构调整为主线》，2001年3月提交全国政协九届四次会议的书面发言。

《科技创新与产业结构优化升级》（周叔莲、王伟光合作），载《管理世界》2001年第3期。

《略论提高中国企业的竞争力》，载《经济管理》2001年第3期。

《如何实施结构性战略调整》，

载《港口经济》2001年第4期。

《深化国有企业改革需要研究的几个问题》，载《经济管理》2001年第5期。

《立足比较优势，增强竞争优势》，载《人民日报》2001年8月27日。

《"入世"与中国工业国际竞争力问题研究》（周叔莲、王延中合作），载《中国社会科学院工业经济研究所研究报告》2001年第9期。

《把国有企业改革进行到底》，载《当代财经》2001年第10期。

《研究所有制改革的一部有特色的著作——评〈中国所有制改革〉》，载《现代经济探索》2001年第10期。

《重视可持续社会主义和不可持续社会主义的研究》，2001年12月5日在中国社会科学院研究生院工经系博士生班的报告。

《把发挥比较优势和加强竞争优势结合起来》，载《中国社会科学院院报》2001年12月6日。

《发展中小企业是一个战略问题》，2001年12月9日在北京"中国管理创新论坛"上的发言。

《"入世"后要更加重视理论

创新工作》，载《改革》2002 年第
1 期。

《加入 WTO 和我国企业竞争力
的提升》（周叔莲、谢智勇合作），
载《中国社会科学院研究生院学
报》2002 年第 5 期。

《我国经济发展中的几个问
题》，载《新经济》2002 年第
6 期。

《对我国西部大开发战略的长
远谋略——〈未来 50 年：中国西
部大开发战略〉评介》，载《中国
工业经济》2002 年第 6 期。

《海尔经验的普遍意义》，载
《经济日报》2002 年 9 月 15 日。

《我国大企业发展战略的几个
问题》，载《党政干部学刊》2002
年第 10 期。

《国有企业改革与制度创新》
（周叔莲、谢智勇合作），载《中国
工业经济》2002 年第 12 期。

《"十六大"报告在经济理论
上的创新》，载《理论前沿》2003
年第 1 期。

《走新型工业化道路》，载《理
论视野》2003 年第 2 期。

《走出老工业基地的新路子》，
载《东岳论丛》2003 年第 6 期。

《正确认识非公有制经济的发
展》（周叔莲、乔为国合作），载
《人民日报》2003 年 7 月 5 日。

《国有企业改革的成就、形势
与重点》（周叔莲、沈志渔合作），
载王梦奎主编《回顾与展望——走
向市场经济的中国》，北京，中国
经济出版社，2003 年。

《可持续的社会主义和全面建
设小康社会》，载《华东船舶工业
学院学报》2004 年第 1 期。

《老工业基地的根本问题是体
制问题》，载《新视野》2004 年第
1 期。

《关于社会主义和市场经济相
结合的几个问题》，载《中国改革
报》2004 年 1 月 9 日。

《全面建设小康社会和发展公
有制经济》，载《唯实》2004 年第
2 期。

《把社会主义和市场经济更好
地结合起来》，载《理论前沿》
2004 年第 2 期。

《鼓励创业、促进就业》（周叔
莲、乔为国合作），载《首都经济
贸易大学学报》2004 年第 3 期。

《完善社会主义市场经济体制，
为全面建设小康社会提供体制保
障》，载《理论前沿》2004 年第
4 期。

《对国有企业改革争论的几点看法》，载《中国市场经济论坛文稿》2005年第2期。

《一部具有理论创新性的著作——读〈中国工业现代化问题研究〉》，载《人民日报》2005年2月16日。

《学习陈翰笙同志关于中国工业化理论的体会》，载《技术经济与管理研究》2006年第5期。

《利用全球科技资源提升我国产业竞争力——评江小涓等著〈全球化中的科技资源与中国产业技术竞争力的提升〉》，载《财贸经济》2005年第3期。

《全面认识社会主义市场经济》，载中国社会科学院《学术咨询委员会集刊》第2辑，2005年。

作者年表

周叔莲，曾用名周淑莲，笔名有粟联、齐健、彭昊等。籍贯江苏省溧阳县（今溧阳市）。

1929 年

农历 6 月 20 日出生于溧阳县一个店员家庭。

1942—1945 年

在溧阳县立初级中学、溧阳私立同济中学读初中。初中毕业后因病休学半年。

1946—1948 年

在江苏省立常州中学读高中，高中毕业后考入上海同济大学哲学系。1948 年年底休学（后来学籍转入上海复旦大学）。

1949 年

2 月　在溧阳县立城区第一小学做教师。4 月，溧阳解放，参加了革命工作。8 月，参加溧阳金坛小学教师暑期训练班学习，结业时参加新民主主义青年团（后改名为共产主义青年团）。9 月，被溧阳县人民政府委任为城区第一小学生活辅导主任，负责教师政治学习和学生思想教育工作。

1950 年

到上海复旦大学复学，转入法学院经济系。

1953 年

7 月　在上海复旦大学经济系理论专业毕业。8 月，分配到中国科学院经济研究所工作。在经济史组任实习研究员。

1954—1955 年

在经济研究所现实经济组参加调查研究工作。

1956 年

经济研究所成立农业经济组，成为该组第一批研究人员。

1959 年

任助理研究员，参加孙冶方所长主持的社会主义经济论研究工作。

1960 年

4 月　参加中国共产党。

1964 年

经济研究所开展"四清"运动，全所研究工作基本中断。

1969 年

11 月　到河南省息县哲学社会科学部"五七"干校劳动。

1972 年

随同经济研究所从干校返回北京。

1974—1979 年

借调到国家基本建设委员会一个研究组工作，从事中国工业现代化、固定资产投资、经济效果等问题的调查研究。

1977—1978 年

7 月　在大庆参加《大庆经验的政治经济学考察》一书的调查撰写工作。

1979—1980 年

参加全国经济结构小组调研资料的整理汇总工作，协调主编撰写、编辑《中国经济结构问题研究》一书。

1979 年

10 月　参加中国工商行政管理代表团（马洪任团长、薛暮桥任顾问）赴美国考察企业管理教育。

1980 年

调到中国社会科学院工业经济研究所工作，任副研究员、副所长。

1981 年

承担国家社科基金"六五"重点课题"中国工业发展战略研究"。

1982 年

年初赴日本参加设计和讨论《现代中国经济事典》提纲。

1983 年

任研究员。

1984 年

被聘为中国社会科学院研究生院博士生导师。

1977 年

发表的《科学·技术·生产力》一文获 1984 年度孙冶方经济科学论文奖。10 月，率中国经济学家代表团赴瑞典参加"中瑞公共管理学术讨论会"。

1985—1993 年

任中国社会科学院工业经济研究所所长。

1985 年

5 月　参加中国社会科学院工业经济研究所和日本综合开发研究机构在日本冲绳举办的"中日经济学术讨论会"。9 月，参加中国社会科学院、国家体制改革委员会和世界银行联合举办的长江"巴山轮会议"（"宏观经济管理国际研讨会"）。

1986—1996 年

任国务院学位委员会学科评议组（经济学分组）成员。

1986—2002 年

任哲学社会科学经济学学科规划小组成员。

1986 年

承担国家社科基金"七五"重点课题"中国产业政策研究"。主编的《中国工业发展战略问题研究》获 1986 年度孙冶方经济科学著作奖。参与撰写的《对"六五"时期建设和改革问题的回顾与思考》获 1986 年度孙冶方经济科学论文奖。

1987 年

1 月　率中国社会科学院经济学家代表团赴苏联考察。11 月，赴英国访问。

1988 年

被推选为中国工业经济协会（后改为中国工业经济联合会）副会长。撰写的《企业改革和两权分离》获中宣部、中共中央党校、中国社会科学院等单位联合举办的"纪念十一届三中全会十周年理论研讨会"优秀论文奖。

1988 年 9—10 月，到美国考察研究高科技产业问题。

1988—1996 年

任《中国工业经济研究》主编。

1990 年

参与主持研究撰写的《以改革促稳定，在稳定中发展》获 1990 年度孙冶方经济科学论文奖。

1991 年

获国务院颁发的"政府特殊津贴证书"。承担国家社科基金"八五"重点课题"城乡二元结构下的经济社会发展问题研究"和中华基金资助课题"中国城乡协调发展问题研究"。

1993 年

3 月　被选为第八届全国政协委员，并担任经济委员会委员。4

月，被人事部聘为"经济专业技术资格考试大纲编写暨命题委员会"常务副主任。9月，参加《中华工商时报》组织的大陆经济学家代表团到我国台湾访问。12月，被国家机械工业部聘为机械工业规划审议委员会委员。

1995年

2—3月　参加中共中央党校省部级干部"国有企业改革"研究班并获毕业证书。5月，被香港理工大学授予"杰出中国访问学人"称号。

1998年

被选为第九届全国政协委员，并担任经济委员会委员。任中国社会科学院第一届学术委员会委员。

1999—2004年

任经济管理出版社总编辑。

2001年

任国防大学国防经济技术研究中心学术顾问。

2003年

11月　被推选为中国工业经济联合会第四届全国理事会顾问。

2006年

8月　被推选为中国社会科学院学部委员。